Leopold von Ranke

Die römischen Päpste in den letzten vier Jahrhunderten

Dritter Band

Leopold von Ranke

Die römischen Päpste in den letzten vier Jahrhunderten

Dritter Band

ISBN/EAN: 9783959138437

Auflage: 1

Erscheinungsjahr: 2018

Erscheinungsort: Treuchtlingen, Deutschland

Literaricon Verlag UG (haftungsbeschränkt), Uhlbergstr. 18, 91757 Treuchtlingen. Geschäftsführer: Günther Reiter-Werdin, www.literaricon.de. Dieser Titel ist ein Nachdruck eines historischen Buches. Es musste auf alte Vorlagen zurückgegriffen werden; hieraus zwangsläufig resultierende Qualitätsverluste bitten wir zu entschuldigen.

Printed in Germany

Cover: Jacques-Louis David, Porträt von Papst Pius VII. und Kardinal Caprara, ca. 1805, Ausschnitt, Abb. gemeinfrei

RANKES MEISTERWERKE

ACHTER BAND

Die römischen Päpste in den
letzten vier Jahrhunderten
Dritter Band

DUNCKER & HUMBLOT
MÜNCHEN UND LEIPZIG 1915

Inhalt.

Achtes Buch. Die Päpste um die Mitte des siebzehnten Jahrhunderts 1
Heimfall von Urbino 3
Anwachs der Schulden des Kirchenstaates . . . 9
Gründung neuer Familien 14
Krieg von Castro 24
Innozenz X. 36
Alexander VII. und Klemens IX. 46
Elemente der römischen Bevölkerung 55
Bauwerke der Päpste 64
Digression über Königin Christine von Schweden 73
Verwaltung des Staates und der Kirche . . . 97
Die Jesuiten in der Mitte des siebzehnten Jahrhunderts 116
Jansenisten 126
Stellung des römischen Hofes zu den beiden Parteien 138
Verhältnis zur weltlichen Macht 143

Neuntes Buch. Spätere Epochen 149
Ludwig XIV. und Innozenz XI. 154
Spanische Erbfolge 165
Veränderte Weltstellung. Innere Gärungen. Aufhebung der Jesuiten 175
Joseph II. 198
Revolution 200
Napoleonische Zeiten 205
Restauration 214
Kirche und Kirchenstaat unter Pius IX. . . . 227
Das Vatikanische Konzilium 262

	Seite
Kardinal Consalvi und seine Staatsverwaltung unter dem Pontifikat Pius' VII.	303
Vorrede	305
Einleitung. Ursprüngliches Verhältnis zwischen Napoleon und Pius VII.	309
Erstes Kapitel. Kardinal Consalvi, sein Anteil an dem Konklave und an dem Konkordat	315
Konkordat von 1801	323
Zweites Kapitel. Okkupation des Kirchenstaates	337
Drittes Kapitel. Zeitweilige Unterordnung des Papsttums unter das französische Kaisertum	351
Viertes Kapitel. Blick auf die Restauration	369
Fünftes Kapitel. Konkordate	388
Sechstes Kapitel. Einrichtung der weltlichen Regierung	417
Siebentes Kapitel. Schwierigkeiten der inneren Verwaltung	436
I. Finanzen	437
II. Justiz	445
III. Landbau	449
IV. Räuberwesen	452
Achtes Kapitel. Opposition der Geistlichkeit	460
Neuntes Kapitel. Revolutionäre Bewegungen	477
I. Karbonaria	477
Karbonari im Kirchenstaat	481
Unternehmung von Macerata	487
Illuminati	490
II. Gefahren während der neapolitanischen Revolution	494
Zehntes Kapitel. Letzte Zeiten Pius' VII. und Consalvis	504
Beilage. Erinnerungen an römische Zustände im Jahre 1829	518

Achtes Buch.

Die Päpste um die Mitte des siebzehnten Jahrhunderts.

Nachdem der Versuch der Päpste, ihre Weltherrschaft zu erneuern, soweit er auch bereits gediehen war, doch zuletzt mißlungen ist, hat sich ihre Stellung und das Interesse, das wir an ihnen nehmen, überhaupt verändert. Die Verhältnisse des Fürstentums, die Verwaltung und innere Entwickelung desselben ziehen unsere Aufmerksamkeit wieder am meisten auf sich.

Wie man aus dem hohen Gebirge, welches große und weite Aussichten eröffnet, in ein Tal tritt, das den Blick beschränkt und in engen Grenzen festhält, so gehen wir von der Anschauung der allgemeinen Weltereignisse, in denen das Papsttum noch einmal eine so große Rolle spielte, zur Betrachtung der besonderen Angelegenheiten des Kirchenstaates über.

Erst in den Zeiten Urbans VIII. gelangte der Kirchenstaat zu seiner Vollendung. Beginnen wir mit diesem Ereignisse.

Heimfall von Urbino.

Das Herzogtum Urbino umfaßte sieben Städte, gegen 300 Schlösser; es hatte eine fruchtbare, zum Handel wohlgelegene Seeküste, — die Apenninen hinauf gesundes, anmutiges Bergland.

Wie die ferraresischen, machten sich auch die urbi=

natischen Herzoge bald durch Waffentaten, bald durch literarische Bestrebungen, bald durch einen freigebigen glänzenden Hofhalt bemerklich. Guidubaldo II. hatte im Jahre 1570 vier Hofhaltungen eingerichtet: außer seiner eigenen besondere für seine Gemahlin, den Prinzen und die Prinzessin; sie waren alle glänzend, gern besucht von einheimischen Edelleuten, offen für die Fremden. Nach alter Sitte ward jeder Fremde in dem Palast bewirtet. Die Einkünfte des Landes hätten zu so vielem Aufwande wohl nicht hingereicht: sie beliefen sich, auch wenn der Kornhandel in Sinigaglia gut ging, auf nicht mehr als etwa 100 000 Skudi. Aber die Fürsten standen, wenigstens dem Namen und Titel nach, immer in fremden Kriegsdiensten; die glückliche Lage des Landes in der Mitte von Italien bewirkte, daß die benachbarten Staaten wetteiferten, sich durch Begünstigungen, Besoldungen, Subsidien in Ergebenheit zu erhalten.

Man bemerkte in dem Lande, daß der Fürst mehr einbringe als er koste.

Zwar wurden wohl auch hier wie allenthalben Versuche gemacht, die Abgaben zu erhöhen; aber es zeigten sich hiebei so große Schwierigkeiten, vor allem in Urbino selbst, daß man es doch am Ende, halb aus gutem Willen, halb weil man nicht anders konnte, bei dem Herkömmlichen bewenden ließ. Auch die Privilegien, die Statuten blieben unangetastet. Unter dem Schutze dieses Hauses bewahrte San Marino seine unschuldige Freiheit. Während in dem übrigen Italien allenthalben das Fürstentum freier, ungebundener, mächtiger wurde, blieb es hier in seinen alten Schranken.

Daher kam es, daß die Einwohner sich auf das engste an ihre Dynastie anschlossen; sie waren ihr um so ergebener, weil eine Vereinigung mit dem Kirchenstaate ohne Zweifel die Auflösung aller hergebrachten Verhältnisse, den Verlust der alten Freiheiten herbeiführen mußte.

Eine Landesangelegenheit von der größten Wichtigkeit war demnach die Fortpflanzung des herzoglichen Geschlechtes.

Der Prinz von Urbino, Franz Maria, hielt sich eine Zeitlang an dem Hofe Philipps II. auf. Er geriet hier, wie man erzählt, in ein sehr ernsthaftes Verhältnis zu einer spanischen Dame und dachte sich mit ihr zu vermählen. Aber der Vater Guidubaldo war schlechterdings dagegen; er wollte vor allem eine ebenbürtige Schwiegertochter in seinem Hause sehen. Er nötigte seinen Sohn, zurückzukommen und der ferraresischen Prinzessin Lukrezia von Este seine Hand zu geben.

Es hätte ein zusammenpassendes Paar scheinen sollen: der Prinz gewandt und stark, geübt im Waffenspiel und nicht ohne Wissenschaften, besonders militärische; die Prinzessin geistreich, voll Majestät und Anmut. Man überließ sich der Hoffnung, daß das Haus hiemit wohlbegründet sein werde; die Städte wetteiferten, die Vermählten mit Triumphbogen und schönen Geschenken zu empfangen.

Aber das Unglück war, daß der Prinz erst 25, die Prinzessin dagegen schon gegen 40 Jahre zählte. Der Vater hatte darüber weggesehen, um die Verweigerung der spanischen Verbindung, die doch am Hofe Philipps keinen guten Eindruck gemacht hatte, durch eine so hohe, glänzende und auch reiche Partie zu beschönigen. Jedoch es ging schlechter, als er wohl geglaubt haben mochte. Nach Guidubaldos Tode mußte Lukrezia nach Ferrara zurückkehren; an Nachkommenschaft war nicht zu denken.

Wir bemerkten früher, welch einen entscheidenden Einfluß Lukrezia von Este auf das Schicksal, die Auflösung des Herzogtums Ferrara hatte. Auch in die urbinatischen Angelegenheiten finden wir sie jetzt auf das unglücklichste verflochten. Schon damals, als Ferrara genommen wurde, schien auch der Heimfall von Urbino gewiß, um so mehr, da es hier keine Agnaten gab, welche Anspruch auf die Sukzession hätten machen können.

Jedoch noch einmal änderten sich die Sachen. Im Februar 1598 starb Lukrezia; Franz Maria konnte zu einer neuen Vermählung schreiten.

Das Land war voll Entzücken, als man bald darauf vernahm, der gute Herr, der alle die Jahre daher ein mildes und ruhiges Regiment geführt, den alles liebte, habe wirklich Hoffnung, daß sein Stamm nicht mit ihm untergehen werde. Alles tat Gelübde für die glückliche Niederkunft der neuen Herzogin. Als die Zeit herankam, versammelten sich die Edelleute des Landes, die Magistrate der Städte in Pesaro, wo sich die Fürstin aufhielt; in der Stunde der Geburt war der Platz vor dem Palaste samt den nahen Straßen mit Menschen überfüllt. Endlich zeigte sich der Herzog am Fenster. „Gott," rief er mit lauter Stimme, „Gott hat uns einen Knaben beschert." Mit unbeschreiblichem Jubel ward diese Nachricht empfangen. Die Städte erbauten Kirchen und errichteten fromme Stiftungen, wie sie gelobt.

Wie betrügerisch aber sind Hoffnungen, die sich auf Menschen gründen!

Der Prinz ward sehr wohl erzogen; er entwickelte Talent, wenigstens literarisches; der alte Herzog hatte die Freude, ihn noch mit einer Prinzessin von Toskana vermählen zu können. Dann zog er sich selbst in die Ruhe von Casteldurante zurück und überließ ihm die Regierung.

Aber kaum war der Prinz sein eigener Herr, der Herr des Landes, so ergriff ihn der Rausch der Gewalt. Erst in dieser Zeit nahm in Italien der Geschmack am Theater überhand: der junge Prinz ward um so mehr davon hingerissen, da er sich in eine Schauspielerin verliebte. Am Tage machte er sich das neronische Vergnügen, den Wagen zu lenken; am Abend erschien er selbst auf den Brettern; tausend andere Ausschweifungen folgten. Traurig sahen die ehrlichen Bürgersleute einander an. Sie wußten nicht, ob sie es beklagen oder sich darüber freuen sollten, als der Prinz im Jahre 1623 nach einer wild durchtobten Nacht eines Morgens in seinem Bette tot gefunden ward.

Hierauf mußte der alte Franz Maria die Regierung nochmals übernehmen, voll tiefen Grames, daß er nun doch der letzte Robere war, daß es mit seinem Hause ganz zu Ende ging, doppelt und dreifach unmutig, da er die Geschäfte wider Willen führen und in den bitteren Begegnungen mit dem römischen Stuhle aushalten mußte.

Anfangs glaubte er fürchten zu müssen, daß sich die Barberini der Tochter, die von seinem Sohne übrig war, eines Kindes von einem Jahre, bemächtigen würden. Um sie ihren Werbungen auf immer zu entziehen, ließ er sie mit einem Prinzen von Toskana versprechen und auf der Stelle in das benachbarte Land hinüberbringen.

Aber es entspann sich sogleich ein anderes Mißverhältnis.

Da auch der Kaiser Ansprüche auf einige urbinatische Landesteile machte, so forderte Urban VIII., um sich sicherzustellen, eine Erklärung von dem Herzoge, daß er alles, was er besitze, von dem päpstlichen Stuhle zu Lehen trage. Lange weigerte sich Franz Maria: er fand diese Erklärung wider sein Gewissen; endlich gab er sie doch; „aber seitdem," sagt unser Berichterstatter, „ist er nie wieder heiter geworden; er fühlte sich dadurch in seiner Seele gedrückt."

Bald darauf mußte er zulassen, daß die Befehlshaber seiner festen Plätze dem Papste den Eid leisteten. Endlich — es war in der Tat das beste — gab er die Regierung des Landes ganz und gar an die Bevollmächtigten des Papstes auf.

Lebensmüde, altersschwach, von Herzeleid gebeugt, nachdem er alle seine vertrauten Freunde hatte sterben sehen, fand der Herzog seinen einzigen Trost in den Übungen der Frömmigkeit. Er starb im Jahre 1631.

Auf der Stelle eilte Taddeo Barberini herbei, um das Land in Besitz zu nehmen. Die Allodialerbschaft kam an Florenz. Auch das Gebiet von Urbino wurde nach dem Muster der übrigen Landschaften eingerichtet, und gar bald hören wir hier alle die Klagen, welche die Regierung der Priester zu erwecken pflegte.

Kommen wir nun auf diese Verwaltung überhaupt, und zwar zunächst auf das wichtigste Moment, von dem alles andere abhängt, die Finanzen.

Anwachs der Schulden des Kirchenstaates.

Wenn Sixtus V. die Ausgaben beschränkte, einen Schatz sammelte, so hatte er doch auch zugleich Einkünfte und Auflagen vermehrt und eine große Masse Schulden darauf gegründet.

Sich einzuschränken, Geld zu sammeln, ist nicht jedermanns Sache. Auch wurden die Bedürfnisse sowohl der Kirche als des Staates von Jahr zu Jahr dringender. Zuweilen griff man den Schatz an; jedoch war seine Verwendung an so strenge Bedingungen gebunden, daß dies doch nur in seltenen Fällen geschehen konnte. Sonderbarerweise war es um vieles leichter, Anleihen zu machen, als das Geld, welches man liegen hatte, zu brauchen. Auf das rascheste und rücksichtsloseste gingen die Päpste auf diesem Wege vorwärts.

Es ist sehr merkwürdig, wie sich das Verhältnis der Einkünfte und der Summe der Schuld und ihrer Zinsen in den verschiedenen Jahren stellte, von denen wir glaubwürdige Berechnungen darüber haben.

Im Jahre 1587 betrugen die Einkünfte 1 358 456 Skudi, die Schulden siebenthalb Millionen Skudi. Ungefähr die Hälfte der Einkünfte, 715 913 Skudi, war auf die Zinsen der Schuld assigniert.

Im Jahre 1592 sind die Einkünfte auf 1 585 520 Skudi, die Schulden auf 12 242 620 gestiegen. Der Anwachs der Schuld ist bereits um vieles größer als die Zunahme der Einkünfte: es sind 1 088 600 Skudi, d. i. ungefähr zwei Drittel der Einnahme, zum Zins der Schuld in Ämtern und Luoghi di Monte angewiesen.

Schon dies Verhältnis war so mißlich, daß es große Bedenklichkeiten erregen mußte. Man wäre gern sogleich zu einer Verringerung des Zinsfußes geschritten; es ward der Vorschlag gemacht, eine Million aus dem Kastell zu nehmen, um denen, die sich einer Reduktion der Zinsen widersetzen würden, das Kapital herauszuzahlen. Das reine Einkommen würde dadurch beträchtlich gestiegen sein. Jedoch die Bulle

Sixtus' V., die Besorgnis vor einer Verschleuderung des Schatzes verhinderte Maßregeln dieser Art, und man mußte auf dem einmal betretenen Pfade bleiben.

Vielleicht könnte man glauben, daß die Erwerbung eines so einträglichen Landes, wie das Herzogtum Ferrara, eine besondere Erleichterung gewährt haben würde; jedoch ist das nicht der Fall.

Schon im Jahre 1599 verschlangen die Zinsen nahe an drei Viertel des Gesamteinkommens.

Im Jahre 1605 aber, bei dem Regierungsantritt Pauls V., waren von den Gefällen der Kammer nur noch 70 000 Skudi nicht für Zinsen angewiesen. Kardinal du Perron versichert, daß der Papst von seinem regelmäßigen Einkommen, obwohl die Ausgaben des Palastes sehr mäßig seien, doch nicht ein halbes Jahr leben könne.

Um so weniger konnte es vermieden werden, daß er Schulden auf Schulden häufte. Aus authentischen Verzeichnissen sehen wir, wie regelmäßig Paul V. zu diesem Mittel griff: im November 1607, Januar 1608 zweimal, März, Juni, Juli 1608, September desselben Jahres zweimal; so fort durch alle Jahre seiner Regierung. Es sind nicht große Anleihen in unserem Sinne; die kleinen Bedürfnisse, wie sie vorkommen, werden durch die Errichtung und den Verkauf neuer Luoghi di Monte, in größerer oder in geringerer Zahl, gedeckt. Bald werden sie auf den Zoll von Ankona, bald auf die Dogana von Rom oder einer Provinz, bald auf die Erhöhung des Salzpreises, bald auch auf den Ertrag der Post gegründet. Allmählich wachsen sie doch gewaltig an. Paul V. allein hat über 2 Millionen Schulden in Luoghi di Monte gemacht.

Es würde dies aber unmöglich gewesen sein, wäre nicht ein Umstand besonderer Art diesem Papste zustatten gekommen.

Immer zieht die Macht auch das Geld an. Solange die spanische Monarchie in ihrem großen Fortschritt war und die Welt mit ihrem Einfluß beherrschte, hatten die Genuesen, damals die reichsten Geldbesitzer, ihre Kapitalien in den königlichen Anleihen untergebracht und sich durch einige gewaltsame Reduktionen und Eingriffe Philipps II. darin nicht stören lassen. Allmählich aber, da die große Bewegung abnahm, die Kriege und die Bedürfnisse derselben aufhörten, zogen sie ihr Geld zurück. Sie wandten sich nach Rom, das indes wieder eine so gewaltige Weltstellung eingenommen: die Schätze von Europa strömten aufs neue dahin zusammen. Unter Paul V. war Rom vielleicht der vornehmste Geldmarkt in Europa. Die römischen Luoghi di Monte wurden außerordentlich gesucht. Da sie bedeutende Zinsen abwarfen und eine genügende Sicherheit darboten, so stieg ihr Kaufpreis zuweilen bis auf 150 Prozent. So viele ihrer der Papst auch gründen mochte, so fand er Käufer in Menge.

So geschah es denn, daß die Schulden unaufhörlich stiegen. Im Anfange des Pontifikates Urbans VIII.

beliefen sie sich auf 18 Millionen. Auch die Einnahmen mußten bei dem System des römischen Hofes hiemit in Verhältnis bleiben: sie werden im Beginn dieser Regierung auf 1 818 104 Skudi 96 Bajocchi berechnet. Ich finde nicht genau, wieviel davon zu den Zinsen verbraucht ward; doch muß es bei weitem der größte Teil gewesen sein. Sehen wir die Rechnungen im einzelnen an, so überstieg die Forderung gar oft die Einnahme. Im Jahre 1592 hatte die Dogana di Roma 162 450 Skudi getragen: im Jahre 1625 trug sie 209 000 Skudi; damals aber waren doch 16 956 Skudi in die Kassen der Kammer geflossen: jetzt übertraf die Anweisung die Einnahme um 13 290 Skudi. Die Salara di Roma war in dieser Zeit von 27 654 auf 40 000 Skudi gestiegen. 1592 aber war ein Überschuß von 7482 Skudi geblieben, 1625 hatte man ein Minus von 2321 Skudi 98 Bajocchi.

Man sieht, wie wenig es, auch wenn man sparsam haushielt, hiebei sein Bewenden haben konnte; wie viel weniger unter einer Regierung wie Urbans VIII., den seine politische Eifersucht so oft zu Rüstungen und Fortifikationen antrieb!

Zwar ward Urbino erworben; allein besonders im Anfange trug es nur sehr wenig ein. Nach dem Verluste der Allodien beliefen sich die Einkünfte nur auf 40 000 Skudi. Dagegen hatte die Besitzergreifung, bei der man den Erben nicht unbedeutende Zugeständnisse machte, viele Unkosten verursacht.

Schon im Jahre 1635 hatte Urban VIII. die

Schulden bis auf 30 Millionen Skudi erhöht. Um die nötigen Fonds dazu zu bekommen, hatte er bereits zehn verschiedene Auflagen entweder neu eingeführt oder doch erhöht. Aber er war damit noch lange nicht an seinem Ziele. Es traten Kombinationen ein, die ihn veranlaßten, noch viel weiter zu gehen, die wir jedoch erst übersehen können, wenn wir eine andere Entwickelung ins Auge gefaßt haben.

Gründung neuer Familien.

Fragen wir nämlich, wohin nun alle jene Einkünfte gerieten, wozu sie angewandt wurden, so ist allerdings unleugbar, daß sie großenteils den allgemeinen Bestrebungen des Katholizismus dienten.

Heere, wie sie Gregor XIV. nach Frankreich schickte, die dann auch seine Nachfolger eine Zeitlang unterhalten mußten, die tätige Teilnahme Klemens' VIII. am Türkenkriege, Subsidien, wie sie der Liga, dem Hause Österreich unter Paul V. so oft gewährt wurden, die Gregor XV. hernach verdoppelte und Urban VIII. wenigstens zum Teil auf Maximilian von Bayern übertrug, mußten den römischen Stuhl ungemeine Summen kosten.

Auch die Bedürfnisse des Kirchenstaates nötigen oft zu außerordentlichem Aufwande: die Eroberung von Ferrara unter Klemens VIII., Paul V. Anstalten gegen Venedig, alle die Kriegsrüstungen Urbans VIII.

Dazu kamen die großartigen Bauwerke, bald zur Verschönerung der Stadt, bald zur Befestigung des

Staates, in denen jeder neue Papst mit dem Andenken seiner Vorfahren wetteiferte.

Allein es bildete sich auch noch ein Institut aus, das zur Aufhäufung jener Schuldenmasse nicht wenig beitrug, und das freilich weder der Christenheit noch dem Staate, auch nicht der Stadt, sondern allein den Familien der Päpste zugute kam.

Es hatte sich überhaupt eingeführt und hängt mit der Stellung des Priesterstandes zu einer sehr ent= wickelten Familienverfassung zusammen, daß der Überschuß der geistlichen Einkünfte in der Regel den Verwandten eines jeden zuteil wurde.

Die damaligen Päpste waren durch Bullen ihrer Vorgänger verhindert, ihren Angehörigen, wie früher so oft versucht worden, Fürstentümer zu verleihen; die allgemeine Sitte des geistlichen Standes gaben sie aber darum nicht auf; jetzt ließen sie es sich nur um so angelegener sein, denselben durch Reichtümer und festen Besitz ein erbliches Ansehen zu verschaffen.

Sie versäumten nicht, hiebei einige Gründe zu ihrer Rechtfertigung geltend zu machen. Sie gingen davon aus, daß sie durch kein Gelübde zur Armut verpflichtet seien: indem sie nun schlossen, daß sie den Überschuß der Früchte des geistlichen Amtes als ihr Eigentum ansehen dürften, glaubten sie zugleich das Recht zu haben, ihren Verwandten mit diesem Überschuß ein Geschenk zu machen.

Bei weitem mehr aber, als Ansichten dieser Art, wirkten hiebei Herkommen und Blut und die natür=

liche Neigung des Menschen, eine Stiftung nach seinem Tode zurückzulassen.

Der erste, der die Form fand, an welche darnach die anderen sich hielten, war Sixtus V.

Den einen seiner Pronepoten erhob er zum Kardinal, ließ ihn Anteil an den Geschäften nehmen und gab ihm ein kirchliches Einkommen von 100 000 Skudi; den anderen vermählte er mit einer Sommaglia und erhob ihn zum Marchese von Mentana, wozu späterhin das Fürstentum Venafro und die Graffschaft Celano im Neapolitanischen kamen. Das Haus Peretti hat sich hierauf geraume Zeit in großem Ansehen erhalten; zu wiederholten Malen erscheint es im Kardinalkollegium.

Bei weitem mächtiger aber wurden die Aldobrandini. Wir sahen, welchen Einfluß Pietro Aldobrandino während der Regierung seines Oheims ausübte. Er hatte schon 1599 bei 60 000 Skudi kirchlicher Einkünfte; wie sehr müssen sie seitdem noch angewachsen sein! Die Erbschaft der Lukrezia d'Este kam ihm trefflich zustatten: er kaufte sich an; auch finden wir, daß er Geld in der Bank von Venedig niederlegte. Wieviel er aber auch zusammenbringen mochte, so mußte doch zuletzt alles der Familie seiner Schwester und ihres Gemahls, Johann Franz Aldobrandino, zufallen. Johann Franz wurde Kastellan von San Angelo, Governatore des Borgo, Kapitän der Garde, General der Kirche. Auch er hatte 1599 bereits 60 000 Skudi Einkünfte; oft bekam er bares Geld

von dem Papste: ich finde eine Rechnung, nach welcher
Klemens VIII. seinen Nepoten überhaupt in den
dreizehn Jahren seiner Herrschaft über eine Million
bar geschenkt hat. Sie wurden um so wohlhabender,
da Johann Franz ein guter Wirt war; die Güter
Ridolfo Pios, die diesem nicht mehr als 3000 Skudi
eingetragen, kaufte er an sich und brachte sie zu einem
Ertrage von 12 000 Skudi. Nicht ohne große Unkosten
ward die Vermählung seiner Tochter Margareta mit
Rainuccio Farnese durchgesetzt; sie brachte demselben
außer einigen vorteilhaften Vergünstigungen 400 000
Skudi Mitgift zu; doch erwies sich diese Verbindung,
wie wir sahen, später nicht so innig, wie man gehofft
hatte.

Auf dem Wege der Aldobrandini fuhren nun die
Borghesen fast noch schneller und rücksichtsloser fort.

Kardinal Scipione Cafarelli Borghese hatte über
Paul V. so viel Autorität wie Pietro Aldobrandino
nur irgend über Klemens VIII. Auch brachte er wohl
noch größere Reichtümer zusammen. Im Jahre 1612
werden die Pfründen, die ihm übertragen worden,
bereits auf ein Einkommen von 150 000 Skudi des
Jahres berechnet. Den Neid, welchen so viel Macht
und Reichtum notwendig hervorriefen, suchte er durch
Wohlwollen und ein höfliches, zuvorkommendes
Wesen zu vermindern; doch wird man sich nicht
wundern, wenn ihm das nicht vollkommen gelang.

Die weltlichen Ämter kamen an Mark Antonio
Borghese, den der Papst überdies mit dem Fürstentum

Sulmona in Neapel, mit Palästen in Rom und den
schönsten Villen in der Umgebung ausstattete. Er
überhäufte seine Nepoten mit Geschenken. Wir haben
ein Verzeichnis derselben seine ganze Regierungszeit
hindurch bis ins Jahr 1620. Zuweilen sind es Edel=
steine, Silbergerätschaften; prächtige Zimmerbe=
kleidungen werden unmittelbar aus den Vorräten des
Palastes genommen und den Nepoten überbracht; bald
werden ihnen Karossen, bald sogar Musketen und
Falkonetten gegeben; aber die Hauptsache ist immer
das bare Geld. Es findet sich, daß sie bis zum Jahre
1620 im ganzen 689727 Skudi 31 Bajocchi bar, in
Luoghi di Monte 24600 Skudi nach ihrem Nennwert,
in Ämtern nach der Summe, die es gekostet haben
würde, sie zu kaufen, 268176 Skudi erhielten, was sich
denn auch wie bei den Aldobrandini ziemlich auf eine
Million beläuft.

Auch die Borghesen aber versäumten nicht, ihr
Geld sogleich in liegenden Gründen anzulegen. In
der Campagna von Rom haben sie gegen 80 Güter
an sich gebracht; die römischen Edelleute ließen sich
durch den guten Preis, der ihnen gezahlt ward, und
durch die hohen Zinsen, welche die Luoghi di Monte
trugen, die sie dafür ankauften, verleiten, ihr altes
Eigentum und Erbe zu veräußern. Auch in vielen
anderen Gegenden des Kirchenstaates siedelten sie sich
an; der Papst begünstigte sie dabei durch besondere
Privilegien. Zuweilen empfingen sie das Recht,
Verbannte herzustellen, einen Markt zu halten, oder

ihre Untertanen wurden mit Exemtionen begnadigt: es wurden ihnen Gabellen erlassen; sie brachten eine Bulle aus, kraft deren ihre Güter niemals konfisziert werden sollten.

Die Borghesen wurden das reichste und mächtigste Geschlecht, das noch in Rom emporgekommen.

Hiedurch war nun aber das Nepotenwesen dergestalt in Schwung gebracht, daß auch eine kurze Regierung zu einer glänzenden Ausstattung die Mittel fand.

Ohne Zweifel noch unbedingter als die früheren Nepoten herrschte der Neffe Gregors XV., Kardinal Ludovico Ludovisio. Er hatte das Glück, daß während seiner Verwaltung die beiden wichtigsten Ämter der Kurie, das Vizekanzellariat und das Kamerlengat, vakant wurden und ihm zufielen. Er erwarb über 200 000 Skudi kirchlicher Einkünfte. Die weltliche Macht, das Generalat der Kirche und mehrere andere einträgliche Ämter gelangten zunächst an den Bruder des Papstes, Don Orazio, Senator zu Bologna. Da der Papst kein langes Leben versprach, hatte man es um so eiliger, die Familie auszustatten. Es flossen ihr in der kurzen Zeit 800 000 Skudi Luoghi di Monte zu. Von den Sforzen ward das Herzogtum Fiano, von den Farnesen das Fürstentum Zagarolo für sie angekauft. Schon durfte der junge Niccolo Ludovisio auf die glänzendste, reichste Vermählung Anspruch machen. Durch eine erste Heirat brachte er Venosa, durch eine zweite Piombino an sein Haus. Die Gunst des Königs von Spanien trug dazu noch besonders bei.

2*

Wetteifernd mit so glänzenden Beispielen warfen sich nun auch die Barberini in diese Bahn. Zur Seite Urbans VIII. erhob sich dessen ältester Bruder Don Carlo als General der Kirche, ein ernster, geübter Geschäftsmann, der wenig Worte machte, sich durch den Aufgang seines Glückes nicht blenden, noch zu nichtigem Hochmut verleiten ließ und jetzt vor allem die Gründung eines großen Familienbesitzes ins Auge faßte. „Er weiß," heißt es in der Relation von 1625, „daß der Besitz des Geldes von dem großen Haufen unterscheidet und hält es nicht für geziemend, daß, wer einmal mit einem Papst in Verwandtschaft gestanden, nach dessen Tode in beschränkter Lage erscheine." Drei Söhne hatte Don Carlo, die nun unmittelbar zu einer großen Bedeutung gelangen mußten, Franzesko, Antonio und Taddeo. Die beiden ersten widmeten sich geistlichen Ämtern. Franzesko, der durch Bescheidenheit und Wohlwollen sich das allgemeine Zutrauen erwarb und es zugleich verstand, sich in die Launen seines Oheims zu fügen, bekam die leitende Gewalt, die ihm, obwohl er sich im ganzen gemäßigt hielt, doch in so langen Jahren ganz von selbst bedeutende Reichtümer zuführen mußte. Im Jahre 1625 hat er 40 000 Skudi, schon im Jahre 1627 gegen 100 000 Skudi Einkünfte. Es war nicht vollkommen mit seinem Willen, daß auch Antonio zum Kardinal ernannt ward, und nur unter der ausdrücklichen Bedingung geschah dies, daß er keinen Anteil an der Regierung nehmen sollte. Antonio war hochstrebend, hartnäckig, stolz, wiewohl körperlich schwach. Um wenigstens nicht in allem von seinem Bruder verdunkelt zu werden, beeiferte er sich, eine Menge Stellen zusammenzubringen, große Einkünfte, die im Jahre 1635 auch schon auf 100 000 Skudi anliefen; er bekam allein sechs Malteserkommenden, was nun wohl den Rittern dieses Ordens nicht sehr gefallen haben wird; auch nahm er Geschenke; doch gab er auch wieder viel aus; er war mit Absicht freigebig, um sich in dem römischen Adel einen Anhang zu bilden. Zur Gründung einer Familie durch Erwerbung erblicher Besitztümer war der mittlere unter diesen Brüdern, Don Taddeo, ausersehen worden. Er bekam die Würden des weltlichen Nepoten und ward nach seines Vaters Tode General der Kirche, Kastellan von San Angelo, Governatore des Borgo; schon im Jahre 1635 war er mit so vielen Besitztümern ausgestattet, daß auch er ein jährliches Einkommen von 100 000 Skudi genoß, und unaufhörlich wurden neue erworben. Don Taddeo lebte sehr zurückgezogen und führte eine musterhafte Haushaltung. In kurzem rechnete man die regelmäßige Einnahme der drei Brüder zusammen jährlich auf eine halbe Million Skudi. Die wichtigsten Ämter gehörten ihnen. Wie das Kamerlengat an Antonio, so war das Vizekanzellariat an Franzesko, die Präfektur, die durch den Tod des Herzogs von Urbino erledigt worden, an Don Taddeo gelangt. Man wollte berechnen, daß im Laufe dieses Pontifikates den Barberini die unglaubliche Summe von

105 Millionen Skudi zugefallen sei. „Die Paläste,“ fährt der Autor dieser Nachricht fort, „zum Beispiel der Palast an den Quattro Fontane, ein königliches Werk, die Vignen, die Gemälde, Bildsäulen, das verarbeitete Silber und Gold, die Edelsteine, die ihnen zuteil geworden, sind mehr wert, als man glauben und aussprechen kann.“ Dem Papste selbst scheint eine so reiche Ausstattung seines Geschlechtes doch zuweilen bedenklich geworden zu sein; im Jahre 1640 setzte er förmlich eine Kommission nieder, um die Rechtmäßigkeit derselben zu prüfen. Zunächst sprach diese Kommission den Grundsatz aus, mit dem Papsttume sei ein Fürstentum verknüpft, aus dessen Überschuß oder Ersparnissen der Papst seine Angehörigen beschenken könne. Hierauf erwog sie die Verhältnisse dieses Fürstentums, um zu bestimmen, wie weit der Papst gehen dürfe. Nachdem alles berechnet worden, urteilte sie, der Papst könne mit gutem Gewissen ein Majorat von 80 000 Skudi reinen Einkommens und überdies eine Sekundogenitur in seinem Hause stiften; die Aussteuer der Töchter werde sich auf 180 000 Skudi belaufen dürfen. Auch der Jesuitengeneral Vitelleschi — denn in allen Dingen müssen die Jesuiten ihre Hand haben — ward um seine Meinung befragt; er fand diese Bestimmungen mäßig und gab ihnen Beifall.

Dergestalt erhoben sich von Pontifikat zu Pontifikat immer neue Geschlechter zu erblicher Macht; sie stiegen unmittelbar in den Rang der hohen Aristokratie des Landes auf, den man ihnen willig zuerkannte.

Natürlich konnte es unter ihnen nicht an Reibungen fehlen. Der Gegensatz zwischen Vorgängern und Nachfolgern, der früher von den Faktionen des Konklave abgehangen, stellte sich jetzt in den Nepoten dar. Das zur Herrschaft gelangte neue Geschlecht hielt eifersüchtig auf seine höchste Würde und verhängte in der Regel Feindseligkeiten, ja Verfolgungen über das zunächst vorhergegangene. So vielen Anteil auch die Aldobrandini an der Erhebung Pauls V. gehabt, so wurden sie doch von den Angehörigen desselben beiseite gesetzt, angefeindet, mit kostspieligen und gefährlichen Prozessen heimgesucht; sie nannten ihn den großen Undankbaren. Ebensowenig Gunst fanden die Nepoten Pauls V. bei den Ludovisi; Kardinal Ludovisio selbst mußte unmittelbar nach dem Eintritt der barberinischen Herrschaft Rom verlassen.

Denn mit vielem Ehrgeiz machten nun auch die Barberini die Gewalt geltend, welche ihnen der Besitz der päpstlichen Macht über den einheimischen Adel und die italienischen Fürsten verschaffte. Darum verlieh Urban VIII. seinem weltlichen Nepoten die Würde eines Prefetto di Roma, weil mit derselben Ehrenrechte verbunden waren, welche diesem Hause auf ewig seinen Vorrang vor den übrigen sichern zu müssen schienen.

Hieran knüpfte sich jedoch zuletzt eine Bewegung, welche zwar nicht weltbedeutend ist, aber für die

Stellung des Papsttums sowohl innerhalb des Staates als in ganz Italien eine wichtige Epoche ausmacht.

Krieg von Castro.

Den höchsten Rang unter den nichtherrschenden papalen Familien behaupteten allemal die Farnesen, da sie es nicht allein zu Reichtümern im Lande, wie die übrigen, sondern überdies zum Besitz eines nicht unbedeutenden Fürstentumes gebracht hatten, und es war den regierenden Nepoten niemals leicht geworden, dies Haus in Ergebenheit und gebührender Unterordnung zu halten. Als Herzog Odoardo Farnese 1639 nach Rom kam, ward ihm alle mögliche Ehre angetan. Der Papst ließ ihm Wohnung anweisen, Edelleute, ihn zu bedienen, und leistete ihm auch in seinen Geldgeschäften Vorschub; die Barberini gaben ihm Feste, beschenkten ihn mit Gemälden, mit Pferden: mit alledem konnten sie ihn nicht vollkommen gewinnen. Odoardo Farnese, ein Fürst von Talent, Geist und Selbstgefühl, hegte den Ehrgeiz jener Zeiten, der sich in eifersüchtiger Wahrnehmung kleiner Auszeichnungen gefiel, in hohem Grade. Er war nicht dahin zu bringen, daß er die Würde eines Prefetto in Taddeo gebührend anerkannt und ihm den Rang, der mit derselben verbunden war, zugestanden hätte. Selbst wenn er den Papst besuchte, zeigte er sich von der Vornehmheit seines Hauses und sogar von seinen persönlichen Vorzügen auf eine

lästige Weise durchdrungen. Es kam zu Mißverständ=
nissen, die sich um so weniger heben ließen, da sie
auf einem unüberwindbaren persönlichen Eindruck be=
ruhten.

Da war es nun eine wichtige Frage, wie man den
Herzog bei seiner Abreise begleiten würde. Odoardo
forderte die nämliche Behandlung, welche dem Groß=
herzoge von Toskana zuteil geworden war: der herr=
schende Nepot, Kardinal Franz Barberini, sollte
ihm persönlich das Geleit geben. Dieser wollte das
nur tun, wenn ihm der Herzog zuvor einen förm=
lichen Abschiedsbesuch im Vatikan machen werde, und
hiezu hielt sich Odoardo nicht für verpflichtet. Es
kamen einige Schwierigkeiten, die man ihm in seinen
Geldsachen machte, hinzu, so daß seine doppelt ge=
kränkte Eigenliebe heftig aufflammte. Nachdem er
mit kurzen Worten, in denen er sich noch über den
Nepoten beklagte, von dem Papst Abschied genommen,
verließ er Palast und Stadt, ohne Kardinal Franz
auch nur begrüßt zu haben. Er hoffte ihn damit bis
ins Herz zu kränken.

Aber die Barberini, im Besitz einer absoluten Ge=
walt in diesem Lande, besaßen die Mittel, sich noch
empfindlicher zu rächen.

Die Geldwirtschaft, die sich in dem Staate ent=
wickelte, fand auch bei allen jenen fürstlichen Häusern,
welche die Aristokratie desselben ausmachten, Eingang
und Nachahmung: sie hatten sämtlich Monti errichtet
und ihre Gläubiger ebenso auf den Ertrag ihrer

Güter angewiesen, wie die päpstlichen auf die Gefälle der Kammer angewiesen waren; die Luoghi di Monte gingen auf die nämliche Art von Hand in Hand. Diese Monti würden jedoch schwerlich Kredit gefunden haben, hätten sie nicht unter der Aufsicht der höchsten Gewalt gestanden: nur mit besonderer Genehmigung des Papstes durften sie errichtet oder modifiziert werden. Es gehörte mit zu den Vorrechten des herrschenden Hauses, daß es durch eine solche Oberaufsicht einen bedeutenden Einfluß auf die häuslichen Angelegenheiten aller anderen erwarb: die Reduktionen der Monti auf einen niedrigeren Zinsfuß waren an der Tagesordnung; sie hingen von seinem guten Willen, seiner Geneigtheit ab.

Nun waren auch die Farnesen mit sehr ansehnlichen Schulden beladen. Der Monte Farnese vecchio schrieb sich noch von den Bedürfnissen und dem Aufwande Alexander Farneses in den flandrischen Feldzügen her; ein neuer war errichtet worden; Indulte der Päpste hatten die Masse vermehrt, und indem neue Luoghi mit geringeren Zinsen gegründet, die alten nicht getilgt, die verschiedenen Operationen aber von verschiedenen aufeinander eifersüchtigen Handelshäusern geleitet wurden, war alles in Verwirrung geraten.

Dazu kam aber jetzt, daß die Barberini einige Maßregeln ergriffen, welche dem Herzog großen Schaden zufügten.

Die beiden farnesischen Monti waren auf den Ertrag von Castro und Ronciglione angewiesen. Die Siri, Pächter der Gefälle von Castro, zahlten dem Herzoge 94000 Skudi, mit welchen die Zinsen der Monti eben noch bezahlt werden konnten. Aber es war nur infolge einiger von Paul III. seinem Hause erteilter Bewilligungen, daß der Ertrag sich so hoch belief. Papst Paul hatte zu dem Ende die große Landstraße von Sutri nach Ronciglione verlegt und jenem Landstrich eine größere Freiheit der Kornausfuhr zugestanden, als andere Provinzen besaßen. Jetzt beschlossen die Barberini, diese Begünstigungen zu widerrufen. Sie verlegten die Straße zurück nach Sutri; in Montalto di Maremma, wo das Getreide von Castro geladen zu werden pflegte, ließen sie ein Verbot der Ausfuhr bekannt machen.

Augenblicklich zeigte sich der beabsichtigte Erfolg. Die Siri, die ohnehin wegen jener Operationen mit dem Herzog gespannt waren und jetzt einen Rückhalt in dem Palast hatten — man behauptet, noch besonders auf Antrieb einiger Prälaten, die insgeheim an ihrem Geschäfte teilnahmen —, weigerten sich, ihren Kontrakt zu halten: sie hörten auf, die Zinsen des Monte Farnese zu zahlen. Die Montisten, denen ihr Einkommen plötzlich fehlte, drangen auf ihr Recht und wandten sich an die päpstliche Regierung. Der Herzog verschmähte es, da er sich so absichtlich beeinträchtigt sah, Anstalten zu ihrer Befriedigung zu treffen. Aber die Klagen der Montisten wurden so lebhaft, dringend und allgemein, daß der Papst das

Recht zu haben glaubte, um so vielen römischen
Bürgern zu ihrer Rente zu verhelfen, sich in Besitz
der Hypothek zu setzen. In dieser Absicht schickte er
eine kleine Heeresmacht nach Castro. Nicht ohne allen
Widerstand ging es dabei ab: „wir sind genötigt ge=
wesen," ruft er unter anderem in sonderbarem
Zorneseifer in seinem Monitorium aus, „vier große
Schüsse tun zu lassen, durch welche auch einer der
Feinde geblieben ist." Am 13. Oktober 1641 nahm
er Castro ein. Und selbst hiebei stehen zu bleiben,
war er nicht gewillt. Im Januar 1642 ward über
den Herzog, der sich jene Einnahme nicht rühren ließ,
die Exkommunikation ausgesprochen; aller seiner
Lehen ward er verlustig erklärt; es rückten Truppen
ins Feld, um ihm auch Parma und Piazenza zu ent=
reißen. Von einer Pazifikation wollte der Papst
nichts hören; er erklärte: „zwischen dem Herrn und
seinem Vasallen finde eine solche nicht statt; er wolle
den Herzog demütigen; er habe Geld, Mut und
Kriegsvolk; Gott und Welt seien für ihn."

Hiedurch bekam aber diese Sache eine allgemeine
Bedeutung. Die italienischen Staaten waren schon
längst auf die wiederholten Erweiterungen des
Kirchenstaates eifersüchtig. Sie wollten nicht dulden,
daß er etwa auch Parma an sich ziehen solle, wie
Urbino und Ferrara; noch hatten die Este ihre ferra=
resischen, die Medici gewisse urbinatische Ansprüche
nicht aufgegeben; durch die Anmaßungen Don Tad=
deos waren sie sämtlich beleidigt — die Venezianer

doppelt, da Urban VIII. vor kurzem eine Inschrift in der Sala Regia, in der sie wegen jener ihrer fabelhaften Verteidigung Alexanders III. gepriesen wurden, hatte vernichten lassen, was sie für einen großen Schimpf hielten; — auch allgemeinere politische Rücksichten gesellten sich hinzu. Wie früher die spanische, so erregte jetzt die französische Übermacht die Bedenklichkeiten der Italiener. Allenthalben erlitt die spanische Monarchie die größten Verluste; die Italiener fürchteten, es möchte auch bei ihnen eine allgemeine Umwälzung erfolgen, wenn Urban VIII., den sie für einen entschiedenen Verbündeten der Franzosen hielten, noch mächtiger werde. Aus allen diesen Gründen beschlossen sie, sich ihm zu widersetzen. Ihre Truppen vereinigten sich im Modenesischen. Die Barberini mußten den Durchzug durch dies Gebiet aufgeben; den Verbündeten gegenüber bezog die päpstliche Heeresmacht ihre Quartiere um Ferrara.

Gewissermaßen wiederholte sich demnach hier der Gegensatz des französischen und des spanischen Interesses, der Europa überhaupt in Bewegung hielt. Allein wie viel schwächer waren doch die Beweggründe, die Kräfte, die Anstrengungen, die es hier zu einer Art von Kampf brachten!

Ein Zug, den der Herzog von Parma, der sich nunmehr ohne viel Zutun von seiner Seite beschützt und doch nicht gebunden sah, auf eigene Hand unternahm, offenbart uns recht die Sonderbarkeit des Zustandes, in welchem man sich befand.

Ohne Geschütz noch Fußvolk, nur mit 3000 Reitern brach Odoardo in den Kirchenstaat ein. Das Fort Urbano, das mit so vielen Kosten errichtet worden, die versammelte Miliz, die sich nie auf einen bewaffneten Feind gefaßt gemacht, hielten ihn nicht auf. Die Bolognesen schlossen sich in ihre Mauern ein: ohne die päpstlichen Truppen auch nur zu Gesicht zu bekommen, zog der Herzog vorüber. Imola öffnete ihm die Tore; er machte dem päpstlichen Befehlshaber einen Besuch; er ermahnte die Stadt, dem römischen Stuhle getreu zu sein. Denn nicht gegen Rom, nicht einmal gegen Urban VIII., nur gegen die Nepoten desselben behauptete er, die Waffen ergriffen zu haben; er zog unter der Fahne des Gonfaloniere der Kirche einher, auf welcher man St. Peter und St. Paul erblickte; im Namen der Kirche forderte er den Durchzug. In Faenza hatte man die Tore verschanzt; als aber der Governatore des Feindes ansichtig wurde, ließ er sich an einem Seile die Mauer hinunter, um persönlich mit dem Herzoge zu unterhandeln; das Ende der Unterhandlung war, daß die Tore geöffnet wurden. So ging es auch in Forli. Ruhig sahen sich die Einwohner aller dieser Städte von den Fenstern den Durchzug ihres Feindes an. Der Herzog begab sich über das Gebirge nach Toskana; von Arezzo her drang er dann aufs neue in den Kirchenstaat ein. Castiglione da Lago, Citta del Pieve öffneten ihm die Tore; unaufhaltsam eilte er vorwärts; mit dem Schrecken seines Namens erfüllte er das Land. Vornehmlich in Rom geriet man hierüber in Bestürzung; der Papst fürchtete das Schicksal Klemens' VII. Er suchte seine Römer zu bewaffnen. Allein erst mußte eine Auflage widerrufen, Haus bei Haus mußten Beiträge eingesammelt werden, wobei es denn nicht ohne anzügliche Reden abging, ehe man eine kleine Schar zu Pferde ausrüsten konnte. Wäre der Herzog von Parma in diesem Augenblicke erschienen, so hätte man ihm ohne Zweifel ein paar Kardinäle am Ponte Molle entgegengeschickt und ihm alle seine Forderungen zugestanden.

Aber ein Kriegsmann war auch er nicht. Gott weiß, welche Betrachtungen, welche Rücksichten ihn zurückhielten. Er ließ sich bewegen, auf Unterhandlungen einzugehen, von denen er niemals etwas erwarten konnte. Der Papst schöpfte wieder Atem. Mit einem durch die Gefahr verjüngten Eifer befestigte er Rom. Er stellte ein neues Heer ins Feld, das den Herzog, dessen Mannschaften auch nicht zusammenhielten, gar bald aus dem Kirchenstaate hinausdrängte. Als nichts mehr zu fürchten war, machte Urban aufs neue die härtesten Bedingungen; die Gesandten der Fürsten verließen Rom; auch in dem friedlichen Italien rüstete man sich noch einmal, einheimische Waffen zu versuchen.

Zuerst im Mai 1643 griffen die Verbündeten im Ferraresischen an. Der Herzog von Parma nahm ein paar feste Plätze, Bondeno, Stellata; die Venezianer und Modenesen vereinigten sich und rückten tiefer ins Land. Aber auch der Papst, wie gesagt, hatte sich indes aus aller Kraft gerüstet: er hatte 30 000 Mann zu Fuß, 6000 zu Pferde beisammen; die Venezianer trugen Bedenken, eine so stattliche Macht anzugreifen: sie zogen sich zurück, und in kurzem finden wir nun die kirchlichen Truppen in das Modenesische und in Polesine di Rovigo vordringen.

Der Großherzog von Toskana warf sich dann vergebens auf Perugia; die Truppen des Papstes streiften hie und da sogar ins großherzogliche Gebiet.

Wie sonderbar nehmen sich diese Bewegungen aus, von beiden Seiten so ganz ohne Nachdruck und Nerv, verglichen mit den gleichzeitigen Kämpfen in Deutschland, mit jenen schwedischen Zügen von der Ostsee bis in die Nähe von Wien, von Mähren bis nach Jütland! Und doch waren sie nicht einmal rein italienisch; zu beiden Seiten dienten Fremde; in dem verbündeten Heere machten die Deutschen, in dem kirchlichen die Franzosen die größere Anzahl aus.

Die Folge hatte indessen auch der italienische Krieg, daß das Land erschöpft wurde und besonders die päpstlichen Kassen in die größte Verlegenheit gerieten.

Gar mancherlei Mittel versuchte Urban VIII., um sich das Geld zu verschaffen, welches er brauchte. Schon im September 1642 ward die Bulle Sixtus' V. einer neuen Erwägung unterworfen und hierauf in dem Konsistorium der Beschluß gefaßt, 500 000 Skudi aus dem Kastell zu entnehmen. Natürlich konnte dies nicht sehr weit reichen; man fing an, Anleihen bei dem

Reste jenes Schatzes zu machen, d. i. man setzte fest, das Geld, welches man entnahm, in Zukunft in denselben zurückzahlen zu wollen. Wir sahen schon, daß man zu persönlichen Taxen schritt; öfter wurden sie wiederholt; der Papst zeigte den Konservatoren an, welche Summe er bedürfe; den Einwohnern, auch die Fremden nicht ausgeschlossen, ward alsdann ihre Quote zugeteilt. Die Hauptsache aber blieben doch immer die Auflagen. Anfangs waren sie noch wenig fühlbar, z. B. eine Auflage auf das Schrotkorn für die Vogelbeize; bald aber folgten schwerere auf die unentbehrlichsten Lebensbedürfnisse, Brennholz, Salz, Brot und Wein; — sie nahmen jetzt ihren zweiten großen Schwung: sie erhoben sich 1644 bis auf 2 200 000 Skudi. Es versteht sich schon, daß man jede Erhöhung, jede neue Auflage sofort kapitalisierte, einen Monte darauf gründete und ihn verkaufte. Kardinal Cesi, früher Schatzmeister, berechnete, daß auf diese Weise 7 200 000 Skudi neue Schulden gemacht wurden, obwohl noch 60 000 im Schatze gewesen seien. Den ganzen Aufwand des Krieges gab man den venezianischen Gesandten im Jahre 1645 auf mehr als 12 Millionen an.

In jedem Monat fühlte man mehr, wieviel das zu bedeuten hatte: der Kredit ward am Ende doch erschöpft; allmählich mußten alle Hilfsquellen versiegen. Auch der Krieg ging nicht immer nach Wunsch. In einem Scharmützel bei Lagoskuro — 17. März 1644 — entkam Kardinal Antonio nur durch die

Schnelligkeit seines Pferdes der Gefangenschaft. Da der Papst sich täglich hinfälliger fühlte, mußte er auf den Frieden denken.

Die Franzosen übernahmen die Vermittelung. Die Spanier vermochten so wenig an dem päpstlichen Hofe und hatten auch anderwärts an ihrer Autorität so viel verloren, daß sie diesmal ganz ausgeschlossen blieben.

Früher hatte der Papst oft gesagt, er wisse wohl, die Absicht der Venezianer sei, ihn durch Mißvergnügen zu töten; aber es solle ihnen nicht gelingen; er werde ihnen standzuhalten wissen; — jetzt sah er sich doch genötigt, alles zu bewilligen, was sie forderten: den Herzog von Parma vom Banne loszusprechen und in Castro wiederherzustellen. Niemals hätte er geglaubt, daß es so weit kommen werde; er empfand es auf das tiefste.

Noch etwas anderes bedrängte ihn dann. Es schien ihm aufs neue, als habe er seine Nepoten doch wohl ungebührlich begünstigt, als werde dies sein Gewissen vor dem Angesichte Gottes beschweren. Noch einmal rief er einige Theologen, auf die er ein besonderes Vertrauen setzte, unter denen Kardinal Lugo und Pater Lupis, ein Jesuit, genannt werden, zu einer Konsultation in seiner Gegenwart. Die Antwort war: da sich die Nepoten Seiner Heiligkeit so viele Feinde gemacht, so sei es billig und für die Ehre des apostolischen Stuhles sogar notwendig, ihnen die Mittel zu lassen, um sich diesen Feinden zum Trotz auch nach dem Abgange des Papstes in ungeschmälertem Ansehen zu erhalten.

In so schmerzlichen Zweifeln und dem bitteren Gefühle einer mißlungenen Unternehmung ging der Papst dem Tode entgegen. Sein Arzt hat versichert, er sei in dem Augenblicke, in welchem er den Frieden von Castro unterzeichnen mußte, von Schmerz übermannt, in Ohnmacht gefallen; damit habe die Krankheit angefangen. Er flehte den Himmel an, ihn an den gottlosen Fürsten zu rächen, die ihn zum Kriege genötigt. Er starb am 29. Juli 1644.

Kaum war der päpstliche Stuhl von dem Mittelpunkte der europäischen Geschäfte zurückgetreten, so erlitt er in den italienischen, in den Angelegenheiten des Staates, eine Niederlage, wie er sie lange nicht erfahren.

Auch Papst Klemens VIII. war wohl mit den Farnesen zerfallen und hatte ihnen zuletzt Verzeihung angedeihen lassen. Jedoch tat er das nur, weil er sich mit Hilfe der übrigen italienischen Fürsten an den Spaniern rächen wollte. Jetzt war die Lage der Dinge um vieles anders. Mit aller seiner Macht hatte Urban VIII. den Herzog von Parma angegriffen; die vereinten Kräfte von Italien hatten die seinen erschöpft und ihn zu einem ungünstigen Frieden genötigt. Es ließ sich nicht leugnen, das Papsttum war endlich einmal entschieden im Nachteil geblieben.

3*

Innozenz X.

Gleich in dem nächsten Konklave zeigte sich die Rückwirkung hievon. Die Nepoten Urbans VIII. führten achtundvierzig Kardinäle, Kreaturen ihres Oheims, ein; nie hatte es eine so starke Faktion gegeben. Nichtsdestominder sahen sie gar bald, daß sie den Mann ihrer Wahl, Sacchetti, nicht durchsetzen würden: die Skrutinien fielen von Tag zu Tag ungünstiger aus. Um nicht einen erklärten Gegner zur Tiara kommen zu lassen, entschied sich Franz Barberino endlich für Kardinal Pamfili, der wenigstens eine Kreatur Urbans VIII. war, obwohl er sich stark auf die spanische Seite neigte, obwohl der französische Hof ihn ausdrücklich verbeten hatte. Am 16. September 1644 ward Kardinal Pamfili gewählt. Er nannte sich Innozenz X., zum Andenken, wie man glaubt, an Innozenz VIII., unter dem sein Haus nach Rom gekommen war.

Hiemit änderte sich aber nun auf einmal die Politik des römischen Hofes.

Die verbündeten Fürsten, namentlich die Medici, denen der neue Papst seine Erhebung vorzugsweise zuschrieb, gewannen jetzt Einfluß auf die Gewalt, die sie eben bekämpft hatten; jene venezianische Inschrift ward wiederhergestellt; in der ersten Promotion wurden fast lauter Freunde der Spanier erhoben. Die gesamte spanische Partei erwachte wieder und hielt der französischen wenigstens zu Rom aufs neue das Gleichgewicht.

Zunächst bekamen die Barberini diesen Umschwung der Dinge zu fühlen. Es läßt sich jetzt wohl nicht mehr ausmachen, wieviel von alledem begründet ist, was man ihnen schuld gab. Sie sollten sich Eingriffe in die Justiz erlaubt, fremde Pfründen an sich gerissen, hauptsächlich sollten sie die öffentlichen Gelder unterschlagen haben. Der Papst beschloß, die Nepoten seines Vorgängers wegen ihrer Geldverwaltung während des Krieges von Castro zur Rechenschaft zu ziehen.

Anfangs glaubten sich die Barberini durch die Protektion von Frankreich sicherstellen zu können: da Mazarin in ihrem Hause durch ihre Beförderung emporgekommen, ließ er es ihnen jetzt an Unterstützung nicht fehlen; sie stellten die französischen Wappen an ihren Palästen auf und begaben sich förmlich in den Schutz von Frankreich. Allein Papst Innozenz erklärte: er sei dazu da, um die Gerechtigkeit zu handhaben, und wenn Bourbon vor den Toren stünde, könnte er davon nicht ablassen.

Hierauf entfloh zuerst Antonio, der am meisten gefährdet war, im Oktober 1645; einige Monate später entfernten sich auch Franz und Taddeo mit seinen Kindern.

Der Papst ließ ihre Paläste besetzen, ihre Ämter verteilen, ihre Luoghi di Monte sequestrieren. Das römische Volk stimmte ihm in seinem Verfahren bei. Am 20. Februar 1646 hielt es eine Versammlung auf dem Kapitol. Es war die glänzendste, deren man sich erinnerte: so viele vornehme, durch Rang und Titel ausgezeichnete Personen nahmen daran teil. Es ward der Vorschlag gemacht, den Papst zu ersuchen, von den Auflagen Urbans VIII. wenigstens die drückendste, die Mahlsteuer, aufzuheben. Die Angehörigen der Barberini, in der Besorgnis, man werde, sobald die Steuer aufgehoben sei, die darauf gegründete Schuld von ihrem Vermögen bezahlen wollen, setzten sich dawider; Donna Anna Colonna, Gemahlin Taddeo Barberinos, ließ eine Schrift verlesen, in welcher sie an die Verdienste Urbans VIII. um die Stadt, seinen Eifer für die Handhabung der Gerechtigkeit erinnerte und es für unziemlich erklärte, wider die gesetzmäßigen Auflagen eines so wohlverdienten Papstes einzukommen. Nichtsdestominder ward der Beschluß gefaßt; ohne Bedenken ging Innozenz X. darauf ein; der Ausfall, der dadurch entstand, sollte, wie man richtig vorausgesehen, von dem Vermögen Don Taddeos gedeckt werden.

Indem nun das Geschlecht des vorigen Papstes so lebhaft angegriffen und verfolgt wurde, fragte sich — es war jetzt das wichtigste Interesse in jedem Pontifikat —, wie das neue sich einrichten würde. Für die Geschichte des Papsttums überhaupt ist es ein wichtiges Ereignis, daß dies nicht ganz so geschah wie früher, obwohl der Anstoß, den der Hof gab, sich eigentlich noch vermehrte.

Papst Innnozenz hatte gegen seine Schwägerin, Donna Olimpia Maidalchina von Viterbo, besonders deshalb Verpflichtungen, weil sie ein bedeutendes Vermögen in das Haus Pamfili gebracht hatte. Er rechnete es ihr hoch an, daß sie sich nach dem Tode seines Bruders, ihres Gemahls, nicht wieder hatte vermählen wollen. Er selbst war dadurch gefördert worden. Von jeher hatte er ihr die ökonomischen Angelegenheiten überlassen; kein Wunder, wenn sie jetzt auch auf die Verwaltung des Papsttums Einfluß bekam.

Sehr bald gelangte sie zu großem Ansehen. Ihr zuerst machen die anlangenden Botschafter einen Besuch; Kardinäle stellen ihr Bild in ihren Gemächern auf, wie man das Bild seines Fürsten aufstellt; fremde Höfe suchen sich ihre Gunst durch Geschenke zu erwerben. Da auch alle anderen, die an der Kurie etwas wünschen, diesen Weg einschlagen — man behauptet sogar, daß sie sich von geringeren Ämtern, die sie verschaffte, eine monatliche Abgabe habe zahlen lassen —, so strömen ihr Reichtümer zu. In kurzem machte sie ein großes Haus, gab Feste, Komödien, reiste und kaufte Güter an. Ihre Töchter wurden in die vornehmsten, begütertsten Familien verheiratet, die eine mit einem der Ludovisi, die andere mit einem der Giustiniani. Für ihren Sohn Don Camillo, der von geringen Fähigkeiten war, hatte sie es anfangs angemessener gefunden, daß er geistlich würde und wenigstens äußerlich die Stellung eines Kardinalnepoten einnähme; als sich aber auch für ihn Gelegenheit zu einer glänzenden Vermählung zeigte — indem die reichste Erbin in Rom, Donna Olimpia Aldobrandina, durch den Tod ihres Gemahls ledig wurde —, kehrte er in den weltlichen Stand zurück und ging diese Verbindung ein.

Don Camillo wurde hiedurch so glücklich, als er nur werden konnte. Seine Gemahlin war nicht allein reich, sondern auch noch in blühenden Jahren, voll Anmut und Geist; sie ergänzte seine Mängel durch ausgezeichnete Eigenschaften. Aber auch sie wollte herrschen. Zwischen der Schwiegermutter und der Schwiegertochter blieb nicht ein Augenblick Friede. Das Haus des Papstes erfüllte sich mit dem Hader zweier Frauen. Anfangs mußten sich die Neuvermählten entfernen; aber nicht lange hielten sie es aus: wider den Willen des Papstes kamen sie zurück; hierauf fiel die Entzweiung aller Welt in die Augen. Donna Olimpia Maidalchina erscheint z. B. einmal während des Karnevals in prächtigem Aufzuge im Korso; ihr Sohn und seine Gemahlin stehen am Fenster; sobald sie des Wagens der Mutter ansichtig werden, begeben sie sich weg. Jedermann bemerkt es; ganz Rom spricht davon. Die verschiedenen Parteien suchen sich der Entzweiten zu bemächtigen.

Unglücklicherweise hatte Papst Innozenz eine Sinnesweise, die sich eher eignete, Zwistigkeiten dieser Art zu befördern, als sie zu heben.

An sich war er ein Mann von keineswegs gemeinen Eigenschaften. In seiner früheren Laufbahn, in der Rota, als Nuntius, als Kardinal, hatte er sich tätig, unbescholten und redlich gezeigt; auch jetzt bewährte er diesen Ruf. Man fand seine Anstrengungen um so außerordentlicher, da er schon 72 Jahre zählte, als er gewählt wurde: „dabei mache ihn," rühmte man, „die Arbeit nicht müde; er sei nach derselben so frisch wie vorher; er finde Vergnügen daran, Leute zu sprechen, und jedermann lasse er ausreden." Der stolzen Zurückgezogenheit Urbans VIII. setzte er Zugänglichkeit und muntere Laune entgegen. Besonders ließ er sich die Ordnung und Ruhe von Rom angelegen sein. Er suchte einen Ehrgeiz darin, die Sicherheit des Eigentums, die Sicherheit der Person bei Tag und Nacht aufrecht zu erhalten, keine Mißhandlungen der Unteren von den Oberen, der Schwachen von den Mächtigen zuzulassen. Er nötigte die Barone, ihre Schulden zu bezahlen. Da der Herzog von Parma seine Gläubiger noch immer nicht befriedigte und der Papst sich in Rom nicht zeigen durfte, ohne daß man ihm zugerufen hätte, er möge den Montisten Gerechtigkeit verschaffen, da überdies auch der Bischof von Castro, wie man glaubte, auf Veranstaltung der herzoglichen Regierung getötet worden, so wurden endlich auch in dieser Sache durchgreifende Schritte getan. Die Güter der Farnesen wurden aufs neue zum Verkauf ausgeboten; es gingen Soldaten und Sbirren nach Castro, um es im Namen der Montisten in Besitz zu nehmen. Auch jetzt widersetzte sich der Herzog; er machte Versuche, in den Kirchenstaat vorzudringen. Diesmal aber fand er keine Hilfe. Innozenz X. ward von den italienischen Fürsten nicht mehr gefürchtet; er war, wie wir sahen, eher ihr Verbündeter. Castro wurde genommen und geschleift; der Herzog mußte sich bequemen, jenes Land der Verwaltung der päpstlichen Kammer zu überlassen, die sich dafür verpflichtete, seine Gläubiger zu befriedigen; er ergab sich sogar in die Bestimmung, daß er das Land ganz verlieren solle, wofern er die farnesischen Monti binnen acht Jahren nicht getilgt habe. Das Kapital betrug gegen 1 700 000, die aufgelaufenen Zinsen gegen 400 000 Skudi. Der Herzog schien nicht imstande zu sein, eine so große Summe aufzubringen. In der Abkunft, die übrigens wieder unter spanischer Vermittelung zustande kam, lag gleich damals eine erzwungene und nur nicht eingestandene Verzichtleistung.

In allen diesen Verhältnissen erscheint Innozenz kräftig, klug und entschlossen; er litt aber an einem Fehler, der es schwer machte, mit ihm auszukommen, und ihm selbst sein Leben verbitterte: er hatte zu niemandem ein unerschütterliches Vertrauen, Gunst und Ungunst wechselten nach den Eindrücken des Augenblicks in ihm ab.

Unter anderen der Datar Cecchini erfuhr das. Nachdem er lange die päpstliche Gnade genossen, sah er sich mit einem Male beargwöhnt, angefahren, getadelt und seinem Unterbeamten nachgesetzt, jenem Mascambruno, dem später die außerordentlichsten Verfälschungen nachgewiesen worden sind.

Aber noch viel empfindlichere Verwickelungen entstanden in der päpstlichen Familie selbst, die ohnehin schon entzweit war.

Innozenz X. hatte nach der Vermählung Don Camillo Pamfilis keinen geistlichen Nepoten mehr, was doch seit langer Zeit nun einmal zu einer päpstlichen Hofhaltung gehörte. Einst fühlte er sein Herz zu besonderem Wohlwollen bewegt, als ihm Don Camillo Astalli, ein entfernter Verwandter seines Hauses, vorgestellt wurde. Er faßte den Entschluß, diesem jungen Menschen die Würde eines Kardinalnepoten zu übertragen. Er nahm ihn auf in sein Haus, gab ihm Zimmer in dem Palaste und Anteil an den Geschäften. Mit öffentlichen Feierlichkeiten, mit Freudenschüssen vom Kastell ließ er diese Erhebung ankündigen.

Doch folgten daraus nur neue Mißgeschicke.

Die übrigen Verwandten des Papstes glaubten sich zurückgesetzt; selbst die bisher von Innozenz ernannten Kardinäle waren verstimmt darüber, daß ihnen ein Spätergekommener vorgezogen würde; vornehmlich aber war Donna Olimpia Maidalchina unzufrieden. Sie hatte den jungen Astalli gelobt, sie hatte ihn zum Kardinal vorgeschlagen; doch hatte sie niemals geglaubt, daß es so weit kommen würde.

Zuerst wurde sie selbst entfernt. Der weltliche Nepot und dessen Gemahlin, die, wie sich ein Augenzeuge ausdrückt, „ebenso weit über gewöhnliche Frauen erhaben war, wie er unter gewöhnlichen Männern stand," traten in den Palast ein.

Aber nicht lange vertrugen sich der natürliche welt=
liche und der angenommene geistliche Nepot. Die alte
Olimpia ward wieder herbeigerufen, um das Haus in
Ordnung zu halten.

In kurzem gelangte sie aufs neue zu ihrem gewohn=
ten Einflusse.

In einem Zimmer der Villa Pamfili stehen die
Büsten des Papstes und seiner Schwägerin. Wenn
man sie miteinander vergleicht, die Züge der Frau,
welche Entschlossenheit und Geist atmen, mit dem
milden und ausdruckslosen Antlitz des Papstes, so
wird man inne, wie es nicht allein möglich, sondern
sogar unvermeidlich war, daß er von ihr beherrscht
wurde.

Nachdem sie aber wieder aufgenommen worden,
wollte sie auch nicht dulden, daß die Vorteile, welche
die Stellung eines Nepoten mit sich brachte, einem
anderen Hause als dem ihren zuteil würden. Da
Astalli nicht, wie sie wünschte, mit ihr teilte, so ruhte
sie nicht, bis er die Gunst des Papstes verlor, gestürzt
und aus dem Palast entfernt wurde, bis sie wieder
ohne Nebenbuhler Herr im Hause war. Dagegen trat
sie, durch Geschenke begütigt, mit den Barberini, die
indes zurückgekommen, jetzt sogar in engere Ver=
bindung.

Wie sehr mußte alle dieser Wechsel von Gnade und
Ungnade, ein so unaufhörlicher Hader der nächsten
vertrautesten Umgebung den armen alten Papst be=
drängen! Auch der erklärte Bruch kann doch die

innere Hinneigung des Gemütes nicht vertilgen; sie wird dadurch nur unbequem und peinlich, statt, wie sie bestimmt wäre, zu Heiterkeit und Wohlbehagen zu führen. Überdies fühlte der alte Herr am Ende doch, daß er das Werkzeug weiblicher Herrschsucht und Habgier war; er mißbilligte es und hätte es gern abgestellt; doch fühlte er nicht Kraft und Entschluß dazu; auch wußte er nicht, ohne sie fertig zu werden. Sein Pontifikat, das ohne bemerkenswerte Widerwärtigkeiten dahinging, gehört sonst zu den glücklicheren; durch diese Übelstände in Familie und Palast ist es jedoch in schlechten Ruf geraten. Innozenz X. ward dadurch persönlich noch mehr, als er es von Natur war, launisch, wankelmütig, eigensinnig, sich selber beschwerlich; noch in seinen letzten Tagen finden wir ihn mit Beraubung und neuer Entfernung seiner übrigen Verwandten beschäftigt. In diesem Unmut starb er, 5. Januar 1655.

Drei Tage lag die Leiche, ohne daß einer seiner Angehörigen, denen es nach dem Gebrauch des Hofes zugekommen wäre, Sorge für die Beerdigung derselben getragen hätte. Donna Olimpia sagte, sie sei eine arme Witwe, das gehe über ihre Kräfte; kein anderer glaubte dem Verstorbenen verpflichtet zu sein. Ein Kanonikus, der früher in päpstlichen Diensten gestanden, aber schon lange entfernt worden war, wendete endlich einen halben Skudo daran und ließ ihm die letzte Ehre erweisen.

Glauben wir aber nicht, daß diese häuslichen

Mißverhältnisse bloß persönliche Folgen gehabt hätten.

Es liegt am Tage, daß die Nepotenregierung, die in den vorhergegangenen Pontifikaten eine so vollkommene Gewalt in dem Staate, einen so mächtigen Einfluß auf die Kirche ausgeübt hatte, nachdem sie schon in den letzten Jahren Urbans VIII. einen starken Stoß erlitten und jetzt nicht einmal mehr zur Ausführung gekommen war, sich ihrem Sturze näherte.

Alexander VII. und Klemens IX.

Sogleich das nächste Konklave bot einen ungewohnten Anblick dar.

Mit zahlreichen Scharen ergebener Kreaturen waren bisher die Nepoten erschienen, um die neue Wahl zu beherrschen; Innozenz X. hinterließ keinen Nepoten, der die Kardinäle seiner Wahl zusammengehalten, zu einer Faktion vereinigt hätte. Jenem Astalli, der das Ruder nur eine kurze Zeit geführt und keinen herrschenden Einfluß ausgeübt hatte, waren sie ihre Beförderung nicht schuldig, konnten sie sich auch nicht verpflichtet fühlen. Seit mehreren Jahrhunderten zum ersten Male traten die neuen Kardinäle mit unbeschränkter Freiheit in das Konklave ein. Man schlug ihnen vor, sich von freien Stücken unter ein Haupt zu vereinigen: sie sollen geantwortet haben, ein jeder habe Haupt und Füße für sich selbst. Es waren größtenteils ausgezeichnete Männer von unabhängiger Gemütsart, die sich wohl auch zusammenhielten — man bezeichnete sie mit dem Titel „Squadrone volante" —, aber die nun nicht mehr den Winken eines Nepoten, sondern ihrer Überzeugung und Einsicht folgen wollten.

Noch an dem Sterbelager Innozenz' X. rief einer von ihnen, Kardinal Ottobuono, aus: „wir müssen einen rechtschaffenen Mann suchen." „Sucht ihr einen rechtschaffenen Mann," entgegnete ein anderer von ihnen, Azzolino, „dort steht ein solcher;" er zeigte auf Chigi. Nicht allein hatte sich Chigi übrigens den Ruf eines geschickten und wohlgesinnten Mannes erworben, sondern sich auch besonders als einen Gegner der Mißbräuche der bisherigen Regierungsform gezeigt, die freilich niemals schreiender gewesen waren. Diesen Freunden gegenüber fand er jedoch auch, besonders in den Franzosen, mächtige Widersacher. Als sich Mazarin, durch die Unruhen der Fronde aus Frankreich vertrieben, an den deutschen Grenzen rüstete, um sich mit den Waffen in den Besitz der verlorenen Gewalt zu setzen, hatte er bei Chigi, der damals Nuntius in Köln war, nicht die Förderung gefunden, auf die er rechnen zu dürfen glaubte; er hegte seitdem persönlichen Widerwillen gegen denselben. Daher kam es, daß es doch viel Mühe kostete: die Wahlkämpfe dauerten wieder einmal sehr lange; endlich aber drangen die neuen Mitglieder des Kollegiums, die Squadronisten, durch: am 7. April 1655 ward Fabio Chigi erwählt; er nannte sich Alexander VII.

Dem neuen Papste war schon durch den Grundgedanken, der zu seiner Erhebung Anlaß gegeben hatte, die Verpflichtung aufgelegt, ein anderes Regiment zu führen als seine letzten Vorfahren; auch schien er dazu entschlossen zu sein.

Eine geraume Zeit ließ er seine Nepoten nicht nach Rom kommen; er rühmte sich, daß er ihnen keinen Pfennig zufließen lasse: schon flocht sein Beichtvater Pallavicini, der damals die Geschichte des Tridentinischen Konziliums schrieb, eine Stelle in sein Werk ein, in welcher er Alexander VII. besonders wegen dieser Enthaltsamkeit gegen sein Blut einen unsterblichen Ruhm verkündigte.

Es wird jedoch niemals leicht sein, eine Gewohnheit, die einmal eingerissen ist, zu verlassen: sie würde ja nicht haben herrschend werden können, wenn sie nicht auch einiges Empfehlenswerte, Natürliche hätte; an jedem Hofe werden sich Leute finden, die dies hervorheben und bei dem Herkömmlichen, wäre der Mißbrauch gleich in die Augen fallend, festzuhalten suchen.

Allmählich stellte einer und der andere Alexander VII. vor, es sei nicht anständig für päpstliche Verwandte, einfache Bürger einer Stadt zu bleiben; auch sei es im Grunde nicht einmal möglich; in Siena lasse man sich doch nicht abhalten, seinem Hause fürstliche Ehre zu erweisen, und leicht könne er dadurch den Heiligen Stuhl in Mißverhältnisse mit Toskana verwickeln; andere bestätigten dies nicht allein, sie fügten hinzu, der Papst werde ein noch besseres Beispiel geben, wenn er seine Verwandten zwar annehme, aber in Schranken zu halten wisse, als wenn er sie ganz entferne. Den meisten Eindruck aber machte ohne Zweifel der Rektor des Jesuitenkollegiums, Oliva, der geradezu erklärte, der Papst begehe eine Sünde, wenn er seine Nepoten nicht herbeirufe; zu einem bloßen Minister würden die fremden Gesandten niemals so viel Vertrauen haben, wie zu einem Blutsverwandten des Papstes: der Heilige Vater werde um so viel schlechter unterrichtet werden und sein Amt nicht so gut verwalten können.

Kaum bedurfte es so vieler Gründe, um den Papst zu bewegen, der ohnehin dahin neigte: am 24. April 1656 stellte er in dem Konsistorium die Frage auf, ob es den Kardinälen, seinen Brüdern, gut scheine, daß er sich seiner Verwandten zum Dienste des apostolischen Stuhles bediene. Man wagte nicht, zu widersprechen; kurz darauf langten sie an. Der Bruder des Papstes, Don Mario, bekam die einträglichsten Ämter, die Aufsicht über die Annona, die Gerechtigkeitspflege im Borgo; dessen Sohn Flavio ward Kardinal Padrone und hatte in kurzem 100 000 Skudi geistlicher Einkünfte. Ein anderer Bruder des Papstes, den derselbe besonders geliebt, war bereits gestorben; dessen Sohn Agostino ward zur Gründung der Familie ausersehen: mit den schönsten Besitztümern, dem unvergleichlichen Ariccia, dem Prinzipat Farnese, dem Palast an Piazza Colonna, vielen Luoghi di Monte ward er nach und nach ausgestattet und mit einer

Borghese vermählt. Ja, diese Gunst ward auch auf entferntere Verwandte, z. B. den Kommendatore Bichi, der zuweilen in dem Kriege von Kandia erscheint, auf die Sanesen überhaupt ausgedehnt.

Und so schien wohl alles geworden zu sein, wie es früher war. Indessen war dies doch nicht der Fall.

Flavio Chigi besaß bei weitem nicht die Autorität Pietro Aldobrandinos oder Scipione Caffarellis oder Franz Barberinos; auch strebte er nicht darnach: es hatte für ihn keinen Reiz, zu regieren; er beneidete eher seinen weltlichen Vetter Agostino, dem ohne viel Mühe und Arbeit der wesentliche Genuß zuzufallen schien.

Ja, Alexander VII. regierte lange nicht mehr mit der alleinherrschenden Eigenmacht seiner Vorfahren.

Noch unter Urban VIII. ward eine Congregatione di Stato eingerichtet, in der die wichtigsten allgemeinen Staatsangelegenheiten durch Beratung zum Beschluß gebracht werden sollten; doch wollte sie da noch wenig bedeuten. Unter Innozenz X. ward sie schon um vieles wichtiger. Pancirolo, Sekretär dieser Kongregation, der erste ausgezeichnete Mann in dieser Würde, der ihr späteres Ansehen begründete, hatte bis zu seinem Tode den größten Anteil an der Regierung Innozenz' X., und ihm vor allem wird es zugeschrieben, daß sich damals kein Nepot in der Gewalt festsetzen konnte. Chigi selbst bekleidete eine Zeitlang diese Stelle. Jetzt erlangte sie Rospiglioji. Er hatte die auswärtigen Geschäfte bereits vollkommen in seinen Händen. Neben ihm war Kardinal Corrado von Ferrara in Sachen der kirchlichen Immunität mächtig; die Leitung der geistlichen Orden hatte Monsignore Fugnano; theologische Fragen entschied Pallavicini. Die Kongregationen, welche unter den früheren Päpsten wenig bedeutet, gelangten wieder zu Ansehen und eigentümlicher Wirksamkeit. Schon hörte man behaupten, dem Papste stehe eigentlich nur in geistlichen Sachen die absolute Selbstentscheidung zu; in allen weltlichen Geschäften dagegen, wenn er Krieg anfangen, Frieden schließen, ein Land veräußern, eine Auflage einfordern wolle, müsse er die Kardinäle um Rat fragen. In der Tat nahm Papst Alexander VII. an der Staatsverwaltung nur wenig tätigen Anteil. Zwei Monate ging er aufs Land nach Castelgandolfo, wo dann die Geschäfte geflissentlich vermieden wurden. Wenn er in Rom war, wurden die Nachmittage der Literatur gewidmet; Schriftsteller erschienen, lasen ihre Werke vor; der Papst liebte es, seine Verbesserungen anzubringen. Auch in den Frühstunden war es schwer, für eigentliche Geschäfte bei ihm Audienz zu bekommen. „Ich diente,“ sagt Giacomo Quirini, „42 Monate bei Papst Alexander; ich erkannte, daß er nur den Namen eines Papstes hatte, nicht den Gebrauch des Papsttums. Von jenen Eigenschaften, die er als Kardinal entwickelt, Lebhaftigkeit des Geistes, Talent zur Unterscheidung, Entschlossenheit in schwierigen Fällen, Leichtigkeit sich auszudrücken, fand man keine Spur mehr: die Geschäfte wurden von der Hand gewiesen; er dachte nur darauf, in ungestörter Seelenruhe zu leben."

Zuweilen empfand und mißbilligte auch Alexander diesen Zustand. Wenn seine Unterhandlungen mißglückten, gab er es den Interessen der Kardinäle schuld. Noch in seinem Irrereden kurz vor seinem Tode hörte man ihn davon sprechen.

Da es aber die Natur, der Gang der Dinge so mit sich brachten, blieb es nun auch ferner dabei.

Jene Kardinäle des Squadrone, die zur Wahl Alexanders VII. das meiste beigetragen und unter seiner ganzen Regierung ein großes Ansehen behauptet hatten, gaben auch nach dem Tode desselben in dem neuen Konklave den Ausschlag; nur daß sie diesmal mehr im Einverständnisse mit Frankreich waren. Am 20. Juni 1667 ward der bisherige Staatssekretär Rospigliosi unter dem Namen Klemens IX. auf den päpstlichen Thron erhoben.

Alle Stimmen vereinigen sich, daß es der beste, gütigste Mensch sei, der sich nur finden lasse. Wohl war er nicht so tätig wie wohlgesinnt: man verglich ihn mit einem Baume von vollkommenem Geäste, welcher Laub die Fülle und vielleicht auch Blüten, aber keine Früchte hervorbringe; aber alle jene moralischen Tugenden, die auf einer Abwesenheit von Fehlern beruhen, Reinheit der Sitten, Bescheidenheit, Mäßigung, besaß er in hohem Grade. Er war der erste Papst, der in der Begünstigung seiner Nepoten wirklich Maß hielt. Sie wurden nicht geradezu entfernt gehalten, sie bekamen die gewöhnlichen Stellen und stifteten selbst eine neue Familie; aber dies geschah nur dadurch, daß sich eine Gelegenheit fand, einen jungen Rospigliosi mit einer reichen Erbin, einer Pallavicina von Genua, zu vermählen. Die Begünstigungen, die sie von ihrem Oheim genossen, waren sehr gemäßigt; das öffentliche Vermögen eigneten sie sich nicht an, es wäre denn, daß ihnen Luoghi di Monte gegeben worden wären; die Geschäfte, die Gewalt teilten sie nicht unter sich.

Hierin liegt nun die größte Umwandlung.

Bisher waren bei jeder Thronbesteigung die Beamten entweder sämtlich oder doch größtenteils verändert worden; der Charakter, die Bewegung des Hofes beruhten darauf. Zuerst Klemens IX. stellte dies ab: er wollte niemanden mißvergnügt machen; außer in einigen wenigen hohen Stellen bestätigte er alle Beamten, die er fand. In jenen setzte er Kardinäle wie Ottobuono und Azzolino ein, Mitglieder des Squadrone, welche die letzten Wahlen geleitet, und ohnehin mächtig. Die bisherigen Nepoten zu verfolgen, wie es bei so vielen Pontifikaten üblich gewesen, war er weit entfernt; die Empfehlungen Flavio Chigis galten bei ihm nicht viel weniger als unter Alexander; die Begünstigungen gingen ferner durch die Hand desselben: es blieb alles, wie es war.

Wie sehr sahen sich die Landsleute des Papstes, die Pistojesen, getäuscht; sie hatten auf Begünstigungen gerechnet, wie sie so vielen Sanesen soeben zuteil geworden; sie hatten, sagt man, so viele ihrer in Rom waren, schon vornehme Sitten angenommen und angefangen, auf Edelmannsparole zu schwören; wie schmerzlich erstaunten sie, daß die Stellen, auf welche sie hofften, nicht einmal erledigt, geschweige denn ihnen zugeteilt wurden!

Wohl ließ auch Klemens IX. die Freigebigkeit nicht vermissen, mit der die Päpste ihre Thronbesteigung zu bezeichnen pflegten; er ging darin sogar ungewöhnlich weit: in seinem ersten Monat hat er über 600 000 Skudi verschenkt. Aber dies kam weder seinen Landsleuten zugute, noch selbst seinen Nepoten, denen man sogar Vorstellungen über die Vernachlässigung ihrer Interessen machte; sondern es ward unter die Kardinäle, unter die vorwaltenden Mitglieder der Kurie überhaupt verteilt. Schon wollte man glauben, es seien Stipulationen des Konklave dabei im Spiele; doch findet sich davon keine deutliche Spur.

Es entspricht auch dies vielmehr der allgemeinen Entwickelung, wie sie sich während dieser Epoche fast in dem gesamten übrigen Europa vollzog.

Es hat keine Zeit gegeben, welche der Aristokratie günstiger gewesen wäre als die Mitte des siebzehnten Jahrhunderts, wo über den ganzen Umfang der spanischen Monarchie hin die Gewalt wieder in die Hände des höchsten Adels geriet, dem sie frühere Könige entzogen hatten, — wo die englische Verfassung unter den gefährlichsten Kämpfen den aristokratischen Charakter ausbildete, den sie bis in unsere Zeiten behalten, —

die französischen Parlamente sich überredeten, eine ähnliche Rolle spielen zu können wie das englische, — in allen deutschen Territorien der Adel ein entschiedenes Übergewicht bekam, eines und das andere ausgenommen, in denen ein tapferer Fürst unabhängige Bestrebungen durchfocht, wo die Stände in Schweden nach einer unzulässigen Beschränkung der höchsten Gewalt trachteten und der polnische Adel zu vollkommener Autonomie gelangte. So geschah es nun auch in Rom: eine zahlreiche, mächtige und reiche Aristokratie umgibt den päpstlichen Thron; die schon gebildeten Geschlechter beschränken das aufkommende; aus der Selbstbestimmung und durchgreifenden Kühnheit der Monarchie geht die geistliche Gewalt in die Beratung, Ruhe und Gemächlichkeit einer aristokratischen Verfassung über.

Unter diesen Umständen nahm der Hof eine veränderte Gestalt an. In jenem unaufhörlichen Zuströmen der Fremden, die daselbst ihr Glück suchten, in dem ewigen Wechsel der Emporkömmlinge trat ein sehr bemerklicher Stillstand ein; es hatte sich eine stehende Population gebildet, deren Erneuerung in einem bei weitem geringeren Maße stattfand. Werfen wir einen Blick auf dieselbe.

Elemente der römischen Bevölkerung.

Fangen wir von den höchsten Kreisen an, die wir eben berührten.

Da blüten noch jene altberühmten römischen Geschlechter: Sabelli, Conti, Orsini, Colonna, Gaetani. Die Sabelli besaßen noch ihre alte Gerichtsbarkeit der Corte Sabella, mit dem Rechte, alle Jahre einen Verbrecher von der Todesstrafe zu befreien; die Damen des Hauses verließen nach unvordenklichem Herkommen ihren Palast entweder niemals oder doch nur in dicht geschlossener Karosse. Die Conti bewahrten in ihren Vorsälen die Bilder der Päpste, die aus ihrem Hause entsprossen waren. Nicht ohne Selbstgefühl erinnerten sich die Gaetani an Bonifazius VIII.: sie meinten — und man war geneigt, es ihnen zuzugestehen —, der Geist dieses Papstes ruhe auf ihnen. Colonna und Orsini rühmten sich, daß jahrhundertelang kein Friede zwischen den christlichen Fürsten zustande gekommen, in welchen man sie nicht namentlich eingeschlossen hätte. Wie mächtig sie aber auch früher gewesen sein mochten, so verdankten sie doch ihre damalige Bedeutung vor allem ihrer Verbindung mit der Kurie und den Päpsten. Obwohl die Orsini die schönsten Besitzungen hatten, die ihnen bei 80000 Skudi hätten einbringen sollen, so waren sie doch durch eine nicht wohl berechnete Freigebigkeit sehr heruntergekommen und bedurften der Unterstützung aus geistlichen Ämtern. Der Contestabile Don Philippo Colonna hatte seine Vermögensumstände eben erst durch die Erlaubnis Urbans VIII., die Zinsen seiner Schuld herabzusetzen, und durch die geistlichen Pfründen, zu denen vier Söhne von ihm befördert wurden, wiederherzustellen vermocht.

Denn schon lange war es herkömmlich, daß die neu aufkommenden Geschlechter mit diesen altfürstlichen Familien in genaue Beziehung traten.

Unter Innozenz X. bestanden eine Zeitlang gleichsam zwei Faktionen, zwei große Verwandtschaften. Mit den Pamfili waren Orsini, Cesarini, Borghesi, Aldobrandini, Ludovisi, Giustiniani vereinigt; ihnen gegenüber Colonnesen und Barberini. Durch die Versöhnung der Donna Olimpia mit den Barberini ward die Vereinigung allgemein: sie umschloß alle namhaften Geschlechter.

Eben in diesem Kreise bemerken wir jetzt eine Veränderung. Früher hatte die regierende Familie allemal die große Rolle gespielt, die Vorgänger verdrängt, durch die Erwerbung größerer Reichtümer in Schatten gestellt. Jetzt war dies nicht mehr möglich, einmal, weil die älteren Häuser durch wechselseitige Verheiratungen oder durch gute Wirtschaft schon allzu reich geworden waren, sodann auch, weil die Schätze des Papsttums sich allmählich erschöpften. Die Chigi konnten nicht mehr daran denken, ihre Vorgänger zu überbieten; die Rospigliosi waren weit entfernt, danach zu trachten: schon genug, wenn sie dahin gelangten, unter sie aufgenommen zu werden.

In irgendeinem geistigen Produkt, einer Sitte, einem Gebrauch wird sich jede Gesellschaft darstellen, sozusagen abspiegeln. Das merkwürdigste Produkt dieser römischen Gesellschaft und ihres Lebens untereinander war das Zeremoniell des Hofes. Nie hat es überhaupt eine Epoche gegeben, in welcher man strenger auf das Zeremoniell gehalten hätte, als damals: es entspricht den aristokratischen Tendenzen derselben überhaupt; daß es in Rom so vorzugsweise ausgebildet ward, mag daher rühren, weil dieser Hof den Vorrang vor allen anderen in Anspruch nahm und dies in gewissen Äußerlichkeiten auszudrücken suchte, weil auch hier die Gesandten von Frankreich und Spanien von jeher um den Vortritt gestritten hatten. Da gab es denn unzählige Rangstreitigkeiten: zwischen den Gesandten und den höheren Beamten, z. B. dem Governatore; zwischen den Kardinälen, die zugleich in der Rota saßen, und den übrigen; zwischen so vielen anderen Korporationen von Beamten; zwischen den verschiedenen Geschlechtern, z. B. Orsini und Colonna. Papst Sixtus V. hatte vergebens bestimmt, daß immer der Älteste aus beiden Häusern den Vortritt haben sollte: war dies ein Colonna, so erschienen die Orsini nicht; war es ein Orsino, so blieben die Colonna weg; aber ihnen selbst räumten Conti und Sabelli nur ungern und unter unaufhörlichen Protestationen den höheren Rang ein. Die Unterscheidungen waren auf das genaueste bestimmt: den Verwandten des Papstes z. B. wurden bei ihrem Eintritt in die päpstlichen Gemächer beide Flügel der Türe geöffnet; andere Barone oder Kardinäle mußten sich mit einem begnügen. Eine sonderbare Art von Ehrenbezeigung hatte sich eingeführt: man hielt mit seiner Karosse an, wenn man dem

Wagen eines Höheren, eines Gönners begegnete. Es war, wie man behauptet, zuerst Marchese Mattei, der dem Kardinal Alexander Farnese diese Ehre erwies; auch dieser Kardinal hielt alsdann an, und sie sprachen einige Worte. Bald folgten andere dem Beispiel; die Botschafter empfingen diesen Beweis von Hochachtung von ihren Landsleuten; es ward ein allgemeiner Gebrauch, so höchst unbequem er auch war, eine allgemeine Pflicht. Eben an das Nichtbedeutende hängt sich die Eigenliebe am stärksten; man ist damit entschuldigt, daß man seinen Angehörigen oder den Gleichgestellten nichts vergeben dürfe.

Gehen wir eine Stufe weiter herab.

In der Mitte des 17. Jahrhunderts rechnete man in Rom ungefähr 50 adlige Familien, die 300, 35 die 200, 16 die 100 Jahre alt seien. Für älter wollte man keine gelten lassen; überhaupt schrieb man ihnen nur ein geringfügiges und niedriges Herkommen zu. Ursprünglich war ein großer Teil von ihnen in der Campagna angesessen. Unglücklicherweise aber ließen sie sich, wie wir schon berührten, in der Zeit, in welcher die Luoghi di Monte hohe Zinsen trugen, verleiten, ihre Güter großenteils an die Nepotenfamilien zu verkaufen und den Ertrag in den päpstlichen Monti anzulegen. Anfangs schien dies kein unbedeutender Vorteil. Die Nepoten bezahlten sehr gut, oftmals über den Wert; die Zinsen aus den Luoghi di Monte, die man ohne Mühe einzog, beliefen sich höher, als der Überschuß der sorgfältigsten Bearbeitung des Landes

gestiegen sein würde. Jedoch wie bald bekamen sie zu
fühlen, daß sie liegende Gründe in flüchtige Kapi=
talien umgewandelt hatten! Alexander VII. sah sich
zu Reduktionen der Monti veranlaßt, durch welche
der Kredit erschüttert wurde und der Wert der Luoghi
gewaltig sank. Es war keine Familie, die nicht dabei
verloren hätte.

Neben ihnen erhoben sich aber zahlreiche andere neue
Geschlechter. Eben wie die Päpste verfuhren auch die
Kardinäle und Prälaten der Kurie, ein jeder natür=
lich nach dem Maße seines Vermögens. Auch sie ver=
säumten nicht, aus dem Überschusse der kirchlichen
Einkünfte ihre Nepoten zu bereichern, Familien zu
gründen. Andere erhoben sich durch Anstellungen in
der Justiz. Nicht wenige kamen als Wechsler durch
die Geschäfte der Dataria empor. Man zählte in
unserer Zeit fünfzehn florentinische, elf genuesische,
neun portugiesische, vier französische Familien, die hie=
durch in Aufnahme gekommen — mehr oder weniger,
je nachdem sie Glück und Talent gehabt, — einige
unter ihnen, deren Ruf nicht mehr von den Geschäften
des Tages abhing, Könige des Geldes: unter Ur=
ban VIII. die Guicciardini, Doni, denen sich Giusti=
niani, Primi, Pallavicini zugesellten. Auch ohne Ge=
schäfte dieser Art wanderten noch immer angesehene
Familien ein, nicht allein von Urbino, Rieti, Bologna,
sondern auch von Parma und Florenz. Die Einrich=
tung der Monti und die käuflichen Ämter luden dazu
ein. Lange Zeit waren die Luoghi di Monte ein sehr

gesuchter Besitz, besonders die vacabili, die eine Art Leibrente bilden sollten und deshalb $10^{1}/_{2}$ Prozent Zinsen trugen, aber nicht allein in der Regel von den Älteren auf die Jüngeren übertragen, sondern auch, wenn man dies versäumt hatte, geradezu vererbt wurden; ohne Schwierigkeit bot die Kurie ihre Hand dazu. Nicht anders ging es mit den käuflichen Ämtern. Sie hätten mit dem Tode des Inhabers an die Kammer zurückfallen sollen, deshalb war der Ertrag, den sie abwarfen, im Verhältnis zu dem ursprünglich eingezahlten Kapital so bedeutend und doch in der Tat reine und wahre Rente, da dem Inhaber keine Pflicht der Verwaltung oblag; aber ohne viel Schwierigkeit konnte auch hier die Übertragung bewirkt werden. Manches Amt ist ein Jahrhundert lang nicht wieder bakant geworden.

Die Vereinigung der Beamten, der Montisten in Kollegien gab ihnen eine gewisse Repräsentation, und obwohl man ihnen ihre Rechte nach und nach verkümmerte, hatten sie doch immer eine selbständige Stellung. Das aristokratische Prinzip, mit Kredit- und Staatsschuldenwesen merkwürdig verschmolzen, das diesen ganzen Staat durchdrang, war auch ihnen förderlich. Fremde fanden sie doch zuweilen allzu anmaßend.

Um so viele besitzende, emporstrebende, nach und nach immer mehr fixierte Geschlechter her, denen die Einkünfte der Kirche überhaupt zugute kamen, bildete sich nun auch die geringere Volksklasse immer zahlreicher und fester an.

Wir haben Listen der römischen Bevölkerung übrig, aus deren Vergleichung in den verschiedenen Jahren sich für die Bildung derselben ein recht merkwürdiges Resultat ergibt. Nicht daß sie im ganzen sehr rasch gestiegen wäre, dies könnte man nicht sagen: im Jahre 1600 finden wir gegen 110 000, 56 Jahre darnach etwas über 120 000 Einwohner, und dieser Fortschritt hat nichts Außerordentliches; aber es bildete sich hier ein anderes der Bemerkung wertes Verhältnis. Früher war die römische Einwohnerschaft sehr flüchtig gewesen: von 80 000 sank die Seelenzahl unter Paul IV. auf 50 000; wenige Jahrzehnte darauf erhob sie sich über 100 000. Das rührte daher, weil es meist ledige Männer waren, die den Hof bildeten, welche keine bleibende Stätte daselbst hatten. Jetzt fixierte sich die Bevölkerung in ansässigen Familien. Schon gegen Ende des 16. Jahrhunderts fing dies an: hauptsächlich aber geschah es in der ersten Hälfte des 17. Rom hatte

im J. 1600 109 729 Einw. und 20 019 Familien,
„ 1614 115 643 „ „ 21 422 „
„ 1619 106 050 „ „ 24 380 „
„ 1628 115 374 „ „ 24 429 „
„ 1644 110 608 „ „ 27 279 „
„ 1653 118 882 „ „ 29 081 „
„ 1656 120 596 „ „ 30 103 „

Wir sehen, die allgemeine Anzahl der Einwohner nimmt in einem und dem anderen Jahre sogar wieder ab; in regelmäßigem Fortschritte dagegen vermehrt sich die Zahl der Familien. In jenen 56 Jahren stieg sie um mehr als zehntausend, was nun allerdings um so mehr sagen will, da der Anwachs der Einwohner überhaupt eben auch nur dieselbe Zahl darbietet. Die Schar der ledigen Männer, welche ab- und zuströmten, ward geringer; die Masse der Bevölkerung setzte sich dagegen auf immer fest. In jenem Verhältnis ist sie mit unbedeutenden, auf Krankheiten und der natürlichen Ergänzung beruhenden Abwandlungen seitdem verblieben.

Nach der Rückkehr der Päpste von Avignon und der Beilegung des Schismas hat sich die Stadt, die damals zu einem Dorfe zu werden drohte, um die Kurie her gebildet. Erst mit der Macht und dem Reichtum der papalen Geschlechter jedoch, seit weder innere Unruhen noch auswärtige Feinde zu befürchten waren, seit die Rente, die man aus den Einkünften des Staates oder der Kirche zog, einen mühelosen Genuß gewährte, kam eine zahlreiche ansässige Bevölkerung zustande. Ihr Glück und Besitz schrieben sich, sei es durch unmittelbare Begabung oder durch mittelbaren Vorteil, allemal von der Bedeutung der Kirche und des Hofes her; es waren eigentlich alles Emporkömmlinge, wie die Nepoten selbst.

Bisher waren die bereits einheimisch Gewordenen durch frische Ansiedler, die besonders aus der Vaterstadt jedes neuen Papstes zahlreich herbeiströmten, unaufhörlich vermehrt und verjüngt worden; bei der Gestalt, die der Hof jetzt annahm, hörte dies auf. Unter dem Einflusse jener großen Welteinwirkung, die der römische Stuhl durch die Restauration des Katholizismus überhaupt gewonnen, war auch die Hauptstadt gegründet worden; da hatten sich die römischen Geschlechter gebildet, die noch heute blühen: seit die Ausbreitung des geistlichen Reiches innehielt, hörte mit der Zeit auch die Bevölkerung auf zu wachsen. Wir können sagen: sie ist ein Produkt jener Epoche.

Ja, die moderne Stadt überhaupt, wie sie noch heute die Aufmerksamkeit des Reisenden fesselt, gehört größtenteils demselben Zeitraum der katholischen Restauration an. Werfen wir auch darauf einen Blick.

Bauwerke der Päpste.

Wir haben erörtert, wie großartige Bauunternehmungen Sixtus V. ausführte, aus welchen Gesichtspunkten der Kirche und Religion er dies tat.

Klemens VIII. folgte ihm darin nach. In S. Giovanni und S. Peter gehören ihm einige der schönsten Kapellen; er hat die neue Residenz im Vatikan gegründet; der Papst und der Staatssekretär wohnen noch heutzutage in den Gemächern, die er erbaut hat.

Vornehmlich aber ließ es Paul V. seinen Ehrgeiz sein, mit dem Franziskaner zu wetteifern. „In der ganzen Stadt," sagt eine gleichzeitige Lebensbeschreibung von ihm, „hat er Hügel geebnet, — wo es Winkel und Krümmungen gab, weite Aussichten eröffnet, große Plätze aufgetan und sie durch Anlage neuer Gebäude noch herrlicher gemacht; das Wasser, welches er herbeigeführt, ist nicht mehr das Spiel einer Röhre, es bricht hervor wie ein Strom. Mit der Pracht seiner Paläste wetteifert die Abwechslung der Gärten, die er angelegt. In dem Innern seiner Privatkapellen glänzt alles von Gold und Silber; mit Edelsteinen sind sie nicht sowohl geschmückt als erfüllt. Die öffentlichen Kapellen erheben sich wie Basiliken, die Basiliken wie Tempel, die Tempel wie marmorne Berge."

Wir sehen wohl: nicht das Schöne und Angemessene, sondern das Prächtige und Kolossale lobt man an seinen Werken, wie es diese auch aussprechen.

In S. Maria Maggiore errichtete er der Kapelle Sixtus' V. gegenüber eine noch bei weitem glänzendere, durchaus vom kostbarsten Marmor.

Noch weiter als Sixtus V., fünfunddreißig Miglien her, führte er das Wasser, welches seinen Namen trägt, die Aqua Paolina, nach dem Janiculus; der Fontana und dem Moses Sixtus' V. aus der Ferne gegenüber bricht sie, beinahe fünfmal so stark wie diese, in vier gewaltigen Armen hervor. Wer war nicht hier, diese altberühmten Hügel zu besuchen, die Porsena angriff, jetzt lauter Weingärten, Obstgärten und Ruinen; man übersieht Stadt und Land bis zu den entfernten Bergen, die der Abend mit wundervoll farbigem Dufte wie mit einem durchsichtigen Schleier bedeckt. Von dem Getöse des hervorbrechenden Wassers wird die Einsamkeit herrlich belebt. Was Rom von allen anderen Städten unterscheidet, ist der Überfluß des Wassers, die Menge der Springbrunnen. Zu diesem Reize trägt die Aqua Paolina wohl das meiste bei. Sie erfüllt die unvergleichlichen Fontänen des Petersplatzes. Unter dem Ponte Sisto wird sie nach der eigentlichen Stadt geleitet; die Brunnen an dem farnesischen Palaste und weiter viele andere werden von ihr gespeist.

Hatte nun Sixtus V. die Kuppel von S. Peter aufgeführt, so unternahm Paul V., die Kirche überhaupt zu vollenden. Er führte das im Sinne seiner Zeit im größten Maßstabe aus. Heutzutage sähe man wohl lieber den ursprünglichen Plan Bramantes und Michel Angelos befolgt; dagegen hat das Unternehmen Pauls V. den Sinn des 17. und des 18. Jahrhunderts vollkommen befriedigt. Es ist wahr, es sind ungeheure Dimensionen; wer wollte diese Fassade schön finden? Aber es ist alles heiter, bequem, großartig. Das Kolossale des Gebäudes, der Platz, der Obelisk und die gesamte Umgebung bringen den Eindruck des Gigantischen hervor, den man beabsichtigte, und der sich unwiderstehlich, unauslöschlich aufdringt.

So kurz die Regierungszeit der Ludovisi auch war, so haben sie sich doch in S. Ignatio und ihrer Villa in der Stadt ein unvergängliches Denkmal gestiftet. Niccolo Ludovisio besaß einst sechs Paläste, die er alle erhielt oder verschönerte.

Das Gedächtnis Urbans VIII. finden wir nicht allein in mancherlei Kirchen — S. Bibiana, S. Quirico, S. Sebastian auf dem Palatin —, sondern seinen Neigungen gemäß noch mehr in Palästen und Befestigungen. Nachdem er S. Angelo mit Gräben und Brustwehren umgeben, dies Kastell, wie er auf seinen Münzen rühmt, gerüstet, befestigt, vollendet hatte, führte er die Mauer nach dem Entwurf des bauverständigen Kardinals Maculano um den Vatikan und den Garten Belvedere bis nach der Porta Cavalleggieri; hier fingen dann andere Befestigungen an, welche Lungara, Trastevere und den Janiculus umfassen und bis an das Priorat auf dem Aventin reichen sollten; wenigstens schreibt sich Porta Portuense hauptsächlich von Urban VIII. her Erst in dieser Umgebung fühlte er sich sicher. Jene Brücke, die von den päpstlichen Wohnungen nach dem Kastell führt, hat er sorgfältig wiederhergestellt.

Auch Papst Innozenz X. hat fleißig gebaut: auf dem Kapitol, dessen beide Seiten er in Übereinstimmung zu bringen suchte: in der Laterankirche, wo er sich das Verdienst erwarb, schonender mit den alten Formen umzugehen, als man damals gewohnt war; hauptsächlich an der Piazza Navona. Man bemerkte, wenn er über den Petersplatz kam, daß er seine Augen nicht von der Fontana verwandte, die Paul V. dort errichtet. Gern hätte er mit diesem Papst gewetteifert und seinen Lieblingsplatz mit einer noch schöneren geschmückt. Bernini wandte alle seine Kunst daran. Ein Obelisk ward aus dem Zirkus des Caracalla herbeigeführt, an dem man das Wappen des

Hauses anbrachte. Häuser wurden niedergerissen, um dem Platz eine neue Gestalt zu geben, S. Agnete von Grund aus erneut: unfern erhob sich dann, mit Bildsäulen, Gemälden und kostbarer innerer Einrichtung reich ausgestattet, der Palast Pamfili. Die Vigna, die seine Familie jenseits des Vatikans besaß, schuf er zu einer der schönsten Villen um, welche alles in sich schließt, was das Landleben angenehm machen kann.

In Alexander VII. bemerken wir schon den modernen Sinn für das Regelmäßige. Wie viele Häuser hat er umreißen lassen, um gerade Straßen zu gewinnen: der Palast Salviati mußte fallen, um den Platz des Collegio Romano zu bilden; auch der Platz Colonna, an dem sich ein Familienpalast erhob, ward von ihm umgeschaffen. Er hat die Sapienza und die Propaganda erneuert. Sein vornehmstes Denkmal sind aber ohne Zweifel die Kolonnaden, mit denen er den oberen Teil des Petersplatzes umfaßte, ein kolossales Werk von 284 Säulen und 88 Pfeilern. Was man auch gleich von Anfang und später dagegen gesagt haben mag, so ist doch nicht zu leugnen, daß sie in der Idee des Ganzen gedacht sind und zu dem Eindruck des zugleich Unermeßlichen und Heiterbehaglichen, den der Platz hervorbringt, das Ihre beitragen.

So bildete sich allmählich die Stadt, nach der seitdem so unzählige Fremde gewallfahrtet. Sie erfüllte sich zugleich mit Schätzen aller Art. Zahlreiche Bibliotheken wurden gesammelt: nicht allein der Vatikan oder die Klöster der Augustiner, der Dominikaner, die Häuser der Jesuiten und der Väter des Oratoriums, sondern auch die Paläste wurden damit ausgestattet; man wetteiferte, gedruckte Werke anzuhäufen, seltene Handschriften zusammenzubringen. Nicht, daß man nun auch den Wissenschaften sehr eifrig obgelegen hätte; man studierte, aber mit Muße, weniger um etwas Neues zu entdecken, als um das Bekannte an sich zu bringen und zu verarbeiten. Von allen den Akademien, die sich Jahr für Jahr erhoben, widmete sich eine und die andere der Naturforschung, etwa der Botanik, obwohl auch ohne recht eigentümliche Erfolge; aber alle die anderen, die Gutgelaunten, die Geordneten, die Jungfräulichen, die Phantastischen, die Einförmigen, und welche sonderbare Namen sie sich sonst gaben, beschäftigten sich nur mit Poesie und Beredtsamkeit, Übungen geistiger Gewandtheit, die in einem engen Kreise von Gedanken stehenblieben und doch viele schöne Kräfte verbrauchten. Und nicht allein mit Büchern, sondern auch mit Kunstwerken alter und neuer Zeit, mit Antiquitäten mancherlei Art, Bildsäulen, Reliefs und Inskriptionen mußten die Paläste geschmückt sein. In unserer Epoche waren die Häuser Cesi, Giustiniani, Strozzi, Massimi, die Gärten der Mattei am berühmtesten, an die sich Sammlungen wie die Kirchersche bei den Jesuiten zu nicht geringerer Bewunderung der Mitwelt anreihten. Noch war es mehr Kuriosität, antiquarische Gelehrsamkeit, was zu den Sammlungen veranlaßte, als Sinn für die Formen oder tieferes Verständnis. Es ist merkwürdig, daß man im Grunde noch immer darüber dachte wie Sixtus V. Den Resten des Altertums war man noch weit entfernt, die Aufmerksamkeit und schonende Sorgfalt zu widmen, welche sie späterhin gefunden haben. Was darf man erwarten, wenn sich unter anderen Privilegien der Borghesen eins findet, welches besagt, daß sie durch keinerlei Art von Zerstörung in Strafe verfallen sein sollen? Man sollte kaum glauben, was man sich im 17. Jahrhundert noch erlaubt hat. Die Thermen des Konstantin unter anderem hatten sich durch so viel wechselnde Zeiträume noch immer ziemlich im Stand erhalten, und gewiß hätte schon das Verdienst ihres Erbauers um die Herrschaft der christlichen Kirche sie beschützen sollen; jedoch unter Paul V. wurden sie von Grund aus zerstört und in dem Geschmack jener Zeit zu Palast und Garten umgeschaffen, welche darnach für die Villa Mondragone in Frascati vertauscht wurden. Selbst der Friedenstempel, damals ebenfalls noch ziemlich gut erhalten, fand vor Paul V. keine Gnade. Er faßte den sonderbaren Gedanken, der Jungfrau Maria mit dem Kinde eine kolossale eherne Bildsäule gießen und dieselbe so hoch aufstellen zu lassen, daß die Stadt von dieser ihrer Beschützerin ganz übersehen werden könne. Nur gehörte dazu eine Säule von ungewöhnlicher Länge. Er fand eine solche endlich im Friedenstempel; ohne sich zu kümmern, daß sie dort zu dem Ganzen gehörte, daß sie sich einzeln mehr seltsam und auffallend als schön und zweckmäßig ausnehmen würde, führte er sie weg und brachte jenen Koloß auf derselben an, wie wir ihn noch heute sehen.

Sollte auch nicht alles wahr sein, was man den Barberini nachgesagt hat, so ist doch unleugbar, daß sie im allgemeinen in eben diesem Sinne verfuhren. Unter Urban VIII. hatte man in der Tat noch einmal die Absicht, jenes einzig echte und erhaltene, unvergleichliche Monument der republikanischen Zeiten, das Denkmal der Cäcilia Metella, zu zerstören, um den Travertin bei der Fontana di Trebi anzuwenden. Der berühmteste Bildhauer und Baumeister jener Zeit, Bernini, dem die Fontana übertragen worden, machte diesen Entwurf, und der Papst gab ihm in einem Breve die Erlaubnis zur Ausführung. Schon legte man Hand an, als das römische Volk, welches seine Altertümer liebte, die Sache inne wurde und sich mit Gewalt dawidersetzte. Zum zweiten Male rettete es diesen seinen ältesten Besitz. Man mußte abstehen, um keinen Auflauf zu erregen.

Es hängt aber alles zusammen. Die Epoche der Restauration hat ihre besonderen Ideen, Antriebe entwickelt, die auch in Kunst und Literatur nach der Alleinherrschaft streben, das Fremdartige weder verstehen noch auch anerkennen und es zu zerstören entschlossen sind, wenn sie es nicht unterjochen können.

Nichtsdestominder war Rom noch immer eine Hauptstadt der Kultur, die in sammelnder Gelehrsamkeit und einer Kunstübung, wie sie der Geschmack jenes Zeitalters nun einmal beliebte, ihresgleichen nicht hatte, produktiv noch immer in der Musik — der konzertierende Stil der Kantate trat damals dem Stil der Kapelle zur Seite —: es entzückte die Reisenden. „Man müßte von der Natur verwahrlost sein,“ ruft Spon aus, der 1674 nach Rom kam, „wenn man nicht in irgendeinem Zweige seine Befriedigung fände.“ Er geht diese Zweige durch: die Bibliotheken, wo man die seltensten Werke studieren, die Konzerte in Kirchen und Palästen, wo man täglich die schönsten Stimmen hören könne, so viele Sammlungen für alte und neue Skulptur und Malerei, so viele herrliche Bauwerke aller Zeiten, ganze Villen mit Basreliefs und Inskriptionen, deren er allein tausend neue kopiert hat, überkleidet, die Gegenwart so vieler Fremden von allen Ländern und Zungen; die Natur genieße man in den paradiesischen Gärten; und wer die Übungen der Frömmigkeit liebt, fügt er hinzu, für den ist durch Kirchen, Reliquien, Prozessionen sein lebelang gesorgt.

Ohne Zweifel gab es anderwärts noch großartigere geistige Regungen; aber die Vollendung der römischen Welt, ihre Geschlossenheit in sich selbst, die Fülle des Reichtums, der ruhige Genuß, vereinigt mit der Sicherheit und Befriedigung, welche dem Gläubigen der unaufhörliche Anblick der Gegenstände seiner Verehrung gewährte, übten noch immer eine mächtige Anziehung aus, bald mehr durch das eine, bald mehr durch das andere Motiv, zuweilen unentschieden, durch welches am meisten.

Vergegenwärtigen wir uns diese Anziehung an dem auffallendsten Beispiele, das zugleich auf den römischen Hof lebendig zurückwirkte.

Digression über Königin Christine von Schweden.

Schon oft sind wir in dem Falle gewesen, unsere Blicke nach Schweden hinzuwenden. Das Land, wo das Luthertum zuerst die gesamte Verfassung politisch umgestaltete, die Antireformation auf eine so ungewöhnliche Weise in den höchsten Personen Repräsentanten und Widersacher fand, von wo dann die große Entscheidung in dem welthistorischen Kampfe hauptsächlich ausgegangen war, eben da machte jetzt der Katholizismus auch in der neuen Gestalt, die er angenommen, die unerwartetste Eroberung. Die Tochter jenes Vorkämpfers der Protestanten, Königin Christine von Schweden, zog er an sich. Wie dies geschah, ist schon an sich und dann insbesondere für uns der Betrachtung wert.

Gehen wir von der Stellung aus, welche die junge Königin in ihrem Lande einnahm.

Nach dem Tode Gustav Adolfs war auch in Schweden, wie 1619 in Österreich, 1640 in Portugal und in dieser Epoche an so vielen anderen Orten, einen Augenblick die Rede davon, ob man sich nicht von der königlichen Gewalt freimachen und als Republik konstituieren solle.

Nun ward dieser Antrag zwar verworfen: man huldigte der Tochter des verstorbenen Königs; aber daß diese ein Kind von sechs Jahren war, daß es niemanden von königlichem Geschlechte gab, der die Zügel hätte ergreifen können, bewirkte doch, daß die Gewalt in die Hände einiger wenigen kam. Die antimonarchischen Tendenzen jener Zeit fanden in Schweden Anklang und Billigung, schon das Verfahren des langen Parlamentes in England, noch viel mehr aber die Bewegungen der Fronde, da sie um so viel entschiedener aristokratisch waren. „Ich bemerke wohl," sagte Christine einstmals selbst in dem Senate, „man wünscht hier, daß Schweden ein Wahlreich oder eine Aristokratie werde."

Diese junge Fürstin aber war nicht gewillt, die königliche Gewalt verfallen zu lassen; sie strengte sich an, im vollen Sinne des Worts Königin zu sein. Von dem Augenblicke an, daß sie die Regierung selbst antrat, im Jahre 1644, widmete sie sich den Geschäften mit einem bewunderungswürdigen Eifer. Niemals hätte sie eine Senatssitzung versäumt; wir finden, daß sie von dem Fieber geplagt und zur Ader gelassen ist; sie besucht die Sitzung dessenungeachtet. Sie versäumt nicht, sich auf das beste vorzubereiten. Deduktionen, viele Bogen lang, liest sie durch und macht sich ihren Inhalt zu eigen; abends vor dem Einschlafen, früh beim Erwachen überlegt sie die streitigen Punkte. Mit großer Geschicklichkeit versteht sie dann die Frage vorzulegen; sie läßt nicht merken, auf welche Seite sie sich neigt; nachdem sie alle Mitglieder gehört hat, sagt auch sie ihre Meinung, die

sich immer wohlbegründet findet, die man in der Regel
beliebt. Die fremden Gesandten sind verwundert,
welche Gewalt sie sich in dem Senat zu verschaffen
weiß, obwohl sie selbst damit nie zufrieden war. An
einem Ereignis von so universalhistorischer Bedeu=
tung, wie der Abschluß des Westfälischen Friedens war,
hatte sie persönlich vielen Anteil. Die Offiziere der
Armee, selbst der eine von ihren Gesandten am Kon=
greß, waren nicht dafür; auch in Schweden gab es
Leute, welche die Zugeständnisse, die man den Katho=
liken besonders für die österreichischen Erblande
machte, nicht billigten. Aber Christine wollte das
Glück nicht immer aufs neue herausfordern; niemals
war Schweden so glorreich, so mächtig gewesen; sie
sah eine Befriedigung ihres Selbstgefühls darin, daß
sie diesen Zustand befestige, daß sie der Christenheit
die Ruhe wiedergebe.

Hielt sie nun selbst die Eigenmacht der Aristokratie
nach Kräften nieder, so sollte sich diese ebensowenig
schmeicheln dürfen, etwa in Zukunft zu ihrem Ziele
zu gelangen: so jung sie auch noch war, so brachte
sie doch sehr bald die Sukzession ihres Vetters, des
Pfalzgrafen Karl Gustav, in Vorschlag. Sie meint,
der Prinz habe das nicht zu hoffen gewagt, sie allein
habe es durchgesetzt wider den Willen des Senates,
der es nicht einmal habe in Überlegung nehmen
wollen, wider den Willen der Stände, die nur aus
Rücksicht auf sie darein gewilligt; in der Tat, es war
ganz ihr Gedanke, und allen Schwierigkeiten zum Trotz

führte sie ihn aus. Die Sukzession ward unwiderruflich festgesetzt.

Doppelt merkwürdig ist es nun, daß sie bei diesem Eifer für die Geschäfte zugleich den Studien mit einer Art von Leidenschaft oblag. Noch in den Jahren der Kindheit war ihr nichts angenehmer gewesen, als die Lehrstunde. Es mochte daher kommen, daß sie bei ihrer Mutter wohnte, die sich ganz dem Schmerze über ihren Gemahl hingab; mit Ungeduld erwartete sie täglich den Augenblick, wo sie aus diesen dunklen Gemächern der Trauer erlöst wurde. Aber sie besaß auch, besonders für die Sprachen, ein außerordentliches Talent; sie erzählt, daß sie die meisten eigentlich ohne Lehrer gelernt habe, was um so mehr sagen will, da sie es wirklich in einigen bis zur Fertigkeit eines Eingeborenen gebracht hat. Wie sie aufwuchs, ward sie immer mehr von dem Reize ergriffen, der in der Literatur liegt. Es war die Epoche, in welcher sich die Gelehrsamkeit allmählich von den Fesseln der theologischen Streitigkeiten ablöste, in welcher sich über beide Parteien hin allgemein anerkannte Reputationen erhoben. Sie hatte den Ehrgeiz, berühmte Leute an sich zu ziehen, ihren Unterricht zu genießen. Zuerst kamen einige deutsche Philologen und Historiker, z. B. Freinsheim, auf dessen Bitten sie seiner Vaterstadt Ulm den größten Teil der ihr auferlegten Kriegskontribution erließ; dann folgten Niederländer: Isaak Vossius brachte das Studium des Griechischen in Schwung; sie bemächtigte sich in kurzem der wichtigsten alten Autoren, und selbst die Kirchenväter blieben ihr nicht fremd. Nikolaus Heinsius rühmt es einmal als sein erstes Glück, daß er zur Zeit der Königin geboren, als das zweite, daß er ihr bekannt geworden sei; als das dritte und vornehmste wünscht er sich, daß die Nachwelt erfahre, er habe ihr nicht ganz mißfallen. Sie brauchte ihn vornehmlich, um ihr kostbare Handschriften, seltene Bücher aus Italien zu verschaffen, was er mit Gewissenhaftigkeit und Glück vollzog. Schon beklagten sich die Italiener, man belade Schiffe mit den Spolien ihrer Bibliotheken, man entführe ihnen die Hilfsmittel der Gelehrsamkeit nach dem äußersten Norden. Im Jahre 1650 erschien Salmasius; die Königin hatte ihm sagen lassen, komme er nicht zu ihr, so werde sie genötigt sein, zu ihm zu kommen; ein Jahr lang wohnte er in ihrem Palaste. Endlich ward auch Cartesius bewogen, sich zu ihr zu begeben; alle Morgen um 5 Uhr hatte er die Ehre, sie in ihrer Bibliothek zu sehen; man behauptet, sie habe seine Ideen, ihm selbst zur Verwunderung, aus dem Plato abzuleiten gewußt. Es ist gewiß, daß sie in ihren Konferenzen mit den Gelehrten wie in ihren Besprechungen mit dem Senate die Überlegenheit des glücklichsten Gedächtnisses und einer raschen Auffassung und Penetration zeigte. „Ihr Geist ist höchst außerordentlich," ruft Naudäus mit Erstaunen aus, „sie hat alles gesehen, alles gelesen, sie weiß alles."

Wunderbare Hervorbringung der Natur und des

Glücks. Ein junges Fräulein, frei von aller Eitelkeit: sie sucht es nicht zu verbergen, daß sie die eine Schulter höher hat als die andere; man hat ihr gesagt, ihre Schönheit bestehe besonders in ihrem reichen Haupthaar; sie wendet auch nicht die gewöhnlichste Sorgfalt darauf. Jede kleine Sorge des Lebens ist ihr fremd: sie hat sich niemals um ihre Tafel bekümmert, sie hat nie über eine Speise geklagt, sie trinkt nichts als Wasser; auch eine weibliche Arbeit hat sie nie begriffen; — dagegen macht es ihr Vergnügen, zu hören, daß man sie bei ihrer Geburt für einen Knaben genommen, daß sie in der frühesten Kindheit beim Abfeuern des Geschützes, statt zu erschrecken, in die Hände geklatscht und sich als ein rechtes Soldatenkind ausgewiesen habe; auf das kühnste sitzt sie zu Pferde, einen Fuß im Bügel, so fliegt sie dahin; auf der Jagd weiß sie das Wild mit dem ersten Schuß zu erlegen. Sie studiert Tacitus und Plato und faßt diese Autoren zuweilen besser als Philologen von Profession. So jung sie ist, so versteht sie sich auch in Staatsgeschäften selbständig eine treffende Meinung zu bilden und sie unter den in Welterfahrung ergrauten Senatoren durchzufechten; sie wirft den frischen Mut eines angeborenen Scharfsinns in die Arbeit; vor allem ist sie von der hohen Bedeutung durchdrungen, die ihr ihre Herkunft gebe, von der Notwendigkeit der Selbstregierung: keinen Gesandten hätte sie an ihre Minister gewiesen; sie will nicht dulden, daß einer ihrer Untertanen einen auswärtigen

Orden trage, wie sie sagt, daß ein Mitglied ihrer Herde von einer fremden Hand sich bezeichnen lasse; sie weiß eine Haltung anzunehmen, vor welcher die Generale verstummen, welche Deutschland erbeben gemacht: wäre ein neuer Krieg ausgebrochen, so würde sie sich unfehlbar an die Spitze ihrer Truppen gestellt haben.

Bei dieser Gesinnung und vorwaltenden Stimmung war ihr schon der Gedanke unerträglich, sich zu verheiraten, einem Manne Rechte an ihre Person zu geben; der Verpflichtung hiezu, die sie gegen ihr Land haben könnte, glaubt sie durch die Festsetzung der Sukzession überhoben zu sein; nachdem sie gekrönt ist, erklärt sie, sie würde eher sterben, als sich vermählen.

Sollte aber wohl ein Zustand dieser Art überhaupt behauptet werden können? Er hat etwas Gespanntes, Angestrengtes, es fehlt ihm das Gleichgewicht der Gesundheit, die Ruhe eines natürlichen und in sich befriedigten Daseins. Es ist nicht Neigung zu den Geschäften, daß sie sich so eifrig hineinwirft: Ehrgeiz und fürstliches Selbstgefühl treiben sie dazu an, Vergnügen findet sie daran nicht. Auch liebt sie ihr Vaterland nicht, weder seine Vergnügungen, noch seine Gewohnheiten; weder seine geistliche noch seine weltliche Verfassung; auch nicht seine Vergangenheit, von der sie keine Ahnung hat. Die Staatszeremonien, die langen Reden, die sie anzuhören verpflichtet ist, jede Funktion, bei der sie persönlich in Anspruch genommen wird, sind ihr geradezu verhaßt; der Kreis von Wil=

dung und Gelehrsamkeit, in dem sich ihre Landsleute halten, scheint ihr verächtlich. Hätte sie diesen Thron nicht von Kindheit an besessen, so würde er ihr vielleicht als ein Ziel ihrer Wünsche erschienen sein; aber da sie Königin war, so weit sie zurückdenken kann, so haben die begehrenden Kräfte des Gemütes, welche die Zukunft eines Menschen ihm vorbereiten, eine von ihrem Lande abgewendete Richtung genommen. Phantasie und Liebe zu dem Ungewöhnlichen fangen an, ihr Leben zu beherrschen; sie kennt keine Rücksicht; sie denkt nicht daran, den Eindrücken des Zufalls und des Momentes die Überlegenheit des moralischen Ebenmaßes, welche ihrer Stellung entspräche, entgegenzusetzen; ja, sie ist hochgesinnt, mutig, voll Spannkraft und Energie, großartig, aber auch ausgelassen, heftig, recht mit Absicht unweiblich, keineswegs liebenswürdig, unkindlich selbst, und zwar nicht allein gegen ihre Mutter; auch das heilige Andenken ihres Vaters schont sie nicht, um eine beißende Antwort zu geben: es ist zuweilen, als wüßte sie nicht, was sie sagt. So hoch sie auch gestellt ist, so können doch die Rückwirkungen eines solchen Betragens nicht ausbleiben; um so weniger fühlt sie sich dann zufrieden, heimisch oder glücklich.

Da geschieht nun, daß dieser Geist der Nichtbefriedigung sich vor allem auf die religiösen Dinge wirft, womit es folgendergestalt zuging.

In ihren Erinnerungen weilt die Königin mit besonderer Vorliebe bei ihrem Lehrer Dr. Johann

Matthiä, dessen einfache, reine, milde Seele sie vom ersten Augenblick an fesselte, der ihr erster Vertrauter wurde, auch in allen kleinen Angelegenheiten. Unmittelbar nachdem sich gezeigt, daß von den bestehenden Kirchengesellschaften keine die andere überwältigen werde, regte sich hie und da in wohlgesinnten Gemütern die Tendenz, sie zu vereinigen. Auch Matthiä hegte diesen Wunsch; er gab ein Buch heraus, in welchem er eine Vereinigung der beiden protestantischen Kirchen in Anregung brachte. Die Königin nun war sehr seiner Meinung: sie faßte den Gedanken, eine theologische Akademie zu stiften, die an der Vereinigung der Bekenntnisse arbeiten sollte. Allein auf der Stelle erhob sich hiewider der unbezähmte Eifer unerschütterlicher Lutheraner. Ein Superintendent von Kalmar griff jenes Buch mit Ingrimm an; die Stände nahmen dawider Partei. Die Bischöfe erinnerten den Reichsrat, über die Landesreligion zu wachen; der Großkanzler begab sich zur Königin und machte ihr so nachdrückliche Vorstellungen, daß ihr Tränen des Unmuts in die Augen traten.

Da mag sie recht deutlich zu bemerken geglaubt haben, daß es nicht ein reiner Eifer sei, was ihre Lutheraner in Bewegung setze. Sie meinte, man wolle sie mit der Idee von Gott täuschen, die man ihr gab, nur um sie nach einem vorbedachten Ziele zu leiten. Es schien ihr Gottes nicht würdig, wie man ihn ihr vorstellte.

Die weitläufigen Predigten, die ihr schon immer

Langeweile gemacht, und die sie um der Reichsordnung willen anhören mußte, wurden ihr nun unerträglich. Oft zeigte sie ihre Ungeduld: sie rückte mit dem Stuhle, spielte mit ihrem Hündchen; desto länger, unbarmherziger suchte man sie festzuhalten.

In der Stimmung, in welche sie hiedurch geriet, in der sie sich von der angenommenen Landesreligion innerlich entfernte, ward sie nun durch die Ankunft der fremden Gelehrten bestärkt. Einige waren katholisch; andere, z. B. Isaak Vossius, gaben Anlaß, sie für ungläubig zu halten; Bourdelot, der das meiste bei ihr vermochte, da er sie von einer gefährlichen Krankheit leicht und glücklich geheilt hatte, — recht ein Mann für den Hof, voll von Kenntnissen und Unterhaltungsgabe, ohne Pedanterie — verspottete alles, Polyhistoren und Landesreligionen, und galt geradezu für einen Naturalisten.

Allmählich geriet die junge Fürstin in unauflösliche Zweifel. Es schien ihr, als sei alle positive Religion eine Erfindung der Menschen, als gelte jedes Argument gegen die eine so gut wie gegen die andere, als sei es zuletzt gleichgültig, welcher man angehöre.

Indessen ging sie hiebei doch nie bis zu eigentlicher Irreligiosität fort: es gab auch in ihr einige unerschütterliche Überzeugungen; in ihrer fürstlichen Einsamkeit auf dem Throne hätte sie doch den Gedanken an Gott nicht entbehren können; ja, sie glaubte fast, ihm einen Schritt näher zu stehen: „du weißt," ruft sie aus, „wie oft ich in einer, gemeinen Geistern unbekannten Sprache dich um Gnade bat, mich zu erleuchten und dir gelobte, dir zu gehorchen, sollte ich auch Leben und Glück darüber aufopfern." Schon verknüpfte sie dies mit ihren übrigen Ideen: „ich verzichtete," sagt sie, „auf alle andere Liebe und widmete mich dieser."

Großen Eindruck hatte ein Ausspruch Ciceros auf sie gemacht, daß alle religiösen Meinungen der Menschen irrig sein könnten, unmöglich aber mehr als eine wahr. Sollte aber Gott die Menschen ohne die rechte Religion gelassen haben? Es schien ihr, als beschuldige man ihn der Tyrannei, wenn man annehme, er habe das Bedürfnis der Religion in das Gemüt und Gewissen der Menschen gelegt und sich dann nicht darum bekümmert, es zu befriedigen.

Die Frage war nur eben, welches die wahre Religion sei.

Suchen wir hier nicht nach Gründen, Beweisen. Königin Christine hat selbst gestanden, sie wisse den Protestantismus keines Irrtums in Dingen des Glaubens zu zeihen. Aber wie ihre Abneigung gegen denselben aus einem ursprünglichen, nicht weiter abzuleitenden, nur durch die Umstände erhöhten Gefühle herrührt, so wirft sie sich mit einer ebenso unerklärlichen Neigung, mit unbedingter Sympathie auf die Seite des Katholizismus.

Sie war neun Jahre alt, als man ihr zuerst eine nähere Notiz von der katholischen Kirche gab und ihr unter anderem sagte, daß in derselben der ehelose

Stand ein Verdienst sei: „Ah," rief sie aus, „wie schön ist dies, diese Religion will ich annehmen!"

Man verwies ihr dies ernstlich; desto hartnäckiger blieb sie dabei.

Daran knüpften sich weitere verwandte Eindrücke. „Wenn man katholisch ist," sagt sie, „hat man den Trost, zu glauben, was so viele edle Geister sechzehn Jahrhunderte lang geglaubt hatten, einer Religion anzugehören, die durch Millionen Wunder, Millionen Märtyrer bestätigt ist, die endlich," fügt sie hinzu, „so viele wunderbare Jungfrauen hervorgebracht hat, welche die Schwachheiten ihres Geschlechts überwunden und sich Gott geopfert haben."

Die Verfassung von Schweden beruht auf dem Protestantismus; der Ruhm, die Macht, die Weltstellung dieses Landes sind darauf gegründet; ihr aber wird er wie eine Notwendigkeit auferlegt: abgestoßen von tausend Zufälligkeiten, unberührt von seinem Geiste, eigenwillig reißt sie sich von ihm los; das Entgegengesetzte, von dem sie nur eine dunkle Kunde hat, zieht sie an: daß es in dem Papst eine untrügliche Autorität gebe, scheint ihr eine der Güte Gottes angemessene Einrichtung; darauf wirft sie sich von Tag zu Tage mit vollerer Entschiedenheit: es ist, als fühlte sich das Bedürfnis weiblicher Hingebung hiedurch befriedigt, als entspräche in ihrem Herzen der Glaube wie in einem anderen die Liebe, eine Liebe des unbewußten Affektes, die von der Welt verdammt wird und verheimlicht werden muß, aber darum nur desto tiefer wurzelt, in der ein weibliches Herz sich gefällt, der es alles zu opfern entschlossen ist.

Wenigstens wandte Christine nun, um sich dem römischen Hofe zu nähern, eine geheimnisvolle Verschlagenheit an, wie sie sonst nur in Angelegenheiten der Leidenschaft oder des Ehrgeizes vorkommt: sie spann gleichsam eine Intrige an, um katholisch zu werden. Darin zeigte sie sich vollkommen als eine Frau.

Der erste, dem sie ihre Neigung zu erkennen gab, war ein Jesuit, Antonio Macedo, Beichtvater des portugiesischen Gesandten Pinto Pereira. Pereira sprach nur portugiesisch; er brauchte seinen Beichtvater zugleich als Dolmetscher. Ein sonderbares Vergnügen, das sich die Königin machte, in den Audienzen, die sie dem Gesandten gab, indem er von Staatsgeschäften zu handeln gedachte, mit seinem Dolmetscher auf religiöse Kontroversen zu kommen und diesem in Gegenwart eines Dritten, der davon nichts verstand, ihre geheimsten und weitaussehendsten Gedanken anzuvertrauen.

Plötzlich verschwand Macedo von Stockholm. Die Königin tat, als lasse sie ihn suchen, verfolgen; aber sie selbst hatte ihn nach Rom geschickt, um ihre Absicht zunächst dem Jesuitengeneral vorzutragen und ihn zu bitten, ihr ein paar vertraute Mitglieder seines Ordens zuzusenden.

Im Februar 1652 langten diese in der Tat in Stockholm an. Es waren zwei jüngere Männer, die sich als reisende italienische Edelleute vorstellen ließen und hierauf von ihr zur Tafel gezogen wurden. Sie vermutete auf der Stelle, wer sie wären; indem sie unmittelbar vor ihr her in das Speisezimmer gingen, sagte sie leise zu dem einen, vielleicht habe er Briefe an sie; dieser bejahte das, ohne sich umzuwenden; sie schärfte ihm nur noch mit einem raschen Wort Stillschweigen ein und schickte dann ihren vertrautesten Diener, Johann Holm, gleich nach Tische, um die Briefe, den anderen Morgen, um sie selbst im tiefsten Geheimnis nach dem Palast abzuholen.

In dem Königspalast Gustav Adolfs traten Abgeordnete von Rom mit seiner Tochter zusammen, um mit ihr über ihren Übertritt zur römischen Kirche zu unterhandeln. Der Reiz für Christine lag auch darin, daß niemand etwas davon ahnte.

Die beiden Jesuiten beabsichtigten anfangs, die Ordnung des Katechismus zu beobachten; doch sahen sie bald, daß sie hier nicht angebracht sei. Die Königin warf ihnen ganz andere Fragen auf, als sie dort vorkamen: ob es einen Unterschied zwischen gut und böse gebe, oder ob alles nur auf den Nutzen und die Schädlichkeit einer Handlung ankomme; wie die Zweifel zu erledigen, die man gegen die Annahme einer Vorsehung erheben könne; ob die Seele des Menschen wirklich unsterblich; ob es nicht am ratsamsten sei, seiner Landesreligion äußerlich zu folgen und nach den Gesetzen der Vernunft zu leben. Die Jesuiten melden nicht, was sie auf diese Fragen geantwortet haben; sie meinen, während des Gespräches seien ihnen Gedanken gekommen, an die sie früher nie gedacht und die sie dann wieder vergessen; in der Königin habe der Heilige Geist gewirkt. In der Tat war in ihr schon eine entschiedene Hinneigung, welche alle Gründe und die Überzeugung selbst ergänzte. Am häufigsten kam man auf jenen obersten Grundsatz zurück, daß die Welt nicht ohne die wahre Religion sein könne; daran ward die Behauptung geknüpft, daß unter den vorhandenen die katholische die vernünftigste sei. „Unser Hauptbestreben war," sagen die Jesuiten, „zu beweisen, daß die Punkte unseres heiligen Glaubens über die Vernunft erhaben, aber keineswegs ihr entgegen seien." Die vornehmste Schwierigkeit betraf die Anrufung der Heiligen, die Verehrung der Bilder und Reliquien. „Ihre Majestät aber faßte," fahren sie fort, „mit eindringendem Geiste die ganze Kraft der Gründe, die wir vorhielten; sonst hätten wir lange Zeit gebraucht." Auch über die Schwierigkeiten sprach sie mit ihnen, die es haben werde, wenn sie sich zu dem Übertritte entschließe, ihn ins Werk zu setzen. Zuweilen schienen sie unübersteiglich, und eines Tages, als sie die Jesuiten wiedersah, erklärte sie ihnen, sie möchten lieber wieder nach Hause gehen: unausführbar sei das Unternehmen; auch könne sie schwer jemals ganz von Herzen katholisch werden. Die guten Patres erstaunten; sie boten alles auf, um sie festzuhalten, stellten ihr Gott und Ewigkeit vor und erklärten ihre Zweifel für eine Anfechtung des Sa=

tans. Es bezeichnet sie recht, daß sie gerade in diesem Augenblicke entschlossener war als bei irgendeiner früheren Zusammenkunft. „Was würdet ihr sprechen," fing sie plötzlich an, „wenn ich näher daran wäre, katholisch zu werden, als ihr glaubt?" — „Ich kann das Gefühl nicht beschreiben," sagt der jesuitische Berichterstatter, „welches wir empfanden: wir glaubten von den Toten zu erstehen." Die Königin fragte, ob ihr der Papst nicht die Erlaubnis geben könne, das Abendmahl alle Jahre einmal nach lutherischem Gebrauche zu nehmen. „Wir antworteten: nein;" — „dann," sagte sie, „ist keine Hilfe, ich muß die Krone aufgeben."

Denn dahin richteten sich ohnedies ihre Gedanken von Tag zu Tage mehr.

Nicht immer gingen die Geschäfte des Landes nach Wunsch. Der mächtigen Aristokratie gegenüber, die sich eng zusammenhielt, bildete die Königin mit ihrer aus so vielen Ländern herbeigezogenen Umgebung, mit dem Thronfolger, den sie dem Lande aufgenötigt, und dem Grafen Magnus de la Gardie, dem sie ihr Vertrauen schenkte, den aber der alte schwedische Adel noch immer nicht als ebenbürtig anerkennen wollte, eine Partei, die gleichsam als eine fremde betrachtet ward. Ihre unbeschränkte Freigebigkeit hatte die Finanzen erschöpft, und man sah den Augenblick kommen, wo man mit allen Mitteln zu Ende sein werde. Schon im Oktober 1651 hatte sie den Ständen die Absicht, zu resignieren, angekündigt. Es war in dem Momente, als sie Antonio Macedo nach Rom geschickt hatte. Noch einmal jedoch ließ sie sich davon zurückbringen. Der Reichskanzler stellte ihr vor, sie möge sich nicht etwa durch die finanzielle Bedrängnis bestimmen lassen; man werde schon dafür sorgen, daß der Glanz der Krone nicht leide. Auch sah sie wohl, daß diese Handlung der Welt nicht so heroisch vorkommen würde, wie sie anfangs geglaubt. Als kurz darauf Prinz Friedrich von Hessen mit einem ähnlichen Schritte umging, mahnte sie ihn ausdrücklich ab, nicht gerade aus religiösen Gründen; sie erinnerte ihn nur, wer seinen Glauben verändere, werde von denen gehaßt, die er verlasse, und von denen verachtet, zu denen er übergehe. Aber allmählich wirkten diese Betrachtungen auf sie selbst nicht mehr. Es war vergebens, daß sie sich durch wiederholte Ernennungen in dem Reichsrate, den sie von 28 Mitgliedern auf 39 brachte, eine Partei zu machen suchte; das Ansehen der Oxenstierna, welches eine Zeitlang verdunkelt war, erhob sich durch Verwandtschaften, Gewohnheit und ein in dieser Familie gleichsam erbliches Talent aufs neue; in mehreren wichtigen Fragen, z. B. der Auseinandersetzung mit Brandenburg, blieb die Königin in der Minorität. Auch Graf Magnus de la Gardie verlor ihre Gnade. Das Geld fing wirklich an zu mangeln und reichte oft nicht zu den täglichen Bedürfnissen des Haushaltes. War es nicht in der Tat besser, wenn sie sich eine jährliche Rente ausbedang und damit ohne soviel Widerrede zelotischer Prediger, die in ihrem Tun und Treiben nur eine abenteuerliche Kuriosität, einen Abfall von der Religion und den Sitten des Landes sahen, nach ihres Herzens Gelüsten in dem Auslande lebte? Schon waren ihr die Geschäfte zuwider, und sie fühlte sich unglücklich, wenn sich ihr die Sekretäre näherten. Schon ging sie nur noch gern mit dem spanischen Gesandten Don Antonio Pimentel um, der an allen ihren Gesellschaften und Vergnügungen teilnahm und besonders in den Versammlungen jenes ihres Amarantenordens eine Rolle spielte, dessen Mitglieder sich zu einer Art von Zölibat verpflichten mußten. Don Antonio wußte um ihre katholische Absicht; er setzte seinen Herrn davon in Kenntnis, der die Fürstin in seinen Staaten aufzunehmen, ihren Übertritt bei dem Papste zu befürworten versprach. In Italien hatten schon jene Jesuiten, die indes zurückgegangen, einige Vorbereitungen getroffen.

Diesmal war sie durch keine Vorstellungen abzubringen. Ihr Brief an den französischen Gesandten Chanut beweist, wie wenig sie auf Beifall rechnete. Aber sie versichert, daß sie dies nicht kümmere: sie werde glücklich sein, stark in sich, ohne Furcht vor Gott und Menschen, und von dem Hafen aus die Pein derjenigen ansehen, die von den Stürmen des Lebens umhergeschleudert würden. Ihre einzige Sorge war nur, sich ihre Rente auf eine Weise sicherzustellen, daß sie ihr nicht wieder entrissen werden könne.

Am 24. Juni 1654 ward die Zeremonie der Ab=

dankung vollzogen. So manchen Anstoß die Regierung der Königin gegeben hatte, so waren doch Vornehme und Geringe von dieser Lossagung des letzten Sprosses der Wasa von ihrem Lande ergriffen. Der alte Graf Brahe weigerte sich, ihr die Krone wieder abzunehmen, die er ihr vor drei Jahren aufgesetzt hatte: er hielt das Band zwischen Fürst und Untertan für unauflöslich, diese Handlung für unrechtmäßig. Die Königin mußte sich die Krone selbst vom Haupte nehmen; erst aus ihrer Hand nahm er sie an. Der Reichsinsignien entkleidet, in einfachem, weißem Kleide, empfing hierauf die Königin die Abschiedshuldigung ihrer Stände. Nach den übrigen erschien auch der Sprecher des Bauernstandes. Er kniete vor der Königin nieder, schüttelte ihr die Hand, küßte sie wiederholt; die Tränen brachen ihm hervor; er wischte sie sich mit seinem Tuche ab; ohne ein Wort gesagt zu haben, kehrte er ihr den Rücken und ging an seinen Platz.

Ihr stand indes all ihr Sinnen und Trachten nach der Fremde: keinen Augenblick wollte sie länger in einem Lande verweilen, wo sie die oberste Gewalt an einen anderen abgetreten hatte. Schon hatte sie ihre Kostbarkeiten vorausgeschickt; indem man die Flotte ausrüstete, die sie nach Wismar bringen sollte, ergriff sie den ersten günstigen Augenblick, sich verkleidet mit wenigen Vertrauten von der lästigen Aufsicht zu befreien, die ihre bisherigen Untertanen über sie ausübten, und sich nach Hamburg zu begeben.

Und nun begann sie ihren Zug durch Europa.

Bereits in Brüssel trat sie insgeheim, hierauf in Innsbruck öffentlich zum Katholizismus über; von dem Segen des Papstes eingeladen, eilte sie nach Italien; Krone und Zepter brachte sie der Jungfrau Maria in Loreto dar. Die venezianischen Gesandten erstaunten, welche Vorbereitungen man in allen Städten des Kirchenstaates traf, um sie prächtig zu empfangen. Papst Alexander, dessen Ehrgeiz es befriedigte, daß eine so glänzende Bekehrung in sein Pontifikat gefallen, erschöpfte die apostolische Kasse, um dies Ereignis feierlich zu begehen; nicht wie eine Büßende, sondern triumphierend zog sie in Rom ein. In den ersten Jahren finden wir sie noch oft auf Reisen: wir begegnen ihr in Deutschland, ein paarmal in Frankreich, selbst in Schweden; politischen Bestrebungen blieb sie nicht immer so fern, wie sie wohl anfangs beabsichtigt hatte: sie unterhandelte einmal alles Ernstes, und nicht ohne eine gewisse Aussicht, die Krone von Polen an sich zu bringen, wobei sie wenigstens hätte katholisch bleiben können; ein andermal zog sie sich den Verdacht zu, Neapel in französischem Interesse angreifen zu wollen. Die Notwendigkeit, für ihre Pension zu sorgen, mit deren Bezahlung es gar oft mißlich stand, ließ ihr selten vollkommene Ruhe. Daß sie keine Krone trug und doch die vollkommene Autonomie eines gekrönten Hauptes in Anspruch nahm, zumal in dem Sinne, wie sie dies verstand, hatte ein paarmal sehr bedenkliche Folgen. Wer könnte die grausame Sentenz entschuldigen, die sie in Fontainebleau in ihrer eigenen Sache über ein Mitglied ihres Haushaltes, Monaldeschi, aussprach und von dessen Ankläger und persönlichem Feinde vollstrecken ließ? Sie gab ihm nur eine Stunde Zeit, um sich zum Tode vorzubereiten. Die Treulosigkeit, die der Unglückliche gegen sie begangen haben sollte, sah sie an als Hochverrat; ihn vor ein Gericht zu stellen, welches es auch immer sein mochte, fand sie unter ihrer Würde. „Niemanden über sich zu erkennen," ruft sie aus, „ist mehr wert, als die ganze Erde zu beherrschen." — Sie verachtete selbst die öffentliche Meinung. Jene Hinrichtung hatte vor allem in Rom, wo der Hader ihrer Hausgenossenschaft dem Publikum besser bekannt war als ihr selbst, allgemeinen Abscheu erregt, nichtsdestominder eilte sie dahin zurück. Wo hätte sie auch sonst leben können als in Rom? Mit jeder weltlichen Gewalt, die einen ihren Ansprüchen gleichartigen Charakter gehabt hätte, würde sie in unaufhörliche Konflikte geraten sein. Sogar mit den Päpsten, mit ebendem Alexander VII., dessen Namen sie bei dem Übertritte dem ihrigen hinzugefügt, geriet sie oft in bittere Zwistigkeiten.

Allmählich aber ward ihr Wesen milder, ihr Zustand ruhiger; sie gewann es über sich, einige Rücksicht zu nehmen, und fand sich in die Notwendigkeiten ihres Aufenthaltes, wo ja ohnehin die geistliche Herrschaft aristokratischen Berechtigungen und persönlicher Unabhängigkeit einen weiten Spielraum gestattete.

Sie nahm immer mehr Teil an dem Glanze, den Beschäftigungen, dem Leben der Kurie, wohnte sich ein und gehörte recht eigentlich mit zu der Gesamtheit jener Gesellschaft. Die Sammlungen, die sie aus Schweden mitgebracht, vermehrte sie nun mit so viel Aufwand, Sinn und Glück, daß sie die einheimischen Familien übertraf und dies Wesen aus dem Gebiete der Kuriosität zu einer höheren Bedeutung für Gelehrsamkeit und Kunst erhob. Männer wie Spanheim und Habercamp haben es der Mühe wert gefunden, ihre Münzen und Medaillen zu erläutern; ihren geschnittenen Steinen widmete Sante Bartoli seine kunstgeübte Hand. Die Correggios ihrer Gemäldesammlung sind immer der beste Schmuck der Bildergalerien gewesen, in welche der Wechsel der Zeiten sie geführt hat. Die Handschriften ihrer Bibliothek haben nicht wenig dazu beigetragen, den Ruhm der Vatikana, der sie später einverleibt worden sind, zu erhalten. Erwerbungen und Besitztümer dieser Art erfüllen das tägliche Leben mit harmlosem Genuß. Auch an wissenschaftlichen Bestrebungen nahm sie lebendigen Anteil. Es gereicht ihr sehr zur Ehre, daß sie sich des armen, verjagten Borelli, der in hohen Jahren wieder genötigt war, Unterricht zu geben, nach Kräften annahm und sein ruhmwürdiges, noch immer unübertroffenes Werk über die Mechanik der Tierbewegungen, das auch für die Entwickelung der Physiologie so große Bedeutung gehabt hat, auf ihre Kosten drucken ließ. Ja, wir dürfen, denke ich, behaupten, daß auch sie selbst, wie sie sich weiter ausbildete, ihr gereifter Geist einen nachwirkenden und unvergänglichen Einfluß ausgeübt hat, namentlich auf die italienische Literatur. Es ist bekannt, welchen Verirrungen in das Überladene, Gesuchte, Bedeutungslose sich italienische Dichtkunst und Beredsamkeit damals hingaben. Königin Christine war zu gut gebildet, zu geistreich, als daß sie von dieser Mode hätte bestrickt werden sollen: ihr war dieselbe ein Greuel. Im Jahre 1680 stiftete sie eine Akademie für politische und literarische Übungen in ihrem Hause, unter deren Statuten das vornehmste ist, daß man sich der schwülstigen, mit Metaphern überhäuften modernen Manier enthalten und nur der gesunden Vernunft und den Mustern des augusteischen und mediceischen Zeitalters folgen wolle. Es macht einen sonderbaren Eindruck, wenn man in der Bibliothek Albani zu Rom auf die Arbeiten dieser Akademie stößt, Übungen italienischer Abbaten, verbessert von der Hand einer nordischen Königin; jedoch ist das nicht ohne Bedeutung. Aus ihrer Akademie gingen Männer hervor wie Alessandro Guidi, der früher auch dem gewohnten Stile gefolgt war, seit er aber in die Nähe der Königin gekommen, sich entschlossen von ihm lossagte und mit einigen Freunden in Bund trat, um ihn wo möglich ganz zu vertilgen. Die Arkadia, eine Akademie, der man das Verdienst zuschreibt, dies vollbracht zu haben, hat sich aus der Gesellschaft der Königin Christine entwickelt. Überhaupt, das ist nicht zu leugnen, daß die Königin

in der Mitte so vieler auf sie eindringenden Eindrücke
eine edle Selbständigkeit des Geistes bewahrte. Der
Anforderung, die man sonst an Konvertiten macht,
oder die sie sich von freien Stücken auflegen, einer
in die Augen fallenden Frömmigkeit, war sie nicht
gewillt, sich zu bequemen. So katholisch sie ist, so
oft sie auch ihre Überzeugung von der Infallibilität
des Papstes wiederholt, von der Notwendigkeit, alles
zu glauben, was er und die Kirche gebiete, so hat
sie doch einen wahren Haß gegen die Bigotten und
verabscheut die Direktion der Beichtväter, die damals
das gesamte Leben beherrschte. Sie ließ sich nicht
nehmen, Karneval, Konzert, Komödie und was das
römische Leben ihr sonst darbieten mochte, vor allem
die innere Bewegung einer geistreichen und lebendigen
Gesellschaft zu genießen. Sie liebt, wie sie bekennt,
die Satire: Pasquino macht ihr Vergnügen. In die
Intrigen des Hofes, die Entzweiungen der papalen
Häuser, die Faktionen der Kardinäle untereinander
ist sie immer auch mit verwickelt. Sie hält sich an
die squadronistische Faktion, deren Haupt ihr Freund
Azzolini ist, ein Mann, den auch andere für das geist=
reichste Mitglied der Kurie halten, den sie aber ge=
radezu für einen göttlichen, unvergleichlichen, dämo=
nischen Menschen erklärt, den einzigen, den sie dem
alten Reichskanzler Axel Oxenstierna überlegen
glaubt. Sie wollte ihm in ihren Memoiren ein Denk=
mal setzen. Unglücklicherweise ist nur ein kleiner Teil
derselben bekannt geworden, der aber einen Ernst, eine

Wahrhaftigkeit in dem Umgange mit sich selbst, einen freien und festen Sinn enthüllt, vor welchem die Afterrede verstummt. Eine nicht minder merkwürdige Produktion sind die Sinnsprüche und zerstreuten Gedanken, die wir als eine Arbeit ihrer Nebenstunden besitzen. Bei vielem Sinn für die Welt, einer Einsicht in das Getriebe der Leidenschaften, die nur durch Erfahrung erworben sein kann, den feinsten Bemerkungen darüber, zeigt sich doch zugleich eine entschiedene Richtung auf das Wesentliche, lebendige Überzeugung von der Selbstbestimmung und dem Adel des Geistes, gerechte Würdigung der irdischen Dinge, welche weder zu gering noch auch zu hoch angeschlagen werden, eine Gesinnung, die nur Gott und sich selbst genugzutun sucht. Die große Bewegung des Geistes, die sich gegen das Ende des 17. Jahrhunderts in allen Zweigen der menschlichen Tätigkeit entwickelte und eine neue Ära eröffnete, vollzog sich auch in dieser Fürstin. Dazu war ihr der Aufenthalt in einem Mittelpunkte der europäischen Bildung und die Muße des Privatlebens, wenn nicht unbedingt notwendig, doch gewiß sehr förderlich. Leidenschaftlich liebte sie diese Umgebung: sie glaubte nicht leben zu können, wenn sie die Luft von Rom nicht atme.

Verwaltung des Staates und der Kirche.

Es gab schwerlich noch einen anderen Ort in der damaligen Welt, wo sich so viel Kultur der Gesellschaft, so mannigfaltiges Bestreben in Literatur und

Kunst, so viel heiteres, geistvolles Vergnügen, überhaupt ein Leben so erfüllt mit Teilnahme abgewinnenden, den Geist beschäftigenden Interessen gefunden hätte, wie am Hofe zu Rom. Die Gewalt fühlte man wenig; die herrschenden Geschlechter teilten im Grunde Glanz und Macht. Auch die geistlichen Anforderungen konnten nicht mehr in aller ihrer Strenge durchgesetzt werden: sie fanden schon in der Gesinnung der Welt einen merklichen Widerstand. Es war mehr eine Epoche des Genusses: die im Laufe der Zeit emporgekommenen Persönlichkeiten und geistigen Antriebe bewegten sich in schwelgerischem Gleichgewicht.

Eine andere Frage war aber, wie man von hier aus Kirche und Staat regieren werde.

Denn ohne Zweifel hatte der Hof, oder vielmehr die Prälatur, welche eigentlich erst die vollgültigen Mitglieder der Kurie umfaßte, diese Verwaltung in ihren Händen.

Schon unter Alexander VII. hatte sich das Institut der Prälatur in seinen modernen Formen ausgebildet. Um Referendario di Segnatura zu werden, wovon alles ausgeht, mußte man Doktor Juris sein, drei Jahre bei einem Advokaten gearbeitet, ein bestimmtes Alter erreicht haben, ein bestimmtes Vermögen besitzen und übrigens keinen Tadel darbieten. Das Alter war früher auf 25 Jahre, das Vermögen auf ein Einkommen von 1000 Skudi festgesetzt. Alexander traf die ziemlich aristokratische Abänderung, daß nur 21 Jahre erforderlich sein, aber dagegen 1500 Skudi feste

Einkünfte nachgewiesen werden sollten. Wer diesen Anforderungen genügte, ward von dem Prefetto di Segnatura eingekleidet und mit dem Vortrag über zwei Streitsachen vor versammelter Segnatura beauftragt. So ergriff er Besitz, so ward er zu allen anderen Ämtern befähigt. Von dem Governo einer Stadt, einer Landschaft stieg man zu einer Nuntiatur, einer Vizelegation auf, oder man gelangte zu einer Stelle in der Rota, in den Kongregationen; dann folgten Kardinalat, Legation. Geistliche und weltliche Gewalt waren selbst in der Verwaltung in den höchsten Stellen vereinigt. Wenn der Legat in einer Stadt erscheint, hören einige geistliche Ehrenvorrechte des Bischofs auf; der Legat gibt dem Volke den Segen wie der Papst. Unaufhörlich wechseln die Mitglieder der Kurie zwischen geistlichen und weltlichen Ämtern.

Bleiben wir nun zuerst bei der weltlichen Seite, der Staatsverwaltung, stehen.

Alles hing von den Bedürfnissen ab, den Anforderungen, die man an die Untertanen machte, von der Lage der Finanzen.

Wir sahen, welch einen verderblichen Schwung das Schuldenwesen unter Urban VIII. besonders durch den Krieg von Castro bekam; aber noch einmal waren doch die Anleihen durchgesetzt worden, die Luoghi di Monte standen hoch im Preise; ohne Rücksicht noch Einhalt fuhren die Päpste auf dem betretenen Wege fort.

Innozenz X. fand 1644 182 103$^{3}/_{4}$ und hinterließ 1655 die Zahl von 264 129$^{1}/_{2}$ Luoghi di Monte, so daß das Kapital, welches hieburch bezeichnet wird, von 18 auf mehr als 26 Millionen gestiegen war. Obwohl er mit dieser Summe auch anderweite Schulden bezahlt, Kapitalien abgelöst hatte, so lag doch immer ein starker Anwachs der Gesamtmasse darin, die man bei seinem Ableben auf 48 Millionen Skudi berechnete. Er hatte das Glück gehabt, von den Auflagen Urbans VIII. einen Mehrertrag zu ziehen, auf den er die neuen Monti fundierte.

Indem nun Alexander VII. die Regierung antrat, zeigte sich wohl, daß eine Vermehrung der Auflagen untunlich sei; Anleihen waren nun schon so zur Gewohnheit geworden, daß man sie gar nicht mehr entbehren konnte. Alexander entschloß sich, eine neue Hilfsquelle in einer Reduktion der Zinsen zu suchen.

Die Vacabili, welche $10^1/_2$ Prozent Zinsen trugen, standen auf 150: er beschloß, sie alle einzuziehen. Obwohl er sie nach dem Kurs bezahlte, so hatte er doch dabei einen großen Vorteil, da die Kammer im allgemeinen für 4 Prozent aufnahm und daher, wenn sie auch mit geliehenem Gelde zurückzahlte, doch in Zukunft statt $10^1/_2$ nur 6 Prozent Zinsen zu zahlen brauchte.

Hierauf faßte Alexander die Absicht, auch alle Nonvacabili, die über 4 Prozent trugen, auf diesen Zinsfuß zurückzubringen. Da er sich aber hiebei um den Kurs nicht kümmerte, der 116 Prozent stand, sondern schlechtweg nach dem Wortlaut seiner Verpflichtung hundert für den Luogho zurückzahlte und nicht mehr, so machte er einen neuen, sehr bedeutenden Vorteil. Alle diese Zinsen beruhten, wie wir sahen, auf Auflagen, und es mag vielleicht anfangs die Absicht gewesen sein, die drückendsten zu erlassen; aber da man bei der alten Wirtschaft beharrte, so war das nicht durchzusetzen: auf einen Nachlaß an dem Salzpreise erfolgte sehr bald eine Erhöhung der Mahlsteuer; jener ganze Gewinn ward von der Staatsverwaltung oder dem Nepotismus verschlungen. Rechnet man die Ersparnisse der Reduktionen zusammen, so müssen sie ungefähr 140 000 Skudi betragen haben, deren neue Verwendung als Zins eine Vermehrung der Schuld ungefähr um drei Millionen enthalten würde.

Auch Klemens IX. wußte die Staatsverwaltung nur mit neuen Anleihen zu führen. Aber schon sah er sich so weit gebracht, daß er den Ertrag der Dataria, der bisher immer geschont worden, auf den der tägliche Unterhalt des päpstlichen Hofes angewiesen war, doch endlich auch angriff. Er hat 13 200 neue Luoghi di Monte darauf gegründet. Im Jahre 1670 konnten sich die päpstlichen Schulden auf ungefähr 52 Millionen Skudi belaufen.

Daraus folgte nun einmal, daß man die Lasten, die sich in einem unproduktiven, an dem Welthandel keinen Anteil nehmenden Lande schon sehr drückend erwiesen, auch bei dem besten Willen nicht anders als unmerklich und vorübergehend vermindern konnte.

Eine andere Klage war, daß die Monti auch an Fremde gelangten, denen dann die Zinsen zugute kamen, ohne daß sie zu den Abgaben beigetragen hätten. Man berechnete, daß jährlich 600 000 Skudi nach Genua geschickt würden; das Land wurde hiedurch zum Schuldner einer fremden Landsmannschaft, was seiner freien Entwickelung unmöglich förderlich sein konnte.

Und eine noch tiefer eingreifende Wirkung knüpfte sich hieran.

Wie hätte es anders sein können, als daß die Inhaber der Renten, die Geldbesitzer, auch einen großen Einfluß auf den Staat und seine Verwaltung erlangen mußten?

Die großen Handelshäuser bekamen einen unmittelbaren Anteil an den Staatsgeschäften. Dem Tesoriere war immer ein Handelshaus beigegeben, von dem die Gelder in Empfang genommen und ausgezahlt wurden: die Kassen des Staates waren eigentlich immer in den Händen der Kaufleute. Aber diese waren auch die Pächter der Einkünfte, Schatzmeister in den Provinzen. So viele Ämter waren käuflich; sie besaßen die Mittel, sie an sich zu bringen. Schon ohnehin gehörte ein nicht unbedeutendes Vermögen dazu, um an der Kurie fortzukommen. In den wichtigsten Stellen der Verwaltung finden wir um das Jahr 1665 Florentiner und Genuesen. Der Geist des Hofes nahm eine so merkantile Richtung, daß allmählich die Beförderungen bei weitem weniger von Verdienst als von Geld abhingen. „Ein Kaufmann mit seiner Börse in der Hand," sagt Grimani, „hat am Ende allemal den Vorzug. Der Hof erfüllt sich mit Mietlingen, die nur nach Gewinn trachten, die sich nur als Handelsleute fühlen, nicht als Staatsmänner, und lauter niedrige Gedanken hegen."

Das war nun um so wichtiger, da es in dem Lande keine Selbständigkeit mehr gab. Nur Bologna entwickelte zuweilen einen nachhaltigen Widerstand, so daß man in Rom sogar einmal daran dachte, dort eine Zitadelle zu errichten. Wohl widersetzten sich dann und wann auch andere Kommunitäten: die Einwohner von Fermo wollten einst nicht dulden, daß Getreide, dessen sie selbst zu bedürfen glaubten, aus ihrem Gebiete weggeführt würde; in Perugia weigerte man sich, rückständige Auflagen nachzuzahlen; aber die Generalkommissare des Hofes unterdrückten diese Bewegungen leicht und führten dann eine um so strengere Unterordnung ein: allmählich wurde auch die Verwaltung der Kommunalgüter dem Ermessen des Hofes unterworfen.

Ein merkwürdiges Beispiel von dem Gange dieser Verwaltung gibt uns das Institut der Annona.

Wie es im 16. Jahrhundert überhaupt ein allgemeiner Grundsatz war, die Ausfuhr der unentbehrlichen Lebensbedürfnisse zu erschweren, so trafen auch die Päpste dahinzielende Einrichtungen, vorzüglich um der Teuerung des Brotes vorzubeugen. Doch hatte der Prefetto dell' Annona, dem dieser Zweig der aufsehenden Gewalt übertragen ward, anfangs nur sehr beschränkte Befugnisse. Zuerst erweiterte sie Gregor XIII. Ohne die Erlaubnis des Prefetto sollte das gewonnene Getreide weder überhaupt aus dem Lande, noch auch nur aus einem Bezirke in den anderen ausgeführt werden. Nur in dem Falle aber ward die Erlaubnis erteilt, daß das Getreide am 1. März unter einem gewissen Preise zu haben war. Klemens VIII. bestimmte diesen Preis auf 6, Paul V. auf 5$^1/_2$ Skudi für den Rubbio. Es ward ein besonderer Tarif für das Brot nach den verschiedenen Kornpreisen festgesetzt.

Nun fand sich aber, daß das Bedürfnis Roms von Jahr zu Jahr anwuchs. Die Einwohnerzahl nahm zu; der Anbau der Campagna geriet in Verfall. Der Verfall der Campagna wird besonders in die erste Hälfte des 17. Jahrhunderts zu setzen sein. Irre ich nicht, so wird man ihn aus zwei Ursachen herzuleiten haben: einmal aus jener Veräußerung der kleinen Besitztümer an die großen Familien — denn dieses Land fordert die sorgfältigste Bearbeitung, die ihm nur der kleinere Eigentümer zuzuwenden pflegt, der mit seinem ganzen Einkommen darauf verwiesen ist — und sodann aus der zunehmenden Verschlechterung der Luft. Gregor XIII. hatte den Getreidebau auszudehnen, Sixtus V. die Schlupfwinkel der Banditen zu vernichten gesucht, und so hatte jener die tieferen Gegenden nach dem Meere hin ihrer Bäume und Gebüsche, dieser die Anhöhen ihrer Waldungen beraubt. Weder das eine noch das andere kann von Nutzen gewesen sein; die Aria cattiva dehnte sich aus und trug dazu bei, die Campagna zu veröden. Von Jahr zu Jahr nahm ihr Ertrag ab.

Dieses Mißverhältnis nun zwischen Ertrag und Bedürfnis veranlaßte Papst Urban VIII., die Aufsicht zu schärfen, die Rechte des Prefetto auszudehnen. Durch eine seiner ersten Konstitutionen hob er alle Ausfuhr von Getreide oder Vieh oder Öl, sowohl aus dem Staate überhaupt als aus einem Gebiete in das andere, schlechthin auf und bevollmächtigte den Prefetto, dem Ertrage einer jeden Ernte gemäß den Preis des Getreides auf Campofiore zu bestimmen und den Bäckern das Gewicht des Brotes nach Maßgabe desselben vorzuschreiben.

Hiedurch ward der Prefetto allmächtig, und er versäumte nicht, die ihm zugestandene Befugnis zu seinem und seiner Freunde Vorteil anzuwenden. Er bekam geradezu das Monopol mit Korn, Öl, Fleisch, mit allen ersten Lebensbedürfnissen in die Hände. Daß die Wohlfeilheit derselben sehr befördert worden wäre, läßt sich nicht sagen: den Begünstigten ward selbst die Ausfuhr zugestanden, und man fühlte hauptsächlich nur den Druck, der bei Aufkauf und Verkauf stattfand. Auf der Stelle wollte man bemerken, daß der Ackerbau noch mehr abnehme.

Überhaupt beginnen nun die Klagen über den allgemeinen Verfall des Kirchenstaates, die seitdem nie wieder aufgehört. „Auf unserer Reise hin und her," sagen die venezianischen Gesandten von 1621, bei denen ich sie zuerst finde, „haben wir große Armut unter den Bauern und in dem gemeinen Volke, geringen Wohlstand, um nicht zu sagen, große Beschränkung bei allen anderen wahrgenommen, eine Frucht der Regierungsart und besonders des geringfügigen Verkehrs. Bologna und Ferrara haben in Palästen und Adel einen gewissen Glanz; Ankona ist nicht ohne Handel mit Ragusa und der Türkei; alle übrigen Städte aber sind tief gesunken." Um das Jahr 1650 bildete sich die Meinung ganz allgemein aus, daß eine geistliche Regierung verderblich sei. Schon fangen auch die Einwohner an, sich bitter zu beklagen. „Die Auflagen der Barberini," heißt es in einer gleichzeitigen Lebensbeschreibung, „haben das Land, die Habsucht der Donna Olimpia hat den Hof erschöpft. Von der Tugend Alexanders VII. erwartete man eine Verbesserung; aber ganz Siena hat sich nach dem Kirchenstaate ergossen, um ihn vollends auszusaugen." Und doch ließen die Forderungen noch immer nicht nach.

Ein Kardinal verglich diese Verwaltung einst mit einem Pferde, das, im Lauf ermüdet, aufs neue angetrieben werde und sich aufs neue in Lauf setze, bis es erschöpft sei und hinstürze. Dieser Moment einer völligen Erschöpfung schien jetzt gekommen.

Es hatte sich der schlechteste Geist, der eine Beamtenschaft ergreifen kann, gebildet: ein jeder sah das Gemeinwesen hauptsächlich als einen Gegenstand seines persönlichen Vorteils, oft nur seiner Habsucht an.

Wie riß die Bestechlichkeit auf eine so furchtbare Weise ein!

An dem Hofe Innozenz' X. verschaffte Donna Olimpia Ämter unter der Bedingung einer monatlichen Erkenntlichkeit. Und wäre sie nur die einzige gewesen! Aber die Schwägerin des Datarius Cecchino, Donna Klementia, verfuhr auf ähnliche Weise. Besonders das Weihnachtsfest war die große Ernte der Geschenke. Daß Don Camillo Astalli einstmals, obwohl er es hatte hoffen lassen, dann doch mit Donna Olimpia nicht teilen wollte, regte deren heftigen Ingrimm auf und legte den Grund zu seinem Sturze. Zu welchen Verfälschungen ließ sich Mascambruno durch Bestechung hinreißen! Den Dekreten, die er dem Papst vorlegte, fügte er falsche Summarien bei; da der Papst nur die Summarien las, so unterzeichnete er Dinge, von denen er keine Ahnung hatte, und die den römischen Hof mit Schmach bedeckten. Es gibt nichts Schmerzlicheres, als wenn man liest, der Bruder Alexanders VII., Don Mario, sei unter anderem dadurch reich geworden, daß er die Gerechtigkeit im Borgo verwaltete.

Denn leider war auch die Rechtspflege von dieser Seuche ergriffen.

Wir haben ein Verzeichnis der Mißbräuche, die an dem Gerichtshofe der Rota eingerissen, das dem Papst Alexander von einem Manne übergeben wurde, der 28 Jahre an demselben gearbeitet hatte. Er rechnet, daß es keinen Auditore di Rota gebe, der zu Weihnachten nicht an 500 Skudi Geschenke erhalte. Wer an die Person des Auditore selbst nicht zu kommen vermochte, wußte doch an seine Verwandten, Gehilfen, Diener zu gelangen.

Nicht minder verderblich aber wirkten die Empfehlungen des Hofes oder der Großen. Die Richter haben sich zuweilen bei den Parteien selbst über das ungerechte Urteil entschuldigt, welches sie ausgesprochen: sie erklärten, die Gerechtigkeit erleide Gewalt.

Was konnte dies nun für eine Rechtspflege geben? Vier Monate hatte man Ferien; auch in den übrigen war das Leben zerstreuend, aufreibend; die Urteile verzogen sich ungebührlich und trugen zuletzt doch alle Spuren der Übereilung. Es wäre vergeblich gewesen, sich auf Appellationen einzulassen. Zwar wurde dann die Sache anderen Mitgliedern übergeben; aber wie hätten diese nicht ebensogut wie die früheren jenen Einflüssen unterliegen sollen? Sie nahmen sogar überdies auf das vorhergegangene Votum Rücksicht.

Übelstände, die sich von dem höchsten Gerichtshofe in alle anderen, in die Justiz und Regierung der Provinzen ausbreiteten.

Auf das dringendste stellt sie Kardinal Sacchetti in einer uns aufbehaltenen Schrift dem Papst Alexander vor: die Unterdrückung des Armen, dem niemand helfe, durch die Mächtigeren; die Beeinträchtigung der Gerechtigkeit durch Verwendung von Kardinälen, Fürsten und Angehörigen des Palastes; das

Verzögern von Sachen, die in ein paar Tagen abgetan werden könnten, auf Jahre und Jahrzehnte; die Gewaltsamkeiten, die derjenige erfahre, der sich von einer unteren Behörde an eine höhere wende; die Verpfändungen und Exekutionen, mit denen man die Abgaben eintreibe; grausame Mittel, nur dazu geeignet, den Fürsten verhaßt und seine Diener reich zu machen: „Leiden, Heiligster Vater," ruft er aus, „welche schlimmer sind als die Leiden der Hebräer in Ägypten! Völker, die nicht mit dem Schwert erobert, sondern entweder durch fürstliche Schenkungen oder durch freiwillige Unterwerfung an den römischen Stuhl gekommen sind, werden unmenschlicher behandelt, als die Sklaven in Syrien oder in Afrika. Wer kann es ohne Tränen vernehmen!"

So stand es mit dem Kirchenstaate bereits in der Mitte des 17. Jahrhunderts.

Und wäre es nun wohl zu denken, daß sich die Verwaltung der Kirche von Mißbräuchen dieser Art hätte freihalten können?

Sie hing ebensogut wie die Verwaltung des Staates von dem Hofe ab; von dem Geiste desselben empfing sie ihren Antrieb.

Allerdings waren der Kurie auf diesem Gebiete Schranken gezogen. In Frankreich genoß die Krone die bedeutendsten Vorrechte; in Deutschland behaupteten die Kapitel ihre Selbständigkeit. In Italien und Spanien dagegen hatten sie freiere Hand; und in der Tat machte sie hier ihre lukrativen Rechte rücksichtslos geltend.

In Spanien stand dem römischen Hofe die Ernennung zu allen geringeren, in Italien selbst zu allen höheren Ämtern und Pfründen zu. Es ist kaum zu glauben, welche Summen der Dataria durch die Ausfertigung von Bestallungen, die Spolien, die Einkünfte während der Vakanzen aus Spanien zuflossen. Aus dem italienischen Verhältnis aber zog die Kurie, als Gesamtheit betrachtet, vielleicht noch größeren Vorteil: die reichsten Bistümer und Abteien, so viele Priorate, Kommenden und andere Pfründen kamen den Mitgliedern derselben unmittelbar zugute.

Und wäre es nur hiebei geblieben!

Aber an die Rechte, die schon etwas Bedenkliches hatten, knüpften sich die verderblichsten Mißbräuche. Ich will nur einen berühren, der freilich wohl auch der schlimmste sein wird. Es führte sich ein und kam in der Mitte des 17. Jahrhunderts so recht in Schwung, daß man die Pfründen, die man vergabte, zugunsten irgendeines Mitgliedes der Kurie mit einer Pension belastete.

In Spanien war dies ausdrücklich verboten: wie die Pfründen selbst nur an Eingeborene gelangen durften, so sollten auch nur zu deren Gunsten Pensionen stattfinden. Allein man wußte zu Rom diese Bestimmungen zu umgehen. Die Pension wurde auf den Namen eines eingeborenen oder eines naturali=

fizierten Spaniers ausgefertigt; dieser aber verpflichtete sich durch einen bürgerlichen Kontrakt, jährlich eine bestimmte Summe für den eigentlich Begünstigten in einem römischen Handelshause zahlen zu lassen. In Italien nun brauchte man nicht einmal diese Rücksicht zu nehmen; oft waren die Bistümer auf eine unerträgliche Weise belastet. Monsignore de Angelis, Bischof von Urbino, klagte im Jahre 1663, daß er aus diesem reichen Bistume nicht mehr übrig behalte als 60 Skudi des Jahres; er habe schon Verzicht geleistet, und der Hof wolle seine Entsagung nur nicht annehmen. Es fand sich jahrelang niemand, der die Sitze von Ankona und Pesaro unter den schweren Bedingungen, die man auflegte, hätte übernehmen mögen. Im Jahre 1667 zählte man in Neapel 28 Bischöfe und Erzbischöfe, welche von ihrem Amte entbunden worden, weil sie ihre Pensionen nicht bezahlten. Von den Bistümern ging das Unwesen auch auf die Pfarren über. Auf der reichsten Pfarrei fand der Inhaber oftmals nur noch ein dürftiges Auskommen. Die armen Landpfarrer sahen zuweilen auch ihre Akzidenzien belastet. Manche wurden unmutig und verließen ihre Stellen; aber mit der Zeit fanden sich immer wieder Kompetenten; ja, sie wetteiferten miteinander, der Kurie größere Pensionen anzubieten.

Was mußten das aber für Leute sein! Es konnte nichts anderes als das Verderben der Landpfarren, die Verwahrlosung des gemeinen Volkes erfolgen.

Weit besser war es doch in der Tat, daß man in

der protestantischen Kirche das Überflüssige von allem Anfange beseitigt hatte, und nun wenigstens Ordnung und Recht walten ließ.

Allerdings bewirkten die Reichtümer der katholischen Kirche und der weltliche Rang, zu welchem eine Stellung in derselben erhob, daß sich die hohe Aristokratie ihr widmete; Papst Alexander hatte sogar die Maxime, vorzugsweise Leute von guter Geburt zu befördern; er hegte die sonderbare Meinung, da es schon den Fürsten der Erde angenehm sei, Diener von vornehmer Herkunft um sich zu sehen, so müsse es auch Gott gefallen, wenn sein Dienst von Personen vollzogen werde, welche über die anderen erhaben seien. Aber gewiß, das war nicht der Weg, auf welchem die Kirche sich in früheren Jahrhunderten erhoben, es war selbst der nicht, auf welchem sie sich in den letzten Jahren restauriert hatte. Die Klöster und Kongregationen, die so viel zur Wiederaufnahme des Katholizismus beigetragen, ließ man dagegen in Verachtung geraten. Die Nepoten mochten niemanden, der durch Klosterverpflichtungen gebunden war, schon darum, weil ein solcher ihnen nicht so unaufhörlich den Hof machen konnte. Bei den Konkurrenzen behielten jetzt in der Regel die Weltgeistlichen den Platz, auch wenn sie in Verdiensten oder Gelehrsamkeit nachstanden. „Man scheint dafür zu halten," sagt Grimani, „das Bistum oder gar der Purpur werde beschimpft, wenn man sie einem Klosterbruder erteile." Er will bemerken, daß die Mönche nicht mehr recht wagen, sich am Hofe blicken zu lassen, weil ihrer da nur Spott und Beleidigung warte. Schon zeige sich, daß nur Leute von der geringsten Herkunft in die Klöster zu treten geneigt seien. „Selbst ein fallierter Krämer," ruft er aus, „hält sich für zu gut, um die Kapuze zu nehmen."

Verloren dergestalt die Klöster wirklich an innerer Bedeutung, so ist es kein Wunder, wenn man auch bereits anfing, sie für überflüssig zu halten. Es ist sehr bemerkenswert, daß sich diese Meinung zuerst in Rom entwickelte, daß man es zuerst hier notwendig fand, das Mönchswesen zu beschränken. Schon im Jahre 1649 verbot Innozenz X. durch eine Bulle alle neuen Aufnahmen in irgendeinen regularen Orden, bis das Einkommen der verschiedenen Konvente berechnet und die Zahl der Personen bestimmt sei, welche darin leben könnten. Noch wichtiger ist eine Bulle vom 15. Oktober 1652. Der Papst beklagt darin, daß es so viele kleine Konvente gebe, in denen man weder die Offizien bei Tage oder bei Nacht versehen, noch geistliche Übungen halten, noch die Klausur beobachten könne, Freistätten für Liederlichkeit und Verbrechen; ihre Anzahl habe jetzt über alles Maß zugenommen; — er hebt sie mit einem Schlage alle auf: denn das Unkraut müsse man sondern von dem Weizen. Schon begann man, und zwar zunächst ebenfalls in Rom, darauf zu denken, finanziellen Bedürfnissen selbst fremder Staaten durch Einziehungen nicht von Klöstern, sondern von ganzen Instituten zu Hilfe zu kommen. Als Alexander VII. kurz nach seiner Thronbesteigung von den Venezianern ersucht ward, sie in dem Kriege von Kandia gegen die Osmanen zu unterstützen, schlug er selbst ihnen die Aufhebung einiger Orden in ihrem Lande vor. Sie waren eher dagegen, weil diese Orden doch eine Versorgung für die armen Nobili darboten. Aber der Papst setzte seine Absicht durch. Das Dasein dieser Konvente, sagte er, gereiche den Gläubigen eher zum Anstoß als zur Erbauung. Er verfahre wie ein Gärtner, der die unnützen Zweige vom Weinstocke abschneide, um ihn desto fruchtbarer zu machen.

Doch hätte man nicht sagen können, daß es nun unter denen, die man beförderte, besonders glänzende Talente gegeben hätte. In dem 17. Jahrhundert ist eine allgemeine Klage über den Mangel an ausgezeichneten Leuten. Einmal blieben talentvolle Männer häufig schon darum von der Prälatur ausgeschlossen, weil sie zu arm waren, um jene Bedingungen der Aufnahme zu erfüllen. Das Fortkommen hing doch allzusehr von der Gunst der Nepoten ab, die sich nur durch eine Geschmeidigkeit und Unterwürfigkeit erreichen ließ, welche der freien Entwickelung edler Geistesgaben nicht günstig sein konnte. Auf die gesamte Geistlichkeit wirkte dies zurück.

Gewiß ist es auffallend, daß in den wichtigsten theologischen Disziplinen so gut wie gar keine originalen italienischen Autoren auftreten, weder in der Schrifterklärung, wo man nur die Hervorbringungen des

16. Jahrhunderts wiederholte, noch auch in der Moral, obwohl diese anderwärts sehr kultiviert wurde, noch auch in dem Dogma. Schon in den Kongregationen über die Gnadenmittel erscheinen lauter Fremde auf dem Kampfplatze; an den späteren Streitigkeiten über Freiheit und Glauben nehmen die Italiener nur wenig Anteil. Nach Girolamo da Narni tut sich selbst in Rom kein ausgezeichneter Prediger mehr hervor. In jenem Tagebuche von 1640 bis 1650, das ein so strenger Katholik verfaßt hat, wird es mit Erstaunen bemerkt. „Mit den Fasten," heißt es darin, „höre die Komödie auf in den Sälen und Häusern und fange an in den Kirchen auf den Kanzeln. Das heilige Geschäft der Predigt diene der Ruhmsucht oder der Schmeichelei. Man trage Metaphysik vor, von welcher der Sprechende wenig, seine Zuhörer aber gar nichts verstehen. Statt zu lehren, zu tadeln, lasse man Lobreden erschallen, nur um sich emporzubringen. Schon komme es auch bei der Wahl der Prediger nicht mehr auf Verdienst, sondern nur auf Verbindung und Gunst an."

Die Summe ist: jener große, innere Antrieb, der früher Hof und Staat und Kirche beherrscht und ihnen ihre streng religiöse Haltung gegeben hat, ist verloschen; mit den Tendenzen der Restauration und Eroberung ist es vorbei; jetzt machen sich andere Triebe in den Dingen geltend, die doch zuletzt nur auf Macht und Genuß hinauslaufen und das Geistliche aufs neue verweltlichen.

Die Frage entsteht, welche Richtung unter diesen Umständen die Gesellschaft angenommen hatte, die auf die Prinzipien der Restauration so besonders gegründet war, der Orden der Jesuiten.

Die Jesuiten in der Mitte des siebzehnten Jahrhunderts.

Die vornehmste Veränderung in dem Innern der Gesellschaft Jesu bestand darin, daß die Professen in den Besitz der Macht gelangten.

Professen, welche die vier Gelübde ablegten, gab es anfangs nur wenige. Von den Kollegien entfernt, auf Almosen angewiesen, hatten sie sich darauf beschränkt, eine geistliche Autorität auszuüben; die Stellen, welche weltliche Tätigkeit erforderten, von Rektoren, Provinzialen, die Kollegien überhaupt waren in den Händen der Koadjutoren gewesen. Jetzt aber änderte sich dies. Die Professen selbst gelangten zu den Stellen der Verwaltung; sie nahmen Teil an den Einkünften der Kollegien; sie wurden Rektoren, Provinziale.

Daher folgte nun zunächst, daß die strengeren Tendenzen persönlicher Devotion, die bisher in der Absonderung der Professhäuser vorzüglich festgehalten worden, allmählich erkalteten; schon bei der Aufnahme konnte man nicht mehr so genau auf die aszetische Befähigung sehen; namentlich Vitelleschi ließ viele Unberufene zu: man drängte sich nach dem höchsten Grade, weil er zugleich geistliches Ansehen und weltliche Macht gewährte. Außerdem aber zeigte sich diese

Verbindung auch ganz im allgemeinen nachteilig. Koadjutoren und Professen hatten sich früher wechselseitig beaufsichtigt; jetzt vereinten sich praktische Bedeutung und geistlicher Anspruch in denselben Personen. Auch die Beschränktesten hielten sich für große Köpfe, da ihnen niemand mehr zu widersprechen wagte. Im Besitze der ausschließenden Herrschaft fingen sie an, die Reichtümer, welche die Kollegien im Laufe der Zeit erworben, in Ruhe zu genießen und hauptsächlich nur auf eine Vermehrung derselben zu denken; die eigentliche Amtsführung in Schule und Kirche überließen sie den jüngeren Leuten. Auch dem General gegenüber nahmen sie eine sehr selbständige Haltung an.

Wie groß die Umwandlung war, sieht man unter anderem an der Natur und den Schicksalen der Generale, an der Wahl der Oberhäupter, der Art, wie man mit diesen verfuhr.

Wie verschieden war Mutio Vitelleschi von seinem selbstherrschenden, verschmitzten, unerschütterlichen Vorgänger Aquaviva! Vitelleschi war von Natur mild, nachgiebig, versöhnend; seine Bekannten nannten ihn den Engel des Friedens; auf seinem Totenbette fand er in der Überzeugung einen Trost, daß er niemanden beleidigt habe. Treffliche Eigenschaften eines liebenswürdigen Gemütes, die aber nicht hinreichten, einen so weit verbreiteten, tätigen und mächtigen Orden zu regieren. Auch vermochte er die Strenge der Disziplin nicht einmal in Hinsicht der Kleidung festzuhalten, geschweige den Forderungen eines entschlossenen Ehrgeizes Widerstand zu leisten. Unter seiner Verwaltung, 1615—1645, setzte sich die oben bezeichnete Umwandlung durch.

In seinem Sinne verfuhren auch seine nächsten Nachfolger: Vincenzo Caraffa (bis 1649), ein Mann, der selbst eine persönliche Bedienung verschmähte, lauter Demut und Frömmigkeit war, aber weder mit seinem Beispiel noch mit Ermahnungen durchzubringen vermochte; Pikkolomini (bis 1651), der einer Neigung zu durchgreifenden Maßregeln, die ihm von Natur eigen war, jetzt entsagte und nur noch auf die Genugtuung seiner Ordensbrüder Bedacht nahm.

Denn schon war es nicht mehr ratsam, hierin eine Änderung treffen zu wollen. Alessandro Gottofredi (Januar bis März 1651) hätte das gern getan: er suchte wenigstens den sich vordrängenden Ehrgeiz in Schranken zu halten; aber die zwei Monate seiner Verwaltung reichten hin, ihn allgemein verhaßt zu machen: man begrüßte seinen Tod als die Befreiung von einem Tyrannen. Und noch weit entschiedenere Abneigung zog sich der nächste General, Goswin Nickel, zu. Man könnte nicht sagen, daß er tief eingreifende Reformen beabsichtigt hätte; er ließ es im ganzen gehen, wie es ging. Er war nur gewohnt, mit Hartnäckigkeit auf einmal ergriffenen Meinungen zu bestehen und zeigte sich rauh, abstoßend, rücksichtslos; aber schon hiedurch verletzte er die Eigenliebe mächtiger Mitglieder des Ordens so tief und lebhaft, daß die Generalkongregation von 1661 zu Maßregeln gegen ihn schritt, die man bei der monarchischen Natur des Institutes nicht hätte für möglich halten sollen.

Sie ersuchte zuerst Papst Alexander VII. um die Erlaubnis, ihrem General einen Vikar mit dem Rechte der Nachfolge beizuordnen. Leicht war die Erlaubnis erlangt; der Hof bezeichnete sogar einen Kandidaten dafür, jenen Oliva, der zuerst die Einberufung der Nepoten angeraten, und man war fügsam genug, diesen Günstling des Palastes zu wählen. Es fragte sich nur, unter welcher Form man die Gewalt von dem General auf den Vikar übertragen könne. Das Wort Absetzung auszusprechen, konnte man nicht über sich gewinnen. Um die Sache zu erlangen und das Wort zu umgehen, stellte man die Frage auf, ob der Vikar eine kumulative Macht haben sollte, d. i. zugleich mit dem General, oder eine privative, d. i. ohne ihn. Die Kongregation entschied natürlich für die privative; sie erklärte infolge dieser Entscheidung ausdrücklich, daß der bisherige General aller seiner Gewalt verlustig und diese vollständig auf den Vikar übertragen sein sollte.

So geschah, daß die Gesellschaft, deren Prinzip der unbedingte Gehorsam war, ihr Oberhaupt selbst entfernte, und zwar ohne daß dieses sich eines eigentlichen Vergehens schuldig gemacht hätte. Es liegt am Tage, wie sehr dadurch auch in diesem Orden die aristokratischen Tendenzen zur Herrschaft gelangten.

Oliva war ein Mann, der äußere Ruhe, Wohlleben, politische Intrige liebte; unsern Albano hatte er eine Villa, bei der er die seltensten ausländischen Gewächse anpflanzte; auch wenn er in der Stadt war, zog er sich von Zeit zu Zeit nach dem Novizenhause von S. Andrea zurück, wo er niemandem Audienz gab; auf seinen Tisch brachte man nur die ausgesuchtesten Speisen: nie ging er zu Fuß aus; in seinen Wohnzimmern war die Bequemlichkeit bereits raffiniert; er genoß seine Stellung, seine Macht. Gewiß, ein solcher Mann war nicht geeignet, den alten Geist des Ordens wieder zu beleben.

In der Tat entfernte sich dieser täglich mehr von den Grundsätzen, auf die er gegründet worden.

War er nicht vor allem verpflichtet, die Interessen des römischen Stuhles zu verfechten, und hiezu eigentlich gestiftet? Aber jenes sein näheres Verhältnis zu Frankreich und dem Hause Bourbon hatte er jetzt dahin ausgebildet, daß er bei dem allmählich hervortretenden Gegensatz römischer und französischer Interessen fast ohne Ausnahme auf die Seite der letzteren trat. Zuweilen wurden jesuitische Werke von der Inquisition zu Rom verdammt, weil sie die Rechte der Krone zu lebhaft verfochten. Die Oberhäupter der französischen Jesuiten vermieden den Umgang mit dem päpstlichen Nuntius, um nicht den Verdacht ultramontaner Gesinnung auf sich zu laden. Auch sonst konnte der römische Stuhl den Gehorsam des Ordens in dieser Zeit nicht rühmen; namentlich in den Missionen wurden die päpstlichen Anordnungen fast immer in den Wind geschlagen.

Ferner war ein Hauptgrundsatz des Ordens, allen weltlichen Verbindungen zu entsagen und sich nur den geistlichen Pflichten zu widmen. Wie hatte man sonst so streng darüber gehalten, daß jeder Eintretende auf alle seine Besitztümer Verzicht leistete! Zuerst ward dies eine Weile verschoben; dann geschah es wohl, aber nur bedingungsweise, weil man ja am Ende wieder ausgestoßen werden könne; endlich führte sich ein, daß man seine Güter der Gesellschaft selbst überließ, jedoch wohlverstanden, dem bestimmten Kollegium, in welches man trat, dergestalt, daß man sogar die Verwaltung derselben, nur unter anderem Titel, oft noch selbst in Händen behielt. Die Mitglieder der Kollegien hatten hie und da mehr freie Zeit als ihre Verwandten, die mitten im Leben standen: sie verwalteten deren Geschäfte, zogen ihr Geld ein, führten ihre Prozesse.

Aber auch in den Kollegien als Gesamtheiten nahm dieser merkantile Geist überhand. Man wollte ihren Wohlstand sichern; da die großen Schenkungen aufhörten, suchte man dies durch Industrie zu bewerkstelligen. Die Jesuiten hielten es für keinen besonderen Unterschied, den Acker zu bauen, wie die ältesten Mönche getan, oder Geschäfte zu treiben, wie sie es versuchten. Das Collegio Romano ließ zu Macerata Tuch fabrizieren, anfangs bloß zu eigenem Gebrauch, dann für alle Kollegien in der Provinz, endlich für jedermann; man bezog damit die Messen. Bei dem engen Verhältnis der verschiedenen Kollegien bildeten sich Wechselgeschäfte aus. Der portugiesische Gesandte in Rom war für seine Kasse an die Jesuiten aus Portugal angewiesen. Besonders in den Kolonien machten sie glückliche Geschäfte; über beide Festen hin breitete sich ein Netz von Verbindungen dieses Ordens aus, das in Lissabon seinen Mittelpunkt hatte.

Ein Geist, der, sowie er einmal hervorgerufen war, notwendig auch auf alle inneren Verhältnisse zurückwirkte.

Noch immer blieb es bei dem Grundsatze, den Unterricht umsonst zu geben. Allein man nahm Geschenke bei der Aufnahme, Geschenke bei feierlichen Gelegenheiten, ein paarmal des Jahres; man suchte vorzugsweise begüterte Schüler. Daraus folgte jedoch, daß diese nun auch eine gewisse Unabhängigkeit fühlten und sich der Strenge der alten Disziplin nicht mehr fügen wollten. Ein Jesuit, der den Stock gegen einen Schüler erhob, empfing von diesem einen Dolchstoß; ein junger Mensch in Gubbio, der sich von dem Pater Prefetto zu hart behandelt glaubte, brachte denselben dafür um. Auch in Rom gaben die Bewegungen im Kollegium der Stadt und dem Palast unaufhörlich zu reden. Die Lehrer wurden von ihren Schülern einmal geradezu einen Tag lang eingesperrt gehalten; der Rektor mußte, wie diese forderten, zuletzt wirklich entlassen werden. Es sind das Symptome eines allgemeinen Kampfes zwischen den alten Ordnungen und den neuen Tendenzen. Am Ende behielten diese letzten doch den Platz. Die Jesuiten vermochten den

Einfluß nicht mehr zu behaupten, mit welchem sie früherhin die Gemüter beherrscht hatten.

Überhaupt, das war nicht mehr ihr Sinn, sich die Welt zu unterwerfen, sie mit religiösem Geiste zu durchdringen; ihr eigener Geist war vielmehr selbst der Welt verfallen; sie strebten nur, den Menschen unentbehrlich zu werden, auf welche Weise das auch immer geschehen mochte.

Nicht allein die Vorschriften des Institutes, die Lehren der Religion und Moral selbst bildeten sie nach diesem Zwecke um. Dem Geschäfte der Beichte, durch das sie einen so unmittelbaren Einfluß auf das Innerste der Persönlichkeiten ausübten, gaben sie eine Wendung, die auf alle Zeiten merkwürdig ist.

Wir haben hierüber unzweifelhafte Dokumente. In zahlreichen ausführlichen Werken haben sie die Grund=sätze vorgelegt, die sie bei Beichte und Absolution selbst beobachteten und anderen an die Hand gaben. Es sind im allgemeinen wirklich die nämlichen, welche ihnen so oft zum Vorwurfe gemacht werden. Suchen wir wenigstens die Hauptprinzipien zu fassen, von denen aus sie sich das gesamte Gebiet zu eigen machen.

Bei der Beichte wird aber unfehlbar alles davon abhängen, welchen Begriff man von der Vergehung, von der Sünde aufstellt.

Sie erklären die Sünde für die freiwillige Ab=weichung von Gottes Gebot.

Und worin, fragen wir weiter, besteht nun diese Freiwilligkeit? Ihre Antwort ist: in Einsicht von

dem Fehler und vollkommener Beistimmung des
Willens.

Diesen Grundsatz ergreifen sie mit dem Ehrgeiz, et=
was Neues vorzutragen, und dem Bestreben, sich mit
den Gewohnheiten des Lebens abzufinden. Mit scho=
lastischer Spitzfindigkeit und umfassender Berücksichti=
gung der vorkommenden Fälle bilden sie ihn bis zu
den anstößigsten Folgerungen aus.

Ihrer Lehre zufolge ist es schon genug, die Sünde
nur nicht als solche zu wollen; man hat um so mehr
auf Verzeihung zu hoffen, je weniger man bei der
Übeltat an Gott denkt, je heftiger die Leidenschaft war,
von der man sich getrieben fühlte; Gewohnheit, ja
das böse Beispiel, welche den freien Willen beschränken,
gereichen zur Entschuldigung. Wie eng wird schon hie=
durch der Kreis der Vergehungen! Niemand wird ja
die Sünde um ihrer selbst willen lieben. Außerdem
erkennen sie aber auch noch Entschuldigungsgründe
anderer Art an. Allerdings ist z. B. das Duell von
der Kirche verboten: jedoch die Jesuiten finden: sollte
jemand deshalb, weil er ein Duell ausschlüge, Ge=
fahr laufen, für feig gehalten zu werden, eine Stelle
oder die Gnade eines Fürsten zu verlieren, so sei er
nicht zu verdammen, wenn er es annehme. Einen
falschen Eid zu leisten, wäre an sich eine schwere
Sünde; wer aber, sagen die Jesuiten, nur äußerlich
schwört, ohne dies innerlich zu beabsichtigen, der wird
dadurch nicht gebunden: er spielt ja und schwört
nicht.

Diese Lehren finden sich in Büchern, die sich ausdrücklich für gemäßigt ausgeben. Wer wollte jetzt noch, da die Zeiten vorüber sind, die weiteren Verirrungen eines alle Moral vernichtenden Scharfsinnes, in welchem ein Autor den anderen mit literarischem Wetteifer zu überbieten strebte, hervorsuchen? Aber man darf nicht verkennen, daß auch die das moralische Bewußtsein am meisten abstoßenden Meinungen einzelner Doktoren infolge eines anderen Grundsatzes der Jesuiten Eingang fanden und gefährlich werden konnten, infolge ihrer Lehre von der Probabilität. Sie behaupteten, man dürfe in zweifelhaften Fällen einer Meinung folgen, von der man nicht selber überzeugt sei, vorausgesetzt, daß sie von einem angesehenen Autor verteidigt werde; sie hielten es nicht allein für erlaubt, den nachsichtigsten Lehrern zu folgen, sondern sie rieten das sogar an. Gewissensskrupel müsse man verachten; ja, der wahre Weg, sich ihrer zu entledigen, sei, daß man die mildesten Meinungen befolge, selbst wenn sie weniger sicher sein sollten. Wie wird das innerste Geheimnis der Selbstbestimmung hiedurch ein so ganz äußerliches Tun! In den jesuitischen Handbüchern sind alle Möglichkeiten der Fälle des Lebens behandelt, ungefähr in dem Sinne, wie es in Systemen des bürgerlichen Rechts zu geschehen pflegt, und nach dem Grade ihrer Entschuldbarkeit geprüft; man braucht nur darin nachzuschlagen und sich ohne eigene Überzeugung darnach zu richten, so ist man der Absolution vor Gott und Kirche sicher.

Eine leichte Abwandlung des Gedankens entlastet von aller Verschuldung. — Mit einer gewissen Ehrlichkeit erstaunen zuweilen die Jesuiten selbst, wie so leicht durch ihre Lehren das Joch Christi werde.

Jansenisten.

Es müßte in der katholischen Kirche bereits alles Leben erstorben gewesen sein, wenn sich gegen so verderbliche Doktrinen und die gesamte Entwickelung, die damit zusammenhing, nicht doch auch in demselben Moment eine Opposition hätte hervortun sollen.

Schon waren die meisten Orden mit den Jesuiten gespannt, die Dominikaner wegen ihrer Abweichungen von Thomas von Aquino, die Franziskaner und Kapuziner wegen der ausschließenden Gewalt, die sie sich in den Missionen in Hinterasien anmaßten; zuweilen wurden sie von den Bischöfen bekämpft, deren Autorität sie schmälerten, zuweilen von den Pfarrern, in deren Amtsgeschäfte sie eingriffen; auch an den Universitäten erhoben sich wenigstens in Frankreich und den Niederlanden noch oftmals Gegner. Aber alles dies bildete doch noch keinen nachhaltigen Widerstand, der von einer tieferen und mit frischem Geiste ergriffenen Überzeugung herrühren mußte.

Denn zuletzt hingen doch auch die moralischen Lehren der Jesuiten mit ihren dogmatischen Vorstellungen genau zusammen. In jenen wie in diesen gewährten sie dem freien Willen einen großen Spielraum.

Ebendies war nun aber auch der Punkt, an welchen

sich der größte Widerspruch anschloß, den die Jesuiten überhaupt gefunden haben. Er entwickelte sich folgendergestalt.

In den Jahren, in welchen die Streitigkeiten über die Gnadenmittel die theologische Welt in der katholischen Kirche in großer Spannung erhielten, studierten zu Löwen zwei junge Männer, Kornelius Jansen aus Holland und Jean du Verger, ein Gascogner, die mit einmütiger Überzeugung für die strengeren Lehren, die ja in Löwen niemals untergegangen waren, Partei ergriffen und einen heftigen Widerwillen gegen die Jesuiten faßten. Verger war vornehmer, wohlhabender; er nahm seinen Freund mit sich nach Bayonne. Hier vertieften sie sich durch unabläßig wiederholtes Studium in die Werke des Augustinus; sie faßten für die Lehren dieses Kirchenvaters von Gnade und freiem Willen eine Begeisterung, die ihr ganzes folgendes Leben bestimmte.

Jansenius, welcher Professor zu Löwen, Bischof zu Ypern wurde, schlug mehr den theoretischen, Verger, der die Abtei St. Cyran bekam, mehr den praktischen, aszetischen Weg ein, um sie wieder geltend zu machen.

Das Buch, in welchem Jansenius seine Überzeugungen ausführlich und systematisch entwickelte, — betitelt: Augustinus — ist doch sehr bedeutend, nicht allein, weil es sich den Jesuiten in ihren dogmatischen und moralischen Tendenzen ernst und rücksichtslos entgegenstellt, sondern weil darin und eben in diesem Gegensatz die herkömmlichen Formeln von

Gnade, Sünde und Vergebung aufs neue zu lebendigen Gedanken durchgebildet werden.

Jansenius geht von der Unfreiheit des menschlichen Willens aus: durch die Begierde nach irdischen Dingen sei er gefesselt, in Knechtschaft gehalten; aus eigener Kraft vermöge er sich aus diesem Zustande nicht zu erheben; die Gnade müsse ihm zu Hilfe kommen, die Gnade, die nicht sowohl Vergebung der Sünden als die Befreiung der Seele von den Banden der Begierde sei.

Hier tritt sogleich seine unterscheidende Ansicht hervor.

Die Gnade läßt er durch das höhere und reinere Vergnügen eintreten, welches die Seele an den göttlichen Dingen empfinde. Die wirksame Gnade des Heilandes, sagt er, ist nichts anderes, als ein geistliches Ergötzen, durch welches der Wille bewogen wird, zu wollen und zu vollbringen, was Gott beschlossen hat. Sie ist die unwillkürliche, von Gott dem Willen eingeflößte Bewegung, durch welche das Gute dem Menschen wohlgefällt und er bewogen wird, darnach zu streben. Wiederholt schärft er ein, daß das Gute nicht aus Furcht vor der Strafe, sondern aus Liebe zur Gerechtigkeit getan werden müsse.

Und von diesem Punkte aus erhebt er sich nun zu der höheren Frage, was die Gerechtigkeit sei.

Er antwortet: Gott selbst.

Denn Gott muß man sich nicht denken wie einen Körper, oder unter irgendeinem Bilde, selbst nicht unter dem des Lichtes; man muß ihn betrachten und lieben als die ewige Wahrheit, aus der alle Wahrheit und Weisheit quillt, als die Gerechtigkeit, nicht inwiefern sie die Eigenschaft eines Gemütes ist, sondern inwiefern sie als eine Idee, als eine höchste, unverletzliche Regel ihm vorschwebt. Die Regeln unserer Handlungen fließen aus dem ewigen Gesetze; sie sind ein Abglanz seines Lichtes: wer die Gerechtigkeit liebt, liebt Gott selbst.

Der Mensch wird nicht dadurch gut, daß er sein Gemüt auf dies oder jenes Gute richtet, sondern dadurch, daß er das unveränderliche, einfache, höchste Gut ins Auge faßt, welches die Wahrheit, welches Gott selbst ist. Die Tugend ist die Liebe Gottes.

Und eben in dieser Liebe steht die Befreiung des Willens: ihre unaussprechliche Süßigkeit vertilgt das Wohlgefallen der Begierde; es entsteht eine freiwillige und beglückende Notwendigkeit, nicht zu sündigen, sondern gut zu leben, der wahre, freie Wille, d. i. ein Wille, befreit von dem Bösen, erfüllt mit dem Guten.

Es ist an diesem Werke bewundernswürdig, in wie hohem Grade philosophisch durchsichtig die dogmatischen Entwickelungen gehalten sind, selbst in dem gelehrten Eifer einer feindseligen Diskussion; die Grundbegriffe sind zugleich moralisch und religiös, spekulativ und praktisch; jenem äußerlichen Sichabfinden der jesuitischen Lehre setzt es strenge Innerlichkeit, das Ideal einer in der Liebe zu Gott aufgehenden Tätigkeit entgegen.

Während aber Jansenius noch mit der Abfassung dieses Werkes beschäftigt war, versuchte sein Freund schon, die Ideen, welche demselben zugrunde lagen, zunächst in seinem eigenen Leben darzustellen und in seiner Umgebung praktisch auszubreiten.

St. Chran — denn so ward Berger jetzt genannt — hatte sich mitten in Paris eine gelehrte aszetische Einsiedelei geschaffen. In unermüdlichem Studium der Heiligen Schrift und der Kirchenväter suchte er sich mit ihrem Geiste zu durchdringen. Die Eigentümlichkeit der Lehre, in welcher er mit Jansenius übereinstimmte, mußte ihn notwendig zunächst auf das Sakrament der Buße führen. Die Pönitenzordnung der Kirche genügte ihm nicht; man hörte ihn wohl sagen, die Kirche sei in ihrem Anfang reiner gewesen, als Bäche näher an der Quelle; gar manche Wahrheit des Evangeliums sei jetzt verdunkelt. Seine Forderungen dagegen lauteten sehr streng: sich erniedrigen, dulden, von Gott abhängen, der Welt völlig entsagen, sich mit alle seinem Tun und Trachten der Liebe zu Gott widmen. Er hat einen so tiefen Begriff von der Notwendigkeit innerlicher Umwandlung, daß nach seiner Lehre die Gnade der Buße vorhergehen muß: „wenn Gott eine Seele retten will, so fängt er inwendig an; — ist das Herz nur einmal verändert, wird nur erst wahre Reue empfunden, so folgt das andere alles nach. Die Absolution kann nur den ersten Strahl der Gnade bezeichnen; wie ein Arzt nur den Bewegungen und inneren Wirkungen der

Natur nachzugehen hat, so müssen auch die Ärzte der Seele den Wirkungen der Gnade nachfolgen." Oft wiederholt er, daß er selbst den ganzen Weg von Versuchung und Sünde zu Zerknirschung, Gebet und Erhebung durchgemacht habe. Nur wenigen teilte er sich mit; er tat das jedesmal ohne viel Worte, mit dem Ausdrucke der Ruhe; aber da seine ganze Seele von dem erfüllt war, was er sprach, da er immer Gelegenheit und innere Stimmung abwartete, sowohl in sich als in den anderen, so machte er einen unwiderstehlichen Eindruck: unwillkürlich fühlten sich seine Zuhörer umgewandelt; die Tränen brechen ihnen hervor, ehe sie es ahnen. Gar bald schlossen sich ihm einige ausgezeichnete Männer als entschiedene Proselyten an: Arnauld d'Andilly, der zu Kardinal Richelieu und Königin Anna von Österreich in engem Verhältnis stand und in den wichtigsten Geschäften gebraucht ward; dessen Neffe, le Maitre, der damals als der erste Redner vor dem Parlamente bewundert wurde und die glänzendste Laufbahn vor sich hatte, sich aber jetzt geradezu in eine Einsiedelei bei Paris zurückzog. Angelique Arnauld, deren wir bereits gedachten, und ihre Nonnen von Portroyal hingen mit der unbedingten Hingebung, welche fromme Frauen für ihre Propheten zu fühlen pflegen, an St. Cyran.

Jansenius starb, ehe er sein Buch gedruckt sah; St. Cyran ward unter dem Einfluß des Pater Joseph, welcher hier aufkommende Ketzereien wahrzunehmen meinte, gleich nach seinen ersten Bekehrungen von der französischen Regierung ins Gefängnis geworfen; allein diese Unfälle verhinderten den Fortgang ihrer Lehren nicht.

Das Buch des Jansenius brachte durch sein inneres Verdienst, sowie durch die Kühnheit seiner Polemik, nach und nach einen allgemeinen tiefen Eindruck hervor. St. Chran setzte seine bekehrende Tätigkeit von dem Gefängnis aus fort. Das unverschuldete Leiden, welches ihn betroffen und das er mit großer Ergebung trug, vermehrte sein Ansehen; als er nach dem Tode des Paters Joseph und Richelieus frei wurde, ward er wie ein Heiliger, wie ein Johannes der Täufer betrachtet. Zwar starb er wenige Monate darauf (11. Oktober 1643); aber er hatte eine Schule gegründet, welche in seinen und seines Freundes Lehren ihr Evangelium sah. „Seine Schüler," sagt einer von ihnen, „gingen wie junge Adler unter seinen Flügeln hervor, Erben seiner Tugend und Frömmigkeit, die das, was sie von ihm empfangen, wiederum anderen überlieferten. Elias ließ Elisas nach, die sein Werk fortsetzten."

Versuchen wir, das Verhältnis, in welchem nun die Jansenisten zu den herrschenden kirchlichen Parteien überhaupt standen, zu bezeichnen, so ist offenbar, daß sie an den Protestantismus erinnern. Sie dringen ebenso eifrig auf die Heiligung des Lebens; sie suchen nicht minder die Lehre durch Entfernung der Zusätze der Scholastik umzugestalten. Allein darum dürfen wir sie meines Erachtens doch lange nicht für eine Art von unbewußten Protestanten erklären. Der Hauptunterschied, historisch gefaßt, besteht darin, daß sie einen Grundsatz freiwillig zugeben, zu dem der Protestantismus von Anfang an nicht zurückzubringen gewesen war: sie bleiben bei jenen namhaftesten Vätern der lateinischen Kirche stehen, die man in Deutschland schon 1523 verließ, Ambrosius, Augustin, Gregor, und fügen ihnen nur noch einige griechische hinzu, vor allen Chrysostomus; in denen glauben sie eine reine und unverfälschte Tradition zu besitzen, von der noch St. Bernhard niemals abgewichen, die aber nach diesem „letzten der Väter" durch das Eindringen der aristotelischen Lehren verdunkelt worden sei. Weit entfernt finden wir sie daher von jenem energischen Eifer, mit welchem die Protestanten auf die Lehre der Heiligen Schrift unmittelbar zurückgingen; ihrem Bewußtsein tun die ersten Formationen Genüge, welche die Grundlage des späteren Systems geworden sind.

Sie nehmen an, daß Augustin von Gott inspiriert worden sei, um die Lehre von der Gnade, die das Wesen des Neuen Bundes ausmache, in ihrem Zusammenhange der Welt mitzuteilen; in ihm ist ihnen die christliche Theologie vollendet; sie wollen diese nur in ihrer Wurzel fassen, in ihrem Kern verstehen! habe man doch bisher oft pelagianische Meinungen für augustinianisch gehalten. — Luther war durch Augustin erweckt worden, aber dann unbedingt auf die erste Quelle der Belehrung, die Schrift, das Gotteswort, zurückgegangen; ihm gegenüber hatte der Katholizismus das ganze im Laufe der Jahrhunderte zustande gekommene System festgehalten: die Jansenisten suchen den Begriff Augustins als solchen, der das Frühere erst zusammenfasse, das Spätere begründe, geltend zu machen. Der Protestantismus verwirft die Tradition; der Katholizismus hält sie fest; der Jansenismus sucht sie zu reinigen, in ihrer Ursprünglichkeit wiederherzustellen.

Und wie nun die Jansenisten des Glaubens leben, daß die erscheinende Kirche trotz momentaner Verdunkelung und Verunstaltung doch eines Geistes, ja eines Leibes mit Christo sei, unfehlbar und unsterblich, so halten sie sehr ernstlich an der bischöflichen Hierarchie fest. St. Chran gehört zu den vornehmsten Verteidigern des göttlichen Rechtes der Bischöfe. Durch die wahre Buße und die wahre Ordnung der Kirche gedenken sie Lehre und Leben der Christenheit zu regenerieren.

Schon sammelte sich in der Einsiedelei von Portroyal des Champs, in die sich zuerst le Maitre zurückgezogen, um ihn her eine nicht unansehnliche Gesellschaft, die sich zu jenen Grundsätzen bekannte. Es ist nicht zu leugnen, daß sie ursprünglich etwas Beschränktes hatte: sie bestand hauptsächlich aus Mitgliedern und Freunden der Familie Arnauld. Le Maitre zog allein seine vier Brüder nach sich; ihre Mutter, die ihnen ihre geistliche Richtung eingeflößt, war eine Arnauld; der älteste Freund St. Chrans, dem dieser sein Herz vermachte, war Arnauld d'Anbilly: endlich trat auch er in diese Gesellschaft; sein jüngster Bruder, Antoine Arnauld, verfaßte die erste bedeutende Schrift zugunsten derselben. Gar manche andere Verwandte und Freunde folgten ihnen nach. Auch das Kloster Portroyal in Paris war fast ausschließend in den Händen dieser Familie. Andilly erzählt, daß seine Mutter, die endlich auch hineintrat, von zwölf Töchtern und Enkelinnen umgeben gewesen. Wir erinnern uns hiebei, daß der ältere Antoine Arnauld, von welchem diese alle abstammten, es hauptsächlich war, durch dessen glänzendes Plaidoyer im Jahre 1594 die Entfernung der Jesuiten aus Paris entschieden worden. Die Abneigung gegen den Orden war gleichsam erblich in dieser Familie.

Allein wie so bald und so großartig ward dieser enge Kreis erweitert!

Einmal schlossen sich ihm viele andere an, durch keine andere Verwandtschaft als die der Gesinnung angezogen. Besonders war ein einflußreicher Prediger zu Paris, Singlin, Anhänger St. Cyrans, für sie tätig. Singlin hatte die besondere Eigenschaft, daß er sich im gewöhnlichen Leben nur mit Schwierigkeit ausdrückte, aber, sowie er die Kanzel bestieg, eine hinreißende Beredsamkeit entwickelte. Diejenigen, die sich am eifrigsten zu ihm hielten, schickte er nach Portroyal, wo man sie gern aufnahm. Es waren junge Geistliche und Gelehrte, wohlhabende Kaufleute, Männer aus den angesehensten Familien, Ärzte, die schon eine bedeutende Stellung hatten, Mitglieder

anderer Orden, jedoch alles Leute, die nur innerer
Trieb und entschiedenes Einverständnis zu diesem
Schritte vermochten.

Und in dieser Einsamkeit nun, gleichsam einem frei=
willigen und durch keine Verpflichtung zusammenge=
haltenen Kloster gab es allerdings viele religiöse
Übungen: man besuchte die Kirche fleißig; man betete
viel, gemeinschaftlich oder allein; auch wurden länd=
liche Arbeiten, von einem oder dem anderen ward ein
Handwerk getrieben; allein hauptsächlich widmete
man sich literarischen Beschäftigungen: die Gesell=
schaft von Portroyal war zugleich eine Art von Aka=
demie.

Während die Jesuiten in unübersehbaren Folianten
Gelehrsamkeit aufspeicherten oder sich in die wider=
wärtige Scholastik künstlicher Systeme der Moral und
der Dogmatik verloren, wandten sich die Jansenisten
an die Nation.

Sie fingen an zu übersetzen die Heilige Schrift,
Kirchenväter, lateinische Gebetbücher; glücklich wuß=
ten sie hiebei die altfränkischen Formen zu vermeiden,
die bisher den Arbeiten dieser Art geschadet hatten,
und sich mit anziehender Verständlichkeit auszudrücken.
Eine Unterrichtsanstalt, die sie bei Portroyal errich=
teten, gab ihnen Anlaß, Schulbücher zu verfassen über
alte und neue Sprachen, Logik, Geometrie, welche, aus
frischer Auffassung hervorgegangen, neue Methoden an
die Hand gaben, deren Verdienst von jedermann an=
erkannt ward. Dazwischen traten dann andere Ar=

beiten hervor: Streitschriften von einer Schärfe und Präzision, welche die Feinde geistig vernichteten; Werke tieferer Frömmigkeit, wie die Heures de Portroyal, die mit lebhafter Begierde empfangen wurden und nach Verlauf eines Jahrhunderts noch so neu und gesucht waren, wie den ersten Tag. Geister von so eminenter Wissenschaftlichkeit wie Pascal, Koryphäen der französischen Poesie wie Racine, Gelehrte von den umfassendsten Studien wie Tillemont gingen aus ihrer Mitte hervor. Ihre Bestrebungen reichten, wie wir sehen, weit über den theologisch-aszetischen Kreis hinaus, den Jansen und Verger gezogen. Wir werden wohl nicht zu viel wagen, wenn wir behaupten, daß diese Vereinigung geistreicher, von einer großen Intention erfüllter Männer, die im Umgang miteinander ganz von selbst einen neuen Ton des Ausdrucks, der Mitteilung entwickelten, überhaupt einen sehr bemerkenswerten, innerlich bildenden Einfluß auf die Literatur von Frankreich und dadurch von Europa ausgeübt hat, — daß der literarische Glanz des Zeitalters Ludwigs XIV. sich zum Teil auf sie zurückführt.

Wie hätte nun aber der Geist, der allen diesen Hervorbringungen zugrunde lag, sich nicht in der Nation Bahn machen sollen? Aller Orten fanden die Jansenisten Anhang. Besonders schlossen sich ihnen die Pfarrer an, denen die jesuitische Beichte schon lange verhaßt gewesen war. Zuweilen, z. B. unter dem Kardinal Retz, schien es wohl, als würden sie auch in die höhere Geistlichkeit eindringen: es wurden ihnen wichtige Stellen zuteil. Schon finden wir sie nicht allein in den Niederlanden und in Frankreich, auch in Spanien haben sie Gönner; noch unter Innozenz X. hört man einen jansenistischen Lehrer öffentlich in Rom predigen.

Da fragte sich nun vor allem, wie der römische Stuhl diese Meinungen ansehen würde.

Stellung des römischen Hofes zu den beiden Parteien

Es hatte sich, nur unter etwas veränderten Formen, derselbe Streit erneuert, welchen vierzig Jahre früher weder Klemens VIII. noch Paul V. zu entscheiden gewagt hatten.

Ich weiß nicht, ob Urban VIII., Innozenz X. entschlossener gewesen sein würden, wäre nicht unglücklicherweise in dem Werke des Jansenius eine Stelle vorgekommen, an welcher der römische Stuhl aus anderen Gründen großen Anstoß nahm.

In seinem dritten Buche, über den Stand der Unschuld, kommt Jansenius auf einen Satz des Augustin, von dem er nicht leugnen kann, daß er vom römischen Hofe verdammt worden sei. Er nimmt einen Augenblick Anstand, wem er folgen solle, dem Kirchenvater oder dem Papste. Nach einigem Bedenken aber bemerkt er, der römische Stuhl verdamme zuweilen eine Lehre bloß um des Friedens willen, ohne sie darum gleich für falsch erklären zu wollen; er entscheidet sich schlechthin für den augustinischen Lehrsatz.

Natürlich machten sich seine Gegner diese Stelle zunutze: sie bezeichneten sie als einen Angriff auf die päpstliche Infallibilität; noch Urban VIII. ward vermocht, sein Mißfallen über ein Werk auszusprechen, welches zur Verringerung des apostolischen Ansehens Sätze enthalte, die schon von früheren Päpsten verdammt worden seien.

Mit dieser Erklärung richtete er jedoch wenig aus. Die jansenistischen Lehren griffen nichtsdestominder gewaltig um sich; in Frankreich trat eine allgemeine Entzweiung ein. Die Gegner von Portroyal hielten es für notwendig, eine andere, bestimmtere Verdammung von dem römischen Stuhle auszubringen. Zu dem Ende faßten sie die Grundlehren des Jansenius, wie sie dieselben verstanden, in fünf Sätze zusammen und forderten den Papst Innozenz X. auf, sein apostolisches Urteil darüber auszusprechen.

Und hierauf schritt man an dem römischen Hofe zu einer förmlichen Untersuchung. Es ward eine Kongregation von vier Kardinälen gebildet, unter deren Aufsicht dreizehn theologische Konsultoren die Prüfung vornahmen.

Nun waren jene Sätze so beschaffen, daß sie auf den ersten Blick lauter Heterodoxien enthielten, aber, näher betrachtet, sich doch wenigstens zum Teil auch in rechtgläubigem Sinne erklären ließen. Unter den Konsultoren zeigten sich zugleich verschiedene Meinungen. Vier derselben, zwei Dominikaner, ein Minorit, Luca Wadding und der Augustinergeneral fanden die

Verdammung unratsam. Die übrigen neun aber waren dafür. Es kam nun darauf an, ob der Papst der Majorität beistimmen würde.

Innozenz X. war die ganze Frage zuwider. Schon an sich haßte er schwierigere theologische Untersuchungen; aber überdies sah er von dieser, wie er sich auch immer erklären mochte, nur widerwärtige Folgen voraus. Dem Ausspruch einer so großen Mehrheit zum Trotz konnte er sich nicht entschließen. „Wenn er an den Rand des Grabens kam," sagt Pallavicini, „und mit den Augen die Größe des Sprunges maß, hielt er inne und war nicht weiter vorwärts zu bringen."

Aber nicht der gesamte Hof teilte diese Bedenklichkeiten. Unmittelbar zur Seite des Papstes stand ein Staatssekretär, der Kardinal Chigi, der ihn unaufhörlich anfeuerte. Noch in Köln hatte Chigi das Buch zu Händen bekommen und gelesen; schon damals hatte ihn jene Stelle mit devoter Entrüstung erfüllt, so daß er es von sich warf; von einigen deutschen Ordensgeistlichen war er in seinem Widerwillen bestärkt worden; an der Prüfungskongregation hatte er tätigen Anteil genommen und zum Resultate derselben das Seine beigetragen. Jetzt drang er in den Papst, nicht zu schweigen: schweigen würde diesmal heißen erlauben; er dürfe die Lehre der päpstlichen Unfehlbarkeit nicht in Mißkredit geraten lassen; eben das sei eine Hauptbestimmung des apostolischen Sitzes, in den Zweifeln der Gläubigen eine Entscheidung zu geben.

Innozenz war, wie wir wissen, ein Mann, der sich

von plötzlichen Eindrücken leiten ließ. In einer unglücklichen Stunde überwältigte ihn die Vorstellung von der Gefahr der päpstlichen Infallibilität. Er nahm das um so mehr für höhere Eingebung, da es am Tage des heiligen Athanasius war. Am 1. Juni 1653 erließ er seine Bulle, in welcher er jene fünf Sätze verdammte als ketzerisch, blasphemisch, fluchbeladen. Er erklärt, hiemit hoffe er den Frieden der Kirche herzustellen: nichts liege ihm mehr am Herzen, als daß das Schiff der Kirche wie im ruhigen Meere dahinfahren und in den Port der Seligkeit gelangen möge.

Allein wie so völlig anders mußte doch der Erfolg ausfallen!

Die Jansenisten leugneten, daß die Sätze in dem Buche Jansens zu finden, und noch viel mehr, daß sie von demselben in dem Sinne verstanden seien, in welchem man sie verdammt habe.

Nun erst zeigte sich, in welch eine falsche Stellung der römische Hof geraten war. Die französischen Bischöfe drangen in Rom auf die Erklärung, daß jene Sätze wirklich im Sinne Jansens verdammt worden. Chigi, der indes unter dem Namen Alexander VII. den Thron bestiegen, konnte dieselbe um so weniger verweigern, da er selbst so großen Anteil an der Verdammung genommen hatte; er sprach sie unumwunden und förmlich aus: „die fünf Sätze seien allerdings aus dem Buche von Jansen gezogen und in dem Sinne desselben verurteilt worden."

Aber auch hiewider waren die Janseniſten gerüſtet. Sie entgegneten: eine Erklärung dieſer Art überſchreite die Grenzen der päpſtlichen Macht; die päpſtliche Unfehlbarkeit erſtrecke ſich nicht auf ein Urteil über Tatſachen.

Dergeſtalt geſellte ſich der dogmatiſchen Streitigkeit eine Frage über die Grenzen der päpſtlichen Gewalt hinzu; in ihrer unleugbaren Oppoſition gegen den römiſchen Stuhl wußten ſich die Janseniſten doch noch immer als gute Katholiken zu behaupten.

Ihre Sache bildete ein Moment aller inneren Bewegungen und Konflikte in Frankreich.

Zuweilen machte man von seiten der Krone Anſtalt, dieſe Partei zu beseitigen: es wurden Formulare im Sinne der Verdammungsbulle erlaſſen, die von allen geiſtlichen Perſonen unterſchrieben werden ſollten, ſelbſt den Schulmeiſtern, ſelbſt den Nonnen. Die Janseniſten ſträubten ſich nicht, die fünf Sätze zu verdammen, die, wie geſagt, auch eine heterodoxe Auslegung zuließen: ſie weigerten ſich nur, durch eine unbedingte Unterſchrift anzuerkennen, daß ſie in Janſenius enthalten, daß dies die Lehren ihres Meiſters ſeien; keine Verfolgung konnte ſie dazu bewegen. Ihre Standhaftigkeit bewirkte, daß ihre Anzahl, ihr Kredit von Tag zu Tag zunahmen; ſie hatten mehrere der vornehmſten Mitglieder des Hofes, Männer und Frauen, eine ſtarke Partei in dem Parlament, viele Doktoren der Sorbonne, einige der durch ihre Amtsführung angeſehenſten Biſchöfe auf ihrer Seite; ſelbſt

Unbeteiligte mißbilligten die Art und Weise, wie der römische Hof mit ihnen zu verfahren versuchte.

Um die Ruhe wenigstens äußerlich herzustellen, mußte sich Klemens IX. im Jahre 1668 mit einer Unterschrift zufrieden erklären, wie auch ein Jansenist sie leisten konnte. Er begnügte sich mit einer Verdammung der fünf Sätze im allgemeinen, ohne darauf zu bestehen, daß sie von Jansenius wirklich gelehrt worden seien. In der Tat enthält das doch eine wesentliche Nachgiebigkeit des römischen Hofes; nicht allein ließ er den Anspruch fallen, über die Tatsachen zu entscheiden, sondern er sah auch zu, daß sein Verdammungsurteil über Jansenius ohne alle Folgen blieb.

Die Partei St. Chrans und Jansens erhob sich — der bekannte Minister Pomponne war ein Sohn Andillys — zu immer größerer Stärke und Bedeutung. Ihre literarische Tätigkeit wirkte ungestört auf die Nation. Mit ihrem Emporkommen verbreitete sich zugleich eine lebhafte Opposition gegen den römischen Stuhl; sie wußten recht wohl, daß sie gar nicht bestehen würden, wenn es nach dessen Absichten gegangen wäre. Unter dem Schutze dieser Abkunft aber schlugen die Meinungen der Jansenisten, am Hofe wenn nicht gern gesehen, doch eine Zeitlang geduldet, immer tiefere Wurzeln.

Verhältnis zur weltlichen Macht.

Da hatte sich auch schon von einer anderen Seite her ein wenigstens nicht minder gefährlicher Gegensatz in steigender Heftigkeit und immer weiter greifender Ausbreitung erhoben.

Im 17. Jahrhundert fing der römische Stuhl an, seine jurisdiktionellen Gerechtsamen, ich weiß nicht, ob lebhafter und nachdrücklicher, aber gewiß systematischer und unnachgiebiger wahrzunehmen als bisher. Urban VIII., der seine Erhebung unter anderem auch dem Ansehen verdankte, in das er sich als ein eifriger Verfechter dieser Ansprüche gesetzt hatte, stiftete eine eigene Kongregation der Immunität. Weniger Kardinälen, die schon in der Regel ein Verhältnis zu den Mächten hatten, als jüngeren Prälaten, die nach dem Eifer, den sie hiebei bewiesen, befördert zu werden hofften, vertraute er das Geschäft an, auf alle Eingriffe der Fürsten in die geistliche Jurisdiktion ein wachsames Auge zu haben. Seitdem wurde nun die Beobachtung um vieles schärfer und regelmäßiger, die Anmahnung dringender: Amtseifer und Interesse vereinigten sich; der öffentliche Geist des Hofes hielt es für einen Beweis von Frömmigkeit, über jeden Punkt dieser althergebrachten Rechte eifersüchtig zu wachen.

Sollten sich aber die Staaten dieser geschärften Aufsicht gutwillig bequemen? Das Gefühl religiöser Vereinigung, welches im Kampfe mit dem Protestantismus erweckt worden, war wieder erkaltet; alles strebte nach innerer Stärke, politischer Geschlossenheit; es geschah, daß der römische Hof mit allen katholischen Staaten in bittere Streitigkeiten geriet.

Machten doch selbst die Spanier zuweilen Versuche,

die Einwirkungen Roms, z. B. auf Neapel, zu beschränken, der Inquisition daselbst einige Beisitzer von Staats wegen beizugeben! Man hätte in Rom Bedenken getragen, dem Kaiser das Patriarchat von Aquileja, auf welches er Ansprüche hatte, zuzugestehen; man besorgte, er würde dann den Besitz desselben zur Erwerbung einer größeren kirchlichen Unabhängigkeit benutzen. Die deutschen Reichsstände suchten in den Wahlkapitulationen von 1654 und 1658 die Gerichtsbarkeit der Nuntien und der Kurie durch strengere Bestimmungen einzuschränken; in unaufhörlicher Bewegung war Venedig über den Einfluß des Hofes auf die Besetzung der geistlichen Stellen im Lande, die Pensionen, die Anmaßungen der Nepoten; bald fand Genua, bald Savohen Anlaß, seinen Gesandten von Rom abzuberufen; aber den lebhaftesten Widerstand leistete, wie das auch schon im Prinzip ihrer Restauraration lag, die französische Kirche. Die Nuntien finden kein Ende der Beschwerden, die sie machen zu müssen glauben, vorzüglich über die Beschränkungen, welche die geistliche Jurisdiktion erfahre: ehe sie noch einen Schritt getan, lege man schon Appellation ein; man entziehe ihr die Ehesachen unter dem Vorwande, es sei eine Entführung im Spiele; man schließe sie von den peinlichen Prozessen aus; zuweilen werde ein Geistlicher hingerichtet, ohne erst degradiert zu sein; ohne Rücksicht erlasse der König Edikte über Ketzerei und Simonie; die Zehnten seien allmählich zu einer immerwährenden Auflage geworden. Bedenklichere

Anhänger der Kurie sahen in diesen Anmaßungen schon die Vorboten zu einem Schisma.

Das Verhältnis, in welches man durch diese Irrungen geriet, hing notwendig auch mit anderen Umständen, hauptsächlich mit der politischen Haltung, die der römische Hof annahm, zusammen.

Aus Rücksicht auf Spanien wagten weder Innozenz noch Alexander, Portugal, das sich von dieser Monarchie losgerissen, anzuerkennen und den daselbst ernannten Bischöfen die kanonische Institution zu geben. Fast das ganze rechtmäßige Episkopat von Portugal starb aus; die kirchlichen Güter wurden zum großen Teil den Offizieren der Armee überlassen; König, Klerus und Laien entwöhnten sich der früheren Ergebenheit.

Aber auch übrigens neigten sich die Päpste nach Urban VIII. wieder auf die spanisch-österreichische Seite.

Man darf sich darüber nicht wundern, da die Übermacht von Frankreich so bald einen die allgemeine Freiheit gefährdenden Charakter entwickelte. Es kam hinzu, daß jene Päpste ihre Erhebung dem spanischen Einflusse verdankten und beide persönliche Gegner Mazarins waren. In Alexander sprach sich die Feindseligkeit immer stärker aus: er konnte dem Kardinal nicht vergeben, daß er sich mit Cromwell alliierte und lange Zeit den Frieden mit Spanien aus persönlichen Beweggründen verhinderte.

Daraus folgte nun aber auch, daß sich in Frankreich

die Opposition gegen den römischen Stuhl immer tiefer festsetzte und von Zeit zu Zeit in heftigen Schlägen hervorbrach. Wie sehr bekam das noch Alexander zu empfinden!

Ein Streit, der sich zu Rom zwischen dem Gefolge des französischen Botschafters Crequy und den korsischen Stadtsoldaten erhob, in welchem Crequy zuletzt selbst beleidigt wurde, gab dem Könige Anlaß, sich in die Zwistigkeiten des römischen Stuhles mit den Häusern Este und Farnese zu mischen und zuletzt geradezu Truppen nach Italien marschieren zu lassen. Der arme Papst suchte sich durch eine geheime Protestation zu helfen; vor den Augen der Welt aber mußte er dem Könige in dem Vertrage zu Pisa alle seine Forderungen zugestehen. Man kennt die Neigung der Päpste zu ehrenvollen Inskriptionen: keinen Stein, sagte man, lassen sie in eine Mauer setzen ohne ihren Namenszug; Alexander mußte in seiner Hauptstadt auf einem der besuchtesten Plätze eine Pyramide errichten lassen, deren Inschrift seine Demütigung verewigen sollte.

Dieser Akt allein mußte die Autorität des Papsttums tief herabwürdigen.

Aber auch übrigens war dies Ansehen um das Jahr 1660 bereits wieder in Verfall. Den Frieden von Vervins hatte der päpstliche Stuhl noch herbeigeführt, durch seine Unterhandlungen gefördert und zum Abschluß gebracht; bei dem Westfälischen hatte er seine Abgeordneten gehabt, aber sich schon genötigt gesehen, gegen die Bedingungen, über welche man übereinkam, zu protestieren; an dem Pyrenäischen Frieden nahm er auch nicht einmal mehr einen scheinbaren Anteil; man vermied es, seine Abgeordneten zuzulassen; kaum wurde seiner noch darin gedacht. Wie bald sind Friedensschlüsse gefolgt, in denen man über päpstliche Lehen disponiert hat, ohne den Papst auch nur zu fragen!

Neuntes Buch.

Spätere Epochen.

———

Überaus merkwürdig bleibt es allemal und eröffnet uns einen Blick in den Gang der menschlichen Entwickelung überhaupt, daß das Papsttum in dem Momente, in welchem es in der Durchführung seiner auf erneute allgemeine Herrschaft abzielenden Pläne scheiterte, auch in sich selbst zu zerfallen anfing.

In jenem Zeitraum des Fortschritts, der Restauration war alles gegründet worden. Da hatte man die Lehre erneuert, die kirchlichen Berechtigungen stärker zentralisiert, mit den Fürsten Bund geschlossen, die alten Orden verjüngt und neue gegründet, die Kraft des Kirchenstaates zusammengenommen, zu einem Organe kirchlicher Bestrebungen gemacht, Sinn und Geist der Kurie reformiert, alles nach dem einen Ziele der Wiederherstellung der Gewalt und des katholischen Glaubens geleitet.

Eine neue Schöpfung war das nicht, wie wir sahen; es war eine Wiederbelebung durch die Macht neuer Ideen, welche einige Mißbräuche abschaffte und nur die vorhandenen Lebenselemente in frischem Impuls mit sich fortriß.

Ohne Zweifel ist aber eine Wiederherstellung dieser Art noch eher dem Verfall der belebenden Motive ausgesetzt, als eine von Grund aus neugeschaffene Geburt.

Der erste Einhalt, den die kirchliche Restauration erfuhr, geschah in Frankreich. Die päpstliche Gewalt konnte auf dem betretenen Wege nicht durchdringen; sie mußte eine Kirche, obwohl eine katholische, doch nicht unter dem Einfluß, den sie beabsichtigte, sich bilden, sich erheben sehen, und sich zu einer Abkunft mit derselben entschließen.

Damit hing dann zusammen, daß zugleich auch in dem Innern starke Gegensätze sich erhoben, Streitigkeiten über die wichtigsten Glaubenspunkte, über das Verhältnis der geistlichen zu der weltlichen Macht; — an der Kurie bildete sich der Nepotismus auf eine gefahrdrohende Weise aus: die finanziellen Kräfte, statt vollständig zu ihrem Zwecke verwendet zu werden, kamen zum großen Teil einzelnen Familien zugute.

Noch immer aber hatte man ein großes und allgemeines Ziel, nach welchem man mit außerordentlichem Glück vorwärtsschritt. In diesem höheren Streben wurden alle Gegensätze vermittelt, die Streitigkeiten der Lehre und des kirchlich-weltlichen Anspruches beschwichtigt, die Entzweiungen der Mächte versöhnt, der Fortgang der allgemeinen Unternehmungen im Zuge erhalten. Die Kurie war der den Weg anweisende Mittelpunkt der katholischen Welt: im größten Stil setzten sich die Bekehrungen fort.

Aber wir sahen, wie es geschah, daß man doch nicht zum Ziel gelangte, sondern durch inneren Zwist und äußeren Widerstand auf sich selbst zurückgeworfen wurde.

Seitdem nahmen nun auch alle Verhältnisse des Staates, der inneren Entwickelung eine andere Gestalt an.

In dem Geiste der Eroberung und Erwerbung, der sich einem großen Zweck widmet, liegt zugleich Hingebung: mit einem beschränkten Egoismus verträgt er sich nicht; jetzt trat an der Kurie der Geist des Genusses, des Besitzes ein. Es bildete sich eine Genossenschaft von Renteninhabern aus, die ein gutes Recht auf den Ertrag des Staates und der kirchlichen Verwaltung zu besitzen glaubte. Indem sie dies Recht auf eine verderbliche Weise mißbrauchte, hielt sie doch mit demselben Eifer daran fest, als sei das Wesen des Glaubens daran geknüpft.

Eben dadurch geschah aber, daß der Widerspruch sich von entgegengesetzten Seiten unversöhnlich erhob.

Es trat eine Lehre auf, die, aus einer neuen Anschauung der Tiefen der Religion hervorgegangen, von dem römischen Hofe verdammt und verfolgt wurde, aber nicht beseitigt zu werden vermochte. Die Staaten nahmen eine unabhängige Haltung an: von der Rücksicht auf die päpstliche Politik machten sie sich los; in ihren inneren Angelegenheiten nahmen sie eine Autonomie in Anspruch, die der Kurie auch in kirchlicher Hinsicht immer weniger Einfluß übrig ließ.

Auf diesen beiden Momenten beruht nun die fernere Geschichte des Papsttums.

Es folgen Epochen, in denen es bei weitem weniger eine freie Tätigkeit entwickelt, als daß es, bald von der einen, bald von der anderen Seite angegriffen, nur bedacht ist, sich in jedem Augenblicke so gut wie möglich zu verteidigen.

Die Aufmerksamkeit wird in der Regel von der Kraft angezogen, und nur von der Seite der Tätigkeit kann ein Ereignis verstanden werden; auch gehört es nicht zu der Absicht dieses Buches, die letzten Epochen ausführlich zu schildern. Allein ein überaus merkwürdiges Schauspiel bieten sie doch immer dar, und wie wir mit einer Ansicht der früheren Zeiten begonnen, so dürfen wir wohl nicht schließen, ohne den Versuch zu machen, auch die späteren, wiewohl nur in kurzen Zügen, vor den Augen vorübergehen zu lassen.

Zunächst erhebt sich aber der Angriff von der Seite der Staaten. Auf das Genaueste hängt er mit der Spaltung der katholischen Welt in zwei feindliche Teile, in die österreichische und in die französische Partei, die der Papst nicht mehr zu überwältigen oder zu beruhigen vermag, zusammen. Die politische Stellung, die Rom annimmt, bestimmt auch das Maß der geistlichen Ergebenheit, die es findet. Wir sahen schon, wie das begann. Nehmen wir wahr, wie es sich weiter entwickelte.

Ludwig XIV. und Innozenz XI.

So gut katholisch Ludwig XIV. auch war, so kam es ihm doch unerträglich vor, daß der römische Stuhl eine unabhängige, ja der seinen nur allzuoft entgegengesetzte Politik befolgen sollte.

Wie Innozenz und Alexander und, wenn Klemens IX. nicht selbst, doch seine Umgebung, neigten sich auch Klemens X. (1670 bis 1676) und dessen Nepot Pauluzzi Altieri auf die Seite der Spanier. Ludwig XIV. rächte sich dafür durch unaufhörliche Eingriffe in die geistliche Gewalt.

Eigenmächtig zog er geistliche Güter ein, unterdrückte einen oder den anderen Orden; er nahm die Befugnis in Anspruch, die Pfründen der Kirche mit militärischen Pensionen zu belasten; das Recht, während der Vakanz eines Bistums die Einkünfte desselben zu genießen und die davon abhängigen Pfründen zu besetzen, welches unter dem Namen der Regale so berühmt geworden, suchte er auf Provinzen auszudehnen, in denen es nie gegolten; die schmerzlichste Wunde schlug er den römischen Rentenbesitzern, indem er die Geldsendungen an den Hof in beschränkende Aufsicht nahm.

So fuhr er nun auch unter Innozenz XI. fort, der im ganzen die nämliche Politik beobachtete; an dem aber fand er Widerstand.

Innozenz XI., aus dem Hause Odescalchi von Como, war in seinem 25. Jahre mit Degen und Pistole nach Rom gekommen, um sich irgendeiner weltlichen Beschäftigung, vielleicht in Neapel dem Kriegsdienste, zu widmen. Der Rat eines Kardinals, der ihn besser durchschaute, als er sich selbst kannte, vermochte ihn, sich der Laufbahn an der Kurie zu widmen. Er tat das mit so viel Hingebung und Ernst und verschaffte sich nach und nach einen solchen Ruf von Tüchtigkeit und guter Gesinnung, daß das Volk während des Konklaves seinen Namen unter den Portici von St. Peter rief und die öffentliche Meinung sich befriedigt fühlte, als er, mit der Tiara geschmückt, aus demselben hervorging (21. September 1676).

Ein Mann, der seine Diener wohl unter der Bedingung rufen ließ: wenn sie keine Abhaltungen hätten, — von dem sein Beichtvater beteuerte, er habe nie etwas an ihm wahrgenommen, das die Seele von Gott entfernen könnte, — mild und sanftmütig, den aber dieselbe Gewissenhaftigkeit, die sein Privatleben bestimmte, nun auch antrieb, die Verpflichtungen seines Amtes rücksichtslos zu erfüllen.

Wie gewaltig griff er die Übelstände besonders der finanziellen Verwaltung an! Die Ausgaben waren auf 2 578 106 Skudi, 91 Bajocchi gestiegen; die Einnahmen, Dataria und Spolien eingeschlossen, betrugen nur 2 408 500 Skudi, 71 Bajocchi; ein so großes Defizit, jährlich von 170 000 Skudi, drohte den offenbaren Bankerott herbeizuführen. Daß es zu diesem Äußersten nicht kam, ist ohne Zweifel das Verdienst Innozenz' XI. Er enthielt sich endlich des Nepotismus durchaus. Er erklärte, er liebe seinen Neffen Don Livio, der das durch seine Bescheidenheit verdiene; eben darum aber wolle er ihn nicht in dem Palaste. Alle Ämter und Einkünfte, die bisher den Nepoten zugute gekommen, zog er geradezu ein. So verfuhr er auch mit vielen anderen Stellen, deren Dasein mehr eine Last war. Unzählige Mißbräuche und Exemtionen schaffte er ab. Da es ihm endlich der Zustand des Geldmarktes erlaubte, trug er kein Bedenken, die Monti von 4 Prozent auf 3 Prozent herabzusetzen. Nach einigen Jahren war es ihm in der Tat gelungen, die Einnahme wieder auf einen nicht unbedeutenden Überschuß über die Ausgabe zu erhöhen.

Und mit derselben Entschlossenheit begegnete der Papst nun auch den Angriffen Ludwigs XIV.

Ein paar Bischöfe jansenistischer Gesinnung, welche sich jener Ausdehnung des Regalrechtes, die ihrem Begriffe von der Autonomie der geistlichen Gewalten widersprach, entgegensetzten, wurden dafür von dem Hofe bedrückt und geängstigt; der Bischof von Pamiers mußte eine Zeitlang von Almosen leben. Sie wandten sich an den Papst. Innozenz säumte nicht, sich ihrer anzunehmen.

Einmal, zweimal ermahnte er den König, den Schmeichlern kein Gehör zu geben, noch die Freiheiten der Kirche anzutasten: er möchte sonst verursachen, daß die Quelle der göttlichen Gnade über sein Reich vertrockne. Da er keine Antwort bekam, wiederholte er seine Ermahnungen zum dritten Male: „nun aber," fügte er hinzu, „werde er nicht wieder schreiben, sich jedoch auch nicht länger mit Ermahnungen begnügen, sondern sich aller Mittel der Macht bedienen, die Gott in seine Hand gelegt habe. Keine Gefahr, keinen Sturm werde er dabei fürchten; in dem Kreuze Christi sehe er seinen Ruhm."

Es ist immer eine Maxime des französischen Hofes gewesen, durch die päpstliche Macht seinen Klerus, durch den Klerus die Einwirkungen der päpstlichen Macht zu beschränken. Niemals aber beherrschte ein Fürst seine Geistlichkeit vollkommener, als Ludwig XIV. Eine Ergebenheit ohnegleichen atmen die Reden, mit denen man ihn bei feierlichen Gelegenheiten begrüßte. „Wir wagen kaum," heißt es in einer derselben, „Forderungen zu machen, aus Furcht, dem kirchlichen Eifer Eurer Majestät ein Ziel zu setzen. Die traurige Freiheit, Beschwerde zu führen, verwandelt sich jetzt in eine süße Notwendigkeit, unseren Wohltäter zu loben." Prinz Condé meinte, sollte es dem König einfallen, zur protestantischen Kirche überzugehen, so würde ihm der Klerus zuerst nachfolgen. Und wenigstens gegen den Papst stand die Geistlichkeit ohne Skrupel ihrem Könige bei: von Jahr zu Jahr erließ sie entschiedenere Erklärungen zugunsten der königlichen Gewalt. Endlich folgte die Versammlung von 1682. „Sie ward," sagt ein benezianischer Gesandter, „nach der Konvenienz des Staatsministeriums berufen und aufgelöst, nach dessen Eingebungen geleitet." Die vier Artikel, welche sie abfaßte, haben seitdem immer als das Manifest der gallikanischen Freiheiten gegolten. Die drei ersten wiederholen ältere Behauptungen: Unabhängigkeit der weltlichen Gewalt von der geistlichen, Superiorität eines Konziliums über den Papst, Unantastbarkeit der gallikanischen Gewohnheiten. Vorzüglich merkwürdig aber ist der vierte, weil er auch die geistliche Autorität beschränkt: „selbst in Fragen des Glaubens sei die Entscheidung des Papstes nicht unverbesserlich, solange er die Beistimmung der Kirche nicht habe." Wir sehen, die beiden Gewalten unterstützten einander. Der König ward von den Einwirkungen der weltlichen, der Klerus von der unbedingten Autorität der geistlichen Gewalt des Papsttums freigesprochen. Die Zeitgenossen fanden, wenn man in Frankreich ja noch innerhalb der katholischen Kirche sei, so stehe man doch schon auf der Schwelle, um herauszutreten. Der König erhob jene Sätze zu einer Art von Glaubensartikeln, von symbolischem Buch. In allen Schulen sollte danach gelehrt werden, niemand einen Grad in der juristischen oder theologischen Fakultät erlangen können, der dieselben nicht beschwöre.

Aber auch der Papst hatte noch eine Waffe. Der König beförderte vor allen anderen die Urheber der Deklaration, die Mitglieder dieser Versammlung, in die bischöflichen Ämter; Innozenz weigerte sich, ihnen die geistliche Institution zu geben. Die Einkünfte mochten sie genießen, aber die Ordination empfingen sie nicht, einen geistlichen Akt des Episkopates durften sie nicht ausüben.

Diese Verwickelung vermehrte sich noch dadurch, daß Ludwig XIV. in diesem Augenblicke, und zwar vorzüglich deshalb, um sich als vollkommen rechtgläubig auszuweisen, zu jener grausamen Ausrottung der Hugenotten schritt. Er glaubte, damit der katholischen

Kirche einen großen Dienst zu leisten. Auch hat man wohl gesagt, Papst Innozenz sei einverstanden gewesen. Aber in der Tat ist das nicht so. Der römische Hof wollte jetzt mit einer Bekehrung durch bewaffnete Apostel nichts zu schaffen haben: „dieser Methode habe sich Christus nicht bedient; man müsse die Menschen in die Tempel führen, aber nicht hineinschleifen."

Und immer neue Irrungen erhoben sich. Der französische Botschafter zog im Jahre 1687 mit einem so starken Gefolge, sogar ein paar Schwadronen Kavallerie, in Rom ein, daß ihm das Asylrecht, welches die Gesandten damals nicht allein für ihren Palast, sondern auch für die benachbarten Straßen in Anspruch nahmen, obwohl es der Papst feierlich aufgehoben, nicht wohl hätte streitig gemacht werden können. Mit bewaffneter Mannschaft trotzte er dem Papst in seiner Hauptstadt. „Sie kommen mit Roß und Wagen," sagte Innozenz; „wir aber wollen wandeln im Namen des Herrn." Er sprach die kirchlichen Zensuren über den Botschafter aus; die Kirche San Luigi, in welcher derselbe einem feierlichen Hochamte beigewohnt hatte, ward mit dem Interdikt belegt.

Da ging auch der König zu den äußersten Schritten fort. Er appellierte an ein allgemeines Konzilium, ließ Avignon besetzen, den Nuntius in St. Olon einschließen; man glaubte, er habe die Absicht, den Erzbischof Harlai von Paris, der alle diese Schritte, wo nicht veranlaßt, doch gebilligt hatte, zum Patriarchen von Frankreich zu kreieren.

So weit kam es: der französische Gesandte in Rom exkommuniziert, der päpstliche in Frankreich festgehalten, 35 französische Bischöfe ohne die kanonische Institution, eine päpstliche Landschaft vom Könige eingenommen: das Schisma war hiemit in der Tat schon ausgebrochen. Nichtsdestominder wich Innozenz XI. keinen Schritt breit.

Fragen wir, worauf er sich dabei stützte, so war es nicht eine Rückwirkung seiner Zensuren in Frankreich, nicht die Macht seines apostolischen Ansehens, sondern es war vor allem jener allgemeine Widerstand, welchen die Europa in dem Wesen seiner Freiheit bedrohenden Unternehmungen Ludwigs XIV. erweckt hatten; an diese schloß auch der Papst sich an.

Er unterstützte Österreich in seinem türkischen Kriege nach besten Kräften; der glückliche Erfolg dieser Feldzüge gab der ganzen Partei und auch dem Papst eine neue Haltung.

Das wird sich zwar schwerlich beweisen lassen, daß Innozenz, wie man gesagt hat, mit Wilhelm III. in unmittelbarer Verbindung gestanden und um den Plan desselben gegen England persönlich gewußt habe. Aber mit desto größerer Zuversicht dürfen wir es aussprechen: seine Minister wußten darum. Dem Papste sagte man nur, der Prinz von Oranien werde den Oberbefehl am Rhein übernehmen und die Rechte des Reiches wie der Kirche gegen Ludwig XIV. verteidigen; dazu versprach er bedeutende Subsidien. Sein Staatssekretär aber, Graf Cassoni, hatte schon Ende 1687 die beſtimmte Anzeige, der Plan der unzufriedenen Engländer ſei, den König Jakob zu entthronen und die Krone auf die Prinzeſſin von Oranien zu übertragen. Der Graf war ſchlecht bedient: unter ſeinen Hausgenoſſen hatten die Franzoſen einen Verräter gefunden. Aus den Papieren, welche dieſer in dem geheimſten Kabinett ſeines Herrn einzuſehen Gelegenheit fand, haben die Höfe von Frankreich und von England die erſte Nachricht von dieſen Plänen empfangen. Wunderbare Verwickelung! An dem römiſchen Hofe mußten die Fäden einer Verbindung zuſammentreffen, die das Ziel und den Erfolg hatte, den Proteſtantismus in dem weſtlichen Europa von der letzten großen Gefahr, die ihm drohte, zu befreien, den engliſchen Thron auf immer für dies Bekenntnis zu gewinnen. Wußte Innozenz XI., wie geſagt, auch nicht um dieſen ganzen Entwurf, ſo iſt es doch unleugbar, daß er ſich einer Oppoſition anſchloß, die großenteils auf proteſtantiſchen Kräften und Antrieben beruhte. Der Widerſtand, welchen er dem von Ludwig XIV. begünſtigten Kandidaten für das Erzbistum Köln leiſtete, war im Intereſſe jener Oppoſition und trug zum Ausbruch des Krieges vorzüglich bei, eines Krieges, der in bezug auf Frankreich der Wiederherſtellung der päpſtlichen Autorität zuſtatten kam. Beförderte der Papſt durch ſeine Politik den Proteſtantismus, ſo mußten hinwieder die Proteſtanten, indem ſie das europäiſche Gleichgewicht gegen die „exorbitante Macht" aufrecht erhielten, dazu mitwirken, daß dieſe sich auch den geistlichen Ansprüchen des Papsttums fügte.

Zwar Innozenz XI. erlebte das nicht mehr. Aber gleich der erste französische Gesandte, der nach dem Tode desselben (10. August 1689) in Rom erschien, verzichtete auf das Asylrecht; die Haltung des Königs änderte sich; er gab Avignon zurück und fing an, zu unterhandeln.

Es war dies um so notwendiger, da der neue Papst, Alexander VIII., wie weit er auch übrigens von dem strengen Beispiel seines Vorgängers abwich, doch in diesem Punkte bei den Grundsätzen desselben aushielt. Alexander erklärte aufs neue die Beschlüsse von 1682 für ungiltig und leer, null und nichtig, für unverbindlich, selbst wenn sie mit einem Eide bekräftigt worden seien: Tag und Nacht denke er mit einem Herzen voll Bitterkeit daran; mit Tränen und Seufzen erhebe er seine Augen.

Nach dem frühen Tode Alexanders VIII. wandten die Franzosen alles an, um einen friedfertigen, zur Versöhnung geneigten Mann zum Papst zu bekommen, wie ihnen das auch mit Antonio Pignatelli — Innozenz XII. — wirklich gelang (12. Juli 1691).

Der Würde des päpstlichen Stuhles etwas zu vergeben, hatte auch dieser Papst ebensowenig Neigung wie irgend dringende Veranlassung, da die verbündeten Waffen Ludwig XIV. so ernstlich und drohend beschäftigten.

Zwei Jahre lang ward unterhandelt. Innozenz verwarf mehr als einmal die von den französischen Geistlichen ihm vorgeschlagenen Formeln. Endlich mußten sie doch in der Tat erklären, daß alles, was in jener Assemblee beraten und beschlossen worden, als nicht beraten und nicht beschlossen angesehen sein solle: „niedergeworfen zu den Füßen Eurer Heiligkeit bekennen wir unseren unaussprechlichen Schmerz darüber." Erst nach einem so unbeschränkten Widerrufe gab ihnen Innozenz die kanonische Institution.

Nur unter diesen Bedingungen ward der Friede hergestellt. Ludwig XIV. schrieb dem Papste, daß er seine Verordnung über die Beobachtung der vier Artikel zurücknehme. Wir sehen wohl, noch einmal behauptete sich der römische Stuhl auch dem mächtigsten Könige gegenüber in der Fülle seiner Ansprüche.

War es aber nicht schon ein großer Nachteil, daß Behauptungen von so entschiedener Feindseligkeit eine Zeitlang legale, von der Regierung autorisierte Geltung genossen hatten? Mit lärmendem Aufsehen, als Reichsbeschlüsse waren sie verkündigt worden; privatim, ganz in der Stille, in Briefform, doch nur von einzelnen, die eben der Gnade des römischen Hofes bedurften, wurden sie widerrufen. Ludwig XIV. ließ das geschehen; aber man dürfte nicht glauben, er habe die vier Artikel selbst zurückzunehmen gedacht, obwohl man das zuweilen auch in Rom so ansah. Er wollte noch viel später nicht dulden, daß der römische Hof Anhängern derselben die Institution versage. Er erklärte, er habe nur die Verpflichtung aufgehoben, sie zu lehren; allein ebensowenig dürfe jemand gehindert werden, sich dazu zu bekennen. Und noch eine andere Bemerkung müssen wir machen. Keineswegs durch eigene Kraft hatte der römische Hof sich behauptet, sondern doch nur infolge einer großen politischen Kombination, nur dadurch, daß Frankreich überhaupt in engere Schranken zurückgewiesen ward. Wie dann, wenn diese Verhältnisse sich änderten, wenn es einmal niemanden mehr gab, der den römischen Stuhl gegen den angreifenden Teil in Schutz nehmen wollte?

Spanische Erbfolge.

Daß die spanische Linie des Hauses Österreich ausstarb, war auch für das Papsttum ein Ereignis von der höchsten Bedeutung.

Auf dem Gegensatze, in welchem die spanische Monarchie mit Frankreich stand, der den Charakter der europäischen Politik überhaupt bestimmte, beruhte zuletzt auch die Freiheit und Selbstbestimmung des päpstlichen Stuhles; durch die Maximen der Spanier war der Kirchenstaat anderthalb Jahrhunderte lang mit Frieden umgeben worden. Was auch geschehen mochte, so war es allemal gefährlich, daß ein Zustand, auf welchen sich alle Gewohnheiten des Daseins bezogen, zweifelhaft wurde; aber noch viel gefährlicher war, daß über die Erbfolge ein Streit obwaltete, der in einen allgemeinen Krieg auszuschlagen drohte, einen Krieg, der dann größtenteils in Italien ausgefochten werden mußte. Der Papst selbst konnte sich der Notwendigkeit,

Partei zu ergreifen, schwerlich entziehen, ohne daß er doch zum Siege dieser Partei etwas Wesentliches bei= zutragen sich hätte schmeicheln können.

Bei einem Venezianer findet sich die gleichwohl mit einigem Zweifel ausgesprochene Nachricht, Papst Inno= zenz XII. habe Karl II. von Spanien den Rat erteilt, den französischen Prinzen zum Erben einzusetzen, und dieser Rat des Heiligen Vaters habe bei der Abfassung jenes Testamentes, auf das so viel ankam, vorzüglich mitgewirkt.

Die Nachricht ist insofern sehr begründet, als Karl II., über die Absichten der europäischen Mächte, die Monarchie zu teilen, entrüstet, und schon durch seinen Staatsrat in der Idee bestärkt, die französischen Ansprüche anzuerkennen, sich zur vollen Beruhigung seines Gewissens bei diesem Schritte an den römischen Stuhl wendete, der denselben dann vollkommen bil= ligte und den vorgetragenen Gründen noch einige neue hinzufügte.

Der römische Stuhl stand damals gut mit Lud= wig XIV.; er war von der antifranzösischen Politik zurückgetreten, die er seit Urban VIII. fast ohne Unter= brechung befolgt hatte. Da sich auf der anderen Seite ein starker protestantischer Einfluß erwarten ließ, so erschien es ihm als ein Vorteil der Religion, wenn die ganze Monarchie ohne Teilung an einen Prinzen aus einem Hause überging, das sich damals so vorzugs= weise katholisch hielt. An der über die Sache nieder= gesetzten Kommission hatte Kardinal Giovanni Fran=

zesko Albani Anteil genommen; eben dieser war darauf (16. November 1700) zum Papst gewählt. Er verhehlte auch nun seine Gesinnungen keinen Augenblick. Klemens XI. — denn so nannte er sich — lobte den Entschluß Ludwigs XIV., die Erbschaft anzunehmen, öffentlich; er erließ ein Glückwünschungsschreiben an Philipp V. und gewährte ihm Subsidien aus geistlichen Gütern, gleich als walte kein Zweifel an seinem Recht ob. Klemens XI. konnte als ein Zögling, recht als ein Repräsentant des römischen Hofes angesehen werden, den er niemals verlassen hatte: leutseliges Wesen, literarisches Talent, untadelhaftes Leben hatten ihm den allgemeinen Beifall verschafft; den drei letzten Päpsten, so verschieden sie auch waren, hatte er sich gleich sehr anzuschmiegen, notwendig zu machen gewußt; durch ein geübtes, brauchbares und doch niemals unbequemes Talent kam er empor. Wenn er einmal gesagt hat, als Kardinal habe er guten Rat zu geben verstanden, als Papst wisse er sich nicht zu helfen, so mag das bezeichnen, daß er sich geeigneter fühlte, einen gegebenen Impuls zu ergreifen und weiter zu leiten, als einen freien Entschluß zu fassen und ins Werk zu setzen. Indem er unter anderem gleich bei seinem Eintritte die jurisdiktionellen Fragen mit erneuter Strenge aufnahm, folgte er nur der öffentlichen Meinung, dem Interesse der Kurie. So glaubte er nun auch an das Glück und die Macht des großen Königs. Er zweifelte nicht, daß Ludwig XIV. den Sieg behaupten werde. Bei jener Unternehmung von Deutschland und Italien her gegen Wien im Jahre 1703, welche alles endigen zu müssen schien, konnte er, wie der venezianische Gesandte versichert, die Freude und Genugtuung nicht verbergen, welche ihm der Fortgang der französischen Waffen machte.

Aber eben in diesem Augenblicke schlug das Glück um; jene deutschen und englischen Gegner des Königs, denen Innozenz XI. sich angeschlossen, Klemens XI. aber allmählich sich entfremdet hatte, erfochten Siege wie noch nie; die kaiserlichen Scharen, vereinigt mit preußischen, ergossen sich nach Italien: einen Papst, der sich so zweideutig betrage, waren sie nicht gewillt zu schonen; die alten Prätentionen des Kaisertums, deren seit Karl V. nicht mehr gedacht worden, erwachten wieder.

Wir wollen nicht alle die bitteren Irrungen erörtern, in welche Klemens XI. verwickelt ward; endlich setzten ihm die Kaiserlichen einen Termin zur Annahme ihrer Friedensvorschläge, unter denen die Anerkennung des österreichischen Prätendenten der wichtigste war. Vergebens sah sich der Papst nach Hilfe um. Er wartete bis auf den festgesetzten Tag, nach dessen unbenutztem Verlaufe die Kaiserlichen Stadt und Staat feindselig zu überziehen gedroht hatten, 15. Januar 1709; erst in der letzten Stunde desselben, elf Uhr abends, gab er seine Unterschrift. Er hatte früher Philipp V. beglückwünscht; jetzt sah er sich genötigt, dessen Gegner, Karl III., als katholischen König anzuerkennen.

Damit bekam nun nicht allein die schiedsrichterliche Autorität des Papsttums einen harten Stoß, sondern seine politische Freiheit und Selbstbestimmung ward ihm entrissen. Der französische Gesandte verließ Rom mit der Erklärung, es sei gar nicht mehr der Sitz der Kirche.

Schon nahm auch die Lage der Welt überhaupt eine andere Gestalt an. Unleugbar war es doch das protestantische England, welches die Entscheidung über die letzte Bestimmung der spanischen und katholischen Monarchie herbeiführte; welchen Einfluß konnte aber bei diesem Übergewicht einer protestantischen Macht der Papst auf die großen Angelegenheiten noch ausüben?

Im Frieden von Utrecht wurden Länder, die er als seine Lehen betrachtete, Sizilien, Sardinien, an neue Fürsten gewiesen, ohne daß man ihn dabei auch nur zu Rate gezogen hätte. An die Stelle der unfehlbaren Entscheidung des geistlichen Oberhirten trat die Konvenienz der großen Mächte.

Ja, es widerfuhr dem päpstlichen Stuhle hiebei besonderes Unglück.

Es war allezeit einer der vornehmsten Gesichtspunkte seiner Politik gewesen, auf die italienischen Staaten Einfluß zu besitzen, womöglich eine indirekte Hoheit über dieselben geltend zu machen. Jetzt aber hatte sich nicht allein das deutsche Österreich fast in offenem Kampfe mit dem Papste in Italien festgesetzt, auch der Herzog von Savoyen gelangte im Widerspruch mit ihm zu königlicher Macht und großen neuen Besitztümern.

Und so ging das nun weiter.

Um den Streit zwischen Bourbon und Österreich zu versöhnen, gaben die Mächte dem Wunsche der Königin von Spanien Gehör, einem ihrer Söhne Parma und Piacenza zu überlassen. Seit zwei Jahrhunderten war die päpstliche Oberherrlichkeit über dies Herzogtum nicht in Zweifel gezogen worden: die Fürsten hatten die Lehen empfangen, den Tribut gezahlt; jetzt aber, da dieses Recht eine neue Bedeutung bekam, da sich voraussehen ließ, daß der Mannesstamm des Hauses Farnese in kurzem erlöschen werde, nahm man nicht mehr Rücksicht darauf. Der Kaiser gab das Land einem Infanten von Spanien zu Lehen. Dem Papst blieb nichts übrig, als Protestationen zu erlassen, auf welche niemand achtete.

Aber nur einen Augenblick bestand der Friede zwischen den beiden Häusern. Im Jahre 1733 erneuerten die Bourbons ihre Ansprüche auf Neapel, das in den Händen von Österreich war; auch der spanische Botschafter bot dem Papste Zelter und Tribut an. Jetzt hätte Papst Klemens XII. die Dinge gern gelassen, wie sie standen: er ernannte eine Kommission von Kardinälen, welche für die kaiserlichen Ansprüche entschied. Aber auch diesmal lief das Kriegsglück dem päpstlichen Urteile entgegen: die spanischen Waffen behaupteten den Sieg. In kurzem mußte Klemens die Investitur von Neapel und Sizilien demselben Infanten zuerkennen, den er mit so großem Verdruß von Parma hatte Besitz nehmen sehen.

Wohl war nun der endliche Erfolg aller dieser Kämpfe dem nicht so ganz unähnlich, was der römische Hof ursprünglich beabsichtigt hatte: das Haus Bourbon breitete sich über Spanien und einen großen Teil von Italien aus; aber unter wie ganz anderen Umständen war das doch geschehen, als welche man ursprünglich im Sinne hatte!

Das Wort der Entscheidung in dem wichtigsten Moment war von England ausgegangen; in offenbarem Widerspruche mit dem päpstlichen Stuhle waren die Bourbons in Italien eingedrungen; die Trennung der Provinzen, die man vermeiden wollte, war eben eingetreten und erfüllte Italien und den Kirchenstaat unaufhörlich mit feindseligen Waffen. Die weltliche Autorität des päpstlichen Stuhles war damit bis in seine nächste Umgebung erschüttert.

Auf die kirchenrechtlichen Streitfragen, die mit den politischen Verhältnissen so genau zusammenhingen, mußte das dann auch eine große Rückwirkung ausüben.

Wie sehr hatte es schon Klemens XI. zu empfinden!

Mehr als einmal ward sein Nuntius aus Neapel entfernt; in Sizilien wurden einst die römisch gesinnten Geistlichen in Masse aufgehoben und nach dem Kirchenstaat gebracht; schon erhob sich in allen italienischen Gebieten die Absicht, nur noch Eingeborene zu kirchlichen Würden gelangen zu lassen; auch in Spanien ward die Nuntiatur geschlossen, und Klemens XI. glaubte einmal genötigt zu werden, den leitenden spanischen Minister Alberoni vor die Inquisition zu ziehen.

Von Jahr zu Jahr wurden diese Irrungen weitaussehender. Der römische Hof besaß nicht mehr die Kraft und innere Energie, seine Gläubigen zusammenzuhalten.

„Ich kann nicht leugnen," sagt der benezianische Gesandte Mocenigo 1737, „es hat etwas Widernatürliches, wenn man die katholischen Regierungen sämtlich in so großen Zwistigkeiten mit dem römischen Hofe erblickt, daß sich keine Versöhnung denken läßt, die nicht diesen Hof an seiner Lebenskraft verletzen müßte. Sei es größere Aufklärung, wie so viele annehmen, oder ein Geist der Gewalttätigkeit gegen den Schwächeren, gewiß ist es, daß die Fürsten mit raschen Schritten darauf losgehen, den römischen Stuhl aller seiner weltlichen Gerechtsamen zu berauben."

Erhob man in Rom einmal die Augen, sah man um sich her, so mußte man innewerden, daß alles auf dem Spiele stehe, wenn man nicht die Hand zum Frieden biete.

Das Andenken Benedikts XIV. — Prospero Lambertini, 1740 bis 1758 — ist in Segen, weil er sich entschloß, die unerläßlichen Zugeständnisse zu machen.

Man weiß, wie wenig sich Benedikt XIV. durch die hohe Bedeutung seiner Würde blenden, mit Selbstgefühl erfüllen ließ. Seiner scherzhaften Munterkeit, seinen bolognesischen Bonmots wurde er nicht ungetreu, obgleich er Papst war. Er stand von seiner Arbeit auf, trat zu seiner Umgebung, brachte einen Einfall vor, den er indes gehabt, und ging wieder an seinen Tisch. Er blieb immer über den Dingen. Mit freiem Blick überschaute er das Verhältnis des päpstlichen Stuhles zu den europäischen Mächten und nahm wahr, was sich halten lasse, was man aufgeben müsse. Er war ein zu guter Kanonist und doch auch zu sehr Papst, um sich hierin zu weit fortreißen zu lassen.

Wohl der außerordentlichste Akt seines Pontifikates ist das Konkordat, welches er 1753 mit Spanien abschloß. Er gewann es über sich, auf jene Vergabung der kleineren Pfründen, welche die Kurie dort noch immer besaß, obwohl jetzt nur unter heftigem Widerspruch, Verzicht zu leisten. Sollte aber der Hof den bedeutenden Geldgewinn, den er bis jetzt bezogen, so ohne alle Entschädigung verlieren? Sollte die päpstliche Gewalt auch ihren Einfluß auf die Personen mit einem Male fahren lassen? Benedikt fand folgenden Ausweg. Von jenen Pfründen wurden 52 namentlich der Besetzung des Papstes vorbehalten, „damit er diejenigen spanischen Geistlichen belohnen könne, welche sich durch Tugend, Sittenreinheit, Gelehrsamkeit oder durch Dienste, dem römischen Stuhle geleistet, einen Anspruch darauf erwerben würden." Der Verlust der Kurie ward auf Geld angeschlagen. Man fand, er belaufe sich nachweislich auf 34 300 Skudi. Der König verpflichtete sich, ein Kapital zu zahlen, dessen Zinsen, zu 3 Prozent gerechnet, ebensoviel betragen möchten: 1 143 330 Skudi. Das alles ausgleichende Geld zeigte auch endlich einmal in kirchlichen Angelegenheiten seine vermittelnde Kraft.

Auch mit den meisten anderen Höfen traf Benedikt XIV. nachgebende Verträge. Dem Könige von Portugal ward das Patronatsrecht, welches er schon besaß, noch erweitert und zu den anderen geistlichen Ehrenvorrechten, die er erworben, auch noch der Titel des „Allergetreuesten" gewährt. Der sardinische Hof, doppelt mißvergnügt, weil die Zugeständnisse, die er in günstigen Augenblicken erlangt, unter dem letzten Pontifikat zurückgenommen worden, wurde durch die konkordierenden Instruktionen von 1741 und 1750 befriedigt. In Neapel, wo sich unter der Begünstigung auch der kaiserlichen Regierung besonders durch Gaetano Argento eine juridische Schule gebildet, welche die Kontestationen des geistlichen Rechts zu ihrem vornehmsten Studium machte und den päpstlichen Ansprüchen lebhaften Widerstand leistete, ließ Benedikt XIV. geschehen, daß die Rechte der Nuntiatur nicht wenig eingeschränkt und die Geistlichen zur Teilnahme an den Auflagen herbeigezogen wurden. Dem kaiserlichen Hofe wurde die Verminderung der gebotenen Festtage gewährt, die zu ihrer Zeit so großes Aufsehen machte; hatte der Papst nur erlaubt, an diesen Tagen zu arbeiten, so trug der kaiserliche Hof kein Bedenken, mit Gewalt dazu zu nötigen.

Dergestalt versöhnten sich die katholischen Höfe noch

einmal mit ihrem kirchlichen Oberhaupte: noch einmal ward der Friede hergestellt.

Durfte man sich aber wohl überreden, daß es hiemit abgetan sei? Sollte der Streit zwischen Staat und Kirche, der fast auf einer inneren Notwendigkeit des Katholizismus beruht, durch solche leichte Transaktionen geschlichtet sein? Unmöglich konnten diese doch für mehr als für den Augenblick genügen, aus dem sie hervorgegangen waren. Schon kündigten sich aus der aufgeregten Tiefe neue und bei weitem gewaltigere Stürme an.

Veränderte Weltstellung. Innere Gärungen. Aufhebung der Jesuiten.

Nicht allein in Italien, in dem südlichen Europa, sondern in der allgemeinen politischen Lage der Dinge hatte sich die größte Veränderung vollzogen.

Wo waren die Zeiten hin, in welchen sich das Papsttum, und zwar nicht ohne Grund, Hoffnung machen durfte, Europa und die Welt aufs neue zu erobern?

Unter den fünf großen Mächten, welche bereits in der Mitte des 18. Jahrhunderts die Weltgeschicke bestimmten, hatten sich drei unkatholische erhoben. Wir berührten, welche Versuche die Päpste in früheren Epochen machten, von Polen aus Rußland und Preußen, von Frankreich und Spanien her England zu überwältigen. Eben diese Mächte nahmen jetzt Anteil an der Weltherrschaft; ja, man darf wohl ohne Täuschung sagen, daß sie in jener Zeit das Übergewicht über die katholische Hälfte von Europa besaßen.

Nicht etwa, daß ein Dogma über das andere, die protestantische Theologie über die katholische obgesiegt hätte — auf diesem Gebiete bewegte sich der Streit nicht mehr —, sondern die Veränderung war durch die nationalen Entwickelungen eingetreten, deren Grundlage wir oben wahrnahmen: die Staaten der unkatholischen Seite zeigten sich den katholischen im allgemeinen überlegen. Die zusammenhaltende monarchische Gesinnung der Russen hatte über die auseinanderfallende Aristokratie von Polen, — die Industrie, der praktische Sinn, das seemännische Talent der Engländer über die Nachlässigkeiten der Spanier und über die schwankende, von zufälligen Abwandlungen innerer Zustände abhängige Politik der Franzosen, — die energische Organisation und militärische Disziplin von Preußen über die Prinzipien einer Föderativmonarchie, wie sie sich damals in Österreich darstellte, den Sieg davongetragen.

War nun gleich dies Übergewicht keineswegs von kirchlicher Natur, so mußte es doch auf die kirchlichen Dinge eine notwendige Rückwirkung äußern.

Einmal schon, indem mit den Staaten die Religionsparteien emporkamen. Rußland z. B. setzte jetzt in den unierten Provinzen von Polen ohne weiteres griechische Bischöfe ein; die Erhebung von Preußen gab allmählich den deutschen Protestanten wieder ein Gefühl von Selbständigkeit und Kraft, wie sie es lange nicht gehabt; je entschiedener sich die protestantische Macht von England zur Seeherrschaft erhob, desto mehr mußten die katholischen Missionen in Schatten treten und an ihrer Wirksamkeit verlieren, die ja einstmals auch auf politischem Einfluß beruhte.

Aber auch in weiterem Sinne. Noch in der zweiten Hälfte des 17. Jahrhunderts, als England an die französische Politik geknüpft, Rußland von dem übrigen Europa so gut wie getrennt war, die brandenburgisch-preußische Macht sich eben erst erhob, hatten die katholischen Mächte Frankreich, Spanien, Österreich, Polen selbst in ihrer Entzweiung die europäische Welt beherrscht. Es mußte, dünkt mich, allmählich in das Bewußtsein eindringen, daß dies so sehr verändert war: das Selbstgefühl eines von keiner Überlegenheit beschränkten, politisch-religiösen Daseins mußte verschwinden. Der Papst ward jetzt erst inne, daß er nicht mehr an der Spitze der vorwaltenden Weltmacht stand.

Endlich aber, sollte man nicht daran denken, woher die Veränderung kam? Jede Niederlage, jeder Verlust wird bei dem Besiegten, der noch nicht an sich verzweifelt, eine innere Umwandlung hervorrufen, Nachahmung des überlegenen Gegners, Wetteifer mit ihm. Die strenger monarchischen, militärisch-kommerziellen Tendenzen des unkatholischen Teiles drangen jetzt in die katholischen Staaten ein. Da es sich doch nicht leugnen ließ, daß der Nachteil, in den sie geraten waren, mit ihrer geistlichen Verfassung zusammenhing, so warf sich die Bewegung zunächst auf diese Seite.

Hier aber traf sie mit anderen mächtigen Gärungen zusammen, die indes auf dem Gebiete des Glaubens und der Meinung innerhalb des Katholizismus ausgebrochen waren.

Die jansenistischen Streitigkeiten, deren Ursprung wir beobachteten, erneuerten sich seit dem Anfange des 18. Jahrhunderts mit verdoppelter Heftigkeit. Von höchster Stelle gingen sie aus. In dem obersten geistlichen Rate in Frankreich pflegten der Beichtvater des Königs, in der Regel ein Jesuit, und der Erzbischof von Paris den vornehmsten Einfluß auszuüben. La Chaise und Harlai hatten von hier aus in enger Vereinigung die Unternehmungen der Krone gegen das Papsttum geleitet. Nicht so gut verstanden sich ihre Nachfolger, Le Tellier und Noailles. Es mögen leichte Meinungsverschiedenheiten gewesen sein, welche den ersten Anlaß gaben: strengeres Festhalten des einen bei den jesuitischen, molinistischen, tolerierende Hinneigung des anderen zu den jansenistischen Begriffen; allmählich aber brach eine vollkommene Entzweiung aus: von dem Kabinett des Königs her spaltete sich die Nation. Dem Beichtvater gelang es, nicht allein sich in der Gewalt zu behaupten, den König zu gewinnen, sondern auch den Papst zu der Bulle Unigenitus zu bewegen, in welcher die jansenistischen Lehren von Sünde, Gnade, Rechtfertigung und Kirche auch in ihrem minder herben Ausdruck, zuweilen wörtlich, wie man sie in Augustinus zu finden meinte, und in bei weitem größerer Ausdehnung als in jenen fünf Sätzen, verurteilt wurden. Es war die letzte Entscheidung in den alten, durch Molina angeregten Glaubensfragen: der römische Stuhl trat nach so langem Zaudern endlich unzweifelhaft auf die jesuitische Seite. Dadurch gelang es ihm nun allerdings, den mächtigen Orden für sich zu gewinnen, der seitdem, was er früher, wie wir sahen, keineswegs immer tat, die ultramontanen Doktrinen, die Ansprüche der päpstlichen Gewalt auf das lebhafteste verfocht; es gelang ihm auch, mit der französischen Regierung in gutem Verhältnis zu bleiben, von der ja jene Entscheidung hervorgerufen worden: bald wurden nur noch die angestellt, die sich der Bulle unterwarfen. Aber auf der anderen Seite erhob sich auch die gewaltigste Opposition in den Gelehrten, die sich an Augustin, in den Orden, die sich an Thomas von Aquino hielten, in den Parlamenten, welche in jedem neuen Akte des römischen Hofes eine Verletzung der gallikanischen Rechte sahen; — jetzt endlich ergriffen die Jansenisten für diese Freiheiten ernstlich Partei: mit immer weiter schreitender Kühnheit bildeten sie eine der römischen entgegenlaufende Doktrin über die Kirche aus; ja, unter dem Schutze einer protestantischen Regierung setzten sie ihre Idee sogleich ins Werk: in Utrecht entstand eine erzbischöfliche Kirche, die sich im allgemeinen katholisch, aber dabei in voller Unabhängigkeit von Rom hielt und der jesuitisch-ultramontanen Richtung unaufhörlich den

Krieg machte. Es wäre wohl der Mühe wert, der Entwickelung, Verbreitung und Wirksamkeit dieser Meinungen über ganz Europa hin nachzuforschen. In Frankreich wurden die Janjenisten bedrängt, verfolgt, von den Stellen ausgeschlossen; aber, wie es zu geschehen pflegte, in der Hauptsache schadete ihnen das nicht: während der Verfolgung erklärte sich ein großer Teil des Publikums für sie. Hätten sie nur nicht durch ihre wundergläubigen Übertreibungen auch ihre begründeten Lehren in Mißkredit gesetzt. Aber auf jeden Fall behielten sie ein enges Verhältnis zu reinerer Sittlichkeit und tieferem Glauben, das ihnen allenthalben Bahn machte. Wir finden ihre Spuren in Wien und in Brüssel, in Spanien und Portugal, in ganz Italien. Durch die gesamte katholische Christenheit breiteten sich ihre Lehren aus, zuweilen öffentlich, häufiger insgeheim.

Ohne Zweifel war es unter anderem auch diese Entzweiung der Geistlichkeit, welche durch Erhebung einer noch weit gefährlicheren Gesinnung den Weg bahnte.

Es ist ein auf ewig merkwürdiges Phänomen, welchen Einfluß die religiösen Bestrebungen Ludwigs XIV. auf den französischen, ja auf den europäischen Geist überhaupt hervorgebracht haben. Er hatte die äußerste Gewalt angewandt, göttliche und menschliche Gesetze verletzt, um den Protestantismus auszurotten und selbst alle abweichenden Meinungen innerhalb des Katholizismus zu vernichten; sein ganzes Bestreben war gewesen, seinem Reiche eine vollkommen und orthodox katholische Haltung zu geben. Kaum hatte er aber die Augen geschlossen, als alles umschlug. Der reprimierte Geist warf sich in eine zügellose Bewegung.

Gerade der Abscheu gegen das Verfahren Ludwigs XIV. bewirkte, daß sich eine Meinung erhob, die dem Katholizismus, ja aller positiven Religion den Krieg erklärte. Von Jahr zu Jahr nahm sie an innerer Kraft und Verbreitung nach außen zu. Die südeuropäischen Reiche waren auf die innigste Verbindung der Kirche und des Staates gegründet. Hier bildete sich eine Gesinnung aus, welche den Widerwillen gegen Kirche und Religion zu einem System entwickelte, in welchem sie alle Vorstellungen von Gott und Welt, alle Prinzipien des Staates und der Gesellschaft, alle Wissenschaften begriff, — eine Literatur der Opposition, welche die Geister unwillkürlich an sich riß und mit unauflöslichen Banden fesselte.

Es liegt am Tage, wie wenig diese Tendenzen miteinander übereinstimmten: die reformierende war ihrer Natur nach monarchisch, was man von der philosophischen nicht sagen kann, die sich gar bald auch dem Staate entgegensetzte; die jansenistische hielt an Überzeugungen fest, welche der einen wie der anderen gleichgültig, wo nicht verhaßt waren; aber zunächst wirkten sie zusammen. Sie brachten jenen Geist der Neuerung hervor, der um so weiter um sich greift, je weniger er ein bestimmtes Ziel hat, je mehr er die gesamte Zukunft in Anspruch nimmt, und der aus den Mißbräuchen des Bestehenden täglich neue Kräfte saugt. Dieser Geist griff jetzt in den katholischen Völkern um sich. Zugrunde lag ihm wohl in der Regel, bewußt oder unbewußt, was man die Philosophie des 18. Jahrhunderts genannt hat; die jansenistischen Theorien gaben ihm kirchliche Form und Haltung; zur Tätigkeit trieb ihn das Bedürfnis der Staaten, die Gelegenheit des Momentes an. In allen Ländern, an allen Höfen bildeten sich zwei Parteien aus, von denen die eine der Kurie, der geltenden Verfassung und Lehre den Krieg machte, die andere die Dinge, wie sie waren, die Prärogativen der allgemeinen Kirche festzuhalten suchte.

Die letzte stellte sich vor allem in den Jesuiten dar: der Orden erschien als ein Hauptbollwerk der ultramontanen Grundsätze; zunächst gegen ihn richtete sich der Sturm.

Noch in dem 18. Jahrhundert waren die Jesuiten sehr mächtig, hauptsächlich, wie früher, dadurch, daß sie die Beichtstühle der Großen und der Fürsten innehatten und den Unterricht der Jugend leiteten; ihre Unternehmungen, sei es der Religion, wiewohl diese nicht mit der alten Energie getrieben wurden, oder des Handels, umfaßten noch immer die Welt. Jetzt hielten sie sich ohne Wanken zu den Doktrinen kirchlicher Orthodoxie und Unterordnung; was denselben irgend zuwiderlief, eigentlicher Unglaube, jansenistische Begriffe, Tendenzen der Reform, alles fiel bei ihnen in dieselbe Verdammnis.

Zuerst wurden sie auf dem Gebiete der Meinung, der Literatur angegriffen. Es ist wohl nicht zu leugnen, daß sie der Menge und Kraft der auf sie eindringenden Feinde mehr ein starres Festhalten an den einmal ergriffenen Lehren, indirekten Einfluß auf die Großen, Verdammungssucht entgegensetzten, als die echten Waffen des Geistes. Man kann es kaum begreifen, daß weder sie selbst noch auch andere mit ihnen verbündete Gläubige ein einziges originales und wirksames Buch zur Verteidigung hervorbrachten, während die Arbeiten ihrer Gegner die Welt überschwemmten und die öffentliche Überzeugung feststellten.

Nachdem sie aber einmal auf diesem Felde der Lehre, der Wissenschaft, des Geistes überwunden waren, konnten sie sich auch nicht mehr lange im Besitz der Gewalt halten.

In der Mitte des 18. Jahrhunderts kamen im Widerstreit jener beiden Tendenzen fast in allen katholischen Staaten reformierende Minister ans Ruder: in Frankreich Choiseul, in Spanien Wall, Squillace, in Neapel Tanucci, in Portugal Carvalho: alles Männer, welche es zum Gedanken ihres Lebens gemacht hatten, das Übergewicht des geistlichen Elementes zu unterdrücken. Die kirchliche Opposition bekam in ihnen Darstellung und Macht; ihre persönliche Stellung beruhte darauf; der offene Kampf war um so unvermeidlicher, da ihnen die Jesuiten durch persönliche Gegenwirkung, durch Einfluß auf die höchsten Kreise in den Weg traten.

Der erste Gedanke ging noch nicht auf eine Vertilgung des Ordens; man wollte ihn nur zunächst von den Höfen entfernen, ihn seines Kredites, womöglich auch seiner Reichtümer berauben. Hiezu glaubte man sich sogar des römischen Hofes bedienen zu können. Die Spaltung, welche die katholische Welt teilte, war am Ende auch hier in gewissem Sinne eingetreten; es gab eine strengere und eine mildere Partei, Benedikt XIV., der die letztere repräsentierte, war längst mit den Jesuiten unzufrieden; ihr Verfahren in den Missionen hatte er oftmals laut verdammt.

Nachdem Carvalho in der Bewegung der Faktionen des portugiesischen Hofes, den Jesuiten, die ihn zu stürzen suchten, zum Trotz, Herr und Meister der Staatsgewalt, ja des königlichen Willens geblieben, forderte er den Papst zu einer Reform des Ordens auf. Er hob, wie natürlich, die Seite hervor, die den meisten Tadel darbot, die merkantile Richtung der Gesellschaft, die ihm überdies bei seinen kommerziellen Bestrebungen sehr beschwerlich fiel. Der Papst trug kein Bedenken, darauf einzugehen. Die weltliche Geschäftigkeit des Ordens war ihm selbst ein Greuel. Auf den Antrag Carvalhos beauftragte er einen Freund desselben, einen Portugiesen, Kardinal Saldanha, mit der Visitation des Ordens. In kurzem erging ein Dekret dieses Visitators, worin den Jesuiten ihre Handelsgeschäfte ernstlich verwiesen und die königlichen Behörden ermächtigt wurden, alle diesen Geistlichen zugehörigen Waren einzuziehen.

Und schon hatte man in Frankreich die Gesellschaft von derselben Seite angegriffen. Der Bankerott eines mit dem Pater Lavalette auf Martinique in Verbindung stehenden Handelshauses, der eine Menge anderer Fallissements nach sich zog, veranlaßte die bei dem Verluste Beteiligten, sich mit ihren Beschwerden an die Gerichte zu wenden, welche die Sache eifrig in die Hand nahmen.

Wäre Benedikt XIV. länger am Leben geblieben, so läßt sich wohl annehmen, daß er den Orden zwar nicht etwa vernichtet, aber allmählich einer durchgreifenden und gründlichen Reform unterworfen haben würde. Jedoch in diesem Augenblicke starb er. Aus dem Konklave ging — 6. Juli 1758 — ein Mann von entgegengesetzter Gesinnung, Klemens XIII., als Papst hervor.

Klemens war von reiner Seele, reinen Absichten; er betete viel und inbrünstig; sein höchster Ehrgeiz war, einmal selig gesprochen zu werden. Dabei hegte er aber die Meinung, daß alle Ansprüche des Papsttums heilig und unverletzlich seien; er beklagte tief, daß man einige derselben fallen lassen; er war entschieden, keinerlei Zugeständnisse zu machen; ja, er lebte der Überzeugung, daß man durch standhaftes Festhalten noch alles gewinnen, den verdunkelten Glanz von Rom wiederherstellen könne. In den Jesuiten sah er die getreuesten Verfechter des päpstlichen Stuhles und der Religion: er billigte sie wie sie waren; einer Reform fand er sie nicht bedürftig. In alledem bestärkte ihn seine Umgebung, die mit ihm betete.

Man könnte nicht sagen, daß Kardinal Torregiani, in dessen Händen die Verwaltung der päpstlichen Macht hauptsächlich lag, auf gleiche Weise von geistlichen Gesinnungen durchdrungen gewesen sei. Er stand vielmehr in dem Rufe, daß er z. B. in den Pachtungen der päpstlichen Einkünfte persönliches Interesse habe, daß er überhaupt die Gewalt um ihrer selbst willen liebe. Aber war es nicht auch für diese von großem Wert, den Orden aufrecht zu erhalten? Alle den Einfluß, den Reichtum und das Ansehen, um deren willen die Jesuiten von eifersüchtigen Vizekönigen in Amerika und von emporstrebenden Ministern in Europa gehaßt wurden, legten sie zuletzt zu den Füßen des römischen Stuhles nieder. Torregiani machte ihre Sache zu seiner eigenen. Daß er dies tat, befestigte ihn hinwieder in seiner Stellung am Hofe. Der einzige Mann, der ihn hätte stürzen können, der päpstliche Nepot Rezzonico, fürchtete, wenn er dies täte, der Kirche Gottes zu schaden.

Wie nun aber die Sachen in der Welt einmal standen, konnte dieser aus verschiedenartigen Beweggründen entspringende Eifer nichts anderes bewirken, als daß die Angriffe heftiger wurden und sich gegen den römischen Stuhl selber wandten.

In Portugal wurden die Jesuiten — man kann noch nicht deutlich sehen, ob schuldig oder nicht — in die Untersuchung wegen eines Attentats gegen das Leben des Königs verwickelt; es erfolgte Schlag auf Schlag; endlich wurden sie mit unbarmherziger Gewaltsamkeit vertrieben und geradezu an den Küsten des Kirchenstaates ausgesetzt.

Indessen waren sie in Frankreich durch jenen Prozeß in die Gewalt der Parlamente geraten, von denen sie von Anbeginn gehaßt worden. Ihre Sache ward mit großem Geräusch verhandelt; zuletzt verurteilte man die gesamte Gesellschaft, die Verpflichtungen Lavalettes zu erfüllen. Aber hiebei blieb man nicht stehen. Man unterwarf die Verfassung der Jesuiten einer neuen Untersuchung und zog die Gesetzlichkeit ihres Bestehens im Königreiche überhaupt in Zweifel.

Es ist sehr merkwürdig und bezeichnend, auf welche Punkte es hiebei ankam.

Vorzüglich zwei Dinge wurden dem Orden zum Vorwurf gemacht: sein fortdauernder Widerspruch gegen die vier gallikanischen Sätze und die unumschränkte Gewalt des Generals.

Das erste bildete jedoch jetzt keine unübersteigliche Schwierigkeit. Der General der Jesuiten war nicht dagegen, daß den Mitgliedern des Ordens wenigstens stillschweigend die Erlaubnis gegeben würde, von dem Widerspruch gegen die vier Sätze abzustehen, und in den Verhandlungen der französischen Geistlichkeit von

1761 findet sich in der Tat, daß sie sich erboten, sich in ihren Lehrvorträgen nach denselben zu richten.

Ganz anders aber ging es bei dem zweiten Vorwurf.

Die Parlamente, eine vom Könige niedergesetzte Kommission und selbst die Mehrheit einer bei dem Kardinal Luynes vereinigten Versammlung der französischen Bischöfe hatten einmütig geurteilt, daß der Gehorsam, welchen nach den Statuten der in Rom residierende General zu fordern habe, mit den Gesetzen des Reiches und den Untertanenpflichten überhaupt nicht zu vereinigen sei.

Es geschah nicht in der Absicht, den Orden zu vernichten, sondern vielmehr ihn noch womöglich zu retten, daß der König dem General vorschlagen ließ, einen Vikar für Frankreich zu ernennen, der dort seinen Sitz haben und auf die Landesgesetze verpflichtet werden sollte.

Wenn ein Mann wie Aquaviva an der Spitze gestanden hätte, so würde man vielleicht auch in diesem Augenblicke noch auf eine Auskunft, eine Vereinbarung gedacht haben. Aber die Gesellschaft hatte jetzt das unbeugsamste Oberhaupt, Lorenzo Ricci, der nichts als das Unrecht fühlte, welches ihr geschah. Der Punkt, den man angriff, erschien ihm geistlich und politisch eben als der wichtigste. Die enzyklischen Briefe, welche noch von ihm übrig sind, zeigen, welch unermeßlichen Wert er für die persönliche Zucht auf die Pflicht des Gehorsams legt, in der ganzen Strenge, wie sie Ignatius gepredigt. Überdies aber regte sich in Rom der Verdacht, als gehe die Absicht in den verschiedenen Reichen nur dahin, sich von dem allgemeinen Kirchenregiment unabhängig zu machen, und damit schien auch jenes Ansinnen an den Jesuitengeneral einen inneren Zusammenhang zu haben. Ricci entgegnete, eine so wesentliche Änderung der Verfassung, wie die vorgeschlagene, stehe nicht in seiner Macht. Man wandte sich an den Papst; Klemens XIII. erwiderte, durch das Tridentinische Konzilium, durch so viele Konstitutionen seiner Vorfahren sei diese Verfassung allzu deutlich gutgeheißen, als daß er sie abändern könne. Jedwede Modifikation wiesen sie von sich. Es ist ganz der Sinn Riccis: sint, ut sunt, aut non sint.

Es erfolgte, daß sie nicht mehr sein sollten. Das Parlament, dem nun kein Hindernis weiter in den Weg gelegt wurde, erklärte (6. August 1762): das Institut der Jesuiten laufe aller geistlichen und weltlichen Autorität entgegen, sei darauf berechnet, sich durch geheime und offene, direkte und indirekte Mittel zuerst unabhängig zu machen und am Ende selbst die Gewalt zu usurpieren: es sprach aus, daß der Orden unwiderruflich und auf immer von dem Königreiche ausgeschlossen sein solle. Zwar bezeichnete der Papst in einem Konsistorium diesen Beschluß als null und nichtig; aber schon war es so weit gekommen, daß er die Allokution, in der er das getan, nicht bekannt zu machen wagte.

Und unaufhaltsam verbreitete sich diese Bewegung

über alle bourbonischen Länder. Karl III. von Spanien war durch den Widerstand gereizt, den die Jesuiten durch Schrift und Wort seinen Reformen entgegensetzten; er gab ihnen eine Volksbewegung schuld, die in Madrid zum Ausbruch kam; endlich ward er, wie man behauptet, überredet, es sei der Plan der Jesuiten, seinen Bruder Don Luis an seiner Statt zum Throne zu befördern; hierauf ließ er mit der entschlossenen Verschwiegenheit, die ihn überhaupt auszeichnete, alles vorbereiten und die Häuser der Jesuiten an einem und demselben Tage in ganz Spanien schließen. In Neapel und Parma folgte man diesem Beispiele, ohne zu zögern.

Vergebens war alles Ermahnen, Bitten, Beschwören des Papstes. Endlich machte er auch einen anderen Versuch. Als der Herzog von Parma so weit ging, den Rekurs an römische Tribunale sowie alle Verleihung der Pfründen des Landes an Nichteingeborene zu verbieten, ermannte sich der Papst zu einem Monitorium, worin er diesem seinem Lehnsmanne die geistlichen Zensuren ankündigte. Noch einmal erhob er die geistlichen Waffen und suchte sich zu verteidigen, indem er angriff. Aber dieser Versuch hatte die schlimmsten Folgen: der Herzog antwortete auf eine Weise, wie es in früheren Jahrhunderten der mächtigste König nicht gewagt haben würde; die gesamten Bourbonen nahmen sich seiner an. Avignon, Benevent, Pontecorbo wurden von ihnen besetzt.

Dahin entwickelte sich die Feindseligkeit der bourbonischen Höfe. Von der Verfolgung der Jesuiten gingen sie unmittelbar zum Angriff auf den römischen Stuhl über. Man hat den Vorschlag gemacht, Rom mit einer Kriegsmacht zu überziehen und auszuhungern.

An wen sollte der Papst sich wenden? Alle italienischen Staaten nahmen wider ihn Partei, Genua, Modena, Venedig. Er richtete seine Augen noch einmal auf Österreich; er schrieb der Kaiserin Maria Theresia, sie sei auf Erden sein einziger Trost, sie möge nicht zugeben, daß man sein Alter mit Gewalttätigkeiten erdrücke.

Die Kaiserin entgegnete, wie einst Urban VIII. dem Kaiser Ferdinand: es sei eine Sache des Staates und nicht der Religion; sie würde unrecht tun, sich darein zu mischen.

Der Mut Klemens XIII. war gebrochen. Im Anfange des Jahres 1769 erschienen die Gesandten der bourbonischen Höfe, einer nach dem anderen, erst der neapolitanische, dann der spanische, endlich der französische, um die unwiderrufliche Aufhebung des gesamten Ordens zu fordern. Der Papst berief auf den 3. Februar ein Konsistorium, in welchem er die Sache wenigstens in Überlegung nehmen zu wollen schien. Aber es war nicht bestimmt, daß er eine so tiefe Demütigung erleben sollte. Den Abend zuvor ergriff ihn eine Konvulsion, an der er verschied.

Die Stellung der Höfe war zu drohend, ihre Einwirkung zu mächtig, als daß sie in dem Konklave, welches nunmehr folgte, nicht hätten durchdringen und einen Mann, wie sie ihn bedurften, zur dreifachen Krone befördern sollen.

Von allen Kardinälen war Lorenzo Ganganelli ohne Zweifel der mildeste, gemäßigtste. In seiner Jugend hat einer seiner Lehrer von ihm gesagt, es sei kein Wunder, wenn er die Musik liebe, in ihm selber sei alles Harmonie. So entwickelte er sich weiter, in unschuldiger Geselligkeit, Zurückgezogenheit von der Welt, einsamen Studien, die ihn immer tiefer und tiefer in das Geheimnis wahrer Theologie führten. Wie er von Aristoteles sich bald zu Plato wandte, der seine Seele mehr befriedigte, so ging er von den Scholastikern zu den Kirchenvätern, von diesen zu der Heiligen Schrift fort, die er mit der Inbrunst eines von der Offenbarung des Wortes überzeugten Gemütes faßte, an deren Hand er sich dann mit jener stillen und reinen Mystik durchdrang, die in allen Dingen Gott sieht und sich dem Dienste des Nächsten widmet. Seine Religion war nicht Eifer, Verfolgung, Herrschsucht, Polemik, sondern Friede, Demut und inneres Verständnis. Der unaufhörliche Hader des päpstlichen Stuhles mit den katholischen Staatsgewalten, der die Kirche zerrüttete, war ihm von ganzem Herzen verhaßt. Seine Mäßigung war nicht Schwäche oder auferlegte Notwendigkeit, sondern freies Wollen und innere Genialität.

Aus dem Schoße der Religion entwickelte sich eine Gesinnung, welche, so verschieden sie auch in ihrem Ursprunge von den weltlichen Tendenzen der Höfe war, ihnen doch von einer anderen Seite her entgegenkam.

Die römische Kurie war, wie berührt, so gut wie andere Höfe in zwei Parteien zerfallen: die Zelanti, welche die alten Gerechtsamen aufrecht zu erhalten suchten, und die Partei der Kronen, der Regalisten, welche das Heil der Kirche in weiser Nachgiebigkeit gegen die weltliche Gewalt zu finden glaubte. Lange kämpften sie in dem Konklave. Endlich wurden die ersten inne, daß sie mit keinem der Ihren durchdringen würden. Es ist erklärlich, daß sie alsdann anderen Gegnern denjenigen vorzogen, der als der religiöseste und unschuldigste von ihnen galt. Durch eine Vereinigung der beiden Parteien ward Ganganelli — 9. Mai 1769 — zum Papste gewählt. Er nannte sich, auch zur Ehre seines Vorgängers, Klemens XIV.; doch ließ er keinen Augenblick zweifelhaft, daß in ihm ein entgegengesetztes Prinzip zur Geltung gekommen war.

Ganganelli begann damit, die Bulle in coena domini nicht verlesen zu lassen; die Zugeständnisse, welche Benedikt XIV. dem König von Sardinien gemacht, und die man seitdem nicht hatte anerkennen wollen, erweiterte er noch: gleich am Tage seiner Besitzergreifung erklärte er, daß er einen Nuntius nach Portugal senden werde; er suspendierte die Wirksamkeit jenes Monitoriums gegen Parma. Die verschiedenen katholischen Staaten forderten Begünstigungen; nach und nach mit einigen Modifikationen gewährte er sie ihnen. Die vornehmste von allen Angelegenheiten aber, die er zu entscheiden hatte, war die jesuitische. Die Anhänger der Jesuiten hatten behauptet, Ganganelli habe in dem Konklave das bestimmte Versprechen gegeben, den Orden aufzuheben; seine Wahl sei der Preis dieser Zusagen, seine Erhebung mit dem Verbrechen der Simonie befleckt gewesen. Den Beweis einer so schweren Anklage haben sie jedoch nicht führen können. Nun dürfte auch das nicht abzuleugnen sein, daß sich Ganganelli auf eine Weise ausgedrückt hatte, welche die Minister der Bourbons erwarten ließ, er werde in ihrem Sinne handeln. Er gehörte dem Orden der Franziskaner an, der schon immer besonders in den Missionen die Jesuiten bekämpft hatte; er hielt sich an den augustinianisch-thomistischen Lehrbegriff, so ganz im Gegensatz mit der Gesellschaft Jesu; von jansenistischen Meinungen war er wohl nicht durchaus frei. Und bei den Untersuchungen, die er als Papst anstellte oder anstellen ließ, fanden sich die meisten Anklagepunkte, die man so oft gegen den Orden vorgebracht hatte, begründet: Einmischung in die weltlichen Angelegenheiten, kirchlicher Zwist und Hader sowohl mit dem regularen als mit dem sekularen Klerus, Duldung heidnischer Gebräuche in den Missionen, überhaupt anstößige Maximen, Erwerbung ansehnlicher Reichtümer, auch durch Handelsgeschäfte. Eine Zeitlang trug sich Klemens XIV. mit dem Gedanken, der Sache durch eine Reform beizukommen, die eben in einem Verbot des Verwerflichen und einer

Unterordnung des Ordens unter die lokalen Kirchengewalten bestanden haben würde. Den bourbonischen Mächten schien es genügen zu müssen, wenn ihr Verfahren zugleich von dem römischen Stuhle gutgeheißen wurde. Der Papst fürchtete, durch eine Aufhebung des Ordens mit den übrigen katholischen Mächten in Irrungen zu geraten. Es machte ihn bedenklich, als bei der ersten Teilung von Polen ein Mißverständnis zwischen Frankreich und Österreich unvermeidlich schien, was auf diese Sachen zurückwirken könne. In der Tat aber hat sich doch damals kein einziger von den übrigen katholischen Fürsten und Staaten der Jesuiten ernstlich angenommen. Dagegen legte der König von Spanien Erklärungen seines Klerus vor, welcher ihm und seinen Forderungen vollkommen beistimmte. Gegen eine Verfügung über das ganze Institut hatte man oft eingewandt, daß es von dem Tridentinischen Konzilium gutgeheißen worden sei; die päpstliche Kommission sah den Kanon nach und fand darin nur eine Erwähnung, keine ausdrückliche Bestätigung. Dann aber zweifelte Klemens nicht, daß, was einer seiner Vorfahren in anderen Zeiten gestiftet habe, von ihm in den seinen zurückgenommen werden dürfe. Wohl kostete es ihn noch manchen Kampf; hatte man doch sogar Besorgnis für sein Leben in ihm erweckt. Allein auf eine andere Weise war nun einmal der Friede der katholischen Kirche nicht herzustellen. Besonders bestand der spanische Hof mit Ungestüm auf seinen Forderungen; ohne sie zu erfüllen, hätte der Papst keine Rückgabe der entzogenen Gebiete erwarten dürfen. Am 21. Juli 1773 erfolgte der päpstliche Spruch: „Angehaucht von dem göttlichen Geiste, wie wir vertrauen, durch die Pflicht getrieben die Eintracht der Kirche zurückzuführen, überzeugt, daß die Gesellschaft Jesu den Nutzen nicht mehr leisten kann, zu dem sie gestiftet worden, und von anderen Gründen der Klugheit und Regierungsweisheit bewogen, die wir in unserem Gemüte verschlossen behalten, heben wir auf und vertilgen wir die Gesellschaft Jesu, ihre Ämter, Häuser, Institute."

Ein Schritt von unermeßlicher Bedeutung.

Einmal schon für das Verhältnis zu den Protestanten. Zu dem Kampfe mit denselben war das Institut ursprünglich berechnet, von Grund aus eingerichtet, — beruhte doch selbst die Form seiner Dogmatik hauptsächlich auf dem Gegensatz gegen Kalvin; — es war der Charakter, den die Jesuiten noch am Ende des 17. Jahrhunderts in den Hugenottenverfolgungen erneuert und befestigt hatten. Mit diesem Kampfe war es aber jetzt am Ende; auch einer geflissentlichen Selbsttäuschung hätte er keine wesentliche Aussicht mehr dargeboten. In dem großen Weltverhältnis besaßen die Unkatholischen ein unleugbares Übergewicht, und die katholischen Staaten suchten sich ihnen viel mehr anzunähern, als sie an sich zu ziehen. Darin, sollte ich glauben, liegt der vornehmste, tiefste Grund der Aufhebung des Ordens. Er war ein Kriegsinstitut, das für den Frieden nicht mehr paßte. Da

er nun um kein Haar breit weichen wollte und alle
Reformen, deren er doch auch in anderer Hinsicht sehr
bedurfte, hartnäckig von sich wies, sprach er sich selbst
sein Urteil. Es ist von hoher Wichtigkeit, daß der
päpstliche Stuhl einen Orden nicht zu behaupten ver=
mag, der zur Bekämpfung der Protestanten gegründet
ist, daß ein Papst, und zwar zugleich aus innerlicher
Bewegung, ihn aufgibt.

Die nächste Wirkung hatte das aber auf die katho=
lischen Länder. Die Jesuiten waren angefeindet, ge=
stürzt worden, hauptsächlich weil sie den strengsten Be=
griff der Oberhoheit des römischen Stuhles verfochten;
indem dieser sie fallen ließ, gab er zugleich die Strenge
jenes Begriffes und seine Konsequenzen selber auf. Die
Bestrebungen der Opposition erfochten einen un=
zweifelhaften Sieg. Daß die Gesellschaft, welche den
Unterricht der Jugend zu ihrem Geschäft gemacht und
noch immer in so großem Umfange trieb, ohne Vor=
bereitung, mit einem Schlage vernichtet ward, mußte
eine Erschütterung der katholischen Welt bis in die
Tiefe, bis dahin, wo die neueren Generationen sich
bilden, hervorrufen. Da das Außenwerk genommen
worden, mußte der Angriff einer siegreichen Gesinnung
auf die innere Festung noch viel lebhafter beginnen.
Die Bewegung wuchs von Tag zu Tag, der Abfall
der Gemüter griff immer weiter um sich; was ließ
sich erwarten, da die Gärung jetzt sogar in dem Reiche
hervortrat, dessen Dasein und Macht mit den Resul=
taten der katholischen Bestrebungen in der Epoche ihrer

Herstellung am genauesten zusammenhing, in Österreich?

Joseph II.

Es war der Sinn Josephs II., alle Kräfte seiner Monarchie unumschränkt in seiner Hand zu vereinigen. Wie hätte er die Einwirkungen von Rom, den Zusammenhang seiner Untertanen mit dem Papste billigen sollen? Sei es, daß er mehr von Jansenisten oder mehr von Ungläubigen umgeben war — sie boten einander ohne Zweifel auch hier die Hand, wie in dem Angriff auf die Jesuiten —, allen zusammenhaltenden, auf eine äußerliche Einheit der Kirche abzielenden Instituten machte er einen unabläſsigen, zerſtörenden Krieg. Von mehr als 2000 Klöstern hat er nur ungefähr 700 übrig gelaſsen; von den Nonnenkongregationen fanden nur die unmittelbar nützlichen bei ihm Gnade, und auch die, welche er noch verschonte, riß er von ihrer Verbindung mit Rom los. Die päpstlichen Dispensationen sah er an wie ausländische Ware und wollte kein Geld dafür aus dem Lande gehen lassen; er erklärte sich öffentlich für den Administrator der Weltlichkeit der Kirche.

Schon sah der Nachfolger Ganganellis, Pius VI., das einzige Mittel, den Kaiser von den äußersten Schritten, vielleicht auch in dogmatischer Hinsicht, zurückzuhalten, in dem Eindruck, den er in persönlicher Begegnung auf ihn zu machen hoffte; er selbst begab sich nach Wien, und man wird nicht sagen dürfen, daß die Milde, der Adel und die Anmut seiner Erscheinung ohne Einfluß geblieben. Jedoch in der Hauptsache fuhr Joseph ohne Wanken noch Rücksicht fort. Dem Kloster, bei welchem er feierlich von dem Papst Abschied genommen, ward unmittelbar darnach dessen Aufhebung angekündigt. Pius VI. mußte sich zuletzt entschließen, die Besetzung der bischöflichen Stellen dem Kaiser auch in Italien zu überlassen.

So drangen die antipäpstlichen Bestrebungen jetzt auch von der österreichischen Seite in Italien vor. Leopold, soviel wir urteilen können, selbst von jansenistischer Gesinnung, reformierte die Kirche von Toskana ohne Rücksicht auf den Stuhl von Rom. Unfern der Kapitale der Christenheit erließ die Synode von Pistoja in ihren Beschlüssen ein rechtes Manifest der Vereinigung gallikanischer und jansenistischer Grundsätze. Neapel, das durch die Königin Karoline auch mit dieser Seite in enger Verbindung stand, hob die letzten Zeichen des Lehnsverbandes mit dem römischen Stuhle auf.

Auch auf die deutsche Kirche hatten die Unternehmungen des Kaisers mittelbare Rückwirkung. Die geistlichen Kurfürsten begannen, nach so langem Einverständnis, sich endlich auch dem römischen Stuhle entgegenzusetzen. Es vereinigten sich in ihnen die Interessen von Landesfürsten, welche den Geldverschleppungen ein Ende machen, und von geistlichen Würdenträgern, welche ihre Autorität wiederherstellen wollten. Nach ihrer Erklärung von Ems, „geschrieben mit einer Feder," sagt ein römischer Prälat, „die in die Galle Paul Sarpis getaucht war," sollte sich der römische Primat in Zukunft mit den Rechten begnügen die ihm in den ersten Jahrhunderten zugestanden. Die deutschen Kanonisten hatten ihnen trefflich vorgearbeitet. Neben diesen gab es auch andere Rechtslehrer, welche das ganze Wesen der katholischen Kirche in Deutschland, die politische Macht dieser Hierarchie, ihre Staatsverwaltung bekämpften. Der Gelehrten wie der Laien hatte sich eine lebhafte Neuerungssucht bemächtigt. Der geringere Klerus und die Bischöfe, die Bischöfe und Erzbischöfe, diese selbst und der Papst wären gegeneinander. Es ließ sich auch hier alles zu einer Veränderung an.

Revolution.

Ehe man aber noch dazu schritt, ehe noch Joseph mit seinen Reformen zum Ziele gekommen, brach die gewaltigste Explosion der in der Tiefe gärenden Elemente in Frankreich aus.

Es liegt am Tage, daß die Irrungen des Klerus in sich selbst, der Gegensatz zweier feindseliger Parteien in allen religiösen Angelegenheiten, die Unfähigkeit der Herrschenden, sich auf dem Gebiete der Meinung und der Literatur zu behaupten, der allgemeine Widerwille, den sie nicht ganz ohne ihre Schuld auf sich geladen, zu der Entwickelung des Ereignisses, welches die neuere Zeit beherrscht, der Französischen Revolution, unbeschreiblich beigetragen haben. Der Geist der Opposition, der sich aus dem Innern des in sich selbst irregewordenen Katholizismus erhoben, hatte sich immer mehr konsolidiert. Schritt für Schritt drang er vorwärts: in den Stürmen des Jahres 1789 gelangte er in den Besitz der Gewalt, einer Gewalt, die sich berufen glaubte, das Alte durchaus zu zerstören, eine neue Welt zu machen; in dem allgemeinen Umsturz, der über das „allerchristlichste" Reich verhängt ward, traf dann notwendig einer der stärksten Schläge auch die geistliche Verfassung.

Es kam alles zusammen: finanzielles Bedürfnis, Interesse der einzelnen wie der Munizipalitäten, Gleichgültigkeit oder Haß gegen die bestehende Religion; endlich machte ein Mitglied des hohen Klerus selbst den Antrag, der Nation, d. i. der weltlichen Gewalt, zunächst der Nationalversammlung, das Recht zuzuerkennen, über die geistlichen Güter zu verfügen. Bisher waren diese Güter als ein Eigentum nicht nur der französischen, sondern zugleich der allgemeinen Kirche betrachtet worden: zu jeder Veräußerung war die Beistimmung des Papstes erforderlich gewesen. Wie entfernt aber lagen die Zeiten, die Ideen, aus denen Begriffe dieser Art hervorgegangen waren! Jetzt sprach die Versammlung nach kurzer Debatte sich selbst das Recht zu, über die Güter zu verfügen, d. i. sie zu veräußern, und zwar noch mit unbedingterer Befugnis, als bei dem ersten Antrag beabsichtigt war. Unmöglich aber konnte sie hiebei stehenbleiben. Da durch die Einziehung der Güter, mit der man keinen Augenblick zögerte, das fernere Bestehen der bisherigen

Verhältnisse unmöglich ward, so mußte man unverzüglich zu einer neuen Einrichtung schreiten, wie sie in der bürgerlichen Konstitution des Klerus zustande gekommen ist. Das Prinzip des revolutionären Staates ward auch auf die geistlichen Dinge übertragen: an die Stelle der durch die Konkordate bestimmten Einsetzung sollte die Volkswahl, an die Stelle der Unabhängigkeit, welche der Besitz liegender Gründe gewährte, die Besoldung treten. Alle Diözesen wurden geändert, die Orden abgeschafft, die Gelübde aufgehoben, der Zusammenhang mit Rom unterbrochen: als eines der schwersten Verbrechen würde die Annahme eines Breve betrachtet worden sein. Der Versuch eines Karthäusers, die Alleinherrschaft der katholischen Religion zu retten, hatte nur den Erfolg, diese Beschlüsse zu beschleunigen. Der gesamte Klerus sollte sich durch feierliche Eidesleistung auf dieselben verpflichten.

Es läßt sich nicht leugnen, daß dieser Gang der Dinge sich unter der Mitwirkung der französischen, der Beistimmung aller übrigen Jansenisten vollzog. Sie sahen mit Vergnügen, daß die Macht von Babel, wie sie in ihrem Hasse die römische Kurie nannten, einen so starken Schlag erlitt, daß der Klerus gestürzt wurde, von dem sie so viele Verfolgungen erfahren hatten. Selbst ihre theoretische Überzeugung ging dahin: denn „indem man die Geistlichkeit ihrer Reichtümer beraube, zwinge man sie, sich wirkliche Verdienste zu erwerben."

Der römische Hof schmeichelte sich noch einen Augenblick, dieser Bewegung durch eine innere Reaktion Einhalt getan zu sehen; der Papst unterließ nichts, um dazu mitzuwirken. Er verwarf die neue Konstitution, verdammte die Bischöfe, welche den Eid darauf geleistet, suchte durch Zuspruch und Lob die noch immer zahlreiche Partei, die sich in den Widerstand geworfen, darin zu bestärken; endlich sprach er sogar über die einflußreichsten und namhaftesten Mitglieder des konstitutionellen Klerus den Bann aus.

Es war aber alles umsonst: die revolutionäre Tendenz behielt den Platz; der innere Bürgerkrieg, den hauptsächlich die religiösen Antriebe entzündeten, schlug zum Vorteil der Neuerung aus. Glücklich wäre der Papst gewesen, wenn es dabei sein Bewenden gehabt, wenn Frankreich nichts weiter beabsichtigt hätte, als sich von ihm loszureißen.

Aber indes war der allgemeine Krieg ausgebrochen, der die Lage von Europa so von Grund aus umwandeln sollte.

Mit jener unwiderstehlichen Wut, einer Mischung von Enthusiasmus, Begierde und Schrecken, die in dem inneren Kampf entwickelt worden, ergoß sich die revolutionäre Gewalt auch über die französischen Grenzen.

Was sie berührte, Belgien, Holland, das überrheinische Deutschland, wo gerade die geistliche Verfassung ihren vornehmsten Sitz hatte, wandelte sie auf eine ihr analoge Weise um; durch den Feldzug von 1796 ward sie Meisterin auch in Italien; allenthalben erhoben sich die revolutionären Staaten; schon bedrohte sie den Papst in seinem Staate, in seiner Hauptstadt.

Ohne eigentliche tätige Teilnahme hatte er sich nur mit dem Gewicht seiner geistlichen Waffen auf der Seite der Koalition gehalten. Aber vergeblich machte er diese seine Neutralität geltend. Seine Landschaften wurden überzogen, zur Empörung gereizt; unerschwingliche Lieferungen und Abtretungen wurden ihm auferlegt, wie noch nie einem seiner Vorgänger. Und damit war es noch nicht einmal abgetan. Der Papst war nicht ein Feind wie die anderen. Inmitten des Krieges hatte er sogar den Mut gehabt, die jansenistisch-gallikanischen Doktrinen von Pistoja durch die Bulle Autorem fidei zu verwerfen; die unnachgiebige Haltung, welche er angenommen, jene verurteilenden Breven hatten noch immer auf das innere Frankreich eine große Wirkung; die Franzosen forderten jetzt als Preis des Friedens den Widerruf derselben, die Anerkennung der bürgerlichen Konstitution.

Dazu aber war Pius VI. nicht zu bewegen. Es hätte ihm eine Abweichung von dem Grunde des Glaubens, ein Verrat an seinem Amte geschienen, hierin nachzugeben. Er erwiderte auf die Vorschläge: „nachdem er Gott um seinen Beistand angerufen, inspiriert, wie er glaube, von dem göttlichen Geiste, weigere er sich, auf diese Bedingungen einzugehen."

Einen Augenblick schienen die revolutionären Gewalten sich zu bescheiden — es ward ein Abkommen getroffen auch ohne jene Zugeständnisse —, aber nur einen Augenblick. Von der Absicht, sich von dem Papste loszureißen, waren sie schon zu dem Gedanken fortgeschritten, ihn geradehin zu vernichten. Das Direktorium fand das Regiment der Priester in Italien unverträglich mit dem seinigen. Bei dem ersten Anlaß, den eine zufällige Bewegung in der Bevölkerung gab, wurde Rom überzogen, der Vatikan besetzt. Pius VI. bat seine Feinde, ihn hier, wo er gelebt, nun auch sterben zu lassen; er sei schon über 80 Jahre alt. Man antwortete ihm, sterben könne er überall; man beraubte sein Wohnzimmer vor seinen Augen; auch seine kleinsten Bedürfnisse nahm man ihm weg; den Ring, den er trug, zog man von seinem Finger; endlich führte man ihn nach Frankreich ab, wo er im August 1799 starb.

In der Tat, es konnte scheinen, als sei es mit der päpstlichen Gewalt für immer aus. Jene Tendenzen kirchlicher Opposition, die wir entstehen, sich erheben sahen, waren jetzt dahin gediehen, eine solche Absicht fassen zu dürfen.

Napoleonische Zeiten.

Es traten Ereignisse ein, die das doch verhinderten. Vor allem hatte die Feindseligkeit, welche das Papsttum von den revolutionären Gewalten erfuhr, die Folge, daß das übrige Europa, wie es auch sonst gesinnt sein mochte, es in seinen Schutz nahm. Der Tod Pius' VI. fiel gerade in eine Zeit, in welcher die Koalition wieder einmal Siege erfocht. Hiedurch ward

es möglich, daß die Kardinäle in San Georgio bei
Venedig sich versammeln und zur Wahl eines Papstes,
Pius' VII., schreiten konnten (13. März 1800).

Bald darauf siegte zwar die revolutionäre Macht
aufs neue und erfocht auch in Italien das entschiedene
Übergewicht. Aber in diesem Momente war in ihr
selbst eine große Veränderung vorgegangen. Sie nahm
nach so vielen im Sturme des dringenden Momentes
vollzogenen Metamorphosen eine Wendung zur Mon=
archie. Ein Gewalthaber trat auf, der die Idee eines
neuen Weltreiches in sich trug, und der, was hier für
uns die Hauptsache ist, sich im Anblick der allgemeinen
Zerrüttung und durch die Erfahrungen, die ihm der
Orient dargeboten, überzeugt hatte, daß er zu seinem
Vorhaben, wie so vieler anderer Formen der alten
Staaten, vor allem der Einheit der Religion, hier=
archischer Unterordnung bedürfe.

Noch auf dem Schlachtfelde von Marengo ordnete
Napoleon den Bischof von Vercelli ab, um Verhand=
lungen über die Herstellung der katholischen Kirche
mit dem Papste anzuknüpfen.

Ein Anerbieten, das zwar etwas überaus Reizendes,
aber doch auch viel Gefährliches hatte. Die Herstellung
der katholischen Kirche in Frankreich und ihrer Ver=
bindung mit dem Papste konnte nur durch außer=
ordentliche Nachgiebigkeiten erkauft werden.

Pius VII. entschloß sich zu denselben. Er erkannte
die Veräußerung der geistlichen Güter — einen Ver=
lust von vierhundert Millionen Franken in liegenden

Gründen — auf einmal an; sein Beweggrund war, wie er sich ausdrückt: es würden neue Unruhen ausbrechen, wenn er sich weigern wollte; er sei aber vielmehr gesonnen, so weit zu gehen, als die Religion nur irgend erlaube. Eine neue Organisation der französischen Geistlichkeit, die nun besoldet und von der Regierung ernannt wurde, gab er zu; er war zufrieden, daß ihm das Recht der kanonischen Institution in demselben Umfange und ohne Beschränkung des Rechtes der Verweigerung zurückgegeben wurde, wie es die früheren Päpste besessen.

Was kurz vorher niemand erwartet hätte, es erfolgte nun wirklich die Herstellung des Katholizismus in Frankreich, eine neue Unterwerfung dieses Landes unter die geistliche Autorität. Der Papst war entzückt, „daß die Kirchen von Profanationen gereinigt, die Altäre wieder aufgerichtet, die Fahne des Kreuzes aufs neue ausgebreitet, gesetzmäßige Hirten dem Volke vorgesetzt, so viele vom rechten Wege verirrte Seelen zur Einheit zurückgeführt, mit sich selbst und mit Gott versöhnt seien." „Wie viele Motive," ruft er aus, „zur Freudigkeit und zum Danke!"

Durfte man sich aber wohl überreden, daß mit dem Konkordat von 1801 auch zugleich eine innige Vereinigung der alten geistlichen Gewalt und des revolutionären Staates vollzogen worden sei?

Es waren Konzessionen beider Teile; ihnen zum Trotz blieb ein jeder auf seinem Prinzipe beharren.

Der Restaurator der katholischen Kirche in Frankreich trug unmittelbar darnach das meiste dazu bei, daß das stolze Gebäude der deutschen Kirche endlich völlig umgestürzt wurde, ihre Besitztümer und Herrschaften an die weltlichen Fürsten, gleichviel ob an die protestantischen oder die katholischen, gelangten. Am römischen Hofe war man doppelt und dreifach betroffen. „Nach den alten Dekretalen habe die Ketzerei den Verlust der Güter nach sich gezogen; jetzt müsse die Kirche zusehen, daß ihre eigenen Güter an die Ketzer verteilt würden."

Und indes war auch für Italien ein Konkordat im Sinne des französischen entworfen: der Papst mußte auch hier den Verkauf der geistlichen Güter genehmigen, die Besetzung der Stellen der weltlichen Gewalt überlassen; ja, diesem Übereinkommen wurden sogleich so viele neue beschränkende Bestimmungen einseitig hinzugefügt, daß Pius VII. unter diesen Umständen sich weigerte, es zu publizieren.

Vor allem aber machte Napoleon in Frankreich selbst die Rechte der Staatsgewalt gegen die Kirche auf das eifrigste geltend. Die Deklaration von 1682 betrachtete er als ein Grundgesetz des Reiches und ließ sie in den Schulen erläutern; auch er wollte keine Gelübde, keine Mönche; die Verordnungen über die Ehe, welche für sein bürgerliches Gesetzbuch angenommen wurden, widerstritten den katholischen Prinzipien über ihre sakramentale Bedeutung; die organischen Artikel, die er dem Konkordat von allem Anfang hinzufügte, waren durchaus in antirömischem Sinne.

Als der Papst trotz alledem sich auf die Bitten des Kaisers entschloß, über die Alpen zu gehen und seiner Krönung mit dem heiligen Öl die kirchliche Weihe zu geben, war sein Beweggrund, daß er, wie viel oder wie wenig man auch von der französischen Seite dazu beigetragen haben mag, sich mit der Hoffnung schmeichelte, „etwas zum Vorteil der katholischen Kirche auszurichten, das angefangene Werk zu vollenden." Er rechnete dabei auf den Einfluß persönlicher Unterredungen. Er nahm den Brief Ludwigs XIV. an Innozenz XII. mit, um Napoleon zu überzeugen, daß schon dieser König die Deklaration von 1682 wieder habe fallen lassen. In der ersten italienisch abgefaßten Vorstellung, die er dann in Paris übergab, machte er eben dieser Erklärung förmlich den Krieg; er suchte das neue Konkordat von den Beschränkungen der organischen Artikel zu befreien. Ja, noch weiter gingen seine Absichten, seine Erwartungen. In einem ausführlichen Memoire stellte er die Bedürfnisse des Pontifikates mit den Verlusten zusammen, die dasselbe seit fünfzig Jahren erlitten und drang in den Kaiser, nach dem Beispiele Karls des Großen ihm die okkupierten Landschaften zurückzugeben. So hoch schlug er den Dienst an, den er der revolutionären Monarchie leistete.

Aber wie sehr sah er sich getäuscht! Gleich bei dem Akte der Krönung nahm man an ihm einen Anflug von Melancholie wahr. Von alledem, was er wünschte und beabsichtigte, erreichte er auch später nicht das mindeſte. Vielmehr war eben dies der Moment, in welchem ſich die Abſichten des Kaiſers erſt in ihrem vollen Umfange enthüllten.

Die konſtituierende Verſammlung hatte ſich von dem Papſte loszureißen geſucht; das Direktorium hätte ihn zu vernichten gewünſcht; Bonapartes Sinn war, ihn zu behalten, aber zugleich zu unterjochen, ihn zu einem Werkzeuge ſeiner Allgewalt zu machen.

Er ließ dem Papſte, wenn wir recht unterrichtet ſind, ſchon damals den Vorſchlag machen, in Frank= reich zu bleiben, in Avignon oder Paris zu reſidieren.

Der Papſt ſoll geantwortet haben: für den Fall, daß man ihn gefangenſetze, habe er eine Abdikation in aller Form abgefaßt und in Palermo niedergelegt, außerhalb des Bereiches franzöſiſcher Dekrete.

Unter der Herrſchaft der engliſchen Marine allein hätte in dieſem Augenblicke der Papſt Schutz ge= funden.

Wohl ließ man ihn nun nach Rom zurückgehen, ließ ihn im Beſitz ſeiner bisherigen Unabhängigkeit; aber von Stund an entwickelten ſich die widerwärtigſten Mißverhältniſſe.

Sehr bald erklärte Napoleon ohne weiteren Um= ſchweif, er ſei, wie ſeine Vorfahren von der zweiten und dritten Dynaſtie, der älteſte Sohn der Kirche, der das Schwert führe, um ſie zu beſchützen, und nicht dulden könne, daß ſie mit Ketzern oder Schismatikern, wie den Ruſſen und Engländern, in Gemeinſchaft ſtehe. Beſonders liebte er es, ſich als den Nachfolger Karls des Großen zu betrachten, woraus er jedoch eine andere Lehre zog, als der römische Hof. Er nahm an, der Kirchenstaat sei eine Schenkung Karls an den Papst, aber eben darum liege diesem die Verpflichtung ob, sich nicht von der Politik des Kaisertums zu trennen; auch er werde das nicht dulden.

Der Papst war erstaunt über die Zumutung, die Feinde eines anderen als seine Feinde betrachten zu sollen. Er erwiderte, er sei der allgemeine Hirt, der Vater aller, der Diener des Friedens; schon eine solche Forderung erfülle ihn mit Entsetzen: „er müsse Aaron sein, der Prophet Gottes, nicht Ismael, dessen Hand wider jedermann und jedermanns Hand wider ihn."

Napoleon aber ging geradeswegs auf sein Ziel los. Er ließ Ankona, Urbino besetzen, nachdem sein Ultimatum, worin er unter anderem die Ernennung eines Dritteils der Kardinäle in Anspruch nahm, verworfen war, seine Truppen nach Rom vorrücken. Die Kardinäle, die ihm nicht gewogen waren, wurden verwiesen, zweimal der Staatssekretär des Papstes; da aber alles dies keine Wirkung auf Pius VII. machte, ward auch seine Person nicht geschont: auch er ward aus seinem Palast und seiner Hauptstadt abgeführt. Ein Senatuskonsult sprach dann die Vereinigung des Kirchenstaates mit dem französischen Reiche aus. Die weltliche Souveränität ward für unvereinbar mit der Ausübung geistlicher Gerechtsamen erklärt: der Papst sollte in Zukunft auf die vier gallikanischen Sätze förmlich verpflichtet werden; er sollte Einkünfte aus liegenden

14*

Gründen beziehen, ungefähr wie ein Lehnsträger des Reiches; der Staat wollte die Kosten des Kardinal= kollegiums übernehmen.

Ein Plan, wie man sieht, der die gesamte kirch= liche Gewalt dem Reiche unterworfen und sie wenig= stens mittelbar in die Hände des Kaisers niederge= legt haben würde.

Wie sollte es aber gelingen, was doch unerläßlich war, auch den Papst zur Einwilligung in diese Herab= würdigung zu vermögen? Pius VII. hatte den letzten Moment seiner Freiheit benutzt, um die Exkommuni= kation auszusprechen. Er versagte den Bischöfen, die der Kaiser ernannte, die kanonische Institution. Na= poleon war nicht so vollkommen Herr seines Klerus, daß er nicht bald von der einen, bald von der anderen, auch wohl von der deutschen Seite her Rückwirkungen hievon empfunden hätte.

Aber eben dieser Widerstand diente zuletzt dazu, den Papst zu überwältigen. Die Folgen davon fielen dem kirchlichen Oberhaupte, welches ein Mitgefühl mit dem inneren Zustande der Kirche hatte, um vieles schmerz= licher als dem weltlichen, welchem ja die geistlichen Dinge nur ein Mittel der Macht waren, in sich selbst gleichgültig.

In Savona, wohin man den Papst gebracht, war er einsam, auf sich selbst beschränkt, ohne Ratgeber. Durch lebhafte und fast übertriebene Vorstellungen von der Verwirrung der Kirche, welche eine Verweige= rung der Institution nach sich ziehe, ward der gute

Mensch wirklich vermocht, obwohl unter bitteren Schmerzen und heftigem Sträuben, dieses Recht doch eigentlich aufzugeben. Denn was heißt es anders, wenn er es den Metropoliten überträgt, soost er selbst aus einem anderen Grunde als wegen persönlicher Unwürdigkeit länger als sechs Monate zögere, es auszuüben? Er verzichtete auf das Recht, in welchem doch in Wahrheit seine letzte Waffe bestand.

Und das war noch nicht alles, was man von ihm wollte. In ungeduldiger Eile, die seine körperliche Schwachheit noch vermehrte, führte man ihn nach Fontainebleau; es folgten neue Bestürmungen, die dringendsten Aufforderungen, den Frieden der Kirche vollkommen herzustellen. Endlich ward es in der Tat dahingebracht, daß der Papst auch in den übrigen, den entscheidenden Punkten nachgab. Er willigte ein, in Frankreich zu residieren; die wesentlichsten Bestimmungen jenes Senatuskonsults nahm er nunmehr an. Das Konkordat von Fontainebleau — 25. Januar 1813 — ist in der Voraussetzung abgefaßt, daß er nicht wieder nach Rom zurückkehren werde.

Was niemals ein früherer katholischer Fürst auch nur ernstlich in Absicht zu fassen gewagt hatte, war hiemit dem Autokraten der Revolution wirklich gelungen. Der Papst willigte ein, sich dem französischen Reiche zu unterwerfen. Seine Autorität wäre hiedurch auf alle Zeiten ein Werkzeug in der Hand dieser neuen Dynastie geworden; sie hätte den inneren Gehorsam und die Verhältnisse der Abhängigkeit der noch nicht unterworfenen katholischen Staaten zu befestigen gedient. Insofern würde das Papsttum in die Stellung zurückgekommen sein, in die es unter den deutschen Kaisern in der Fülle ihrer Macht, vornehmlich unter dem Salier Heinrich III., geraten war. Aber noch bei weitem schwerere Fesseln hätte es getragen. In der Macht, die den Papst jetzt beherrscht hätte, lag etwas, das dem Prinzipe der Kirche widersprach: sie war doch im Grunde nur eine andere Metamorphose jenes Geistes der kirchlichen Opposition, der sich im 18. Jahrhundert entwickelt hatte und eine so starke Hinneigung zu eigentlichem Unglauben in sich trug. Dieser feindseligen Gewalt wäre das Papsttum unterworfen gewesen und bei ihr zu Lehen gegangen.

Jedoch es war auch diesmal nicht bestimmt, daß es so weit kommen sollte.

Restauration.

Noch immer war das Reich, dessen hierarchischen Mittelpunkt der Papst nunmehr ausmachen sollte, in zweifelhaften Kriegen mit unbezwinglichen Gegnern begriffen. Dem Papste kam in der Einsamkeit seiner Gefangenschaft keine genaue Kunde der Wechselfälle dieses Kampfes zu. In dem Augenblicke, wo er nach so langem Widerstande sich endlich beugte, war Napoleon schon in seiner letzten, größten Unternehmung, gegen Rußland, gescheitert, seine Macht durch alle die Folgen, die daraus entspringen mußten, in ihrer Tiefe erschüttert. Europa faßte bereits die beinahe aufgegebene Hoffnung, sich zu befreien. Als der Papst, zu dem infolge seiner Unterwerfung einige Kardinäle zurückkehren durften, von dieser Lage der Dinge unterrichtet ward, kehrte das Vertrauen auch in ihm zurück; er atmete wieder auf; jeden Fortschritt der verbündeten Mächte fühlte er als einen Akt der Befreiung.

Als sich Preußen erhob, kurz nach dem Aufruf des Königs, ermannte sich Pius VII. zu einem Widerrufe jenes Konkordates; — als der Kongreß von Prag versammelt war, wagte er schon, seinen Blick über die Grenzen des Reiches, das ihn umfaßt hielt, zu erheben und seine Rechte dem Kaiser von Österreich in Erinnerung zu bringen. Nach der Schlacht bei Leipzig hatte er wieder so viel Zuversicht, daß er den Antrag, den man ihm jetzt machte, ihm sein Land zum Teil zurückzugeben, von der Hand wies; — nachdem die Verbündeten über den Rhein gegangen, erklärte er, nicht mehr unterhandeln zu können, ehe seine vollkommene Herstellung erfolgt sei. Auf das rascheste entwickelten sich die Ereignisse: als die Verbündeten Paris eroberten, war er bereits an den Grenzen des Kirchenstaates angelangt; am 24. Mai 1814 zog er wieder in Rom ein. Es begann ein neuer Zeitraum für die Welt, eine neue Ära auch für den römischen Stuhl.

Was den letzten Jahren ihren Charakter und Inhalt gegeben hat, ist der Kampf zwischen den Tendenzen der Revolution, welche in den Geistern noch immer so mächtig waren, und den Ideen, auf welche die alten Staaten als auf ihre ursprüngliche Grundlage nun nach dem Siege mit doppeltem Ernst zurückgingen; — in diesem Gegensatze mußte, wie sich versteht, auch die oberste geistliche Macht der katholischen Kirche eine bedeutende Stelle einnehmen.

Zunächst kam ihr der Begriff der weltlichen Legitimität, und zwar fast noch mehr von der Seite ihrer kirchlichen Gegner als von der ihrer Anhänger und Gläubigen, zu Hilfe.

Der Sieg der verbündeten vier großen Mächte, unter welchen drei unkatholische waren, über denjenigen, der seine Hauptstadt zum Mittelpunkt des Katholizismus zu machen gedachte, setzte den Papst in den Stand, nach Rom zurückzukehren. Zuerst den drei unkatholischen Fürsten allein, die eben in London beisammen waren, ward dann der Wunsch des Papstes, den gesamten Kirchenstaat zurückzuerhalten, vorgelegt. Wie oft sind in früherer Zeit die Kräfte dieses Landes angestrengt worden, um den Protestantismus, sei es in England oder in Deutschland, zu vernichten, die römisch-katholischen Lehren nach Rußland oder Skandinavien auszubreiten! Es mußte jetzt hauptsächlich die Verwendung dieser unkatholischen Mächte sein, durch welche der Papst wieder in den Besitz seines Landes gelangte. In der Allokution, in welcher Pius VII. den Kardinälen die glücklichen Resultate seiner Unterhandlungen mitteilt, rühmt er ausdrücklich die Dienste der Fürsten, „die der römischen Kirche nicht angehören, des Kaisers von Rußland, der seine Rechte mit besonderer Aufmerksamkeit in Erwägung gezogen, des Königs von Schweden und des Prinzregenten von England, ebenso des Königs von Preußen, der sich in dem ganzen Laufe der Unterhandlungen zu seinen Gunsten erklärt habe." Die konfessionellen Differenzen waren für den Augenblick in Vergessenheit gestellt; — es kamen nur noch politische Rücksichten in Betracht.

Schon öfter haben wir ähnliche Kombinationen in den letzten anderthalb Jahrhunderten bemerkt. Wir sahen, bei welchen Staaten Innozenz XI. in seinen Streitigkeiten mit Ludwig XIV. Rückhalt und Hilfe fand. Als die Jesuiten von den bourbonischen Höfen dem Untergange geweiht waren, fanden sie im Norden, in Rußland und Preußen, Gnade und Schutz; daß sich diese Höfe im Jahre 1758 Avignons und Benevents bemächtigten, brachte eine politische Aufregung in England hervor. Niemals jedoch ist dies Verhältnis großartiger hervorgetreten als in den letzten Ereignissen.

Nachdem nun aber der Papst wieder eine freie, unabhängige Stellung unter den Fürsten von Europa erlangt hatte, konnte er ungestört auf die Erneuerung des geistlichen Gehorsams denken. Einer der ersten Akte, mit denen er seine neue Amtsführung bezeichnete, war die feierliche Herstellung der Jesuiten. Sonntag, den 7. August 1814 las er selbst in der Kirche del Gesù vor dem Altar des Ignatius Loyola die Messe, hörte eine andere und ließ dann eine Bulle verkündigen, in welcher er die noch übrigen Mitglieder

der Gesellschaft Jesu ermächtigte, wieder nach der Regel des Loyola zu leben, Novizen aufzunehmen, Häuser und Kollegien zu gründen und sich dem Dienste der Kirche in Predigt, Beichte und Unterricht zu widmen: auf dem stürmischen Meere, jeden Augenblick von Tod und Schiffbruch bedroht, würde er seine Pflicht verletzen, wenn er die Hilfe kräftiger und erfahrener Ruderer, die sich selbst darbieten, von sich weisen wollte. Er gab ihnen zurück, so viel von ihrem alten Vermögen noch übrig war, und versprach ihnen Entschädigung für das Veräußerte. Alle weltlichen und geistlichen Gewalten beschwor er, dem Orden günstig und förderlich zu sein. Man sah, daß er seine geistliche Autorität nicht in der Beschränkung der letzten Zeiten des 18. Jahrhunderts, sondern im Sinne seiner früheren Vorfahren ausüben zu können hoffte. Und in der Tat, wie hätte er je einen günstigeren, dazu mehr auffordernden Moment finden können? Die restaurierten Staatsgewalten des südlichen Europas bereuten gleichsam ihre frühere Widersetzlichkeit; sie meinten damit den Geist entbunden zu haben, durch welchen sie selber gestürzt worden waren; jetzt sahen sie in dem Papst ihren natürlichen Verbündeten; durch den geistlichen Einfluß hofften sie die inneren Feinde, von denen sie sich umgeben sahen, um so leichter besiegen zu können. Der König von Spanien erinnerte sich, daß er den Titel eines katholischen Königs führe, und erklärte, er wolle desselben sich würdig machen; er rief die Jesuiten zurück, die sein Großvater so eifersüchtig verbannt hatte; er erneuerte den Gerichtshof des Nuntius; man las wieder Edikte des Großinquisitors. In Sardinien wurden neue Bistümer gegründet, in Toskana Klöster hergestellt; Neapel bequemte sich nach einigem Sträuben zu einem Konkordat, in welchem der römischen Kurie ein sehr tief greifender unmittelbarer Einfluß auf die Geistlichkeit des Königreichs eingeräumt wurde. Indessen sah in Frankreich die Kammer von 1815 das Heil der Nation darin, daß man die altfranzösische Kirche, „dieses Werk," wie ein Redner sich ausdrückt, „des Himmels, der Zeit, der Könige und der Vorfahren," wiederherstellte; dabei war aber hauptsächlich nur von der Notwendigkeit die Rede, der Geistlichkeit ihre Einwirkung auf den Staat, die Gemeinde, die Familie, das öffentliche Leben und die öffentliche Erziehung zurückzugeben, nicht mehr von den Freiheiten, welche die gallikanische Kirche ehedem entweder faktisch besessen oder sich ausdrücklich vorbehalten hatte; durch das neue Konkordat, welches man entwarf, wäre sie in eine Abhängigkeit von Rom geraten, wie sie in keiner früheren Zeit erfahren.

Es lag wohl in der Natur der Dinge, daß man mit einem so entschiedenen Verfahren über den in ganz anderen Aussichten entwickelten Geist der romanischen Nationen nicht sofort den Sieg davontragen konnte. In Frankreich erhoben sich die alten Antipathien gegen die Hierarchie mit lautem Kriegsruf wider das Konkordat; die legislative Gewalt wurde hier auf eine

Weise konstituiert, daß an die Ausführung der Pläne von 1815 nimmermehr zu denken war. Die Gewaltsamkeiten der ferdinandeischen Regierung in Spanien erweckten eine ebenso heftige Gegenwirkung; eine Revolution brach aus, welche, indem sie den absoluten König bekämpfte, der ihr keinen Widerstand entgegenzusetzen vermochte, zugleich eine entschlossene antiklerikale Tendenz entwickelte. Eine der ersten Maßregeln der neuen Cortes war die Wiederabschaffung der Jesuiten; bald folgte der Beschluß, sämtliche Orden aufzuheben, ihre Güter zu veräußern und die Nationalschuld damit zu tilgen. Und auf der Stelle machten sich gleichartige Bewegungen in Italien Platz; sie drangen in den Kirchenstaat vor, der von demselben Element erfüllt war: einst hatten die Karbonari bereits den Tag zu einer allgemeinen Empörung in dem kirchlichen Gebiete festgesetzt.

Noch einmal fanden jedoch die restaurierten Fürsten Rückhalt und Hilfe bei den großen Mächten, welche die letzten Siege erfochten hatten: die Revolutionen wurden erstickt. Einen unmittelbaren Anteil nahmen zwar die unkatholischen Staaten an diesen Repressionen diesmal nicht; aber die einen waren wenigstens nicht dagegen, von den anderen wurden sie gebilligt.

Und indes war auch in den nichtkatholischen Reichen selbst der Katholizismus zu neuen Organisationen gelangt. Man hielt die positive Religion, von welchem Bekenntnis auch immer, für die beste Stütze des bürgerlichen Gehorsams. Allenthalben trug man

Sorge, die Diözesen neu anzuordnen, Bistümer und Erzbistümer zu begründen, katholische Seminare und Schulen einzurichten. Welch eine ganz andere Gestalt nahm das katholische Kirchenwesen in den dem französischen Reiche einverleibt gewesenen Provinzen von Preußen nunmehr unter der deutschen Regierung an, als es unter der fremden gehabt hatte! Die hie und da sich regende kirchliche Opposition gegen die alten Ordnungen der römischen Kirche fand in den protestantischen Staaten keine Unterstützung. Dagegen schloß auch der römische Hof mit den protestantischen so gut wie mit den katholischen Regierungen Verträge und fand sich in die Notwendigkeit, ihnen Einfluß auf die Bischofswahlen zu gestatten. Zuweilen ward derselbe auch in der Tat dazu verwendet, eben die kirchlich eifrigsten Männer in die wichtigsten Stellen zu befördern. Es konnte scheinen, als sei der konfessionelle Streit in den höheren Regionen auf immer beigelegt. In dem bürgerlichen Leben sah man ihn täglich mehr verschwinden. Die protestantische Literatur widmete den älteren katholischen Institutionen eine Anerkennung, die ihr in früheren Zeiten unmöglich gewesen wäre.

Wo aber dennoch das strenger katholische Prinzip, welches sich an Rom anschließt und in Rom repräsentiert, mit den protestantischen Staatsgewalten in Widerstreit geriet, behielt es zunächst die Oberhand.

Einen großen Sieg hat es im Jahre 1829 in England davongetragen.

Während der Revolutionskriege hatte sich die seit einem Jahrhundert ausschließlich protestantische Gewalt in England dem römischen Stuhle genähert. Unter den Auspizien der Siege der Koalition von 1799, in welcher England eine so große Rolle spielte, war Pius VII. gewählt worden. Wir berührten, wie dieser Papst auch ferner sich auf die englische Macht stützte, sich zu keinen Feindseligkeiten gegen dieselbe entschließen mochte. Auch in England konnte man es dann nicht mehr so notwendig finden wie früher, daß das religiöse Verhältnis zu dem Papst von allen eigentlich politischen Rechten, der Befähigung zu den Staatsämtern ausschließen solle. Schon Pitt hatte dies gefühlt und ausgesprochen; jedoch fand, wie sich versteht, jede Veränderung in der Gewohnheit, an den einmal erprobten Grundsätzen der Verfassung festzuhalten, lange Zeit einen unüberwindlichen Widerstand. Aber einmal machte der Geist des Jahrhunderts, der allen exklusiven Privilegien abhold ist, sich auch in diesen Fragen geltend. Sodann nahmen in dem vorzugsweise katholischen Irland religiös-politische Verbindungen, Widersetzlichkeiten, Unruhen in einem Grade überhand, daß endlich der große General, welcher so manchen Feind siegreich bestanden, der damals die Regierung in seiner Hand hatte, erklären mußte, er könne es nicht mehr regieren ohne diese Konzession. So wurden denn die Eidesleistungen ermäßigt oder abgeschafft, durch welche man in den Zeiten der Restauration oder Revolution von England das protestantische Interesse allein sichern zu können geglaubt. Wie oft hatte früher Lord Liverpool erklärt: gehe diese Maßregel durch, so werde England kein protestantischer Staat mehr sein; würde sie gleich zunächst keine großen Folgen nach sich ziehen, so lasse sich doch nicht absehen, was in Zukunft daraus entspringen könne. Dennoch — man nahm sie an, man wagte es darauf.

Und ein noch glänzenderer, unerwarteter Triumph ward gleich darnach in Belgien erfochten.

In dem Königreiche der Niederlande zeigte sich seit dem Moment seiner Stiftung ein Haber zwischen Nord und Süd, der es wieder zu zersetzen drohte, und der sich von Anfang an vorzüglich auf die geistlichen Angelegenheiten warf. Der protestantische König nahm die Ideen Josephs II. auf; in diesem Sinne errichtete er höhere und niedere Schulen, verwaltete er überhaupt seinen Anteil an der geistlichen Macht. Die Opposition setzte ihm Erziehungsanstalten in einem anderen Sinne entgegen und gab sich recht mit Absicht den schroffsten hierarchischen Bestrebungen hin. Es bildete sich eine katholisch-liberale Gesinnung und Partei aus, welche, hier wie in England auf die allgemeinen Menschenrechte fußend, sich von Tag zu Tage zu größeren Ansprüchen erhob, sich erst Konzessionen, Befreiung, z. B. von jenen Schulen, erzwang, endlich, als ein günstiger Augenblick eintrat, die verhaßte Herrschaft völlig von sich abwarf. Es gelang ihr, ein Königreich zu stiften, in dem es die Priester wieder zu einer ausnehmenden politischen Bedeutung gebracht haben. Eben die demokratischen Momente der Verfassung kommen ihnen vorzugsweise zustatten. Der niedrige Zensus, der auch die geringeren Klassen in den Städten und auf dem Lande, auf welche sie leicht Einfluß gewinnen, zur Teilnahme an den öffentlichen Angelegenheiten beruft, macht es ihnen möglich, die Wahlen zu leiten: durch die Wahlen beherrschten sie seither die Kammern, durch die Kammern das Königreich. Man sieht sie in Brüssel wie in Rom auf den öffentlichen Spaziergängen, wohlgenährt und anspruchsvoll: sie genießen ihren Sieg.

Weder an dem einen noch an dem anderen dieser Ereignisse hat der römische Hof, soviel wir wissen, einen unmittelbar eingreifenden Anteil genommen, so vorteilhaft sie auch für seine Autorität geworden sind. In einem dritten dagegen, den Irrungen mit Preußen, ist er handelnd aufgetreten. Da haben die Tendenzen des protestantischen Staates und der katholischen Hierarchie, die seit der Restauration verbündet scheinen konnten, schon eine Zeit daher aber auseinander gegangen waren, sich am selbstbewußtesten voneinander losgerissen und sind in einen Kampf geraten, der die allgemeine Aufmerksamkeit mit Recht auf sich zog. Einer Unterhandlung, von der man voraussetzen durfte, daß sie zu einer gütlichen Ausgleichung führen werde, zum Trotz erhob sich das Papsttum, an der Idee der exklusiven Rechtgläubigkeit festhaltend, gegen eine Verordnung des Königs, welche die Familienverhältnisse der gemischten Bevölkerung in religiöser Hinsicht zu regeln bestimmt war. Mitten in Deutschland fand es bereitwillige Organe und mächtige Unterstützung.

Unter der Fürsorge eines Fürsten, welcher der religiösen Überzeugung, auch in einer Form, die er nicht für die rechte hielt, volle Anerkennung zuteil werden ließ, kam ein Austrag zustande, welcher der kirchlichen Autorität eine freie Bewegung gestattete und beide Parteien zu befriedigen schien.

Wohl ward um diese Zeit durch das Vordringen der auf alles Alte zurückkommenden Priesterschaft ein merkwürdiger Rückschlag in dem katholischen Deutschland hervorgerufen. Nachdem Hunderttausende zur Verehrung eines überaus zweifelhaften Heiligtums eingeladen und herbeigezogen waren, brachte eine leichte Demonstration dagegen, ohne eigentlich positiven Inhalt, in dem deutschen Mittelstande eine Neigung zum Abfall zutage, welche niemand so stark erwartet hätte. Weit entfernt, diese Bewegung zu begünstigen, suchte der Staat vielmehr die eingeführten Kirchenformen zu befestigen.

Unter den heftigen Stürmen, welche Frankreich erschütterten, trug der Katholizismus doch zuletzt einen entschiedenen Vorteil davon.

Die Revolution des Jahres 1830 konnte an sich als eine Niederlage der strenger kirchlichen Gesinnung betrachtet werden; man weiß, daß der religiöse Eifer Karls X. seinen Sturz vornehmlich vorbereitet hat. Seitdem gaben zwar die erweiterten konstitutionellen Rechte, deren sich ein jeder bedienen kann, auch den hierarchischen Bestrebungen Raum und Gelegenheit, sich auszubreiten; allein das Wachstum derselben und besonders der Anspruch, den die Geistlichkeit auf die Leitung der Erziehung macht, erinnerten den Staat, daß er nicht allein auf Freiheit und individuelle Rechte gegründet ist, daß ihm vielmehr eine Ausübung derselben in einem seinem Grundbegriffe entgegenlaufenden Sinne sehr gefährlich werden könnte; selten sah man die Deputiertenkammer jener Zeit so einmütig wie bei den Beschlüssen gegen die versuchte Organisation der Jesuiten, so daß Rom in der Tat einen Schritt zurückwich. Nun aber folgte der Umsturz des Jahres 1848. Sobald die dadurch in ihren Grundfesten erschütterte Gesellschaft noch inmitten der Unruhen den Boden wiederzugewinnen suchte, auf welchem die öffentliche Ordnung überhaupt beruht, hat man vor allen Dingen die Frage über den Unterricht in Erwägung gezogen. Auch die feurigsten Verfechter der umgestürzten Verfassung gaben doch zu, daß man mit der Philosophie, die bisher geherrscht hatte, die Religion vereinigen müsse; zwischen den entgegengesetzten Doktrinen ward eine Abkunft getroffen; diese hat aber dann die Wirkung gehabt, daß der Klerus, wie in der obersten Leitung, so in allen Graden des Unterrichts mit dem System des Staates in Konkurrenz trat. Wie viele Kongregationen von Männern und Frauen, mit lokalen oder allgemeinen Befugnissen, haben sich seitdem über den ganzen Boden von Frankreich hin gebildet, um den niederen Unterricht in kirchlichem

Sinne in die Hand zu nehmen! Für den höheren haben sich die Jesuiten wieder in Besitz einer Stellung gesetzt, ähnlich wie ihre frühere war. Auch in jeder anderen Hinsicht hat der Klerus, durch eine entgegenkommende Stimmung, vor allem von der weit verbreiteten Besorgnis, durch die philosophischen Lehren in einen verderblichen Abgrund zu geraten, begünstigt, eine eifrige Tätigkeit entfaltet; er hielt es zugleich für ein Lob, die besonderen römischen Kirchengebräuche den gallikanischen vorzuziehen. Die Februarrevolution erwies sich in ihren Folgen den klerikalen Bestrebungen im allgemeinen förderlich.

Große und noch Größeres versprechende Erfolge, welche dem wiederauflebenden Katholizismus dergestalt in aller Welt zuteil wurden. Wenn es aber in die Augen springt, daß darauf die Tendenzen, sich von den herrschenden Staatsgewalten zu emanzipieren, einwirkten, so ließ sich auch nicht anders erwarten, als daß diese auch auf dem eigentümlichen Boden des Pontifikates, dem Kirchenstaate, hervortreten würden. Wir nähern uns den Ereignissen, die noch fast mehr der Politik angehören als der Geschichte. Zur Auffassung der Stellung des Papsttums in der modernen Welt ist es dennoch unerläßlich, sie wenigstens in leichtem Umriß vor dem Blick vorübergehen zu lassen.

Kirche und Kirchenstaat unter Pius IX.

Bei der Restauration der gestürzten Regierungen des südlichen Europas war doch die römische entfernt davon geblieben, auf die früheren Zustände zurückzukommen. Der leitende Staatsmann, Kardinal Consalvi, betrachtete vielmehr die französische Okkupation als einen glücklichen Vorgang, um der Verwaltung des Kirchenstaates Einheit und Gleichförmigkeit zu geben, ohne Rücksicht auf die altherkömmlichen Vorrechte der Kommunen, des Adels und der Provinzen; man hat von ihm gesagt, er pflanze den Liberalismus auf den Boden des Aberglaubens; nur in einem Punkt blieb er der alten Tradition des römischen Stuhles getreu: die Verwaltung des einheitlich geordneten Staates vertraute er der geistlichen Korporation an, die davon in der Zwischenzeit ausgeschlossen gewesen war.

Unter den beiden folgenden Regierungen wäre man lieber auf das der revolutionären Epoche vorangegangene System zurückgegangen; aber der Versuch, den man dazu machte, sonst ohne Resultat, trug nur dazu bei, den Widerwillen der Bevölkerung gegen die Herrschaft des Klerus, die dabei noch maßgebend blieb, stärker anzufachen. Sobald dann im Jahre 1830 die europäische Ordnung der Dinge erschüttert wurde, erhob sich der Aufruhr auch im Kirchenstaat. Gregor XVI., der eben damals zur Tiara gelangte, war nur zufrieden, daß derselbe nicht gegen ihn, sondern gegen das eingeführte System gerichtet sei. Dies zu erhalten, war er entschlossen. Nachdem der Aufruhr unterdrückt war, sprachen die großen europäischen Mächte infolge davon den Wunsch aus, daß den

Laien ein größerer Anteil an der Verwaltung der weltlichen Angelegenheiten des Kirchenstaates zugestanden werden möge; auch ist dann einiges dafür geschehen, aber mit so großer Zurückhaltung, daß darin beinahe mehr eine Verweigerung lag als eine Gewährung. Die Anforderungen wurden immer allgemeiner, dringender, umfassender, aber die Repression war nur um so gewaltsamer; man zählte beim Tode Gregors gegen 2000 Exilierte oder politisch Gefangene.

In diesem Konflikt sind aus der Mitte der Kardinäle sehr abweichende Stimmen verlautet. Der eine, ein tätiger Staatsbeamter, hat gesagt: er sehe wohl, eine Säkularisation der Verwaltung sei notwendig; aber dürfe man sie von dem geistlichen Oberhaupte erwarten? Der andere, ein Ordensmann, dem das Volk in Hoffnung auf Erleichterungen der Tiara zudachte, hat den Leuten zugerufen: zu leben würde er ihnen verschaffen, aber zugleich Hochgerichte zu ihrer Züchtigung aufrichten lassen. Eine dritte Meinung behielt im Konklave die Oberhand; ein Papst wurde gewählt, Pius IX., der, durchdrungen von dem göttlichen Recht des Pontifikates über den Staat, doch zugleich die Meinung hegte, daß er, ohne diesem Rechte etwas zu vergeben, alle billigen Forderungen erfüllen könne.

Er öffnete die Gefängnisse und schritt dann zu einigen Abweichungen von dem bisherigen System, die, obgleich nicht durchgreifend, doch mit allgemeinem Jubel begrüßt wurden; denn nicht sowohl die Handlungen an sich selbst, als die Richtungen, die sie kundgeben, erwecken den Beifall der Menschen. Er entfernte allmählich die Männer der gregorianischen Reaktion; für die Kommissionen, welche die beabsichtigten Verbesserungen einführen sollten, ernannte er Mitglieder, die keine Geistlichen waren und bei dem Publikum im Rufe besonderer Einsicht und Brauchbarkeit standen; endlich wurde eine Staatskonsulta errichtet, die er selbst als eine konsultative Repräsentation bezeichnete, um seine Regierung bei der Gesetzgebung und Verwaltung zu unterstützen; unter der Leitung des Staatssekretärs ward sie nach und nach zum großen Teil aus Laien zusammengesetzt. Auf diesem Wege dachte Pius IX. die Ratschläge der Mächte auszuführen.

Aber schon waren Zeiten und Meinungen verändert; von der beginnenden Bewegung des Jahres 1848 wurde der Papst um vieles weiter getrieben. Auch er gab dem Rufe nach konstitutionellen Formen Gehör. Mit Rücksicht, wie er sagt, auf die ehemaligen Freiheiten, die, einmal abgeschafft, sich nicht wiederherstellen ließen, fand er sich bewogen, eine Verfassung aus zwei Kammern oder, wie es hieß, Räten einzurichten, von denen der erste unmittelbar ernannt, der zweite aber nach Zensus und Volkswahl gewählt wurde. Eine Konstitution wie andere war das jedoch nicht und konnte es nicht sein; denn an sich waren die Befugnisse, die der Papst zugestand, beschränkt; überdies aber sollte jedes in den beiden Ratsversammlungen durchgegangene Gesetz erst in einer geheimen Sitzung der Kardinäle geprüft und gebilligt sein, ehe der Fürst demselben seine Sanktion gebe. Die höchste Autorität blieb in den Händen des Klerus.

Dagegen ging die in mannigfaltigen Manifestationen ausgesprochene Forderung der Laien eben dahin, die weltlichen Angelegenheiten ausschließend in ihren Händen zu haben. Durfte man erwarten, nachdem ihnen eine starke Repräsentation im Parlament zugestanden war, daß sie sich Beschränkungen, welche dem Prinzip des angenommenen Systems nicht entsprachen, gefallen lassen würden?

Ein unvermeidlicher Zwiespalt, in den sofort eine noch umfassendere und fast noch dringendere Frage eingriff.

Die bisherigen Neuerungen hingen mit der Februarrevolution in Paris zusammen; für Italien und die italienischen Zustände war es aber noch unmittelbarer maßgebend, daß auch in Wien die Regierung gestürzt wurde, gegen welche das Nationalgefühl seit vier Dezennien vergebens angekämpft hatte. In Rom feierte man dies Ereignis mit Glockengeläute und dem Jubelruf „Italien". Auf die Proklamation Carlo Albertos von Piemont, welche sein nahes Vorrücken in die Lombardei zur Verjagung der Fremden vom italienischen Boden ankündigte, wurde in Rom eine Schar von Freiwilligen in den Stand gesetzt, um bei dem Unternehmen Hilfe zu leisten. Der Papst selbst schien diese Gefühle zu teilen. So wenigstens legte man seine Proklamation aus, in der er Wehe rief über die, „welche in dem Sturm, der Zedern und Eichen zerschlägt, die Stimme Gottes nicht erkennen wollen," und die Völker von Italien zur Eintracht aufforderte.

Schwerlich aber ist das in der Tat sein Sinn gewesen.

Beim Abzug der Freiwilligen weigerte er sich, auf den Balkon zu ihrer Entlassung herauszutreten; denen, die er zu sich beschied, gab er die Weisung, sein Haus zu verteidigen, nichts weiter. Er hatte vor kurzem schon einmal mit Österreich einen Strauß zur Wahrung seiner Rechte in Ferrara bestanden; weiter als auf Erhaltung der Integrität des Kirchenstaates scheint sein Ehrgeiz auch jetzt nicht gegangen zu sein. Als sein konstitutionelles Ministerium für die regelmäßig organisierten Truppen, die indes ebenfalls an die Grenze gerückt waren, die Erlaubnis forderte, den Po zu überschreiten, gab er nach, aber nur mit dem Vorbehalt, sie zurückzuziehen, wenn es ihm gut scheine. Er billigte den Vorschlag nicht; aber er widersetzte sich ihm auch nicht mit Entschiedenheit.

Hierauf hielt sich der päpstliche General durch die Weisungen, die er empfing, für ermächtigt, an dem Kriege gegen Österreich offen teilzunehmen; er verkündigte aller Welt, der Mann Gottes, der große und gerechte Papst, sei dafür; der habe die Schwerter der Soldaten zur Vereinigung mit Karl Albert und zum Kriege gegen die Feinde Gottes und Italiens eingesegnet. Wie man in ziemlich verworrener Auffassung die österreichische Übermacht in Italien mit dem staufischen Kaisertum identifizierte, so meinte man in Pius IX. einen neuen Alexander III. zu sehen, der sich an die Spitze einer republikanischen Bewegung zu stellen den Entschluß fassen werde. Das Ministerium des Papstes war selbst in dieser Richtung; es forderte ihn auf, dem Drange der Zeit zu folgen, den Krieg mutig zu unternehmen: er werde alsdann die Gegenwart beherrschen und die Zukunft sichern.

Der Papst fühlte sich auf das widerwärtigste betroffen. Von allen republikanischen Sympathien war er himmelweit entfernt; er forderte die Italiener auf, ihren wohlwollenden Fürsten gehorsam zu sein; die Einheit von Italien sah er in einem Bunde derselben untereinander und mit Österreich als italienischer Macht; und noch bei weitem höher als die Rücksicht auf Italien stand ihm sein pontifikaler Beruf. Dem Andringen seiner Minister antwortete er mit einer Allokution im Konsistorium der Kardinäle (29. April), in welcher er aussprach, daß er gegen Österreich keinen Krieg führen wolle, daß er nach der Pflicht seines obersten Apostolates alle Nationen mit gleicher Liebe umfasse.

Damit aber sagte er sich nicht allein von dem italienischen Gemeingefühl los, er geriet auch mit dem Parlament, das sich nun erst unter dem Aufwogen des nationalen Geistes versammelte, in verdoppelten Zwiespalt.

Der bedeutendste der damaligen Minister, Mamiani,

verfolgte den Gedanken, den Staat von dem Einfluß
der Kardinäle vollends loszureißen und die weltliche
Gewalt in den Händen des Parlamentes und der ver=
antwortlichen Minister zu konzentrieren, denen dann
der Papst wie ein anderer konstitutioneller Fürst
folgen müsse; — allein dem standen die Festsetzungen
des Statutes und zugleich das hierarchische Bewußt=
sein Pius' IX. entgegen. Pius konnte sich mit diesen
Ministern kaum jemals bis zu einer offiziellen Kund=
gebung verständigen.

Endlich fand sich ein Mann, der es unternahm,
eine konstitutionelle Staatsführung mit dem Wort=
laut des Statutes und der Sinnesweise des Papstes
zu vereinen, Pellegrino Rossi, einer von den Staats=
männern der Epoche, welche in den konstitutionellen
Formen das einzige Mittel sahen, den modernen
Staat zugleich gegen die Reaktion des Absolutismus
und gegen die destruktiven Tendenzen der Republikaner
zu schützen, ehrlich in seiner Meinung, in vollem Be=
sitz der Bildung des Jahrhunderts, energisch, furchtlos.
Das Statut erklärte er für den Eckstein, auf welchem
das Gebäude der Freiheit aufgerichtet werden müsse.
In den Unterhandlungen über den Bund der konsti=
tutionellen italienischen Staaten, die den Augenblick
beschäftigten, lehnte er die weit ausgreifenden pie=
montesischen Zumutungen ab und hielt den Vorrang
des Papsttums, „der einzigen lebendigen Größe,
welche Italien besitze," aufrecht. Auf dieser Grund=
lage meinte er die erschütterte öffentliche Ordnung

wiederherzustellen. Aber von einer Föderation alter Art, von einer Verbindung der geistlichen Gewalt mit dem konstitutionellen System wollten die Menschen schon nichts mehr hören. Daß Rossi fähig schien, sie durchzuführen, die herbe Strenge und der Erfolg, mit denen er die Staatsgewalt handhabte, erweckten alle Leidenschaften gegen ihn. Das System, welches durch die Februarrevolution in Frankreich gestürzt worden war, sollte auch in Rom nicht zur Geltung kommen. Indem Rossi die Treppe der Cancellaria hinanstieg, um die neue Sitzung des Parlamentes zu eröffnen, 15. November 1848, traf ihn ein Dolchstoß und machte seinem Leben auf der Stelle ein Ende. In der Versammlung regte sich nicht ein Laut der Sympathie für ihn.

In die Katastrophe des Ministers sah sich der Papst selbst hineingezogen. Bei dem ersten Widerstand, welchen er den Forderungen der aufgeregten Volksmassen in bezug auf die Zusammensetzung eines neuen Ministeriums und die italienische Frage entgegensetzte, sah er sich in seinem Palast belagert; Kugeln fielen in sein Vorzimmer; einer der Prälaten seines Hofes ist erschossen worden. In diesem Getümmel bewilligte er, was man verlangte, jedoch ohne damit das Volk zu beruhigen. Als bei den Deputierten der Vorschlag geschah, den beleidigten Heiligen Vater ihrer Anhänglichkeit zu versichern, erlebte man, daß derselbe nach einigem Hin- und Herreden verworfen wurde. Hierauf beschloß der Papst, sich vor weiterem Zwang durch die Flucht zu retten; und mit Hilfe der anwesenden fremden Gesandten gelang es ihm, am 24. November in das neapolitanische Gebiet nach Gaëta zu entkommen, wohin schon mehr als ein früherer Papst seine Zuflucht genommen hatte, und wo sich bald ein Hof von Emigranten und Diplomaten, der ihn als das Haupt der katholischen Welt erkennen ließ, um ihn versammelte.

In Rom dagegen ließ sich nach der Flucht des Papstes die konstitutionelle Regierung nicht weiter fortsetzen.

Wenn aus den Wahlen der Deputierten eine Junta hervorging, welche die Regierung übernehmen sollte und übernahm, so beschied sich doch diese selbst, daß sie keine gesetzliche Basis habe, daß sie ihr Amt nur auf so lange annehme, bis eine konstituierende Versammlung über die Ordnung der Dinge Beratung gepflogen habe. Da es keine fürstliche Gewalt im Lande gab, probozierte man auf den Begriff der Nationalsouveränität. Nach wenigen Tagen wurde eine Nationalversammlung angekündigt, „um dem Staat eine regelmäßige, feste und umfassende Einrichtung zu geben nach den Wünschen der Nation oder ihrer Mehrheit;" sie sollte aus allgemeinem Stimmrecht und direkten Wahlen hervorgehen. Den kirchlichen Zensuren, mit welchen der Papst die Teilnahme an diesen Wahlen verpönte, zum Trotz wurden sie vollzogen und zwar, wie man damals gerühmt hat, mit einer Ordnung, wie sie anderwärts selten vorgekommen sei. Am 5. Februar

1849 fand die erste Sitzung der Nationalversammlung statt. Ein Antrag war, die Bestimmung über die künftige Verfassung einer konstituierenden Versammlung des gesamten Italiens zu überlassen. Aber die römische Versammlung hatte einen viel zu starken Begriff von dem eigenen Recht und wollte sich nicht in das Weite verweisen lassen; sie faßte aus eigener Machtvollkommenheit den Beschluß, daß das Papsttum rechtlich und faktisch der Regierung des römischen Staates verfallen sei, daß dieser den glorreichen Namen der römischen Republik erneuern solle; mit dem übrigen Italien werde dieselbe in den der gemeinschaftlichen Nationalität entsprechenden Beziehungen stehen. Wie traten da die in den Ideen liegenden Gegensätze einander so schroff entgegen! Von dem Papste, der den Besitz seines Staates von einer besonderen Verfügung Gottes für die Freiheit der Kirche herleitet, abfallend, stellte man die Satzung auf, daß die Souveränität ein ewiges Recht des Volkes sei: auf den Trümmern der geistlichen Herrschaft erhob sich der republikanische Gedanke. Man wollte jedoch den Papst darum nicht geradezu von Rom ausschließen. Man setzte gleich damals die Formel fest, welche später öfter wiederholt worden ist, er solle alle zur Ausübung seiner geistlichen Gewalt erforderlichen Garantien erhalten.

Noch aber war Pius IX. nicht so weit gebracht, der Erhebung der bisherigen Untertanen der Kirche zu Schutzherren derselben nachzugeben; er fühlte noch die Kraft und Unterstützung genug um sich her, um den Kampf von neuem aufzunehmen. Wie er die italienische Idee hatte fallen lassen, um nicht mit seiner Stellung an der Spitze der allgemeinen Kirche in Widerspruch zu kommen, so rief er nun in dem Unglück, in welches er dadurch geraten war, die katholischen Mächte zu Hilfe. Eben erhob sich Österreich zu einem neuen Waffengang gegen Carlo Alberto, der für diesen verderblich endigen sollte. Um aber Österreich nicht allmächtig in Italien werden zu lassen, ergriff Frankreich die Waffen gegen die römische Republik, die mit dem Könige verbunden war. Die Österreicher nahmen Bologna und Ankona; die französischen Truppen wandten sich gegen Rom. An dem Tage, an welchem die römische Republik auf dem Kapitol ihre neue Verfassung verkündigte, die den Grundsatz der Souveränität des Volkes an der Stirn trug, rückten die Franzosen über den Ponte Sisto, "um die Hauptstadt der katholischen Welt der Souveränität des Oberhauptes der Kirche zurückzugeben, gemäß dem heißesten Wunsche aller Katholiken."

Die Republik war damit aufgelöst; die Handhabung der bürgerlichen Ordnung ging an eine vom Papst ernannte kardinalizische Kommission über. Im Frühjahr 1850 kehrte Pius IX. nach Rom zurück und erneuerte dann die Institutionen seiner früheren Jahre, Staatsrat, Konsulta, Munizipal- und Provinzialkollegien, so daß den Laien immer ein nicht geringer Anteil an der Verwaltung zufallen sollte; aber die Summe der Staatsgewalt in jedem Zweige, für innere und äußere Geschäfte, Rechtspflege, Unterricht und Aufsicht über die Presse, wurde aufs neue der hohen Geistlichkeit übertragen, die wieder in den Besitz ihrer Vorrechte gelangte.

Es war ein Sieg des Klerus über die Laien, der monarchischen Tendenzen über die republikanischen, vor allem der Sympathien der eifrigen Katholiken mit ihrem Oberhaupt über die national-italienischen Bestrebungen.

Und auf der Stelle erhob sich nach dieser Unterbrechung die kirchliche Autorität zu neuem Wachstum; der Konflikt selbst verschaffte ihr unerwarteten Erfolg.

Wie einst in den früheren Zeiten, so hat auch in den damaligen die spanische Regierung die Initiative zu dem Einverständnis der Katholiken ergriffen und bei der Entscheidung nach Kräften mitgewirkt. Im Jahre 1851 folgte ein Konkordat, welches die Verständigung zwischen dem Papsttum und dem spanischen Staate, die schon seit ein paar Jahren angebahnt war, vollendete. Auch auf der Pyrenäischen Halbinsel waren die geistlichen Güter zum Verkauf gestellt worden, jene Güter, welche, wie eine frühere Allokution bemerkt, der Kirche unter der Herrschaft der Ungläubigen verblieben waren; man hatte dieser Veräußerung bereits durch vorläufige, aber immer wieder in Zweifel gezogene Verabredungen ein Ziel gesetzt; das Konkordat enthält eine definitive Abkunft darüber. Vielleicht zwei Drittteile dieser Güter blieben der Kirche vorbehalten; in den Verlust der übrigen willigte der römische Stuhl. Dagegen ward ihm der Triumph zuteil, daß die katholische Religion noch einmal zur ausschließenden Herrschaft in Spanien und seinen Kolonien erhoben und der Unterricht der geistlichen Aufsicht und Leitung unbedingt unterworfen ist.

Berühren wir im Vorübergehen, daß in den abgefallenen Kolonien, den Freistaaten von Südamerika, mit denen Verträge zustande kamen, die katholische Religion als die Religion des Staates, wenn auch nicht als die ausschließende, anerkannt, den Bischöfen die Aufsicht über Presse und Unterricht, insofern sie die Religion betreffen, und ein freier Verkehr mit dem Papste gesichert worden ist.

Von der neu aufkommenden kaiserlichen Gewalt in Frankreich hätte man in Erinnerung an den Stifter derselben eine Wiederaufnahme der imperialistischen Absichten erwarten mögen; auch verlauteten wohl einige Worte in diesem Sinne, aber man überhörte sie; zunächst nahmen die Dinge eine entgegengesetzte Richtung. Der Klerus ergriff die starke Hand, durch welche seine eben gewonnene Stellung gegen die bei der Fortdauer einer republikanischen Verfassung zu befürchtende umstürzende Bewegung gesichert wurde. Er schlug es dem Fürsten, der noch Präsident war, hoch an, daß er durch seinen Einfluß und seine Waffen zur Wiederherstellung des Papstes in Rom hauptsächlich beitrug; die kirchlich-katholische Haltung, die der neue Machthaber bei seinen Reisen an den Tag legte, erweckte eine allgemeine Befriedigung. Er redete, sagen sie, wie ein Konstantin; in diesem Sinne ward er von der Geistlichkeit empfangen. Die kirchliche Partei glaubte selbst den Akt des 2. Dezember vorbereitet zu haben; sie half denselben durch das einstimmige Votum ihrer Anhänger legalisieren. Die Bischöfe schlossen sich dem neuen Kaisertum an, welches in ihrem populären Ansehen und Einfluß eine seiner Stützen sah und dem kirchlichen Interesse wiederum verpflichtet war. Man sah Kardinäle im Senat des Reiches; die kirchlichen Bedürfnisse wurden bis auf die der Dorfkirchen herab im Budget berücksichtigt; die Ernennungen zu den bischöflichen Sitzen erfolgten nicht ohne Rücksprache mit dem römischen Hofe.

Einen ähnlichen, noch auffallenderen Umschwung zugunsten des Papsttums erlebte das Jahrhundert in dem dritten großen katholischen Reiche von Europa, dem Kaisertum Österreich.

Jene Märzrevolution in Wien, welche die alte gefürchtete Gewalt stürzte, erschien nach und nach auch dem hohen Klerus daheim im Lichte einer Befreiung. Denn noch walteten die Anordnungen Kaiser Josephs II. vor, welche der Geistlichkeit in bezug auf ihre innere Disziplin, ihre Einwirkung auf die Erziehung, ihre Dotation und ihre Verbindung mit Rom die strenge Bevormundung des Staates auferlegten. Auch in Österreich fragte man, was die angekündigte Freiheit bedeute, wenn nicht auch der Kirche ihre Freiheit werde. Auf dem Reichstage zu Kremsier erschienen die österreichischen Bischöfe mit sehr umfassenden Forderungen: sie trugen selbst auf ein Konkordat an, um der einseitigen Gesetzgebung der weltlichen Regierung ein Ziel zu setzen. Bei den Abgeordneten aber, welchen die kirchlichen Macht eher zu stark als zu schwach erschienen war, fanden sie kein Gehör: der Reichstag, der für den konfessionellen Frieden und die Freiheit der einzelnen fürchtete, lehnte die Anträge ab (1. März 1849) und hielt an dem Prinzip der josephinischen Einrichtungen fest. Was nun aber der Reichstag verweigerte, dazu bot die Regierung, welche diesem wenige Tage darauf ein Ende machte, leicht die Hand. Bei den Verhandlungen von Gaëta ist zugleich von der Abstellung der dem Papsttum widerwärtigen josephinischen Anordnungen die Rede gewesen. Die Zurückführung des Papstes in seinen Staat und die engere Verbindung mit dem einheimischen Episkopat gingen Hand in Hand. Denn die Quelle der populären Stürme, welche das Reich, das vor solchen besonders sicher geschienen, plötzlich heimgesucht hatten, glaubte man in dem Mangel religiöser Gesinnung zu finden, welcher aus jenen Hemmungen der kirchlichen Einwirkungen herrühre; in einem ungehemmten Zusammenwirken der einheimischen kirchlichen Gewalten mit der universalen meinte das Kaisertum eine Stütze für die eigene Autorität zu erblicken. Auf diesen Ansichten beruhte das Konkordat, das man nach einiger Zeit (im Jahre 1855) vereinbarte. Darin gab der Staat der Geistlichkeit die Prärogativen zurück, welche sie „nach der göttlichen Ordnung und den katholischen Satzungen haben solle," vollkommen freie Kommunikation mit Rom und vor allem durchgreifende Leitung der Erziehung und des religiösen Unterrichts. Niemandem konnte verborgen sein, welchen Widerspruch das im Lande hervorrufen mußte; aber dahin führten nun einmal der innere politische Antagonismus und die vorwaltende Meinung; auch für das Ansehen des Kaisertums in Italien wie in Deutschland schien es eine große Aussicht darzubieten. Auf das engste schlossen sich die römische Kurie und das österreichische Episkopat aneinander; sie vereinigten sich in dem Wunsch und der Hoffnung, die Satzungen des Tridentinischen Konziliums nach dem Verlaufe dreier Jahrhunderte vollständig durchzuführen.

Was man in Österreich tat, trug noch einen anderen Charakter, als was in Frankreich und in Spanien geschah; hier war die Förderung der katholischen Ideen populärer und in dem Sinne der legislativen Versammlungen; in Frankreich hat sich sogar die Opposition, soweit von einer solchen die Rede sein kann, dieser Richtung bemächtigt; im allgemeinen wirkte jedoch alles zusammen: die Hierarchie gewann durch das erneuerte Einverständnis mit den drei Mächten einen festen Rückhalt, der ihr ein verstärktes Selbstgefühl gab.

Die Idee der kirchlichen Einheit, gegründet auf das Primat des römischen Bischofes, ist denn auch kaum jemals nachdrücklicher ausgesprochen worden, als es von Pius IX. geschah: „durch ihn rede der Apostel, auf den die Kirche gegründet sei; er sei die lebendige Autorität, welche in allen Streitigkeiten eine unfehlbare Entscheidung gebe; von dem Stuhle Petri gehe die priesterliche Einheit aus; um ihn her müsse die gläubige Welt sich sammeln."

Und wie sehr die Bischöfe geneigt sind, sich diesen Ansprüchen zu fügen, kam im Jahre 1856 bei der Promulgierung eines neuen Dogmas zutage. Die Lehre von der unbefleckten Empfängnis der Jungfrau Maria und ihrer Freiheit von der Erbsünde, in den Zeiten der hierarchischen Allgewalt entstanden, war doch auch damals von den angesehensten Lehrern, denen die Kirche folgte, verworfen worden; mächtige Päpste späterer Zeiten hatten sie gebilligt, aber damit zurückgehalten; Papst Pius IX. unternahm, sie kraft seiner eigenen Autorität zur Kirchenlehre zu stempeln. Aus allen Teilen der bewohnten Erde kamen die Bischöfe zusammen; doch bildeten sie kein Konzilium; was der Papst als die geoffenbarte Wahrheit verkündigte, erkannten sie gläubig als solche an: nie war die päpstliche Unfehlbarkeit, obgleich noch nicht dogmatisch bestimmt, unbedingter erschienen. Die Lehre von der unbefleckten Empfängnis ist der Schlußstein des Marienkultus; das Herz Pius' IX. hing daran. Er hat dafür ein neues Offizium eingeführt und eine neue Messe gestiftet.

Unstreitig besitzt das Papsttum die am meisten monarchische, am besten zusammengreifende Organisation in der heutigen Welt; und alle Tage breitet sie sich über den Erdkreis hin weiter aus. Zur Seite der südamerikanischen Kirchen, in denen die religiösen Ideen Philipps II. fortleben, erhebt sich ein neues hierarchisches Gebäude in dem demokratischen Nordamerika; in wenigen Jahren sind da zwei neue Erzbistümer und zwanzig Bistümer gegründet worden. Dem Fortgang des Verkehrs und der Ansiedelungen folgen die kirchlichen Gründungen nach Kalifornien, nach den australischen Eilanden. Dabei versäumt man nicht, die Stiftungen einer früheren Epoche an den afrikanischen Küsten und in Ostindien in der alten Unterordnung unter Rom zu halten. Im mittleren Asien sind sechs neue Bistümer von armenisch-katholischem Ritus gegründet, in aller Welt, bis zum arktischen Pol, apostolische Präfekturen und Vikariate in großer Zahl errichtet worden.

Wenn aber der Papst zugleich den Anspruch macht, als der Vater und Lehrer aller Christen, das Oberhaupt der gesamten Kirche angesehen zu werden, so hat es zwar an Bekehrungen im einzelnen nicht gefehlt — denn die Idee der Gemeinschaft und Unfehlbarkeit entspricht einem religiösen Bedürfnis des menschlichen Herzens, und voll von propagandistischem Eifer sind die überzeugten Bekenner —; aber den abweichenden Formen der anderen großen Religionsgenossenschaften gegenüber sind seine Versuche doch gescheitert.

„Hört meine Rede," ruft er aus, „ihr alle im Orient, die ihr euch des christlichen Namens rühmt, aber keine Gemeinschaft mit der römischen Kirche habt!" Bei ihrem Seelenheil beschwört er sie, sich zu konformieren. Aber aus den Antworten, die er von den orientalischen Patriarchen erhalten hat, nimmt man ab, daß diese bei weitem mehr die alten Feindseligkeiten in Erinnerung haben als die alte Gemeinschaft; sie machen der römischen Kirche zugleich die willkürlichen Festsetzungen der Doktoren des Mittelalters und den Ungestüm ihrer heutigen Propaganda zum Vorwurf.

Nach dem Westen gewendet, hat der Papst Anstalt getroffen, in altprotestantischen Ländern, wie in Holland, so in England, die Katholischgläubigen zu besonderen Kirchenprovinzen zu vereinigen. Für England errichtete Pius IX., „in der Hoffnung, in dem blühenden Reiche die katholische Sache wieder emporzubringen," ohne Rücksprache mit der Regierung gepflogen zu haben, ein Erzbistum und zwölf Suffraganbistümer, die alle ihre Titel von englischen Ortschaften nahmen — das Erzbistum den von Westminster —; der neue Erzbischof war zugleich Kardinal der römischen Kirche; er rühmt es, daß sich fortan die Aktion des katholischen Englands regelmäßig um das Zentrum der kirchlichen Einheit bewegen werde.

Eben dafür aber hatte man in England jahrhundertelang gekämpft, die päpstliche Autorität von dem Lande auszuschließen; nachdem dies geschehen war, hielt man doch standhaft den Anspruch fest, sich von der allgemeinen Kirche in der Idee nicht getrennt zu haben und selbst wahrhaft katholisch zu sein. Die Verfassung des Landes beruht auf dem Anteil der geistlichen Gewalt, welcher der Krone vorbehalten worden ist. Welchen Eindruck mußte da diese Neuerung machen! Die höchsten Reichsbeamten und die niederen Volksklassen, Geistliche und Laien, Anglikaner und Dissenters, erhoben ihre Stimmen wetteifernd dagegen. Sie sahen darin einen Angriff des Papstes auf das Land, wie solcher in früheren Zeiten oft versucht worden war, aber längst aufgegeben zu sein schien. Sollte die Feindseligkeit oder doch Mißachtung, die in dem Verfahren liegt, wirklich, wie man gesagt hat, daher rühren, daß sich England bei der Herstellung des Papstes in Rom wenigstens gleichgültig verhalten hatte? Zunächst erwuchs der englischen Regierung daraus eine nicht geringe Verlegenheit. Dulden konnte sie es nicht; aber sie mußte sich doch hüten, bei der Abwehr das der Konstitution innewohnende Prinzip der religiösen Freiheit zu verletzen. Diese Rücksicht bewirkte, daß die Maßregel, die man ergriff, sich lediglich auf weltlichem Gebiete hielt; sie beschränkt sich auf ein Verbot der eigenmächtig erteilten Titel, wie auch kein katholischer Staat sich einen solchen Eingriff würde gefallen lassen dürfen. Doch war damit die Wirkung desselben nicht erschöpft. Bei aller Mäßigung stellte sich doch heraus, daß an eine Bekehrung in dem Umfange, wie man in Rom erwartete, nicht zu denken war; die protestantischen Überzeugungen erschienen als die der Nation: sie ließ sich durch einzelne Abtrünnigkeiten darin nicht irremachen. Ferner aber, ist nicht die englische Politik bald darauf davon mitbestimmt worden? Hat sie nicht den Unmut an den Tag gelegt, der durch die papale Aggression in den Massen und ihren Führern erweckt worden war?

Die größten Hoffnungen gründete die Propaganda auf die unter den deutschen Protestanten herrschenden Entzweiungen. Wie oft hat man ihnen gesagt, daß ihr Kirchenwesen in seiner Auflösung begriffen, seinem Ruin nahe sei, gleich als hätte der Protestantismus jemals ohne innere Kämpfe bestanden, die sogar, insofern sie auf lebendiger Aneignung der religiösen Ideen beruhen, zu seinem Wesen gehören. Ein tiefes Gefühl der Gemeinsamkeit und Bemühen, sie darzustellen, setzt sich den auseinandergehenden Bestrebungen wieder entgegen und hat auch seine Erfolge. Die geringschätzigen Äußerungen der Gegner haben dazu beigetragen, dem Protestantismus seine historische Berechtigung zum Bewußtsein zu bringen. Der geistreiche Fürst, der damals auf dem preußischen Thron saß, faßte den Protestantismus als eine eigentümliche Form des Christentums, ebenbürtig allen anderen. Wie man auch über momentane Zustände und Meinungen urteilen möge: der Wert der protestantisch-deutschen Wissenschaft ist nicht hoch genug anzuschlagen; sie ist nicht allein in sich selbst so fest begründet, daß jeder Angriff von ihr abprallt; über alle kleinlichen Feindseligkeiten sich erhebend, übt sie einen täglich wachsenden Einfluß auf die Gelehrsamkeit der Katholiken, welche sich ihr in ihrer Methode und ihren Ergebnissen näher verwandt fühlen als den römischen Satzungen. Theologische Forschung aber ohne die Überwachung der kirchlichen Gewalt widerspricht dem einmal aufgestellten Begriff von dem Berufe der Kathedra des Apostelfürsten.

So greifen geistliche und weltliche, nationale und universale, wissenschaftliche und bürgerliche Gegensätze ineinander und erfüllen die Geister in bezug auf das Papsttum, welches noch immer einen großen Mittelpunkt bildet, mit unaufhörlicher Agitation. Man begegnet einander nicht mehr mit dem gewaltigen Glauben von ehedem, welcher schuf und vernichtete; eine solche Kraft ist weder in dem Angriff noch in der Verteidigung; es ist ein unaufhörliches Zusammentreffen, Vordringen und Zurückweichen, Angriff und Abwehr, Aktion und Reaktion. Kein Augenblick ist dem anderen gleich: verschiedene Elemente vereinigen sich und trennen sich wieder; auf jede Übertreibung folgt ihr Gegenteil; das Entfernteste wirkt zusammen. Für den Kampf ist es charakteristisch, daß er unter unaufhörlicher Einwirkung der in das lebendige Andenken getretenen Vergangenheit geführt wird. Alle Streitigkeiten, welche die Welt auf diesem Gebiete jemals bewegt haben, sind wieder auf den Kampfplatz gefordert: der Streit der Konzilien und der alten Häretiker, der mittelalterlichen Macht der Kaiser und der Päpste, der reformatorischen Ideen und der Inquisition, des Jansenismus und der Jesuiten, der Religion und der Philosophie. Darüber webt und waltet dann das empfängliche und weitausgreifende, in heftiger Entzweiung nach unbekannten Zielen vorwärts treibende, selbstvertrauende, aber ewig unbefriedigte gärungsvolle Wesen unserer Tage.

Jener Ausbreitung der kirchlichen Organisation sind andere, für den römischen Hof sehr nachteilige Ereignisse entgegengetreten.

Im Norden, in den Grenzlanden gegen die Griechischgläubigen, ist die katholische Kirche von einem unersetzlichen Verluste, wie kein anderer seit den Jahren der Reformation, betroffen worden: zwei Millionen unierter Griechen sind unter dem Vortritt ihrer Bischöfe zu der griechischen Kirche, der ihre Vorväter angehörten, zurückgebracht worden. Und wie dann die Erhebungen der Polen eine religiöse Farbe annahmen, die Kleriker wohl selbst die Waffen ergriffen, so trat ihnen in den Russen zugleich der religiöse Impuls gegenüber, der ihr Nationalgefühl durchdringt; die Unterdrückung des Aufstandes war nicht allein mit der Niederhaltung, sondern selbst mit Verfolgung des Katholizismus verbunden, so daß zuletzt ein offener Bruch mit Rom erfolgte.

Noch wichtiger als dies alles, ist der prinzipielle, zugleich geistliche und weltliche Streit, in welchen das Papsttum in seiner unmittelbaren Nähe, in Italien, geraten ist.

Während Pius IX. die Herrschaft des Klerus in weltlichen Dingen, soweit es anging, wiederherstellte, unternahm es Piemont, wo sich die konstitutionellen Formen behauptet hatten, den hergebrachten Einfluß der Geistlichkeit zu vernichten oder in die engsten Grenzen einzuschließen. Man begann damit, den höheren Unterricht der Aufsicht der Bischöfe zu entziehen. Kurz darauf ist auf der Universität zu Turin eine den päpstlichen Ansprüchen von Grund aus entgegengesetzte Lehre zur Geltung gekommen: man sprach der geistlichen Autorität jede andere Berechtigung ab, als die, welche sie durch Konzessionen der Staatsgewalt, die auch zurücknehmbar seien, besitze. Dieser Doktrin beitretend, erklärte die legislative Gewalt in Piemont im Jahre 1850 die bischöflichen Tribunale, die geistlichen Standesvorrechte, das kirchliche Asyl, die Erwerbung der toten Hand für unstatthaft. Vergebens suchte der oberste Geistliche des Landes religiöse Antipathien dawider anzuregen; er büßte seinen Widerstand mit Verbannung. Der Tribut des goldenen Bechers wurde nicht mehr dargebracht; allen Proklamationen des römischen Stuhles zum Trotz führte man im Jahre 1852 die Zivilehe ein. Nach einiger Zeit tat man den entscheidenden Schritt, die Klöster und geistlichen Genossenschaften aufzuheben.

Die bewußte Absicht war, einen kirchlichen Zustand in dem sardinisch-piemontesischen Gebiete durch Legislation einzuführen, wie er aus den Stürmen der Revolution in Frankreich hervorgegangen war. Indem

Österreich die josephinische Gesetzgebung aufgab, ahmte Piemont sie nach.

Die römische Kurie wandte hiegegen noch einmal ihre kirchlichen Waffen an; sie sprach ihren Bann über alle und jede aus, die an dem Eingriff in das geistliche Eigentum als Mitglieder der Kammern oder als Beamte teilgenommen hätten und teilnehmen würden. Aber diese Verdammung griff fast zu weit, um Wirkung zu haben; und indes veränderte sich die Lage der Welt.

Die sardinisch=piemontesische Regierung gewann dadurch einen starken Rückhalt, daß sie in den Verwickelungen des Krimkrieges dem Bunde der Mächte gegen Rußland beitrat. Auf dem Kongreß zu Paris, der im Frühjahr 1856 stattfand, brauchte sie nicht lange ihre Neuerungen zu rechtfertigen; sie konnte vielmehr die Initiative einer Anklage gegen die päpstliche Verwaltung vor dem Forum der Mächte ergreifen. Sie brachte zur Sprache, daß von den bei der Herstellung des Papstes gegebenen Verheißungen eigentlich keine in vollem Umfange zur Ausführung komme; darüber aber sei die Stimmung der Population so aufgeregt, daß es niemals möglich sein werde, die österreichischen Truppen, die noch in den Legationen standen, zu entfernen. Und doch sei bei deren Anwesenheit in dem Kirchenstaate und dem zentralen Italien überhaupt kein italienisches Gleichgewicht möglich; sie laufe dem Sinn der Verträge von 1815 entgegen. Piemont schlug vor, den Legationen administrative Unabhängigkeit zu geben und ihre Regierung nach dem Muster des ersten Napoleon zu säkularisieren.

Im Frühjahr 1857 unternahm Pius IX. eine Reise in das mittlere Italien. Man bemerkte, daß er in fremden Gebieten, wo er nur als Papst erschien, mit Enthusiasmus aufgenommen wurde, in den eigenen dagegen mit auffallender Kälte. Die Adressen, mit denen man ihn da begrüßte, enthielten zugleich bittere Beschwerden. Niemand täuschte sich darüber, daß hier bei der ersten Gelegenheit ein Umsturz bevorstehe.

Noch beruhte der gesamte Zustand im Kirchenstaate auf dem Verständnis zwischen Österreich und Frankreich; wie wurde er so von Grund aus erschüttert, als es zwischen diesen Mächten eben wegen der piemontesisch-italienischen Angelegenheiten zu Irrungen, zu Entzweiungen und endlich im Jahre 1859 zum Kriege kam! Sowie dann die Österreicher nach den ersten Verlusten, die sie erlitten, um die Lombardei zu retten, den Kirchenstaat verließen, brach hier die Empörung unverzüglich aus, zuerst in Bologna, wo man eine Junta an die Stelle der päpstlichen Regierung setzte, und nach diesem Beispiel in den benachbarten Provinzen. Eine Nationalversammlung auf Grund des allgemeinen Stimmrechts trat zusammen; ihr erstes Dekret, 1. September 1859, entsprach dem Beschluß, mit welchem vor zehn Jahren die konstituierende Versammlung in Rom ihre Arbeiten begonnen hatte: auf das Recht des Volkes sich stützend, erklärte man die weltliche Macht des römischen Papstes für erloschen. Zu republikanischen Formen schritt man jedoch diesmal nicht fort; die Provinzen gaben vielmehr den Wunsch zu erkennen, mit Piemont vereinigt zu werden, das als Träger einer großen Idee, die sich der Gemüter bemächtigte, der Idee der Einheit von Italien, auftrat. In den früheren Jahrhunderten waren die Päpste selbst dazu bestimmt erschienen, sie zu realisieren; in dem neunzehnten, eben unter Pius IX., war der päpstliche Stuhl versucht gewesen, das Banner der Einheit zu erheben; jetzt kehrte der mächtige Gedanke seine Spitze gegen Rom. Indem auch Modena, Parma und Toskana von ihren Dynastien österreichischen und bourbonischen Ursprungs zu Piemonts Gunsten sich losrissen, dem auch die Franzosen die eroberte Lombardei überließen, gewann die italienische Idee in dieser Macht Körper und Zukunft. Die französische Staatsgewalt richtete, hiemit einverstanden, die Anforderung an den Papst, die Autonomie der abgefallenen Provinzen anzuerkennen, wenn auch nur in der Form eines piemontesischen Vikariates, zugleich aber in den übrigen Provinzen die schon beschlossenen Reformen einzuführen, wogegen die katholischen Mächte diese ihm sichern und ihn zur Behauptung derselben mit Geld und Truppen unterstützen würden.

Pius IX. wies alles von der Hand: denn die Garantie eines Teiles seiner Gebiete annehmen, würde ein Aufgeben der losgerissenen in sich schließen, wozu er nimmermehr seine Einwilligung geben werde; er meinte sogar, durch eigene Bewaffnung sich noch selbst helfen zu können.

Welch ein Unternehmen jedoch, inmitten einer zum Abfall geneigten Population, ohne Verbündete, einem entschlossenen Feinde gegenüber, der das nationale Prinzip verfocht und die moralische Unterstützung der europäischen Hauptmächte für sich hatte! Auf das rascheste entwickelten sich die Geschicke. Sowie einmal Raum dazu gegeben wurde, sprachen sich die abgefallenen Provinzen durch ein fast ungeteiltes Plebiszit für die Vereinigung mit Piemont aus, und hier nahm man sie an; bereits im April 1860 konnte das Parlament unter der Teilnahme von Zentralitalien eröffnet werden; dann aber ergriff der Abfall auch die Marken und Umbrien; hie und da erwachten die Gefühle der munizipalen Unabhängigkeit, um sich der italienischen Einheit zu unterwerfen. Die zur Erhaltung der kirchlichen Ideen zusammengebrachte Truppenschar des Papstes vermochte nichts dagegen auszurichten. Die einheimischen Regimenter versagten ihren militärischen Dienst, sobald sie der Piemontesen ansichtig wurden. Überall, wo man freie Hand hatte, pflanzte man die Trikolore auf und forderte ebenfalls Annexion; nur durch die französischen Okkupationstruppen wurde die Hauptstadt gesichert. Für diese entsprang aber aus dem Gange der Ereignisse eine andere große Gefahr: der König von Sardinien nahm den Titel eines Königs von Italien an, und sein leitender Mi=

nister sprach die Ansicht aus, das neue Königreich
könne nur dann als begründet erachtet werden, wenn
es Rom zur Hauptstadt habe. Die Erörterung dieser
Forderung bildete seitdem eines der wichtigsten Mo=
mente der italienisch=französischen Politik, nicht
ohne daß zugleich die Abwandlungen der europäischen
Verhältnisse unaufhörlich darauf eingewirkt hätten;
denn schon bildete Italien eine Macht, auf welche man
bei allen politischen Berechnungen Rücksicht nehmen
mußte. Unzufrieden mit dem, was im Norden geschah,
fand der französische Kaiser im Jahre 1864 ratsam,
sein Einverständnis mit Italien zu befestigen. Es lag
eine neue Anerkennung der italienischen Einheit dar=
in, wenn er selbst vorschlug, Florenz zur Hauptstadt
des italienischen Reiches zu machen; doch war da=
mit die vornehmste Frage nicht erledigt, sondern nur
vertagt. Der französische Kaiser versprach in dem Sep=
tembervertrage des Jahres 1864, seine Truppen binnen
zwei Jahren von Rom abzuberufen, in welcher Zeit
der Papst aufs neue hinreichende Streitkräfte um sich
sammeln könne, um die innere Ordnung aufrecht zu
erhalten. Die Italiener dagegen verpflichteten sich,
den Kirchenstaat in seinen nunmehrigen Grenzen weder
anzugreifen noch angreifen zu lassen. Die Politik des
französischen Kaisers beruhte darauf, daß er ein gutes
Verhältnis mit Italien aufrechterhalten und doch zu=
gleich mit dem Papste nicht brechen wollte. Das eine
forderten seine europäischen Verhältnisse, das andere
der Einfluß der päpstlichen Autorität auf das innere

Frankreich. Seine Meinung war, daß noch eine Aussöhnung zwischen Rom und dem neuen italienischen Königreich möglich sei, welche dadurch begründet werden müsse, daß der Papst die Grundsätze, die er bisher bekannt hatte, mäßige; für die ganze katholische Welt werde dies die ersprießlichsten Folgen haben; der Papst würde die liberalen Ideen anerkennen, welche die Grundlage der meisten Staaten seien, und den Gläubigen den Beweis geben, daß die katholische Religion den Fortschritt des menschlichen Geschlechts anerkenne und unterstütze. Von dem Papst war das eigentlich zu viel gefordert, in dem Momente, wo die Ideen, welche er gutheißen sollte, seine Existenz gefährdeten. Wie hätte er die Volkssouveränität annehmen sollen, die ihn für abgesetzt erklärte, oder die Einheit von Italien, welche ihm seinen weltlichen Besitz zu entreißen drohte?

Allen Zumutungen in bezug auf den Kirchenstaat setzte der Papst fortwährend die Idee der kirchlichen Einheit und seiner pontifikalen Pflicht entgegen: „denn das Recht des römischen Stuhles lasse sich nicht abtreten wie das Recht einer weltlichen Dynastie; es gehöre allen Katholiken an; er würde, wenn er es aufgäbe, die Gesamtheit verletzen, den Eidschwur brechen, der ihn binde, und zugleich Grundsätzen Raum geben, welche allen Fürsten verderblich werden müßten." So hat er einst dem Kaiser der Franzosen geschrieben. Er zögerte nicht, über die Rebellen und Usurpatoren der abgefallenen Provinzen des Kirchenstaates in den volltönenden Worten der althergebrachten Formeln die große Exkommunikation auszusprechen, mit besonderer Bezugnahme auf die Satzungen des Tridentinischen Konziliums; in dem Breve, in welchem das geschieht, führt er aus, daß es bei den verschiedenen Interessen der Fürsten eine der weisesten Veranstaltungen der Vorsehung gewesen sei, dem römischen Papst eine weltliche Herrschaft und dadurch politische Freiheit zu gewähren: denn die katholische Kirche dürfe nicht zu besorgen haben, daß die Verwaltung ihrer allgemeinen Angelegenheiten von fremdem und weltlichem Einfluß abhänge; dieser seiner Bestimmung wegen müsse auch die Regierung des römischen Kirchenstaates bei aller Fürsorge für die Wohlfahrt der Untertanen doch einen geistlichen Charakter tragen.

Von Zeit zu Zeit fanden Feierlichkeiten in Rom statt, in denen sich noch einmal die den Himmel und die Erde ineinander verschlingende Mystik des alten Papsttums kundgab. An dem Pfingstfest 1862 wurde eine Anzahl von Ordensbrüdern, die vor mehr als dritthalb Jahrhunderten in Japan ihren Bekehrungseifer mit dem Tode besiegelt hatten, heiliggesprochen, ausdrücklich auch deshalb, „weil die Kirche in den bedrängten Zeiten neuer Fürsprecher bei Gott bedürfe." In der großen Versammlung von Bischöfen, welche sich dazu einfand — man zählte ihrer 240 —, kam nun vor allem die zunächst vorliegende Bedrängnis zur Sprache. Die Bischöfe drückten ihre freudige Genugtuung aus, daß sie noch einmal selbst frei zu dem freien Papst und König hatten kommen können, und ihre Überzeugung, daß der Papst weder der Untertan noch etwa der Gast eines anderen Fürsten sein dürfe: er müsse in seiner eigenen Herrschaft, seinem eigenen Königreiche seinen Wohnsitz haben. Wenn Pius gesagt hatte, er werde eher sein Leben lassen, als von dieser Sache, welche die Sache Gottes, der Gerechtigkeit und der Kirche sei, abstehen, so sprachen sie die Bereitwilligkeit aus, Gefangenschaft und Tod darüber mit ihm zu teilen.

Man hat erfahren, daß die Bischöfe nicht ohne Ausnahme dieser Meinung gewesen sind; aber bei weitem die Mehrzahl schloß sich doch der Ablehnung jeder Transaktion über den Kirchenstaat an: das katholische Episkopat billigte die kirchliche Politik des Heiligen Vaters.

In dem niederen Klerus gaben sich freilich auch andere Meinungen kund; namhafte Kirchenschriftsteller von orthodoxer Reputation sprachen sich gegen die weltliche Herrschaft des Papsttums aus, wie denn die Literatur des Tages überhaupt Partei dagegen genommen hatte. Und die Konvention vom September 1864 war doch weit entfernt, dem Papste die Sicherheit zurückzugeben, auf welcher das Ansehen seiner Vorfahren so viele Jahrhunderte daher beruht hatte. Sie war abgeschlossen worden, ohne daß man ihn zu den Beratungen zugezogen hätte; er zögerte, nachdem er die Kardinäle konsultiert hatte, eine Erklärung darüber zu geben; in seiner Seele war er mit Entwürfen beschäftigt, durch welche er die altkirchlichen Grundsätze nochmals zu allgemeiner Anerkennung zu bringen hoffte; seine Ratgeber, besonders die Väter Jesuiten, bestärkten ihn darin. Den der kirchlichen Doktrin feindseligen Meinungen der Zeit beschloß man mit einer umfassenden und authentischen Erklärung entgegenzutreten, wie das in einer am 8. Dezember 1864 erlassenen Enzyklika geschehen ist, welcher ein Verzeichnis der schon früher von dem Papste selbst verurteilten Irrtümer beigegeben war. Vornehmlich behält man dabei die piemontesischen Neuerungen im Auge; aber daran wird die Proklamation der weitausgreifendsten Grundsätze gegen die Allgewalt des Staates überhaupt geknüpft: wie man annehme, daß der Staat ohne Rücksicht auf die Religion verwaltet werden müsse, so schließe man, daß die katholische Kirche nur insoweit Schutz verdiene, als ihre Verletzung den öffentlichen Frieden stören würde; man unterwerfe die Akte des Oberhauptes der Kirche der Promulgation der weltlichen Gewalt und gestehe ihnen ohne solche keine Wirksamkeit zu; man hebe die geistlichen Genossenschaften und die gebotenen Feiertage auf, weil die neuere Staatswirtschaft das so fordere; man entreiße die Erziehung der Jugend der Aufsicht der Geistlichkeit, gleich als stehe diese dem Fortschritt der Wissenschaft und Zivilisation im Wege, während man dadurch nur verderblichen Meinungen freie Bahn mache. Die Bischöfe werden aufgefordert, dagegen nach den Lehren der ältesten Päpste einzuschärfen, daß die

Reiche auf der Grundlage des katholischen Glaubens beruhen.

Hatte man doch schon behauptet, der Kirche komme es gar nicht zu, die Verächter ihrer Anordnungen mit Strafen heimzusuchen; die Verbindlichkeit des auf den Kirchenstaat bezüglichen Dekrets des Tridentinischen Konziliums wurde in Abrede gestellt, weil es auf einer Vermischung der geistlichen und der weltlichen Ordnung der Dinge beruhe; das göttliche Recht einer unabhängigen Kirchengewalt wurde überhaupt geleugnet. Indem Pius IX. diese Meinungen verwirft, hält er zugleich die Tradition seiner Vorgänger aufrecht, welche der Kirche von jeher eine heilsame Autorität über Nationen und Fürsten vindiziert hatten, und verteidigt seine eigene politische Stellung. In der theologisch-lehrhaften Weise, die ihm eigen ist, forscht er dann weiter den Ursachen der allgemeinen Verirrung nach und findet sie in der Erhebung der Vernunft über die Offenbarung sowie in der Meinung, daß das oberste Gesetz in dem kundgegebenen Willen des Volkes liege; Freiheit des Gewissens und des Kultus halte man für das angeborene Recht eines jeden, unbeschränkte Preßfreiheit für das Erfordernis eines wohlgeordneten Staates; den Protestantismus erkläre man für eine Kirchenform, bei der man Gott wohlgefällig leben könne. Pius IX. dagegen gibt nicht zu, daß man auf das ewige Heil derer, die außerhalb der katholischen Kirche sind, auch nur hoffen dürfe; festhaltend an dem Vorrechte des Stuhles Petri über allgemeine Konzilien, verdammt er noch mehr den Gedanken, streitige Fragen durch ein Nationalkonzilium zur Entscheidung zu bringen; er spricht sich aufs neue gegen die Bibelgesellschaften aus, das echteste Produkt des religiösen Geistes von Altengland, sowie gegen die Zivilehe, welche von der modernen Gesetzgebung gefordert wird: er verteidigt das Zölibat.

Man begreift das Aufsehen, welches diese Kundgebung machte. Wie oft hatte man selbst von klerikaler Seite den Wunsch geäußert, daß sich der Papst mit den liberalen Ideen versöhnen möge! Diese Voraussetzung beförderte die erneute Sympathie, welche er in Frankreich fand, wie sie denn auch von dem Kaiser ausgesprochen worden ist. Allein die neue Enzyklika zeigte, daß es ein Irrtum war. Der Papst verwarf, wenn auch nicht gerade in jedem Punkte, doch im allgemeinen das System der modernen Anschauungen und Lehren, die in die Überzeugung des lebenden Menschengeschlechts übergegangen sind.

Den anflutenden Wogen der Politik und der Meinung stellte sich das Papsttum mit seinem altherkömmlichen Selbstgefühl entgegen; ob es vor ihnen zurückweichen oder ihnen Widerstand leisten werde, wurde eine der großen Fragen des Jahrhunderts.

Das Vatikanische Konzilium.

Pius IX. war selbst nicht der Meinung, den Kampf, welchen er aufnahm, allein zu bestehen. Er dachte seine Kundgebungen durch eine allgemeine Autorität zu unterstützen, eine solche, die in früheren Zeiten meist im Gegensatz gegen das Papsttum erschienen war, demselben aber schon einmal die größten Dienste geleistet hatte. Am 6. Dezember 1864, in einer Sitzung der Kongregation de' riti, ließ der Papst die laufenden Geschäfte unterbrechen und die anwesenden Beamten abtreten, um den Kardinälen, die dabei fungierten, eine besondere Mitteilung zu machen. Seit langer Zeit, sagte er ihnen, gehe er mit einem Gedanken um, der sich auf das Wohl der gesamten Kirche beziehe, dem Gedanken, ein allgemeines Konzilium zu berufen, um durch dies außerordentliche Mittel für die außerordentlichen Bedürfnisse des christlichen Volkes zu sorgen. Er forderte die Kardinäle auf, ihm ihre gutachtlichen Äußerungen darüber zugehen zu lassen. Nach dieser Eröffnung wurden die Verwaltungsbeamten wieder hereingerufen und die laufenden Geschäfte fortgesetzt. Nicht allein aber den in der Kongregation versammelten Kardinälen, sondern allen Mitgliedern des Kollegiums ging diese Aufforderung zu. Es liefen darüber nach und nach 21 Gutachten ein, die sich denn bei weitem in der Mehrzahl — nur zwei äußerten sich abweichend — dem Gedanken des Papstes anschlossen.

Die dabei vorwaltende Überzeugung war, daß der Widerstreit der herrschenden Meinungen gegen die Doktrinen des päpstlichen Stuhles und die bedrängte Lage der Kirche überhaupt die Anwendung des äußersten Heilmittels notwendig mache, wofür der Gesichtspunkt ist, daß die Verurteilung der obwaltenden Irrtümer durch den Papst allein noch nicht zum Ziele führen werde. Wie einst die lutherische Lehre durch die Päpste verurteilt, diese Verurteilung aber erst dann wirksam geworden sei, als das Tridentinische Konzilium sie adoptiert und bestätigt habe, so werde es auch jetzt notwendig, den indessen emporgekommenen falschen Lehren ein gleiches Bollwerk entgegenzusetzen. Die Kardinäle erwähnen nochmals des Jansenismus; doch konnte dieser in seiner damaligen Unbedeutenheit den Gegenstand ihrer Sorge nicht ausmachen. Ihr Hauptaugenmerk bildeten die philosophischen Doktrinen, die, seit einem Jahrhundert emporgekommen und durch die weltliche Gewalt unterstützt, in vollem Widerspruch mit der Kirchenlehre stehen: denn diese begründe sich auf die geoffenbarte Wahrheit, jene seien Ausgeburten des sich selbst überlassenen und sich überhebenden menschlichen Denkens. Wenn Pius IX. seinen Begriff von dem göttlichen Recht und der göttlichen Einwirkung so weit ausdehnte, daß er den Besitz des Kirchenstaates durch den päpstlichen Stuhl für geheiligt und unantastbar erklärte, war soeben auf Grund der entgegengesetzten Doktrinen die Absicht gefaßt worden, diesen Besitz dem Papste zu entreißen. Allenthalben wurden die religiösen, besonders die katholischen Meinungen von entgegengesetzten angegriffen; der gesamte Lehrkörper der Kirche, das Episkopat, war von diesen Bestrebungen mitbetroffen.

Die beifälligen Gutachten der Kardinäle nahm Pius IX. mit Wohlgefallen auf und setzte eine Kommission nieder, um die zur Einberufung des Konziliums notwendigen Vorarbeiten zu leiten. Ihre erste Sitzung hielt dieselbe im März 1865. Im November wurde die Absicht, ein Konzil zu berufen, den Nuntien zu Paris, München, Wien, Madrid, Brüssel mitgeteilt; sie wurden ersucht, die Gelehrten anzugeben, die zur Vorbereitung der konziliaren Arbeiten nach Rom gezogen werden könnten. Die Absicht des Papstes war, daß die zur Deliberation bestimmten Materien noch vor der Publikation der Berufung des Konziliums in der dirigierenden Kongregation beraten werden sollten. In der Sitzung derselben im Mai 1866 stellte sich jedoch heraus, daß sie noch weit von ihrem Ziele entfernt sei. Wir finden dann ein langes Intervall der Beratung, während dessen die Lage der Welt durch große Ereignisse umgewandelt wurde, die auch den Papst nahe betrafen. Der Krieg zwischen Österreich und Preußen war ausgefochten; die Schlacht von Königgrätz hatte nicht allein über Deutschland, sondern auch über Italien entschieden: Venetien war an den König von Italien gekommen. Der aber erklärte, noch sei sein Programm nicht erfüllt; er wiederholte, was seine Minister schon seit langem ausgesprochen hatten, daß die Einheit von Italien die Einverleibung Roms notwendig fordere.

Wenn man nun fragt, worauf sich dieser Intention zum Trotz das Bestehen des Kirchenstaates gründete, so war es allein der Septembervertrag, den die Franzosen zunächst mit Nachdruck aufrecht erhielten. Im Dezember 1866 verließen sie die Hauptstadt. Aber noch ehe ein Jahr berging, sahen sie sich genötigt, dahin zurückzukehren; denn der italienischen Regierung wurde es beinahe unmöglich, den nationalen Bewegungen zur Eroberung Roms zu widerstehen. Sie hatte die populäre Aggression der Garibaldiner nicht hervorgerufen; aber sie schien gewillt zu sein, sie für sich selbst zu benutzen und die Grenzen des Kirchenstaates zu überschreiten. Um dem zuvorzukommen, ließ der Kaiser der Franzosen Civitavecchia besetzen; durch die französischen Waffen wurden die Garibaldiner zurückgewiesen, und der Papst ward noch einmal in dem Besitz des Kirchenstaates erhalten. Eine Stütze jedoch, auf die man sich schwerlich verlassen konnte, wenn man die Rücksicht, die der Kaiser auf Italien nehmen mußte, und die Wechselfälle, die seine Politik bestimmen konnten, erwog.

Noch einmal war in dieser Zeit die Bedeutung, die der Besitz des Staates für die Kirche habe, zum lebendigen Ausdruck gekommen. Pius IX. hatte die Bischöfe aus aller Welt aufs neue eingeladen, um den 1800 jährigen Jahrestag der Apostel Petrus und Paulus zu feiern. Für die Kirche erschien es notwendig, daß dies in einem, keiner anderen Botmäßigkeit als der des obersten Pontifex unterworfenen Gebiete geschehe, oder, wie es die Bischöfe aussprachen, daß die legitime Gewalt des Papstes aufrecht erhalten werde;

dem Papst, sagen sie, müsse die Freiheit seiner Macht und die Macht seiner Freiheit bewahrt werden; er müsse die Mittel behalten, sein hohes, für alle notwendiges Amt auszuüben; ihre Zusammenkunft selbst ziele dahin, seine von allen Seiten angegriffene territoriale Autorität zu unterstützen und die Unentbehrlichkeit derselben für die Regierung der Kirche zu beweisen. Von allen Seiten gefährdet, nur gestärkt durch das Gemeingefühl der Bischöfe, hielt der Papst die Zeit für gekommen, in welcher er die Berufung eines allgemeinen Konziliums definitiv ankündigen müsse. Man würde ihn nicht verstehen, wenn man eben nur in der Rettung des weltlichen Fürstentums den Zweck desselben sehen wollte. Allerdings war der Streit in seinem Kern eigentlich ein italienischer zwischen den Einheitsbestrebungen des neuen Königreiches und der unabhängigen Existenz eines kirchlichen Staates; aber er gewann dadurch einen universalen Charakter, daß das italienische Königtum die modernen Ideen in ihrer ganzen Schärfe faßte und annahm, das Papsttum dagegen die kirchlichen Lehren, die diesen entgegenstanden, in ihrem vollen Umfange zu erneuern und zu sanktionieren dachte. Wenn nun die Bischöfe schon in der besonderen Frage Partei für den Papst-König nahmen, so durfte man das noch mehr in der allgemeinen erwarten, die sie selbst auf das nächste anging. Es liegt etwas Großartiges darin, daß Pius IX. in dem Augenblick, in welchem die weltliche Gewalt und der Andrang der feindseligen und unkirchlichen Meinungen ihm den Überrest seines Staates zu entreißen drohten, den Entschluß faßte, durch eine allgemeine Kirchenversammlung die Doktrinen aufs neue sanktionieren zu lassen, auf denen das Papsttum überhaupt und auch sein weltlicher Besitz von jeher beruhten, zumal, da sie zugleich dem Zustande der weltlichen Gewalten, wie er jetzt geworden war, geradezu widerstrebten. Nicht dem Königreich Italien allein, noch auch der europäischen Politik, welche die Sache des Kirchenstaates so gut wie aufgibt, sondern dem System der modernen Ideen, welche die Staaten selbst umgestaltet haben, sollte von kirchlicher Seite eine starke Opposition entgegengesetzt werden. Die Souveränität des Volkes, mit welcher die vornehmsten Wortführer des Papsttums einst sympathisiert hatten, erweckte jetzt den Gegensatz der Kirche, da der Fürst, dem sie sich entgegensetzte, die höchste geistliche Würde bekleidete. Wenn nun ein allgemeines Konzilium berufen wurde, so war der Zweck desselben, von kirchlicher Seite die Doktrinen und die Interessen des Papsttums in Schutz zu nehmen und die entgegengesetzten, so verbreitet sie sein mochten, zu verurteilen. Es war ein Akt zugleich der Isolierung und der Feindseligkeit; die Lehre, auf welcher der moderne, von der Revolution mehr oder minder ergriffene Staat beruht, sollte erschüttert, diesem damit seine doktrinäre Grundlage, wenigstens in den Gemütern der Gläubigen, entzogen werden. Niemand sollte von der Machtlosigkeit des römischen Stuhles sprechen. Seine Macht ist unermeß=

lich), insofern sie den Lehrkörper der Kirche, welche Hunderte von Millionen lebender und denkender Menschen umfaßt, für sich hat.

Charakteristisch sind die Erwägungen der vorbereitenden Kongregation, die ihre Sitzungen am 28. Juli 1867 wieder aufnahm, in demselben Augenblick, als das italienische Parlament sich aufs neue für das Prinzip der Nonintervention erklärte, d. h. der Nichtunterstützung des Papstes von seiten Frankreichs. Eine der ersten vorläufigen Fragen war, inwiefern nach dem alten Brauch die Fürsten zur Teilnahme an dem Konzilium eingeladen werden sollten. So war es noch in dem Tridentinischen Konzilium geschehen; und man weiß, daß diese Kirchenversammlung ihren glücklichen Ausgang nur der Übereinkunft eines früheren Pius, des vierten in der Reihe, mit den angesehensten unter den weltlichen Fürsten, vor allen dem damaligen Deutschen Kaiser und dem Könige von Spanien, zu verdanken hat. Auch jetzt war in der ersten Sitzung der dirigierenden Kommission der Vorschlag dahin gegangen, daß die Fürsten zur Teilnahme am Konzilium durch ihre Legaten einberufen werden sollten. Auf der Hand liegt jedoch, wieviel sich dagegen einwenden ließ; denn auch der König von Italien, mit welchem der Papst in direktem und unversöhnlichem Gegensatz stand, hätte berufen werden müssen. Die Kommission sprach sich darüber nicht aus; sie überließ die Sache dem Papste. Der mußte das nicht allein aus dem angegebenen Grunde verwerfen; sein Sinn ging überhaupt auf eine ausschließend kirchliche Versammlung; er wollte auf keine Weise die Meinung bekräftigen, als stehe der Staat über der Kirche. Bei der definitiven Redaktion der Einberufungsbulle wurde zwar die Gunst der Fürsten für die Zusammenkunft des Konziliums in Anspruch genommen, ihrer eigenen Teilnahme aber in Person oder durch Gesandte nicht gedacht.

Noch eine andere Abweichung von dem früheren Gebrauch stellte sich gleich bei der Abfassung der Konvokationsbulle heraus. Paul III. hatte die seine in dem Konsistorium der Kardinäle vorlesen lassen: sie war von denselben gebilligt und unterschrieben worden. Pius IX. schien es genug, daß die Bulle in jener aus den vertrautesten Kardinälen zusammengesetzten Kommission geprüft wurde. Dem gesamten Kollegium wurde sie überhaupt nicht vorgelegt; die Kardinäle wurden nur über die Opportunität der anberaumten Zeit befragt und antworteten mit ihrem Plazet.

Welches sollte nun aber das gegenseitige Verhältnis der zu berufenden Würdenträger der Kirche und des Papstes sein?

Nichts hatte bei der Wiedereröffnung des Konziliums in Trient unter Pius IV. größeren Widerspruch veranlaßt, als der Anspruch, daß die Propositionen von den päpstlichen Legaten ausgehen sollten. Besonders die Bischöfe von Spanien hatten sich dagegen gesetzt, und zwar anfänglich unter Beistimmung des katholischen Königs, der eben durch die ihm ergebenen

Bischöfe auf das Konzilium Einfluß ausübte. Ein ähnlicher Erfolg wie damals hätte sich auch jetzt erwarten lassen, wenngleich lange nicht in derselben Ausdehnung. Unter allen Umständen sollte das vermieden werden.

Indem der Papst das Konzilium berief, blieb er doch bei seinem Begriff von dem Primat, der jede freie Beratung ausschloß, stehen. In der vorläufigen Erörterung der dirigierenden Kommission war dieser Gesichtspunkt auf das stärkste hervorgehoben. Aus dem Begriff des durch göttliche Institution dem römischen Stuhle verliehenen Primates folgerte man, daß das Recht der Proposition nur dem Papste zustehen könne. Als das sichtbare Haupt des mystischen Körpers der Kirche sei der Nachfolger des heiligen Petrus mit der oberhirtlichen Sorge für die gesamte christliche Herde betraut. Wenn er nun in den Zeiten der Gefahr, besonders der Verbreitung gefährlicher Irrtümer, die Bischöfe um seinen Stuhl versammele, so kündige er ihnen den Zweck an, welchen er im Auge habe, und zwar durch Proposition der zu verhandelnden Gegenstände.

Ganz und gar wird den Bischöfen das Recht der Proposition nicht verweigert; aber sie sollen ihre Vorschläge zuerst dem Papst oder vielmehr der zu diesem Zwecke eingerichteten Kongregation mitteilen. Die Einwendung, daß dann vielleicht auch gute Vorschläge unberücksichtigt bleiben dürften, wird durch die Betrachtung zurückgewiesen, daß ein jeder sich damit, seine

Pflicht getan zu haben, begnügen und übrigens der göttlichen Vorsehung vertrauen müsse.

Kongregationen zur Prüfung der eingehenden Vorschläge hatte es früher auch bei den lateranischen Konzilien gegeben; aber man hatte dieselben durch Wahl aus der Versammlung hervorgehen lassen: diesmal nahm der Papst die Ernennung der Mitglieder in seine eigene Hand, kraft der schweren ihm obliegenden Pflicht, die Beratungen des Konziliums zu leiten.

Man sieht, wie der Papst die Idee des Konziliums verstand. Er wollte dabei keine weltliche Einwirkung, weder durch die Fürsten selbst, noch durch ihre Gesandten. Er abstrahierte sogar von dem Einfluß der römischen Kurie, wie sie in den Kardinälen konstituiert war. Denn irgendeine selbständige Meinung hervorzurufen, lag ihm fern. Und wenn er die Bischöfe berief, so wollte er doch auch denen keinerlei Selbständigkeit gestatten. Er hielt ihnen gegenüber an seinem Begriff von dem Primat, dem obersten Hirtenamt, fest. Er forderte nicht sowohl ihren Rat, als ihre Beistimmung. Es war das Kirchenregiment der Päpste, welches er in dieser beratenden Form gleichwohl festzuhalten und zur Geltung zu bringen gedachte.

Der Peter- und Paulstag des Jahres 1868 wurde dadurch gefeiert, daß die Einberufung eines allgemeinen Konziliums auf einen anderen festlichen Tag, den Pius IX. besonders hochhielt, das Fest der unbefleckten Empfängnis, 8. Dezember 1869, definitiv angekündigt wurde. Der Wortlaut atmet eben den Geist, der sich in den vorhergegangenen Beratungen manifestiert hatte. Der Gedanke des Papsttums trat darin, anknüpfend an die obersten Mysterien des Glaubens, mit absoluter Autonomie hervor, isoliert, aber nach allen Seiten hin vorbereitet und wohlerwogen.

Sollte ihm nun aber zur Entwickelung desselben freier Raum gelassen, sollte ihm gestattet werden, indem er in seiner weltlichen Herrschaft zugrunde zu gehen Gefahr lief, die umfassendsten Ansprüche auf dem kirchlichen Gebiete zu voller Geltung zu bringen?

Gleich bei dem Publikationserlaß ist es aufgefallen, daß die weltlichen Gewalten gegen den früheren Gebrauch von dem Konzilium ausgeschlossen waren. In Frankreich hat man sofort überlegt, ob nicht auch sie Teilnahme an den konziliaren Verhandlungen fordern sollten. Darin aber lag der aus der Revolution hervorgegangene Vorteil des Papsttums, daß dies nicht wohl geschehen konnte; denn die Staatsgewalten hatten verfassungsmäßig ihren konfessionellen Charakter aufgegeben: das Prinzip, zu dem sie sich bekannten, war das der religiösen Indifferenz. Die Revolutionen waren großenteils aus dem Gegensatz gegen die intime Verbindung zwischen Kirche und Staat hervorgegangen und hatten diese aufgelöst. Es hat eine Epoche gegeben, in welcher Päpste und Kaiser über das Recht, ein Konzilium zu berufen, stritten. Aber in jenen Zeiten waren Kirche und Staat gewissermaßen identisch, die Kaiser zuweilen noch kirchlicher als der Papst;

jetzt war die weltliche Gewalt, indem sie säkularisierte, gewissermaßen selbst säkularisiert worden; sie erschien in mehreren großen Mächten, die einander meist feindselig gegenüberstanden. Welche Form ließ sich finden, um den Staat als solchen an dem Konzilium zu repräsentieren? Die Absicht ist einen Augenblick gehegt, aber gleich darauf wieder aufgegeben worden; doch meinte man darum noch nicht, die angekündigte Kirchenversammlung dem Einwirken und dem Gutdünken des Papstes zu überlassen.

Im Schoße des klerikalen Gemeinwesens regte sich Opposition. Von den alten Konzilien waren besonders die in lebendigem Gedächtnis geblieben, welche im Gefühl ihrer Selbständigkeit, zuweilen selbst im schärfsten Gegensatze, dem Papsttum zur Seite getreten waren. Nicht einen ähnlichen Gegensatz, aber eine Deliberation über alle obschwebenden Fragen in freiester Erörterung erwartete man von der neuen konziliaren Versammlung. In Deutschland glaubte man die Herstellung einer harmonischen Bewegung der beiden Gewalten, unter denen sich das Leben des Menschen vollzieht, des Staates und der Kirche, erwarten zu dürfen. Man verlangte Bestimmungen über das Verhältnis des Klerus und der Gläubigen überhaupt zur allgemeinen Bildung und zur Wissenschaft, Teilnahme der Laien an der kirchlichen Institution. Man brachte eine durch das allgemeine Konzilium einzuleitende Wiederbelebung der durch Jahrhunderte erprobten National-, Provinzial- und Diözesansynoden in Erinnerung.

Die hohe Geistlichkeit war selbst großenteils dieser Meinung. In Frankreich forderte man eine genauere Feststellung des Verhältnisses zwischen dem Papste und dem Bischof, dem Bischof und dem Pfarrer, eine bessere Zusammensetzung des Kardinalkollegiums und der römischen Kongregationen, die aus Delegierten der verschiedenen Nationen gebildet werden sollten.

Wie so ganz einander entgegengesetzt waren die Absichten des Papstes, der nur auf eine Begründung und Befestigung der höchsten Gewalt in dem althergebrachten Sinne dachte, und die einer Anzahl von Bischöfen sowie der geistlich angeregten Laienwelt, welche eine Umbildung der geistlichen Gewalt in einem dem Jahrhundert entsprechenden Sinne in Aussicht nahm! Der Papst dachte die Gewalt seiner Vorfahren zu verstärken und zu zentralisieren: eine nicht geringe Zahl von Bischöfen war mehr auf Dezentralisation bedacht; sie wünschten eine Erneuerung des eigentümlichen kirchlichen Lebens in den verschiedenen Provinzen und Staaten. Von einer Differenz in Sachen des Glaubens war nicht die Rede. Die Absicht des Papstes war, die zu allgemeiner Geltung gelangten populären Grundsätze nicht allein auszuschließen, sondern zu bekämpfen. Unter den Bischöfen neigten sich viele zu einer Abkunft mit den modernen Doktrinen; in dem Konzilium sahen sie eine erwünschte Gelegenheit, ihren Tendenzen Eingang zu verschaffen.

Am 8. Dezember 1869 wurde das Konzilium in der Basilika des heiligen Petrus eröffnet. Die Versamm=

lung zählte 764 Mitglieder aus allen Teilen der Welt, mehr als ein Dritteil jedoch Italiener. In dem Verzeichnis erschienen sie als eine einzige große Genossenschaft, geordnet nach dem kirchlichen Range, den sie einnahmen, und in jeder Klasse nach der Zeit ihrer Ernennung.

Eine Versammlung, die wohl den Titel einer ökumenischen verdient. Sie erinnert an das Konzil, welches sich einst (im Jahre 1215) aus Orient und Okzident um Papst Innozenz III. versammelt hatte; aber sie war unendlich umfassender als diese, da das ferne Asien und Afrika sowie eine neue Welt jenseit des Ozeans ihre Prälaten herbeigeschickt hatten. Ein ganz anderer Unterschied freilich stellte sich heraus, wenn man das damalige Rom mit dem jetzigen verglich. Unter Innozenz III. war das Papsttum in der Entwickelung seiner Weltherrschaft begriffen; in großer Zahl waren die weltlichen Herrscher erschienen, eifersüchtig darauf, als lebendige Mitglieder der katholischen Kirche betrachtet zu werden; jetzt fehlten diese, oder vielmehr, sie waren absichtlich ferngehalten worden. Die versammelten Bischöfe konnten Zeugnis davon geben, wie sehr der antikirchliche Geist in ihren Diözesen um sich gegriffen habe. Wenn unter ihnen, wie gesagt, viele der Meinung waren, daß das kirchliche Prinzip nur dann zu retten sei, wenn man mit dem Geiste der Zeit gleichsam einen Pakt schließe, der, ohne mit demselben zu brechen, ihm doch auch nicht die Herrschaft einräume, so zeigte sich bei den Wahlen zu den konziliaren Deputationen, zu denen man unverzüglich schritt, wie schwer es ihnen werden würde, ihre Intentionen auch nur zum Ausdruck zu bringen. Um den Papst und dessen Kongregationen gruppierte sich eine überlegene Majorität von 550 Stimmen, und diese hielt so gut zusammen, daß die Vorgeschlagenen der Minderheit, die um mehr als die Hälfte schwächer war, so gut wie keine Berücksichtigung fanden.

Dennoch regte sich bei der ersten Vorlage, welche auf eine Dogmatisierung des Syllabus hinzielte, eine starke und lebhafte Opposition. Die Äußerungen waren so energisch und machten so vielen Eindruck, daß es nicht ratsam erschien, in dieser Form weiter vorzugehen. Wir gedachten der Einschränkungen, welche die Geschäftsordnung der Versammlung in bezug auf die Propositionen auferlegte. Aber eine Freiheit der Debatte, wie sie jetzt versucht wurde, stand mit der Vorstellung des Papstes von der Prärogative des Primates in Widerspruch. Pius IX. hielt es für geboten, derselben Einhalt zu tun.

Durch einen Zusatz zur Geschäftsordnung wurde festgestellt, daß alle Einwendungen gegen ein vorgelegtes Schema schriftlich vorgebracht werden sollten, begleitet von einem Entwurf zur Verbesserung; die Kommissionen sollten die Bemerkungen prüfen und alsdann dem Konzilium darüber Bericht erstatten. Erst nachdem diese Art von Vorentscheidung erfolgt sei, werde eine Debatte stattfinden, die von dem Präsidenten unterbrochen und auf den Antrag von zehn

Mitgliedern durch die Mehrheit geschlossen werden dürfe.

Was man auch sagen mag, unleugbar ist es doch, daß hiedurch jede gründliche und wirksame Erörterung verhindert werden mußte. Dem Konzilium wird die Rolle, zu der es ursprünglich bestimmt war, noch genauer vorgeschrieben. Es erscheint mehr wie ein Kirchenrat von größtem Umfang, als wie eine Versammlung in dem Stil der alten Konzilien. Für freie Rede und Widerrede war ihm kein Raum gelassen.

In diesem Stadium war es, daß die große Frage, welche bereits alle Geister beschäftigte, über die Unfehlbarkeit des Papstes, ernstlich zur Sprache kam. Ursprünglich ist man dabei von der Beziehung dieser Doktrin zu den gallikanischen Sätzen ausgegangen. Denn wie hätten nicht bei der Berufung eines Konziliums die alten Fragen von der Superiorität der Konzilien über den Papst und von dem Verhältnis der konziliaren zur päpstlichen Gewalt überhaupt in Erinnerung kommen sollen? Alle legale Opposition innerhalb der katholischen Kirche beruhte eigentlich auf diesem Gegensatz. Der Unterschied der katholischen und der protestantischen Auffassung liegt vor allem darin, daß diese nicht allein die päpstliche, sondern auch die konziliare Autorität verwarf, jene die eine und die andere festhielt; doch war der Widerstreit zwischen beiden in der katholischen Welt niemals geschlichtet worden. Der Fürst, der in den neueren Jahrhunderten der alten Kirche vielleicht die größten Dienste leistete,

Ludwig XIV., hat auf der Höhe seiner Macht die alten Ansprüche der Konzilien aufs neue proklamiert. Ein Konzilium mit diesen Ansprüchen aber hätte Pius IX. nimmermehr um sich versammelt: er hielt an der Superiorität der päpstlichen Gewalt fest, die, alsdann alles Widerspruches entledigt, notwendig zur Infallibilität wurde. Das Vatikanische Konzilium, welches er berief, weit entfernt von den Machtansprüchen der alten Konzilien, sollte vielmehr dazu dienen, denselben auf immer ein Ende zu machen; ein konziliarer Ausspruch sollte die Infallibilität des römischen Stuhles definieren, so daß dagegen keine Opposition der Landeskirche besorgt zu werden brauchte. In den vorläufigen Kommissionen war dieses Punktes erwähnt worden, jedoch ohne ein überwiegendes Gewicht darauf zu legen. Aus authentischen Mitteilungen ergibt sich nicht, daß der Papst, wie man behauptet hat, das Konzil eben um dieser Deklaration willen berufen habe; aber daß sie ihm vorschwebte, ist bei der Haltung, die er überhaupt nahm, unzweifelhaft. Der Anspruch auf Unfehlbarkeit machte nun aber um so größeren Eindruck, da man ihn ohne unmittelbare Beziehung auf jene gallikanischen Satzungen nur unter dem Gesichtspunkt der Inerrabilität des römischen Papstes in bezug auf Moral und Dogmatik betrachtete.

Einen Augenblick war der Gedanke gewesen, die Anerkennung der päpstlichen Unfehlbarkeit durch Akklamation zu bewirken; die Stimmung der Versammlung machte es unmöglich. Aber aus der Majorität ging eine Adresse an das Konzil selbst hervor, in der es zu der Erklärung aufgefordert wurde, daß die päpstliche Autorität von allem Irrtum frei sei.

Die Adresse ging von italienischen und spanischen Bischöfen aus, deren geistliche Schulen noch an den Überlieferungen der mittleren Jahrhunderte festhielten. Dem aber setzten sich vor allen die deutschen Bischöfe, deren Bildung eine ganz andere Grundlage hatte, entgegen. Sie behaupteten einerseits, daß das Konzil ohne den Papst nicht als eine Repräsentation der Kirche betrachtet werden könne, andererseits aber, daß die Entscheidung in Glaubenssachen von der apostolischen Tradition und der Übereinstimmung der Kirche abhänge. Sie warnen davor, die Infallibilität des Papstes als Dogma aufzustellen: denn das würde in ihren Diözesen den Regierungen zum Anlaß oder Vorwand dienen, die Rechte der Kirche noch mehr einzuschränken.

Dieser Adresse schlossen sich auch die französischen Bischöfe an. Sie wiederholten dieselbe größtenteils wörtlich; nur einige wenige Zeilen ließen sie weg, in welchen die deutschen eine unabhängige Autorität des römischen Stuhles in den ältesten vorkonziliaren Zeiten anerkannt hatten; sie vermieden alles, was den gallikanischen Satzungen direkt entgegengelaufen wäre. Unabhängig hievon, machten die orientalischen Bischöfe den Papst auf die Schwierigkeiten und Gefahren aufmerksam, in welche sie durch Annahme des vorgeschlagenen Dekretes geraten würden. In England war den Katholiken bei ihrer Emanzipation Verzichtleistung auf diese Doktrin ausdrücklich zur Bedingung gemacht worden. Jetzt lief von den dem Katholizismus nahestehenden Puseyisten die warnende Erinnerung ein, daß durch eine solche Satzung die Vereinigung der Anglikaner mit der römischen Kirche auf immer verhindert werde.

Rief aber der Entwurf der Infallibilitätserklärung in dem Schoße des Klerus selbst so gewichtige Erinnerungen hervor, wie viel mehr mußte sie den Widerspruch derer erwecken, welche die konziliaren Vorgänge von außen her beobachteten! Schon war das Schema über die kirchliche Autorität, welches dem Konzilium vorgelegt werden sollte, durch Zufall oder Absicht in die Öffentlichkeit gedrungen; es war sehr geeignet, den Gegensatz der weltlichen Regierungen gegen die Ansprüche der Hierarchie in den allgemeinen Landesangelegenheiten in Anregung zu bringen. Die französische Regierung, welche den gallikanischen Traditionen noch nicht abgesagt hatte, nahm in der zweiten Hälfte des Februars davon Veranlassung, Einspruch gegen die hierarchischen Tendenzen des Konziliums überhaupt zu erheben. Zunächst war in dem gedachten Schema nur von der Infallibilität der Kirche die Rede, welche sich nicht nur auf die Glaubenslehren selbst erstrecke, sondern auch auf die Mittel, um den Besitz derselben zu behaupten: nicht allein auf die Offenbarung, sondern auch auf alles, was zur Erklärung und Verteidigung derselben nötig erachtet würde. Der Minister der auswärtigen Angelegenheiten in Frankreich bemerkte: damit werde die Superiorität der geistlichen Gewalt über die weltliche überall, wo sie einander berühren, ausgesprochen; die Macht der Kirche erscheine darin absolut, in bezug auf Legislative und Gericht unabhängig von der weltlichen Gewalt. Die Autorität der Kirche würde sich also über die konstitutiven Prinzipien der Gesellschaft, die Rechte und Pflichten der Regierungen wie der Regierten, das Wahlrecht, die Familien selbst erstrecken. Würde nun die Unfehlbarkeit der Kirche, wie man es beabsichtige, auf den Papst übertragen, so würde alle und jede Autorität von ihm abhängig werden. Wie könne man erwarten, daß die Fürsten ihre Souveränität vor den Attributen des römischen Stuhles, die man ohne ihre Teilnahme festgestellt habe, beugen würden? Der Minister forderte eine vorläufige Mitteilung der zu erörternden Fragen und sogar die Admission eines französischen Bevollmächtigten bei dem Konzilium.

Die Intention hiebei war sehr umfassend; sie ging auf eine Ausgleichung zwischen den streng kirchlichen Doktrinen und dem aus den Bewegungen des Jahrhunderts hervorgegangenen konstitutionellen System, eine Ausgleichung zwischen der obersten Autorität der Kirche und den Bedürfnissen der verschiedenen Länder. In der französischen Presse, besonders den Zeitschriften, welche mit der Regierung im Zusammenhang standen, nahm man analoge Demonstrationen wahr, die selbst noch um vieles weiter gingen. Man behauptete, das Konzilium sei nicht mehr frei: eine Minorität, die aber eigentlich Majorität sei, wenn man den Umfang der bischöflichen Diözesen in Anschlag bringe, werde von einer Majorität tyrannisiert, welche unter diesem Gesichtspunkt doch nur als Minorität betrachtet werden könne und sich den ultramontanen Führern blindlings hingebe. Aber der Begriff einer konziliaren Versammlung bringe es mit sich, daß sie in ihren Verhandlungen unabhängig sei; die Konvokation durch den Papst sei ihr notwendig, aber die Gegenstände der Beratungen müsse sie selbst wählen, sowie die Form der Diskussion. Das Konzilium sollte nur eine Vermittelung zwischen den kirchlichen Doktrinen und den Erfordernissen des Staatslebens suchen und beide in Einklang bringen; es sollte den Syllabus, zu dessen Bekräftigung der Papst es berufen hatte, vielmehr zurückweisen und für ungültig erklären. Man sprach davon, daß man von einem unfreien Konzilium an ein freies, wahrhaftes, vom Heiligen Geiste geleitetes appellieren und das gegenwärtige prorogieren müsse. Aber es bestand einmal. Niemand hatte Einspruch gegen seine Berufung erhoben; es bewegte sich auf der vorgezeichneten Linie zu dem vorbestimmten Zweck. In den Einwendungen, welche sich jetzt erhoben, sahen die eifrigen Anhänger des Papstes nur einen Anlauf der Ideen von 1789, von denen alle Zerstörung ausgegangen sei, und denen man eben entgegentreten müsse. Setze man den Fall, daß Gesandte bei dem Konzilium beglaubigt würden, um die Ideen der einen und der anderen Regierung zur Geltung zu bringen, so würden diese schon an sich bei der Mehrheit der Versammlung keinen Eindruck machen; das Konzilium sei nicht allein ein europäisches, sondern auch ein ökumenisches. Wie könne man den aus allen Teilen der Welt zusammengekommenen Prälaten zumuten, Vorschläge anzunehmen, welche etwa den momentanen Intentionen eines französischen oder eines österreichischen Ministeriums entsprächen? Eben dahin ging die Absicht, den kirchlichen Ideen an und für sich wieder Raum zu machen. Alle die Einwendungen und Demonstrationen, welche man machte, alle die Beschwerden, welche man erhob, hatten doch nur den entgegengesetzten Erfolg.

In den ersten Tagen des März 1870 verordnete der Papst, daß dem Schema über die Kirche ein Abschnitt über die Infallibilität des römischen Pontifex eingefügt werde. In diesem Schema wird das Primat der römischen Kirche nochmals auf das ausdrücklichste ausgesprochen, in dem Sinne, daß der Papst der wahre Stellvertreter Christi, Oberhaupt der gesamten Kirche, aller Christen Vater, Lehrer und oberster Richter sei. Ausdrücklich wird die Ansicht verpönt, daß von dem Papste an ein Konzilium appelliert werde, und daß diesem eine Superiorität über den Papst zukomme! In dem folgenden Paragraphen wird die Notwendig=

keit eines besonderen weltlichen Fürstentums für den
römischen Papst damit begründet, daß er, um sein
göttliches Amt mit voller Freiheit ausüben zu können,
keinem Fürsten unterworfen sein dürfe. Es ist jene
Schlußfolgerung, welche die ausgedehnteste kirchliche
Gewalt mit dem Besitz eines weltlichen Dominiums
verbindet, in der Pius IX. überhaupt lebte. Zur Er-
härtung derselben hätte es nun an sich einer besonderen Erklärung der Infallibilität, die ja in dem Begriffe des Primates lag, wie er ihn faßte, nicht be-
durft; allein die mannigfaltigen abweichenden Äußerungen, welche im Schoße des Konziliums selbst laut
geworden waren und welche außerhalb desselben, wie
wir eben sahen, in den Regierungen lebendigen Anklang fanden, ließen eine solche doch sehr erwünscht
erscheinen. Die neue Einschaltung setzte nun fest, daß
der römische Bischof, der, wie die Wahrheit des Glaubens zu behaupten, so auch die Streitigkeiten über denselben zu entscheiden habe, nicht irren könne, wenn
er bestimme, was in Sachen des Glaubens und der
Moral von der gesamten Kirche anzunehmen sei; dies
soll fortan als Glaubenssatz angesehen werden. Indes machte die römische Regierung den Versuch, die
Einwendungen des französischen Ministers zu wider-
legen und seine Besorgnisse zu beseitigen; sie versichert, daß in den Vorlagen nichts enthalten sei, wo-
durch die Unabhängigkeit der weltlichen Gewalt angefochten werde; die kirchliche Autorität mache nur
eben Anspruch auf die Behauptung der kirchlichen Ge-

sichtspunkte, die sich nicht allein auf das Diesseits, sondern auch auf das Jenseits beziehen; sie fordere keine unmittelbare Einwirkung. Kein Staat könne bestehen ohne ein moralisches Prinzip seiner Institutionen; hierauf allein richte die Kirche ihre Aufmerksamkeit. Der Zweck der neuen Vorlagen sei nur, der modernen Welt dasjenige in Erinnerung zu bringen, was gerecht sei, um dadurch Frieden und Wohlfahrt herbeizuführen. Die Infallibilität des Papstes sei so alt wie die Kirche selbst. Weit entfernt, die Bischöfe zu beeinträchtigen, könne sie dazu beitragen, ihr Ansehen zu befestigen, nicht allein aber das der Bischöfe, sondern auch das der Regierungen; denn von dem Einverständnis der beiden Gewalten hänge auch die Ruhe der Staaten ab. Der Staatssekretär hütet sich wohl, auf den radikalen Gegensatz der Doktrinen der Kirche und der Prinzipien, auf denen der moderne Staat beruht, einzugehen; er besteht nur auf einer Art moralischer Aufsicht der Kirche, welche ein katholischer Regent nicht wohl leugnen konnte.

Der französische Minister beruhigte sich jedoch nicht hiebei; er stellte vielmehr seine Ansichten in einem Memorandum zusammen, welches der Papst dem Konzilium mitzuteilen gebeten werden sollte. Der Papst nahm das Schriftstück an; die Mitteilung desselben an das Konzilium lehnte er mit aller Bestimmtheit ab.

Eine politisch-kirchliche Frage von größter Wichtigkeit war es nun, ob die französische Regierung auf ihrem Widerspruch beharren werde oder nicht. Denn auch bei den anderen Regierungen waren die Gefahren zur Sprache gekommen, welche die theokratischen Entscheidungen des Konziliums für sie herbeiführen würden. Man hat von einer Gesandtenkonferenz dem Konzilium zur Seite geredet, um sich den Übergriffen der kirchlichen Autorität zu widersetzen. Und auf eine Wirkung hievon ließ sich rechnen, solange sich im Schoße der Versammlung die Opposition noch mit einigem Nachdruck regte. Diese hob die Notwendigkeit der freien Beratung hervor, die zu dem Begriff eines Konziliums gehöre: das eingeschlagene Verfahren überhaupt und vor allem die neueingeführte Geschäftsordnung laufe der kirchlichen Freiheit zuwider. Die in allen Konzilien von dem Nizäischen bis zu dem Tridentinischen festgestellte Regel sei, daß die Entscheidung über Glaubenslehren nicht von der Mehrheit, sondern von einer moralischen Unanimität der Versammlung abhänge. In der Spezialdebatte über das Proömium des Schemas de fide, welches zunächst erörtert wurde, erregte der Bischof von Syrmien und Bosnien schon dadurch nicht geringen Anstoß, daß er Angriffe auf den Protestantismus, die in demselben vorkamen, zurückwies, noch größeren aber, als er die Geschäftsordnung in jenem entscheidenden Punkte angriff: denn nicht durch numerische Majorität, sondern durch moralische Einhelligkeit könne ein Konzilium entscheiden und Satzungen abfassen, welche für Diesseits und Jenseits verbindlich sein sollen. Durch das jetzige Verfahren werde man veranlassen, daß diesem Konzilium Freiheit und Wahrheit abgesprochen werde. Diese Äußerungen riefen in der Versammlung eine tumultuarische Bewegung hervor, welche den Bischof an der Fortsetzung seiner Rede hinderte; das Präsidium schritt nicht ein. Den Tag darauf beklagte sich der Bischof über die Behandlung, die er erfahren habe und forderte um so stärker eine definitive Erklärung über die aufgeworfene Frage: er werde sonst nicht wissen, ob er in dem Konzilium bleiben dürfe, in welchem die Freiheit der Bischöfe so ganz hintangesetzt werde. Diese Protestation wurde von einer erheblichen Anzahl anderer Bischöfe gutgeheißen, so daß zwischen einem Teil der Bischöfe und den opponierenden Regierungen eine gewisse Gemeinschaft der Interessen und Ideen hervortrat, welche weiter führen zu sollen schien. Denn wie vor alters, so mußte auch jetzt den Regierungen daran liegen, den Bischöfen, mit welchen sie in täglicher Verbindung standen, eine gewisse Unabhängigkeit von der römischen Kurie zu vindizieren. Die unbedingte Autorität des Papstes war beiden widerwärtig. Wollte man die Frage vom historischen Standpunkte aus würdigen, so mußte man sich erinnern, daß ein Zustand, wie er seit viertehalbhundert Jahren in Deutschland bestanden hat, und auf dem die ganze Entwickelung der deutschen Nation beruht, bei einer so vollkommenen Abhängigkeit des Bistums von dem Papsttum, wie sie jetzt angestrebt wurde, unmöglich gewesen wäre. Denn die Päpste haben den religiösen Frieden niemals anerkannt und konnten ihn nicht wohl anerkennen. Aber die Bischöfe des Reiches, die deutsche Hierarchie hatten ihn anerkannt, selbst im Gegensatz mit dem Papsttum. Der Religionsfriede hat immer als zu Recht bestehend gegolten, und ernstlich haben auch die Päpste gegen denselben nicht vorzuschreiten gewagt. Der hohen Geistlichkeit in Deutschland ist dabei eine historisch unschätzbare, für die Nation überaus heilsame Stellung zugefallen. Wenn dies Verhältnis durch die Auflösung der hierarchischen Korporation geendet worden war, so lag doch keine Satzung vor, welche die geistliche Autorität im Reiche der päpstlichen unterworfen hätte. Dem alten Herkommen hätte es entsprochen, wenn dem Wechsel der Zeiten gemäß ein Verhältnis hergestellt worden wäre, das den Regierungen und den Landesbischöfen in dringenden Fällen zu einer autonomen Vereinigung Raum ließe. Zu jedem Erfolge auf dieser Bahn aber hätte gehört, daß die Regierungen entschlossen zusammengehalten und die Bischöfe ihre Stellung standhaft behauptet hätten. Die französische Regierung hatte selbst ein Zwangsmittel in den Händen: ihre Truppen hielten Civitavecchia besetzt; man hat gesagt, nur unter dem Schutze derselben könne das Konzilium tagen. Durch dies Verhältnis wurden die politischen Bewegungen der Zeit in die konziliare Frage verflochten. Daß es zwischen den Gesandten der Mächte, auf die das meiste ankam, Preußen, Österreich und Frankreich, zu einem Verständnis und zu einer gemeinsamen Aktion kommen würde, war im Frühjahr 1870 nicht wahrscheinlich. Die populare und militärische Aktion der französischen Nation, welche das in dem letzten Kriege erfochtene Übergewicht von Preußen über Österreich unerträglich fand, ließ den Ausbruch eines neuen europäischen Kampfes, in welchen möglicherweise auch Österreich verwickelt werden könnte, befürchten. Die Lage der französischen Regierung war nicht dazu angetan, sich die eine oder die andere der in Italien miteinander streitenden Parteien zu entfremden.

Man hat versichert, in dem französischen Ministerium sei in diesem Moment der Antrag gemacht worden, den Papst durch Hinwegziehen der Truppen aus Civitavecchia zu einem ernstlicheren Eingehen auf die ihm gemachten Vorschläge zu nötigen: denn man dürfe eine Deliberation nicht fortgehen lassen, durch welche die bürgerliche und politische Verfassung von Frankreich verurteilt werden würde; auch aus allgemein kirchlichem Gesichtspunkt müsse man alles tun, die Kirche von dem Wege zurückzuhalten, der sie mit den modernen Ideen auf immer entzweie. Aber in den Tuilerien walteten die eben erwähnten Erwägungen vor. Für Ludwig XIV. war der Gallikanismus ein Mittel seiner damaligen Politik gewesen; Napoleon III. bedurfte der Hingebung der dem Papst ergebenen Geistlichkeit und des Papstes selbst. Und überdies nicht zum Schutze des Konziliums waren die französischen

Truppen nach Civitavecchia geschickt, sondern zum Schutz des Kirchenstaates gegen italienische Invasionen. Man konnte nicht der Meinung sein, den Kirchenstaat um einer konziliaren Frage willen preiszugeben. Da nun auch die anderen Regierungen keinen ernstlichen Einspruch taten —, denn sie meinten immer stark genug zu sein, um sich der Ausführung unannehmbarer Beschlüsse nachträglich zu widersetzen —, so behielt Pius IX. nach dieser Seite hin vollkommen freie Hand. Sein Gedanke, die weltlichen Gewalten von aller Teilnahme an den geistlichen Beratungen auszuschließen, ward von diesen selbst faktisch angenommen: die europäischen Verhältnisse konnten nicht günstiger für den Papst liegen. Und auch die Opposition innerhalb des Katholizismus zeigte sich von Tag zu Tage schwächer.

Nachdem bei dem erwähnten Proömium und den darauf folgenden Artikeln de fide auf die von der Minorität gemachten Ausstellungen Rücksicht genommen war, gingen sie ohne vielen Widerstand durch. Die neue Geschäftsordnung wurde dadurch wesentlich anerkannt.

Nach dieser Erfahrung über die Stimmung des Konziliums wurde der Papst aufgefordert, zur Vorlage über die Unfehlbarkeit zu schreiten. Ursprünglich war dieselbe, wie berührt, zur Insertion in das Schema über die Kirche bestimmt gewesen. Die Beratungen über dieses Schema würden aber länger als man wünschte aufgehalten haben. Man zog es vor, die

Frage über die Infallibilität abgesondert vorzulegen. Am 10. Mai ließ Pius IX. den Entwurf einer Constitutio verteilen, die unter allgemeinem Titel doch hauptsächlich den Lehrsatz über die päpstliche Infallibilität enthielt. Man wiederholt darin die Verdammung der Lehre von der Superiorität des Konziliums über den Papst sowie der Appellation von der päpstlichen Gewalt an eine konziliare. Mit besonderem Nachdruck spricht man aus, daß die Beschlüsse des römischen Stuhles der Bestätigung der weltlichen Gewalt nicht bedürfen, um gültig zu sein. Den größten Wert legt man auf die Grundsätze, welche einst in den Kontroversen der lateinischen und der griechischen Kirche zur Geltung gebracht worden waren. Es erregt doch ein gewisses Erstaunen, daß in diesem Akt aus der zweiten Hälfte des 19. Jahrhunderts Worte wiederholt werden, die mehr als dreizehn Jahrhunderte zuvor ein Patriarch von Konstantinopel dem römischen Papste nach dessen Forderung geschrieben hat. Es sind Worte, welche die solenneste Anerkennung der Vorzüge des römischen Stuhles und seiner Infallibilität enthalten, die es geben kann.

Die von anderer Seite her in Abrede gestellte Bedeutung der Beschlüsse des zweiten lugdunensischen Konziliums und des florentinischen wird hier als eine unbezweifelte behauptet; den Umfang der päpstlichen Infallibilität dehnt man eher aus und erschöpft ihn, als daß man zurückgewichen wäre.

Alles bildet eine einzige Kette von Anforderungen

und Ansprüchen, die man nun zu einer allgemeinen Anerkennung zu bringen hoffte, wie sie ihnen noch nie zuteil geworden war.

Die Generaldebatte begann am 14. Mai.

Noch einmal traten die Einwendungen auf, die von der Stimmung der verschiedenen Nationen und der Rückwirkung, welche das Dekret machen werde, hergenommen sind. Man sagte, in der Schweiz würde es zugunsten der Radikalen wirken; von den Protestanten in England werde es selbst gewünscht; die Katholiken in Irland seien keineswegs dafür. Man verbarg sich nicht, daß die deutsche Wissenschaft damit in Widerspruch stehe. Die Amerikaner gaben zu bedenken, daß nur die freieste Kirche in den Vereinigten Staaten auf Fortschritte zählen dürfe; man halte dort dafür, wie die Könige um der Völker willen, sei der Papst um der Kirche willen da, um ihr zu nützen, nicht um sie zu beherrschen. Der Bischof von Syrmien bemerkte, daß den acht Millionen katholischer Kroaten dadurch das Zusammenleben mit ihren andersgläubigen Landsleuten sehr erschwert und jene selbst vielmehr in ihrem Glauben erschüttert werden würden. Der Erzbischof von Prag ließ verlauten, bei den Böhmen werde das Dekret die Folge haben, daß sie zuerst Schismatiker und dann Protestanten würden. Die umfassendste Ansicht stellte Darboy, Erzbischof von Paris, auf. Er führte aus, daß die Erklärung der Infallibilität weder das orientalische Christentum wieder beleben, noch die Bekehrung der Heiden be-

fördern, noch auch die Protestanten in den Schoß der
katholischen Kirche zurückzuführen beitragen werde;
und die Hauptsache: in dem Inneren der katholischen
Staaten werde es nachteilig wirken. Überall trage
Legislation und Staatsverwaltung einen durchaus
weltlichen Charakter; selbst die Familie sei durch das
Ehegesetz von demselben ergriffen; denen, welche die
Last alter Satzungen von sich abzuschütteln wünschen,
denke man nun ein neues Dogma aufzulegen, und zwar
durch eine Versammlung, deren Freiheit von vielen
in Abrede gestellt werde. Aber die Welt wolle nun
einmal die Wahrheit sich nicht als Gebot aufbringen
lassen; der Syllabus sei in ganz Europa bekannt ge=
worden: was habe er selbst da genützt, wo er als
ein infallibles Orakel aufgenommen sei? In zwei vor=
zugsweise katholischen Reichen, Spanien und Öster=
reich, habe er eine für die Religion schädliche Auf=
regung hervorgebracht. Der Erzbischof deutete an, daß
das Dekret in Frankreich die Trennung der Kirche
vom Staate herbeiführen und dies Beispiel in Europa
Nachfolge finden werde. Bei der Stärke dieser Ein=
wendungen und dem Eindruck, den sie machten, er=
hob sich das Selbstgefühl der Minderheit aufs neue.
Als die Generaldebatte plötzlich abgebrochen wurde,
war bei der Minorität davon die Rede, daß man sich
fortan aller tätigen Teilnahme an dem Konzilium
enthalten, oder sich durch feierliche Verwahrungen
helfen solle. Aber es gab gleichsam eine innere Fessel,
welche alle ernstlichen Gegenwirkungen unmöglich

machte: die Ehrfurcht vor dem Papste, der die Versammlung berufen hatte, und die allgemeine kirchliche Intention, die ein jeder teilte.

Bei der Spezialdebatte, die am 6. Juni begann und am 15. Juni bereits das vierte entscheidende Kapitel über die Unfehlbarkeit erreichte, trat noch ein anderer doktrineller Gesichtspunkt hervor. Aus dem Orden der Dominikaner, der niemals mit den Jesuiten sehr befreundet gewesen war, erscholl eine verwerfende Stimme.

Ein Kardinal aus diesem Orden, in Verbindung mit 15 anderen dominikanischen Bischöfen, stellte die Behauptung auf, daß die Infallibilität des Papstes nicht auf einer Art von persönlicher Inspiration beruhe, sondern daß sie nur dann statthabe, wenn der Papst die Meinung der Bischöfe und der allgemeinen Kirche überhaupt ausspreche. Er schlug einen Kanon vor, demzufolge der Papst nicht nach seiner Willkür, sondern nach dem Rat der Bischöfe, welche die Tradition der Kirche darstellen, seine Definitionen erlasse. Er bezog sich dabei auf Thomas von Aquino, dessen Worte er in diesem Sinne auslegte. Eine Einwendung, welche niemand mehr erwartet hatte, und welche nun die besondere Indignation des Papstes erregte: „die Tradition der Kirche, das bin ich," soll er gesagt haben. Er machte dem Kardinal zum Vorwurf, daß er die liberalen Katholiken, die Revolution und den Hof von Florenz unterstütze. In der nächsten Kongregation wurde derselbe belehrt, daß es nicht so sehr auf die Bi=

schöfe hiebei ankomme, deren Autorität sich ja selbst von der päpstlichen herleite, als auf den Beistand des Heiligen Geistes. Aber die Frage war damit noch nicht erledigt. Zu dem Wesen des Katholizismus gehört es, an die Untrüglichkeit der Kirche zu glauben. Dabei wurde von jeher der größte Wert auf die Aussprüche der Bischöfe und Doktoren, namentlich wenn sie in einem Konzilium vereinigt seien, gelegt. Man schrieb ihnen ein Recht zu, das auf ihrer eigenen, ihnen selbst inhärierenden Autorität beruhe. Bei den namhaftesten Lehrern der neueren Zeit ist die Infallibilität der Kirche davon hergeleitet worden, daß der Erlöser in der Kirche fortlebe, das Göttliche in dem Menschlichen. Die Frage war nur, durch wen es zum Ausdruck komme. Dem damaligen Konzilium machten viele den Vorwurf, daß es sich nicht eigne, das Gesamtbewußtsein der Kirche zur Unterscheidung zu bringen. Für den Papst hatte diese Einwendung geringe Bedeutung: wiewohl er an der Rechtsbeständigkeit der Beschlüsse der von ihm berufenen Kirchenversammlung und dem Werte der bischöflichen Beistimmung festhielt, so glaubte er doch an dieselbe nicht gebunden zu sein.

In dem rebidierten Schema, das am 13. Juli zur Vorlage kam, wird der Anteil der bischöflichen Autorität an der Unfehlbarkeit gänzlich geleugnet. Darin wird wiederholt: oft sei es geschehen, daß die Bischöfe entweder einzeln oder auch vereinigt in schwierigen Fragen, die über den Glauben entstanden, sich an den römischen Stuhl gewendet haben, um eine Heilung der Schäden dort zu suchen, wo der Glauben niemals mangele. Nicht selten habe auch der apostolische Stuhl es ratsam gefunden, in allgemeinen Konzilien oder auch in besonderen Synoden eine Definition dessen auszusprechen, wovon er unter dem Beistande Gottes erkannt hatte, daß es mit den Offenbarungen und den apostolischen Traditionen übereinstimme. Denn dazu sei den römischen Päpsten die Assistenz des Heiligen Geistes verheißen, damit sie den von den Aposteln überlieferten Glauben bewahren und erklären können. Die Begnadigung mit einem niemals fehlen könnenden Glauben sei den Nachfolgern Petri zuteil geworden, damit die Kirche ohne Gefahr eines Schismas in ihrer Einheit aufrechterhalten würde. Wenn schon in den früheren Entwürfen gesagt worden war, daß die Infallibilität zu einem Glaubenssatz erklärt werden solle, so wurde es jetzt mit noch größerem Nachdruck für ein von Gott geoffenbartes Dogma erklärt, daß der römische Papst, wenn er ex cathedra spricht, d. h. in seiner apostolischen Autorität Lehren über Glauben und Moral für die gesamte Christenheit definiert, die Untrüglichkeit besitze, welche Christus seiner Kirche verheißen habe. Für Pius IX. war es gleichgültig, ob die anwesenden Bischöfe fähig seien, das Bewußtsein der Kirche zu vertreten und auszusprechen: er bedurfte ihrer nicht einmal; denn die der Kirche verheißene Untrüglichkeit nahm er für den Stuhl Petri in Anspruch. Man hat bereits gesagt, daß der

Papst durch sich selbst unabänderliche Glaubensdefinitionen erlasse; um keinem Zweifel Raum zu geben, wurde den Worten „durch sich selbst" der Zusatz beigefügt: nicht infolge der Zustimmung der Kirche.

In dieser Gestalt kam die Vorlage am 18. Juli 1870 zur definitiven Abstimmung, bei welcher Pius IX. im päpstlichen Ornate erschien und seinen Thron einnahm. Die Zugänge zu der Aula waren weit geöffnet. Obgleich die Vorlage den Voraussetzungen der Selbständigkeit der bischöflichen Autorität entgegentrat, so fand sie doch so gut wie keinen Widerspruch. Es ist wahr, daß eine nicht geringe Anzahl von Bischöfen aus einem oder dem anderen Grunde entfernt blieb. Von den Anwesenden — es waren ihrer 535 — wurde das Dogma nahezu einstimmig angenommen: nur zwei haben mit non placet geantwortet. Unter allgemeinem Jubel wurde dieses Ergebnis der Stimmenzählung bekannt. In lautloser Stille vernahm man dann die definitive Entscheidung des Papstes, der sich jetzt von seinem Sitze erhob und die verlesenen Artikel, denen das heilige Konzilium beistimme, mit apostolischer Autorität bestätigte. Es geschah unter dem Donner und Blitz eines Gewitters, das über den Vatikan heraufgezogen war. Die eifrigen Anhänger des Papsttums trugen kein Bedenken, das Gedächtnis der Verkündigung des mosaischen Gesetzes auf dem Sinai heraufzubeschwören.

Das Konzil war damit nicht geschlossen, es wurde nur vertagt; aber das ergangene, auf das feierlichste sanktionierte Dekret ist doch an sich von inhaltschwerster Bedeutung.

Die Frage über das Verhältnis der bischöflichen und der oberhirtlichen, der päpstlichen und der konziliaren Autorität, welche die lange Reihe der verflossenen Jahrhunderte mit Streit erfüllt hatte, wurde dadurch zugunsten der absoluten Gewalt des römischen Stuhles entschieden. Den Nationalitätsbestrebungen der Kirche, repräsentiert durch die Bischöfe, welche einst den Sieg davontragen zu müssen geschienen, wurde ein Ende gemacht. Und was man fast am höchsten anschlug, war die Anerkennung einer lebendigen Autorität, auf göttlicher Einwirkung beruhend, inmitten der Streitigkeiten der Welt, deren Ursprung eben darin liege, daß man keine Autorität anerkennen wolle. Es war der kirchliche Gedanke in persönlichster Form. So hatte Pius IX. immer sein Ziel aufgefaßt; er hatte es jetzt erreicht. Wie aber der infallible Papst sich gegen alle Neuerungen des modernen Lebens ausgesprochen, so lag darin eine Bekräftigung dieser Haltung in höchster Instanz, die der um ihn versammelte Lehrkörper der Kirche guthieß.

Dem nunmehr verkündigten Lehrsatz konnte kein Bischof zu widersprechen wagen, ohne sein Dasein zu gefährden und mit der Autorität zu zerfallen, auf der seine eigene großenteils beruhte. Unleugbar mußte die Infallibilitätserklärung auf die katholischen Staaten nach und nach den größten Einfluß ausüben. Auch die Rückwirkungen freilich, vor denen man den Papst gewarnt, und die er keiner Beachtung gewürdigt hatte, mußten mehr oder minder eintreten. Aber schon war das nicht die wichtigste Eventualität, welche bevorstand.

In denselben Tagen, in welchen der Papst seine Infallibilität verkünden ließ und bestätigte, brach der Krieg zwischen Frankreich und Preußen aus. Mit Bestimmtheit finde ich nicht, daß bei der französischen Aggression religiöse Motive mitgewirkt haben. Aber wer wollte sagen, wohin es geführt hätte, wenn das Glück der Waffen zugunsten der katholischen Nation ausgefallen wäre, welches neue Übergewicht dem Papsttum, auch in der Haltung, die es annahm, dadurch hätte zuteil werden können?

Der Erfolg war der entgegengesetzte. Eine Staatsgewalt behielt den Sieg, die im Antagonismus gegen die exklusive Herrschaft des Papsttums emporgekommen war und jetzt zugleich die deutsche Sache verfocht; sie gelangte zu einer Stellung, welche ihr einen maßgebenden Anteil an der universalen politisch-religiösen Bewegung der Welt sicherte. Ein überzeugter Protestant möchte sagen: es war die göttliche Entscheidung gegen die Anmaßung des Papstes, der einzige Interpret des Glaubens und der göttlichen Geheimnisse auf Erden zu sein.

Für das Bestehen des Kirchenstaates erwies sich gleich der Ausbruch des Krieges verderblich, nicht allein deshalb, weil Frankreich militärisch Veranlassung fand, seine Truppen zurückzuziehen, sondern weil es darauf denken mußte, die Neutralität von Italien zu erhalten. Es ist wohl gesagt worden, um diese Macht zu beruhigen, müsse man ihr den Dorn aus dem Fuße ziehen, der in dem Schutze der weltlichen Macht des Papstes bestehe. Die Italiener sahen in dem Kirchenstaate, auch wie er damals war, einen Herd der Reaktion, den sie nicht dulden, oder auch die Gefahr einer republikanischen Revolution, die sie nicht zulassen dürften. Da indes das französische Kaisertum durch die preußischen Waffen niedergeworfen war, so behielten sie vollkommen freie Hand. An eine Verteidigung Roms durch die Freiwilligen, die den Papst umgaben, gegen eine große italienische Armee war nicht zu denken. Nicht ohne Würde wich der Papst. Er schloß keine Abkunft; aber er ließ die Besitzergreifung ohne eigentlichen Widerstand geschehen. Er selbst gab den Befehl, da es nun einmal nicht anders war, die weiße Fahne auf der Engelsburg aufzuziehen. Den Truppen, welche gekommen waren, ihn zu verteidigen, gab er bei ihrem Abzuge von der Höhe der Stufen von St. Peter seinen Segen. Er zog sich auf seine geistliche Autorität zurück, deren ungehinderte Ausübung ihm die Italiener allen anderen Mächten gegenüber garantiert hatten.

Inwiefern dieselbe unter den veränderten Umständen möglich sein werde, darauf beruhen nunmehr die Gegenwart und die Zukunft.

Kardinal Consalvi und seine Staatsverwaltung unter dem Pontifikat Pius' VII.

Vorrede.

Der Geschichte der Päpste lasse ich in den gesammelten Werken eine Abhandlung folgen, die ursprünglich früher geschrieben worden ist, die aber, insofern sie einen ihrer letzten Abschnitte näher erläutert, als eine Art von Ergänzung derselben betrachtet werden kann. Ich habe den Hauptbestandteil dieser Abhandlung verfaßt, kurz nachdem ich von einem längeren Aufenthalt in Italien zurückgekommen war, in der Frische unmittelbarer Erinnerung und auf Grund authentischer Informationen, die mir mitgeteilt wurden. Ich hatte ihr damals den Titel gegeben: Rom 1815—1823. Und ich darf hier wohl die Worte wiederholen, mit denen ich sie einleitete; sie bezeichnen den Standpunkt, auf welchem wir uns damals befanden.

Mit dem Namen Rom verbindet man fast unwillkürlich die großartigen und heiteren Erinnerungen des Altertums.

Wir sind in dem Nachteil, den Blick auf die nächste römische Vergangenheit richten zu müssen, die einen solchen Reiz freilich nicht hat und ein so rein menschliches Interesse bei weitem nicht darbietet.

Für uns und das Verständnis unserer Gegenwart indessen ist dieselbe von großer Wichtigkeit. Nicht etwa nur deshalb, weil eine noch unentschiedene europäische Frage den römischen Staat betrifft. Diese Frage selbst führt uns auf ein weiteres Feld, auf dem auch sie ihre Lösung erwartet.

Sie berührt die Vereinigung geistlicher und weltlicher Gewalt, welche den Charakter des römischen Staates, ich weiß nicht, ob ursprünglich und mit Notwendigkeit, aber doch schon mehrere Jahrhunderte hindurch ausmacht, und ihm eben seine Bedeutung gibt.

Noch immer bildet Rom einen Mittelpunkt hauptsächlich der romanischen Völker, zu denen es selber gehört. Durch seine geistliche Stellung, durch die Wirkung, die es ausübt, durch die Rückwirkung, die es erfährt, erhält es diese Nationen in einer steten inneren Bewegung, um so mehr, da es vermöge seiner weltlichen Lage ihre Entwickelung mit Notwendigkeit teilt.

Aus einer lange fortgesetzten religiös-politischen Gärung, an der alle romanischen Nationen, wie in der Sache der Jesuiten offenbar ist, mehr oder minder teilnahmen, erzeugte sich in der mächtigsten und lebendigsten unter ihnen der Sturm der Revolution.

Kein Wunder, wenn diese, wie sie aus einer entschiedenen Feindseligkeit gegen den Katholizismus hervorgegangen war, sich auch unmittelbar wider den römischen Stuhl wendete. „Wir müssen," schrieb das französische Direktorium bereits 1797, als man den Tod des Papstes erwartete, „die Gelegenheit benutzen, um die Errichtung einer repräsentativen Regierung in Rom zu begünstigen und die Welt endlich von der päpstlichen Herrschaft zu befreien." Wiewohl es dahin nicht gekommen ist — die Franzosen waren gerade in dem Augenblicke nicht die Meister, als Pius VI. starb, und das Konklave konnte unter dem Schutze der verbündeten Mächte gehalten werden — so ist doch die Hierarchie niemals zugleich in ihren beiden Beziehungen so tief erschüttert worden, als es zwischen 1789 und 1814 geschehen ist.

Endlich folgte die Restauration. Wollte man sie mit einem Worte und im ganzen bezeichnen, so müßte man sie als eine Reaktion der germanischen Welt und des Nordens gegen die revolutionierten romanischen Völker betrachten, die in ihrem neuen Zustand durch den Gang der Begebenheiten zu einer Weltmacht geworden waren, welche alles mit sich fortriß und verschlang, neben der keine andere bestehen konnte. Die Restauration ist, daß diese Macht gebrochen wurde. Man sagt wohl, sie stellte die alten Gewalten wieder her. Besser würde gesagt, sie gab ihnen Raum, sich herzustellen. Ihnen selber blieb die Hauptsache überlassen. Wie den übrigen, so der Hierarchie.

Zu erörtern, wie diese nun nach dem Umschwung der Weltbegebenheiten, und mit welchem Glücke sie eine eigentlichere innere Herstellung versuchte, ist die Absicht des folgenden Aufsatzes. Ich wünschte sowohl das Getriebe des römischen Staates in sich selber als seine Stellung zu der Welt, soviel mir möglich, zur Anschauung zu bringen.

Um dabei nicht fehlzugehen, wird es notwendig sein, den Blick noch einmal zurückzuwenden und den Kampf zu betrachten, in welchen das Papsttum mit dem Beherrscher jener revolutionären Weltmacht einige Jahre lang verwickelt war.

So schrieb ich im Jahre 1832.

Seitdem hat sich nun der historisch-politische Standpunkt selbst verändert. Der Kirchenstaat besteht in seiner alten Form nicht mehr: Rom ist die Hauptstadt eines italienischen Königreiches geworden. Das politische Interesse, welches damals den Blick auf den Kirchenstaat richtete, ist dadurch verringert worden; das historische aber um so mehr hervorgetreten. Für die Kunde der Ereignisse ist dann eine wichtige Bereicherung hinzugekommen. Von dem Kardinal Consalvi sind authentische, von ihm selbst verfaßte Memoiren erschienen, die dann einige Widerrede hervorgerufen und Mitteilung einer Reihe seiner Depeschen veranlaßt haben. Weder die einen noch die anderen erstrecken sich zwar auf die Periode seiner Staatsverwaltung, welche den eigentlichen Gegenstand dieser Abhandlung bildet; allein sie bieten für die frühere neue Informationen dar, die zum Verständnis seiner Handlungen wesentlich beitragen. Ich habe nicht versäumen dürfen, den Inhalt derselben in den ersten Teil meiner Abhandlung aufzunehmen. Die späteren Kapitel haben nur in ihrer Form eine Veränderung erfahren. Einige Bemerkungen, die den ferneren Gang der Ereignisse andeuten, habe ich ebenfalls hinzugefügt.

Einleitung.
Ursprüngliches Verhältnis zwischen Napoleon und Pius VII.

Als Napoleon Ägypten erobert hatte und St. Jean d'Acre belagerte, dachte er an die Errichtung eines orientalischen Reiches. Die Bewohner der benachbarten Gebirge erwarteten nur seinen Sieg, um sich ihm anzuschließen; schon hatte er die Schlüssel von Damaskus; die ganze arabische Bevölkerung bedurfte nichts als einen Anführer; Konstantinopel hätte ihm nicht widerstanden, Indien wäre ihm nicht zu fern gewesen. Es wäre wohl zu viel gesagt, wenn man ihm einen in bestimmten Umrissen hiezu entworfenen Plan zuschreiben wollte; er dachte daran nur als an eine große Möglichkeit; auf Spaziergängen, in unbeschäftigten einsamen Augenblicken schmeichelte er sich mit dieser gigantischen Aussicht. Zum Teil in so großen Hoffnungen, zum Teil in dem Gefühle der augenblicklichen Notwendigkeit, das Erworbene in Ruhe zu behaupten, beschäftigte er sich dann mit dem Glauben jener Völkerschaften. Er sah den Einfluß der Ulemas und suchte sich desselben zu versichern. Er wohnte ihren Festen bei; seine Berichte an die Scheiks und Imams beginnen mit der Glaubensformel der Moslemin; seine Tagesbefehle an die französischen Generale unterscheiden seine Sache von der Sache der Christen: man führt ein Schreiben an Menou an, in welchem sogar „von unserm Propheten" die Rede ist.

Wieviel kam da auf St. Jean d'Acre an! Napoleon sagte: „das Schicksal des Orients hängt an diesem Neste." Aber man weiß: er vermochte es nicht zu bezwingen.

Napoleon kehrte nach Frankreich zurück. Gar bald sah er Europa und zwar zunächst die katholische Hälfte zu seinen Füßen; nicht ein orientalisches, sondern ein okzidentalisches Reich zu errichten war ihm bestimmt.

Statt der Ulemas des Ostens fand er im Abendland die Priester, zwar heruntergebracht, halb vernichtet, aber selbst in diesem Verfall noch mächtig und von großem Einfluß. Wie dort jene, so zogen nunmehr diese seine ganze Aufmerksamkeit auf sich. Es ist doch sehr bezeichnend, daß er in den Bemerkungen zu einem neueren Werke von den Beobachtungen, die er über die mohammedanischen Sekten und ihr Verhältnis zu Konstantinopel gemacht habe, ausgeht, um auf die Notwendigkeit eines Konkordates mit Rom zu kommen.

Gewiß selten hat ein Fürst alle positive Religion mit einer so selbstbewußten Gleichgültigkeit, so entschieden als etwas ihm Äußerliches, als Material und Hilfsmittel angesehen. Er erklärte sich für das Christentum, nicht weil es von göttlichem Inhalt sei, sondern weil es diene, die Menschen im Zaume zu halten, sie gute Sitten lehre und ihren Hang zum

Wunderbaren befriedige. Er hätte sich für Konfuzius und Mohammed so gut erklärt wie für Christus. In Ägypten, sagte er, war ich ein Mohammedaner, in Frankreich bin ich ein Katholik. In dem Moment, daß ihm die Zügel der Regierung zufielen, hätte er vielleicht ebensogut den Protestantismus ergreifen können. Er wählte den Katholizismus, nicht weil er ihm die Wahrheit zu enthalten geschienen hätte, sondern weil die Mehrzahl der Franzosen diesem Bekenntnisse entweder noch anhing oder leicht wieder zu demselben zu bringen war; er tat es auch noch aus einem anderen Grunde, auf den es uns hier ankommt. Er zog den Katholizismus vor, weil derselbe den Papst hatte. Und warum dies? Hatte Napoleon nicht gerade von dem Papst einen Widerstand zu erwarten, wie ihn in der Regel alle weltlichen Gewalten gefunden haben? Unverhohlen spricht er seinen Gedanken aus. „Ich verzweifelte nicht," sagt er, „durch ein Mittel oder das andere die Leitung dieses Papstes an mich zu bringen; und alsdann welch ein Einfluß!"

Bei dem Abschluß des Konkordates von 1801, dessen wir sogleich gedenken werden, hat er gesagt: hätte es keinen Papst gegeben, so hätte man ihn für diesen Fall besonders machen müssen.

Freilich gehörte gerade ein solcher Papst dazu, wie Pius VII. war.

Man hat uns so viel davon gesagt, wir haben so oft davon gelesen, daß wir am Ende fast unwillkürlich mit dem Gedanken eines katholischen Priesters die Idee von Verschlagenheit und Herrschsucht, von Heuchelei und Aberglauben zu verbinden gelernt haben.

Es gibt gewiß viele Beispiele von dieser Mißbildung.

Sollte aber wohl die christliche Religion, so ganz unweltlich in ihrem Wesen, von einer so inneren Lauterkeit, daß sie von selbst zur Nachfolge in derselben erzieht, nicht auch da, wo sie in minder reinen Formen erscheint, ihre ursprüngliche Wirkung entwickeln können? Sollte nur die Ausartung wirken, und niemals die innere Kraft, um welche sich jene nur angelegt hat?.

Ich bekenne, daß ich in diesem Stande so gut als in irgendeinem anderen Männer von dem reinsten und kindlichsten Sinn, ohne Anspruch an die Welt, bescheiden und duldsam, glückselig in ungestörtem Herzensfrieden, voll wahrer Frömmigkeit gefunden habe. Welch ein Abstand zwischen jener Verdorbenheit, von der man uns erzählte, und dem Ideal von Güte und innerem Adel, das in ihnen lebt.

Vielleicht war diese Gesinnung lange Zeit nicht zu einer so vollkommenen Ausbildung gekommen, wie in dem Oberhaupt, das der katholischen Kirche 24 schwere Jahre während der Stürme der Revolution vorgestanden hat.

Pius VII. hatte einen Ausdruck, der selbst die weltlichsten Menschen hinriß. „Er ist ein Lamm," sagte Napoleon, „wahrhaft ein guter Mensch, ein Engel von Güte." „Wenn die Augen der Spiegel der Seele sind," sagt de Pradt, „so muß die Seele Pius VII. himmlisch sein, mehr als die Seele irgendeines anderen Sterblichen."

Nicht daß diese Sanftmut und unerschütterliche Güte ihm so ganz von Natur beigewohnt hätten. Als er Consalvi zuerst in sein Vertrauen aufnahm, sagte er ihm: „Sie haben meinen Vorgänger gekannt; Sie wissen, wie leicht er aufzubringen war. Nun wohl! Ich bin einer gleichen Leidenschaftlichkeit unterworfen. Gott gibt mir aber die Gnade, daß ich sie besiege." Der Kardinal fand, daß dem so war. In dem ersten Augenblick eines Ereignisses, einer Eröffnung, war dem Papst eine innere Erregbarkeit anzusehen. Diese milden Augen verrieten noch ein anderes Feuer, das indessen bald der gewohnten Erhebung der Seele Platz machte.

Solche Gewöhnung wurde ihm Natur. Wenn irgendein anderer, so bedurfte er sie.

Schon damals, als die Franzosen zuerst den Kirchenstaat demokratisierten. Er war noch Bischof von Imola. Er zeigte sich erhaben über die Leidenschaften des Tages. Diesen wilden Republikanern hielt er weislich vor, daß die Tugend das Prinzip der Republik sei, daß die christliche Religion selber Verbrüderung fordere; sie würden gute Demokraten sein, wären sie nur erst tugendhaft und gute Christen.

Wie viel mehr in seinem Verhältnis als das geistliche Oberhaupt zu dem aus der Revolution hervorgegangenen neuen Staate und zu dem Kaisertum.

Zufrieden, die Religion wieder anerkannt, das Christentum wiederhergestellt zu sehen, mußte er in den größten Verlust einwilligen, den die Kirche seit der Reformation erlitten hatte; so viele Diözesen auf einmal, so unermeßliche Güter entschloß er sich um des höheren Zweckes willen aufzugeben.

Welch ein Irrtum war es aber, dabei ein vollkommenes Einverständnis zwischen Pius und Napoleon selbst vorauszusetzen. Eben an dieses Moment knüpften sich Mißverständnisse an, die, vor den Augen der Welt verborgen, nach und nach den ganzen Horizont beherrschten. Um sie kennen zu lernen, müssen wir die Stellung und die Tätigkeit des vornehmsten der Ratgeber Pius' VII., des Kardinals Consalvi, ins Auge fassen.

Erstes Kapitel.

Kardinal Consalvi, sein Anteil an dem Konklave und an dem Konkordat.

Man hat eine Sammlung von Gedichten hervorgezogen, welche die Zöglinge des Seminars von Frascati im Jahre 1772 vor dem Gründer und Beschützer desselben, dem Kardinal von York, rezitierten. Vor allen zeichnet sich eins durch edle und jugendlich emporstrebende Begeisterung aus. Der junge Verfasser glaubt die Mühseligkeit personifiziert zu erblicken, mit mürrischen Brauen, wie er sagt, und fleischloser Wange; sie droht ihm lange Nachtwachen und kummervolle Arbeit an. Allein er fürchtet sie nicht. Freudig will er sich den Schweiß von der Stirn wischen, er hofft dafür ein günstiges Lächeln seiner Göttin, die er anruft, der friedlichen Pallas. In ihrem Geleite denkt er zum Ziele seiner Wünsche zu gelangen. „Mich erwarten," ruft er aus, „ich weiß es, Ehre, Reichtümer und Ruhm, aber eben dies ist mir ein Sporn, eine erwünschte Ermunterung zu edler Arbeit."

Ercole Marchese Consalvi war 15 Jahre alt, als er dies Gedicht verfaßte. Man sagt wohl, was man in der Jugend begehrt, hat man im Alter die Fülle, und gewiß, in dem zusammengenommenen Wunsche einer gesunden Jugend liegt gleichsam ein großes Vorgefühl der Zukunft, eine Art von Forderung der noch verborgenen Kräfte an das Schicksal, der dieses oftmals Folge leistet.

Consalvi, am 8. Juni 1757 in Rom geboren, stammte aus einer Familie alter städtischer Notabilität, die von Pisa ausgewandert war; erst sein Großvater hatte kraft testamentarischer Bestimmung, in deren Folge ihm die Erbschaft eines Consalvi zuteil wurde, Titel und Wappen dieser Familie angenommen, die an sich nicht zu dem einheimischen Adel in Rom gehörte. Von Jugend auf widmete er sich der Kirche, die in Rom zugleich die Regierung war. Der Methode des Professors, der ihn in Mathematik und Philosophie unterrichtete, schreibt er es zu, wenn man später an ihm selbst gesundes Urteil und kritische Unterscheidungsgabe gerühmt habe. In der Akademia ekklesiastika erscheint der Pater Zaccaria, ein früherer Jesuit, der sich eines großen Rufes erfreute, als sein vornehmster Lehrer. Im Jahre 1783 trat der junge Consalvi als Cameriere segreto Papst Pius' VI. in die Prälatur; einer raschen Beförderung hatte er sich nicht gerade zu rühmen, doch gelangte er durch die Protektion seines Oheims, des Kardinal Negroni, zu dem Sekretariat des Hospitiv San Michele, welches eine große Mannigfaltigkeit von Geschäften umfaßte. Doch wollte ihn der Papst nicht in der Administration, sondern in der Magistratur befördern. Im Jahre 1792 wurde er Auditor di Rota. In diesem Amt, das ihm Zeit zu kleinen Reisen übrigließ, glaubte er ruhig das Kardinalat, das mit der obersten Stelle in der Rota verknüpft war, erwarten zu können. Jene glänzende Periode des Lebens und Daseins, welche auch zu Rom der Revolution unmittelbar vorherging, genoß er in der Kraft und Blüte seines Mannesalters. In allen guten Gesellschaften sah man ihn; er hatte das Talent, mit vielen verschiedenen Persönlichkeiten zu verkehren und aus dem Umgang mit ihnen Nutzen zu ziehen. Mit den ersten unter den Geistlichen und Staatsmännern, den Gelehrten und Künstlern, die sich in Rom befanden, war er vertraut; die ausgezeichnet= sten Fremden suchten ihn auf. Cimarosa trug nächte= lang seine Kompositionen ihm zuerst vor. Was er selbst über diese Zeiten erzählt, atmet den Geist eines friedlichen Behagens und ruhigen Emporstre= bens, welcher der Kurie dieser Zeit eigen war. Unter anderem lernt man daraus die Rücksicht kennen, welche Pius VI. den hohen Würdenträgern der Kirche zuteil werden ließ, ohne doch dabei seinen souveränen Willen aufzugeben. Consalvi stand mit dem Nepoten des Papstes, Braschi, den Häusern Giustiniani und Rus= poli in freundschaftlicher Beziehung und sah nach allen Seiten hin einer sicheren, ehrenvollen Zukunft entgegen. Da trat nun aber die große Begebenheit ein, welche allen bisherigen Zuständen der Welt den Untergang drohte: die Französische Revolution. Durch die siegreichen Fortschritte derselben in Italien wurde Consalvi unmittelbar berührt und die Richtung seines Lebens geändert.

Um vor den aus der zisalpinischen Republik drohenden Invasionen sicher zu sein, reichte das bisherige Kriegswesen des Kirchenstaates, das unter dem Presidente delle Armi stand, nicht hin; der Papst sah sich veranlaßt, den General Caprara aus dem österreichischen Dienst in den seinen zu nehmen; da man es aber nicht für passend hielt, denselben dem Presidente unterzuordnen, so ernannte der Papst eine neue Kongregation, durch die er unmittelbar mit dem General zu verhandeln gedachte; er wählte Consalvi zum Sekretär derselben; eine Stellung, in der dieser nicht allein eine große Aufgabe zu erfüllen hatte, sondern auch bei allen denen, welche an der bisherigen Ordnung der Dinge teilgenommen, Mißvergnügen und Widerstreben erregte. Die bitterste Feindseligkeit erwachte, als die Kongregation, da die Kosten verringert werden mußten, bereits promovierte Offiziere in ihren früheren Grad zurückversetzte. Dennoch gelang es, die Ordnung aufrechtzuerhalten, was um so wichtiger war, da das Direktorium der französischen Republik zu der Meinung Anlaß gab, als denke es innere Unordnungen zur gewaltsamen Besitznahme Roms zu benutzen. Infolge der Ermordung des Generals Duphot erhielt diese Besorgnis ihre Bestätigung. Consalvi versichert, das römische Volk sei bereit gewesen, sich den vordringenden Franzosen entgegenzusetzen; aber dazu wollte die Regierung nicht die Hand bieten, denn es würde die größten Verwirrungen veranlaßt haben. Ohne Widerstand rückten die Franzosen ein; Consalvi selbst kam in den Fall, die Überlieferung der Engelsburg an dieselben einleiten und überwachen zu müssen. Bald darauf folgte die gewaltsame Wegführung des Papstes, die Proklamierung der Republik. Auch Consalvi geriet in die größte Gefahr, da man ihn für den Urheber der früher ergriffenen kriegerischen Maßregeln hielt. Er wurde in die Engelsburg eingeschlossen und dann zwar nicht, wie er fürchtete, zur Deportation, aber zu ewiger Verbannung aus dem Kirchenstaate verurteilt. In Gesellschaft von gemeinen Verbrechern wurde er nach Terracina gebracht. Er verdankte es dem Kardinal York, der nach Neapel geflüchtet war, daß er Aufnahme daselbst fand; aber seines Bleibens war dort nicht; er dachte seine Dienste dem unglücklichen Papste zu weihen, der damals nach der Karthause bei Florenz gebracht war. Wirklich ist es ihm gelungen, von Livorno aus dahin zu gelangen. Er sah Pius VI., allein die Erlaubnis, bei ihm zu bleiben, konnte er nicht erhalten. Der Papst gab ihm seinen Segen; Consalvi sagt, wie einer der Patriarchen alter Zeit. Im August 1799 erlag der Papst den Gewaltsamkeiten, die er erfuhr. Vor seinem Ende hatte er selbst verfügt, daß das Konklave da gehalten werden solle, wo sich die meisten Kardinäle befinden würden. Dies war nun damals im Venezianischen der Fall. In guter Anzahl kamen die Kardinäle selbst zu diesem

Behufe in Venedig zusammen, wohin sich Consalvi
schon früher begeben hatte.

Es waren die Zeiten, in welchen die zweite Koali=
tion große und glänzende Fortschritte machte. Kaiser
Franz trug die Kosten des neuen Konklave. Es schien
nicht anders bevorzustehen, als daß ein Papst in dem
Sinne der Koalition gewählt würde.

In diesem Moment hat nun Consalvi eine eigen=
tümliche Stellung genommen, von der sein folgendes
Leben bestimmt worden ist. Die Kongregation der Kar=
dinäle hatte ihn zum Sekretär des künftigen Konklave
ernannt. Er faßte die ersten Briefe ab, welche zu
schreiben waren und besorgte die Herbeirufung anderer
Kardinäle, die äußeren Einrichtungen, namentlich
auch die für die Versammlung des Konklave geeignete
Lokalität im Benediktinerkloster San Giorgio; dann
aber gewann er auch Einfluß auf die Wahl. Wäre
dies Konklave sich selbst überlassen geblieben, so würde
Kardinal Bellisomi die erforderlichen zwei Drittel der
Stimmen wahrscheinlich bald erlangt haben. Dem setzte
sich jedoch Kardinal Herzan, der zugleich als öster=
reichischer Gesandter fungierte, entgegen. Er hielt die
Wahl auf, um erst bei Kaiser Franz deshalb anzu=
fragen. Allein darüber erwachte in den Kardinälen
das kirchliche Selbstgefühl: sie meinten fast, der vor=
gregorianische Brauch, über eine künftige Wahl bei
den Kaisern erst anzufragen, solle wieder erneuert
werden. In der Verstimmung hierüber geschah dann,
daß auch der von Österreich vorgeschlagene Kardinal

Mattei nachhaltigen Widerstand fand. Der Hauptgrund lag ohne Zweifel darin, daß man keinen Papst wählen wollte, der nicht entschlossen wäre, sein ganzes Gebiet wieder in Besitz zu nehmen. Die Skrutinien schwankten hin und her. Das Konklave selbst wurde ungeduldig darüber. Da hat nun Consalvi, obwohl nur Sekretär, zur Entscheidung wesentlich beigetragen. Er ist es nicht gewesen, der den Kardinal Chiaramonti zuerst genannt hat; das ist von Maury geschehen, wahrscheinlich im geheimen Einverständnis mit Kardinal Russo; aber Consalvi gab die Mittel an, durch welche der Führer der Minorität, Antonelli, bewogen werden konnte, ein Mitglied der Majorität, zu welcher Chiaramonti gehörte, anzunehmen; er bediente sich dabei der Vermittelung eines geschickten Konklavisten. Bei Kardinal Braschi, von dem die Mehrheit abhing, setzte Consalvi selbst seinen Einfluß ein, so daß, als der entscheidende Tag anbrach, Chiaramonti einmütig zum Papste gewählt wurde. Dieser nahm seinem Vorgänger, dem er seine Erhebung zum Purpur verdankte, zu Ehren den Namen Pius VII. an. Man wird zugestehen müssen, daß bei der Wahl das Prinzip der kirchlichen Unabhängigkeit auch unter den schwierigsten Umständen gewahrt wurde. Sie kann zu den Ereignissen gerechnet werden, durch welche die zweite Koalition in sich selbst gebrochen worden ist.

In Wien hätte man nichts mehr gewünscht, als daß der neue Papst sich selbst dahin begeben hätte. Pius VII. lehnte das ab, denn sein geistlicher Beruf fordere vor allem seine Rückkehr nach Rom. Daß diese aber bereits geschehen konnte, beruhte auf den Differenzen zwischen den Höfen von Neapel und Wien. Das Königreich Neapel fühlte sich in seiner Unabhängigkeit von Österreich bedroht und hatte ein Interesse, den Papst wieder in Rom zu sehen, der ihm als Bollwerk dienen werde. Die Versuche, den neuen Papst noch vor seiner Abreise zur Verzichtleistung auf die drei Legationen, die von den Franzosen dem Kirchenstaat entrissen, jetzt aber von den Österreichern in Besitz genommen waren, zu vermögen, scheiterten an der Festigkeit desselben, in der ihn Consalvi bestärkte. War nun Widerstreit gegen Österreich die Signatur dieses Pontifikates in seinem Ursprung, so wurde es in demselben durch die Wendung, welche die Weltereignisse nahmen, bestätigt. Auf der Reise nach Rom erhielt Pius VII. die Nachricht von der Schlacht bei Marengo. In offenbarem Gegensatz gegen die Herrschaft von Österreich in Italien kehrte der Papst nach seiner Hauptstadt zurück. Im gewissen Sinne war er jetzt der Verbündete der Franzosen, die seinen Vorgänger entthront hatten.

Bald nach der Rückkehr wurde Consalvi zum Kardinal erhoben, wobei man nicht vergessen darf, daß doch das Staatssekretariat, das er jetzt ohne Einschränkung annahm, sein eigentliches Fundament war und blieb. Er gab sich unendliche Mühe, den Kirchenstaat wieder zu organisieren. Bei den Neuerungen, die er zu diesem Zwecke für notwendig hielt, fand er jedoch den größten

Widerstand in der Hierarchie der alten Behörden. Das Wichtigste aber, was den römischen Hof beschäftigen konnte und beschäftigte, waren die religiösen Angelegenheiten.

Konkordat von 1801.

Napoleon Bonaparte nahm die Legationen wieder in Besitz, aber zugleich ließ er den Papst durch einen befreundeten Bischof wissen, daß er mit ihm über die religiösen Angelegenheiten in Negotiationen einzutreten wünsche. Unermeßlich war die Aussicht, die sich hierdurch dem römischen Stuhle eröffnete, denn noch war der Katholizismus eigentlich abgeschafft in Frankreich. Ihn auf die eine oder die andere Weise hergestellt zu sehen, schwellte die Herzen der Gläubigen, vor allen des Papstes, mit Hoffnung und Freude. Aber indem Bonaparte sich entschloß, den Katholizismus in Frankreich wiederherzustellen, wollte er doch die revolutionäre Grundlage nicht erschüttern, auf welcher seine Gewalt beruhte; er wollte die einander in der Tiefe widerstrebenden Prinzipien des römischen Katholizismus und der Revolution vereinigen. Durch ihre Verbindung meinte er sein Ziel, die Aufrichtung einer unerschütterlichen Gewalt in Frankreich und in Europa, zu erreichen. Nachdem gegenseitige Eröffnungen gewechselt waren, trat er mit dem Entwurf eines Konkordates hervor, bei dem er seine Gesichtspunkte festhielt, vor welchem aber das Kollegium der römischen Kardinäle zurückschrak. Die Kardinäle fügten dem Entwurf Verbesserungsvorschläge bei, die Napoleon seinerseits verwarf. Er sah die Sache aus dem militärischen Gesichtspunkte an; und ungeheuer war seine Übermacht in jenem Momente. Er forderte endlich die Annahme seines Entwurfes, widrigenfalls werde er seine Truppen in den Kirchenstaat einrücken lassen. Sie standen bereits in Florenz unter Murat und schienen dazu bereit zu sein. Nur einen kurzen Zeitraum von wenigen Tagen wollte er noch zur Deliberation gestatten.

In dieser Krisis forderte der anwesende französische Gesandte Cacault den Kardinal-Staatssekretär auf, sich selbst nach Paris zu begeben, denn es werde dem Ehrgeiz Napoleons schmeicheln, den obersten Stellvertreter des Papsttums in seiner Hauptstadt zu empfangen. Cacault gehörte zu denen, die ein Konkordat für schlechthin notwendig hielten; einer seiner Gründe war, daß man die Feinde der Kirche, von denen Bonaparte umgeben sei, auf geschickte Weise unschädlich machen müsse. Durch die Gefälligkeit des Gesandten kam es dahin, daß Consalvi die Reise antreten konnte, ohne daß der Verzug eine unmittelbare Invasion der Franzosen veranlaßt hätte. Cacault mußte Rom verlassen. Um aber zu vermeiden, daß seine Abreise nicht als ein Bruch erscheine, was auch deshalb notwendig war, damit die römischen Revolutionäre nicht durch einen solchen ermutigt würden, sich gegen das Papsttum zu erheben, wurde veranstaltet, daß Consalvi vor aller Augen in Gemeinschaft mit ihm die Reise antrat. Die beiden Minister waren einverstanden, eine Abkunft zustande zu bringen, über welche ihre Regierungen noch sehr verschiedener Meinung waren.

Als Consalvi nach Paris kam, kehrte Napoleon zunächst einen politischen Gesichtspunkt hervor. Er empfing ihn mit einer Klage über die guten Verhältnisse, in denen der Heilige Stuhl zu Rußland stehe, wie das die Anerkennung der dortigen Jesuiten beweise, denn eine seiner vornehmsten Absichten ging dahin, den Papst von jeder Verbindung mit den Andersgläubigen loszureißen. Eine andere Betrachtung in bezug auf die allgemeine Angelegenheit brachte der österreichische Gesandte Cobenzl zur Sprache; Rom, meinte er, müsse schon aus dem Grunde nachgeben, weil eine Irrung mit dem ersten Konsul eine für die katholische Kirche verderbliche Wirkung in Deutschland und Italien ausüben würde. In diesem Augenblicke glaubte man noch ein Schisma in aller Form fürchten zu müssen, denn soeben versammelte sich eine Synode der konstitutionellen Bischöfe in Paris, deren Würde sich von der 1790 dekretierten Zivilkonstitution des Klerus herschrieb. Man gab ihnen dadurch eine offizielle Gelegenheit, sich auszusprechen. Und noch war der Geist der revolutionären Zeiten, der sie hervorgerufen hatte, keineswegs vertilgt. Consalvi beklagt sich, daß das Konkordat sehr zahlreiche und sehr mächtige Feinde habe. Die vornehmsten Körperschaften des Staates, einen großen Teil des Militärs; die Wut der Jakobiner und die Anmaßung der Philosophen, die Sache ins Lächerliche zu ziehen. Oft verzweifelte er, mit dem Konkordat zustande zu kommen; aber, wenn es mißlinge, so würden daraus die schwersten Nachteile für den Staat des Papstes und die Kirche entstehen.

Wenn man fragt, was nun Napoleon doch zu dem Wunsch einer Wiedervereinbarung mit Rom vermochte, so war es die Überzeugung, daß nur durch eine solche die öffentliche Ruhe aufrechterhalten werden könne. Und sollte ihn nicht auch ein monarchischer Gedanke dabei geleitet haben? Man hat ihm gesagt, wenn er die Absicht hätte, die Republik abzuschaffen und die Monarchie herzustellen, so werde ein Konkordat mit Rom ihn dahin führen können; man hat es ihm selbst gesagt in der Hoffnung, ihn dadurch abzuschrecken; aber eher das Gegenteil mußte daraus folgen. Nur vermied er um so mehr, daß die Sache nicht bloß als seine eigene erscheine; er ließ sich Gutachten von allen Seiten geben, deren Inhalt Consalvi erschreckte, aber dann doch auch wieder bei der großen Gefahr eines Zerwürfnisses gefügiger machte. Noch niemals hatte Rom Konzessionen gemacht wie damals. Die größte war die Anerkennung des Verkaufs der geistlichen Güter, auf deren Besitz die Hierarchie der früheren Jahrhunderte beruht hatte. Das Eigentumsrecht des Erwerbers wurde in aller Form bestätigt und eine neue Zirkumskription der Diözesen vorgenommen, welche die Möglichkeit, den alten Zustand herzustellen, auf immer abschnitt.

Eine der vornehmsten Forderungen Napoleons ging dahin, daß die Bischöfe des ancien Regime von dem Papst zu ihrer Demission veranlaßt werden sollten, denn unmöglich könne die französische Regierung sie wieder aufnehmen, da sie alle Emigranten und Gegner seien. So sehr dies den zusammenhaltenden Ideen der Hierarchie widersprach, trug doch die päpstliche Kurie in dieser Beziehung den inneren Bedürfnissen des revolutionären Staates Rechnung. Ein Breve erging an die alten Bischöfe, in welchem ihnen vorgestellt wurde, das Heil der Religion fordere diese Entsagung: ihre Pflicht sei es, das allgemeine Beste ihrem eigenen vorzuziehen.

Die Nomination zu den bischöflichen Sitzen wurde in dem Konkordat dem ersten Konsul überlassen, der völlig an die Stelle der bourbonischen Könige trat. Man ging darüber hinweg, daß er seine eigene Katholizität nicht öffentlich proklamieren wollte, und selbst darüber, daß er einen großen Teil des Kirchenstaates noch in Besitz hatte. Die Prärogativen der alten Könige in Rom sollten ihm dennoch zustehen. Und wenn er in den Diskussionen ja einmal nachgab, so war es bloß in dem Artikel über die Eidesleistung des Bischofs, bei welcher er revolutionäre Anklänge vermied und auf die Form des alten Königtums zurückkam.

Der revolutionäre Staat wurde dergestalt vollkommen als berechtigt anerkannt, ein unermeßlicher Vorteil Napoleons für seine Stellung im Innern. Denn die Anerkennung des Verkaufs der Nationalgüter bildete eine Grundlage für den sozialen Zustand in Frankreich; schon insofern war das Konkordat einer Abkunft mit den konstitutionellen Bischöfen bei weitem vorzuziehen. Für den römischen Stuhl lag das entscheidende Moment darin, daß die Institution der Bischöfe, also die kirchliche Oberhoheit, wieder in seine Hände zurückgegeben wurde. Allein in Frankreich war man sehr eifersüchtig, dieselbe nicht in bezug auf den Staat anzuerkennen. In keinem Satz, in keinem Worte sollte sie geduldet werden; es war eigentlich die vornehmste Schwierigkeit, auf welche Consalvi stieß, die ihm die größte Pein verursachte, die er selbst mit der Agonie des Todes vergleicht.

Consalvi, dem man keinen Rekurs nach Rom gestattete, hatte nun hauptsächlich mit dem Abbé Bernier zu verhandeln, demselben, der bei der Pazifikation der Vendee erfolgreiche Dienste geleistet hatte; im Vertrauen des ersten Konsuls erschien Bernier sehr geeignet, das Konkordat zustande zu bringen.

Nach langer Arbeit kam man endlich dahin, daß man mit den Bestimmungen des Konkordats zu Ende gekommen zu sein glaubte: Tag und Stunde wurden festgesetzt, wo das vereinbarte Konkordat unterzeichnet werden sollte. Zu seinem großen Erstaunen nahm Consalvi doch in dem ihm von Bernier kurz vor der Sitzung mitgeteilten Exemplare mannigfaltige Abweichungen von dem wahr, was er im römischen Sinne durchgeführt zu haben meinte. Die Sitzung fand in der Behausung des Bruders des ersten Konsuls, Joseph, statt, der sich selbst daran beteiligte; und es kam abermals zu einer Diskussion, die lang und lebhaft war, aber zuletzt zu einer Verständigung bis auf einen einzigen Punkt führte. Der streitige Punkt war der folgende: Consalvi hatte den Auftrag, nicht allein die Freiheit, sondern auch die Öffentlichkeit des katholischen Kultus durchzusetzen. Leicht gestanden die Franzosen die Freiheit zu; gegen die Öffentlichkeit aber wandten sie ein, daß dadurch Unordnungen hervorgebracht werden würden, denn in der Konstitution sei allen Kulten Toleranz gewährleistet; wenn man den römisch-katholischen Gläubigen die Öffentlichkeit der Religionsübung ohne alle Einschränkung gestatte, so werde es ohne Zweifel zwischen ihnen und den konstitutionellen Katholiken und Protestanten zu Konflikten kommen. Man fügte der allgemeinen Erlaubnis der Öffentlichkeit die Klausel hinzu: insofern sie sich mit den Anordnungen der Polizei vertrage. Wenn es an sich unendlich schwer ist, Staat und Kirche zu vereinigen, so ist es fast unmöglich, wenn der Staat zugleich revolutionärer Natur ist. In dieser Bestimmung aber sah Consalvi eine Unterordnung der Kirche unter den Staat, worin er nicht nachgeben könne. Aus der Sitzung ging man zu einem großen Konsulardiner, bei welchem Napoleon die Absicht gehabt hatte, die vollzogene Vereinbarung mit dem römischen Stuhl zu verkündigen. Es war zum Gedächtnis des 14. Juli. Der Widerspruch, der in der damaligen Erhebung und in der beabsichtigten Verkündigung lag, scheint nicht gerade aufgefallen zu sein. Napoleon geriet in heftige Erregung, als er, von Consalvis Weigerung unterrichtet, ihn eintreten sah; er gab ihm die Absicht schuld, einen Bruch herbeiführen zu wollen; er fordere ja oder nein auf sein Projekt. Aber, fuhr er auf, Rom und den Papst brauche er nicht; wenn Heinrich VIII. in seinem Königreich eine Änderung der Religion habe herbeiführen können, so werde es auch ihm möglich sein, denn er sei zwanzigmal mächtiger als jener König; er werde imstande sein, Italien und Deutschland in ein Schisma mit fortzuziehen. Jedoch auch ihm war, wie wir wissen, an einer glücklichen Beendigung der Verhandlungen sehr viel gelegen; noch einmal gestattete er die Fortsetzung derselben. Wenn die Franzosen dann dem Kardinal vorstellten, daß er Regierung und Polizei verwechsele, so bestand er darauf, daß das Motiv der Regierung deutlicher ausgedrückt werden müsse. Man vereinigte sich dann zu der Formel, die in das Konkordat aufgenommen worden ist, nach welcher die Öffentlichkeit des katholischen Kultus insoweit angenommen wird, als die Regierung nicht in der Erhaltung der öffentlichen Ordnung ein Motiv dagegen erblicke. Man verabredete diese Formel, ohne bei Napoleon anzufragen, denn er würde sie, wenn er gefragt werde, unfehlbar verwerfen; aber wenn man sie einmal festgesetzt habe, werde er sie sich gefallen lassen, wie das dann auch geschehe. So wurde der große Akt vollzogen (15. Juli 1801), auf welchem die Wiederherstellung der katholischen Kirche in Frankreich beruhte.

Wieviel Konzessionen man auch immer der neuen Ordnung der Dinge gemacht hatte, so war doch an und für sich die Herstellung des Kultus in Frankreich nach all den Feindseligkeiten, die derselbe erfahren hatte, ein großes, überaus glückliches Ereignis für die römisch-katholische Kirche. Pius VII. ist immer davon durchdrungen gewesen, daß Napoleon sich durch diesen Akt das größte Verdienst um die Kirche erworben habe. Er und das Kardinalkollegium nahmen das von Consalvi vereinbarte Konkordat ohne Widerspruch an. Die Eintracht zwischen Staat und Kirche war aber damit bei weitem noch nicht hergestellt. Gleich bei dem Abschied Consalvis von Napoleon brachte dieser eine der wichtigsten Streitfragen zur Sprache. Er erklärte sich entschlossen, eine Anzahl konstitutioneller Bischöfe für die neuen bischöflichen Sitze zu ernennen, denn diese hatten noch immer eine große Partei hinter sich. Zuweilen war die Frage sehr persönlicher Natur; die französischen Minister sahen in denselben Gesinnungsgenossen, die sich bei dem Abschluß des Konkordates aufgeopfert und die man dafür nicht zugrunde richten dürfe. Wohl antwortete Consalvi hierauf, die Konstitutionellen seien Schismatiker; nur nach förmlichem Widerruf ihrer bisherigen Grundsätze könne der Papst ihnen die Institution gewähren. Napoleon wollte davon nichts hören, denn wer widerrufe, entehre sich selbst; eine Retraktion, wie die angeson=

nene, sei in Frankreich unmöglich. Er hielt es für seine Pflicht, zwischen den beiden Parteien zu vermitteln und faßte den Entschluß, von den neu zu ernennenden Bischöfen ein Fünftel aus den Konstitutionellen zu ernennen.

Nachdem Napoleon ein Jahr lang gezögert, publizierte er zwar das Konkordat, aber mit Hinzufügung der organischen Artikel, die dem Sinne der römischen Kurie wieder entgegenliefen. Die Einwirkung des Papstes und die geistliche Amtsführung werden darin der bürgerlichen Gewalt untergeordnet, denn man ging von dem Grundsatz aus, daß der Staat eben nur für das religiöse Bedürfnis der Mehrzahl der Franzosen zu sorgen habe; die dazu nötigen Einrichtungen erschienen als die Sache des Staates. Der Papst war dabei nur insofern erwähnt, als ihm die Institution zukam. Ihm gegenüber hielt man an den Grundsätzen fest, die vor der Revolution in der Literatur verfochten worden waren. Die vier gallikanischen Propositionen von 1682 sollten in den Schulen behauptet und gelehrt werden. Dies machte nun alles den unangenehmsten Eindruck in Rom, nichts mehr als die Nomination der konstitutionellen Bischöfe. Zu einer eigentlichen Feindseligkeit gegen Napoleon wurde der römische Hof jedoch nicht fortgerissen.

Höchst auffallend ist es doch, daß die Ermordung des Herzogs von Enghien in Rom nicht eben viel Eindruck machte; Consalvi erzählt selbst, daß er sie entschuldigt habe. Und als nun hierauf Napoleon den

Papst einlud, seiner Krönung zum Kaiser durch persönliche Teilnahme daran die pontifikale Sanktion zu geben, was für ihn, da ja die Mehrzahl der Franzosen eben katholisch war, eine hohe Bedeutung hatte, so war man in Rom nicht der Meinung, dies abzulehnen. Gerade die Schwierigkeiten, auf welche die Durchführung des Konkordates im römischen Sinne stieß, machte den römischen Hof gefügiger, da er meinte, durch neue Annäherungen um so mehr instand zu kommen, sie zu heben. Auch Consalvi war ganz einverstanden damit, daß der Papst die Einladung Napoleons annahm und sich zu diesem Zwecke, nicht ohne körperliche Beschwerden, — denn die Reise fiel in die rauhen Monate — nach Frankreich begab. Napoleon behauptete später, der römische Stuhl habe sich damit geschmeichelt, zum Dank für seine Willfährigkeit die Legationen zurückzubekommen. In Rom hat man das immer geleugnet, denn man habe das Geistliche und Weltliche nicht vermischen wollen; gewiß war es aber die Absicht, die Einsetzung konstitutioneller Bischöfe abzustellen und die Zurücknahme der organischen Artikel zu bewirken. Die Unterwerfung der konstitutionellen Bischöfe unter den Papst ward nun wirklich erreicht, indem sie eine dem Papste genügende Erklärung abgaben, denn der französischen Regierung war selbst an der Eintracht und Unterordnung des Episkopates gelegen. In bezug auf die organischen Artikel aber erhielt man nichts als leere Worte.

Der Widerstreit der revolutionären Monarchie und

der Suprematie des Pontifikates trat noch in einem anderen Akte vor jedermanns Augen bei der Krönung selbst hervor. Bei der Feststellung der Zeremonie war der Vorschlag gewesen, daß der Papst nach unvordenklichem Herkommen die Krone dem Kaiser auf das Haupt setzen sollte. Napoleon hatte bemerkt, daß die Nation das ungern sehen, daß sie gleichsam eine Verletzung ihrer vollen Unabhängigkeit darin erblicken würde; er wollte die Krone sich selbst auf das Haupt setzen. Das war wohl schon einmal von Kaiser Friedrich II. in Jerusalem geschehen; dann war es bei der Krönung König Friedrichs I. von Preußen wiederholt worden. Das eine und das andere unter ganz abweichenden Umständen, ohne daß man dieser Fälle in Paris zum mindesten gedacht hätte. Es scheint wohl, als sei der Kardinal-Legat Caprara auf die Anschauung Napoleons eingegangen. Der Papst selbst erfuhr nichts davon. Er kam in dem guten Glauben nach Notre-Dame, daß er die Zeremonie in ihrem vollen hergebrachten Umfange vollziehen würde. Er segnete die Insignien des neuen Kaisertums; er segnete auch die Krone; aber als er sie ergreifen wollte, kam ihm der zuvor, dem er sie aufsetzen wollte: Napoleon ergriff die Krone und setzte sie sich mit eigener Hand aufs Haupt. Die höchste Gewalt, die auf dem neuen Boden aufgewachsen, wollte auch das oberste Abzeichen ihrer Macht nur sich selbst verdanken; während in den früheren Jahrhunderten der Gehorsam, den die Geistlichkeit der weltlichen Gewalt leistete, gleichsam auf die Krönung durch die Hand des obersten Geistlichen begründet wurde, so fühlte sich Napoleon stark genug, dessen nicht zu bedürfen. Der Papst sollte nur herübergekommen sein, um ihm seinen geistlichen Segen zu geben: das genüge dem neuen Episkopat und der Nation. Pius VII. schien dadurch befriedigt, daß ihm das revolutionäre Frankreich allenthalben ein Volk auf den Knien zeigte. In Paris erinnert man sich wohl, wie er in dem kaiserlichen Museum erschien; wie er in seinem langen, gegürteten, weißen Priestergewand segnend durch die Reihen der knienden Männer und Frauen schritt, wie er dann seine Hand auf das Haupt eines Kindes legte und ihm seinen Ring zu küssen darbot. Die kirchliche Bedeutung dieser Handlungen führte er, daß ich so sage, auf ihren Ursprung zurück. Inbrunst und Güte, Erhebung der Seele, Alter und äußerliche Würde erneuten, vermenschlichten sie wieder. Wie stark mußten sie wirken, da sie die Hauptstadt des Unglaubens hinrissen.

Auf eine Aussöhnung der großen Interessen hatte dies jedoch keinen Einfluß.

Wenn man nicht so sehr dem Papst, als dem Kardinal-Staatssekretär aus seiner Nachgiebigkeit einen Vorwurf machen könnte, so würde dieser darin bestehen, ungefähr wie bei dem Grafen Haugwitz, daß er sich die Unvereinbarkeit der Entwickelung einer großen revolutionären Gewalt mit den bisherigen Ansichten und Ideen des Pontifikates nicht vollkommen deutlich machte und andere Dinge erwartete, als solche, welche folgen mußten.

Der in den Hintergrund gedrängten, aber keineswegs aufgehobenen geiſtlichen Differenz geſellte ſich nun eine andere hinzu, welche die weltlichen, beſonders die italieniſchen Intereſſen betraf.

Zweites Kapitel.
Okkupation des Kirchenstaates.

Wenn man in den Unternehmungen Napoleons nichts als Akte der Gewalt sieht, bestimmt, ein Weltreich zu gründen, so umfaßt man noch nicht das ganze Interesse derselben. Besonders in dem, was er in Italien dem Papste gegenüber vornahm, treten Ideen hervor, die über die momentanen Velleitäten hinausreichen: die erste ist die der Einheit von Italien; nicht gerade in dem Sinne einer das ganze Gebiet umfassenden Staatsregierung, aber einer Autorität, vor welcher jedes besondere Bestreben verschwinden sollte. Italien gehörte bisher dem allgemeinen europäischen System an. Napoleon faßte den Gedanken, die Halbinsel jeder fremden Einwirkung, ausgenommen eben der französischen, die sich in ihm repräsentierte, zu entreißen. Unmittelbar an die Kaiserkrönung knüpfte er die Stiftung des Königreiches Italien. Er legte Wert darauf, daß er wieder der erste italienische König sei: der Gedanke der Wiederherstellung Italiens habe ihn begleitet seit dem Tage, wo er zum erstenmal Italien betreten habe; doch sei die engste Vereinigung mit Frankreich notwendig für Italien. Auch die Eiserne Krone setzte er bei der Zeremonie sich selbst aufs Haupt. Ursprünglich hätte er die Teil=

nahme des Papstes auch an der italienischen Krönung gewünscht; dieser aber lehnte sie ab, weil er damit die drei Legationen aufgegeben hätte, die bei der Stiftung des Königreichs Italien in demselben für immer einbegriffen wurden.

Napoleon betrachtete bereits damals Italien als ein Ganzes; er sah eine Bedrohung desselben in der Anwesenheit der Russen in Korfu, der Engländer in Malta und der Einwirkung beider auf das Königreich Neapel. Um sie nicht weiter eingreifen zu lassen, bemächtigte er sich höchst unerwartet bei dem Durchzug seiner Truppen durch den Kirchenstaat der Festung Ankona, die ja der Papst gegen die Schismatiker und Feinde des Glaubens selbst nicht verteidigen könne. Aber die Stellung, die er in Italien nahm, trug dann besonders zur Bildung der dritten Koalition und dem österreichischen Kriege von 1805 bei. Die Schlacht bei Austerlitz war auch für Italien entscheidend. Hierauf wurden die Bourbonen auch aus Neapel verwiesen, die französischen Truppen bemächtigten sich des Landes. Der Kirchenstaat, der an dem Kriege keinen Anteil genommen, geriet doch durch den Erfolg desselben in eine sehr veränderte Lage. Da die Franzosen auch Venedig in Besitz nahmen und nun Neapel beherrschten, so sah sich der Papst im Norden und Süden von Franzosen umringt und in ihrer Gewalt.

Damit trat nun aber eine andere Idee in Konflikt, welche die Welt früher und später agitiert hat: die der Notwendigkeit eines unabhängigen Kirchenstaates, um die Beziehungen des Papstes zur gesamten katholischen Kirche in ihrer Freiheit zu sichern. Der Papst protestierte gegen die Besetzung von Ankona, hauptsächlich weil er als Vater der Gläubigen zur Neutralität verpflichtet sei und nur eine vermittelnde Stellung einnehmen könne; er drohte sogar mit dem Abbrechen der diplomatischen Verbindungen. Es kann wohl nur die Erwartung von einem großen Erfolg der Koalition gewesen sein, was die päpstliche Regierung zu dieser Erklärung veranlaßte, in welcher Napoleon eine Feindseligkeit sah. Solange nun der große Kampf noch dauerte, schwieg Napoleon still. Erst als alles entschieden war, im Januar 1806, von München aus, gab er dem Papst eine Antwort. Sie war eben gegen die Forderung des römischen Hofes, neutral zu bleiben, gerichtet. Denn, so sagte Napoleon, würden wohl Engländer oder Türken dieselbe respektiert haben? Er trat mit dem Anspruch hervor, daß Rom politisch von dem Kaiser abhängig sein müsse, weil er die geistliche Autorität des Papstes anerkenne; er erinnerte an die Oberhoheit, welche die griechischen Kaiser einst in Rom ausgeübt hatten, hauptsächlich aber an Karl den Großen, dessen Gewalt sich jetzt in ihm repräsentiere, da er Frankreich, den größten Teil von Deutschland und Italien beherrsche.

Auf diesen Angriff gegen die Souveränität des Papsttums war man in Rom doch nicht gefaßt. Es schien, als ob Napoleon den Kirchenstaat nur als eine Enklave seines italienischen Reiches, dem er keine politiſche Unabhängigkeit zugeſtehen könne, betrachte. Die alten Rechte des römiſchen Stuhles auf die Lehensherrlichkeit über Neapel oder auch nur auf den Beſitz von Benevent und Ponte Corvo war er weit entfernt, anzuerkennen. Noch einmal kehrte nun der römiſche Stuhl ſeine althergebrachten Gerechtſamen hervor. Napoleon, ſagte man, ſei Kaiſer von Frankreich, aber nicht Kaiſer von Rom; der Papſt, deſſen Souveränität für die Kirche unentbehrlich ſei, könne unmöglich dieſelben Freunde und Feinde haben wollen wie Napoleon; denn eine ſo enge Verbindung mit dem Kaiſer der Franzoſen würde bewirken, daß man dem römiſchen Stuhl in anderen Gebieten den Gehorſam verſage. Die Kurie hielt noch für ratſam, die Anſprüche Napoleons auf die Souveränität von Rom möglichſt geheim zu halten, weil er ſie gewiß nicht fallen laſſen werde, wenn ſie einmal bekannt geworden wären; man hoffte noch immer, er werde von ſeinen Forderungen abſtehen. Wenn es gleich nicht tunlich iſt, bei jedem dieſer Schritte den Anteil nachzuweiſen, den Conſalvi daran gehabt hat, ſo iſt der Einfluß des Staatsſekretärs doch ohne Zweifel immer der entſcheidende geweſen; ihm ſchrieb Napoleon alles und jedes zu, was von dem römiſchen Stuhle ausging und hielt mit ſeiner Unzufriedenheit nicht zurück. Wie wenig an eine Ausſöhnung zu denken war, trat bei einer Audienz hervor, welche der Kardinal Feſch, ein naher Verwandter Napoleons, der von Rom abberufen wurde, bei ſeinem Abſchied bei dem Papſt hatte. Der Papst sprach ihm von seiner Ergebenheit gegen Napoleon; er erklärte aber, daß er sich von demselben mißhandelt sehe. Der Kardinal erinnerte ihn, daß er das Recht nicht habe, der weltlichen Irrungen wegen seine geistlichen Waffen gegen den französischen Kaiser zu gebrauchen. Der Papst fragte ihn mit gehobener Stimme, woher er diese Ansicht schöpfe, und da nun Fesch sich auf die Konzilien und ihre Superiorität über den römischen Stuhl bezog, so kam es zu einer sehr lebhaften Diskussion, die fast einen Bruch ankündigte.

Auch in Paris erhob Napoleon laut Beschwerden über die Vermischung des weltlichen und geistlichen Interesses, der man sich in Rom schuldig mache; er schrieb sie den Ratgebern des Papstes zu, die vor Gott und Menschen für den Schaden verantwortlich seien, der dem römischen Stuhl daraus entspringen werde. Der vornehmste unter denselben war Consalvi, der die Überzeugung hatte, daß die politische Unabhängigkeit des römischen Stuhles die Bedingung seiner kirchlichen Wirksamkeit bildete. Schon früher hatte sich Napoleon gegen ihn erklärt, der Papst aber nie einwilligen wollen, ihn zu entbehren. Jetzt sprach der Kaiser sich mit Heftigkeit gegen die eine oder die andere der ihm zugegangenen Noten des römischen Stuhles aus: der Staatssekretär wolle, sei es aus Unverstand oder aus bösem Willen, den römischen Staat zugrunde richten; er, der Kaiser, könne sich noch entschließen, den Kardinal Consalvi mitten in

Rom aufheben zu lassen. Consalvi war davon tief betroffen. „Wenn mir, als ich über das Konkordat unterhandelte, gesagt worden wäre, ich würde einst als ein Feind von Frankreich betrachtet werden, so würde ich zu träumen geglaubt haben; mein Charakter, meine Prinzipien, meine ganze Führung entbinden mich der Pflicht, mich zu rechtfertigen." So drückt er sich in einem Schreiben an den Nuntius Caprara aus. Und doch, wir bemerkten es schon, hängt die unglückliche Erfahrung, die er machte, mit seinem früheren Verhalten genau zusammen. Jetzt trat das Wesen und die Politik Napoleons auf eine Weise hervor, daß zwischen ihm und dem Kardinal-Staatssekretär, der die Rechte des Kirchenstaates zu behaupten gedachte, kein Verständnis möglich war. Da hat sich nun Consalvi entschlossen, seine Abdikation einzugeben, um, wie er sagte, nicht die Lösung der obschwebenden großen Fragen durch persönliche Antipathien zu erschweren. Mit demselben Kurier, welcher die ablehnende Antwort des Papstes überbrachte, sollte dem französischen Kaiser auch die Nachricht zukommen, daß Consalvi aus dem Sekretariate geschieden sei, denn er müsse überzeugt werden, daß die Antwort, die er empfange, nicht von Consalvi herrühre, sondern von dem Papste selbst. Im Juni 1806 ging das Staatssekretariat an Casoni über, einen von den Kardinälen, gegen welche sich der in Rom anwesende Kardinal Fesch am wenigsten eingenommen gezeigt hatte. Consalvi zog sich in den Palast Gaëtani zurück; er sah den Papst nur noch bei großen offiziellen Gelegenheiten.

Aber der Nachfolger Consalvis und die übrigen Räte des Papstes hatten noch weniger Napoleons Beifall als Consalvi selbst: er hielt sie für Ignoranten und Fanatiker; und wenn nun im Laufe des preußischen Krieges der römische Hof sich der Einsetzung der Bischöfe in Italien durch die Regierung dieses Königreiches widersetzte und selbst die Gültigkeit des italienischen Konkordates, das infolge des französischen geschlossen und ebenfalls mit Erläuterungen, die den Geist der organischen Artikel atmeten, versehen worden war, in Zweifel zog, so geriet Napoleon dadurch in eine größere Zornesaufwallung als jemals. Nach seiner Rückkehr von Tilsit, in Dresden, 22. Juli 1807, beauftragte er seinen Stiefsohn Eugen, Vizekönig von Italien, die Ansprüche des Papsttums in höchst energischen Ausdrücken zurückzuweisen.

Auch in territorialer Beziehung hatte der Friede von Tilsit auf die Verhältnisse des Kirchenstaates Einfluß. Die Pläne auf Portugal, zu denen sich Napoleon mit Spanien vereinigte, hatten die Folge, daß er Toskana dem Infanten von Spanien entzog und mit französischen Truppen besetzen ließ. Schon wurde auch das Dekret von Berlin über das Kontinentalsystem in dem Kirchenstaat zur Ausführung gebracht.

Bereits täuschte man sich nicht darüber, daß der Kirchenstaat selbst der französischen Okkupation nicht entgehen würde: sie erfolgte im Jahre 1808. Sie war zuerst nur militärischer Natur. Napoleon erklärte öffentlich, er wolle dem römischen Stuhle nichts entreißen; aber er verlange von Rom denselben Gehorsam, den er in Neapel und bei dem Rheinbunde finde. Es war ihm unerträglich, daß der römische Hof in Verbindung mit dem bourbonischen Könige von Sizilien und mit Sardinien stehe; daß es noch einen englischen Konsul in Rom gebe. Alledem wollte er ein Ende machen, denn in Rom sollte man dieselbe Politik beobachten wie in Mailand und Neapel. Sollte aber dennoch der römische Hof in seiner Haltung verharren, dann müsse derselbe seine weltliche Herrschaft überhaupt verlieren. Es waren die Zeiten, in denen sich Napoleon Spaniens zu bemächtigen Anstalten traf, die ihren Zweck nicht verfehlen zu können schienen. Bei der militärischen Besitznahme von Rom war seine Absicht, wie er in einer geheimen Depesche seinem Gesandten ausdrücklich sagt, sich des Kirchenstaates zu bemächtigen, ohne viel Aufsehen zu machen, um die Einwohner von Rom an die Anwesenheit der Franzosen zu gewöhnen. Der Papst antwortete auf die Anmutungen Napoleons: er könne in keine Feindseligkeiten gegen Ferdinand IV. willigen, der ein katholischer Fürst, und mit dem er nicht in Krieg sei; seine Häfen wolle er den Engländern verschließen, mit Vorbehalt jedoch der Rechte der Souveränität für die Zukunft.

Hierauf rückten die Franzosen am 2. Februar 1808 in Rom ein. Napoleon stellte als sein Ultimatum auf, daß der römische Stuhl eine Offensiv- und Defensiv-Allianz mit den Königreichen Italien und Neapel schließen müsse, um Unordnung und Krieg von der Halbinsel fernzuhalten, denn welche Sicherheit habe er für Italien, wenn sich in der Mitte desselben ein Land befinde, das seinen Feinden offen stehe?

Wenn wir in dem Getümmel der Ereignisse die Ideen zu unterscheiden suchen, die bei denselben wirksam waren, so tritt hier noch eine andere Seite des Gedankens, daß Rom von dem französischen Kaisertum abhängig sein müsse, hervor. Sie betraf nicht die Beziehungen des Papsttums zu den europäischen Mächten, sondern das Verhältnis zu dem französischen Kaisertum an sich. Veranlaßt durch die erwähnte Weigerung der Institution der Bischöfe in dem italienischen Königreiche stellte der Kaiser in jenem Schreiben aus Dresden den Gegensatz zwischen Kirche und Staat in den Vordergrund: durch diese Streitigkeiten verletze der Papst einen Souverän, der als die Säule der Religion betrachtet werde infolge der Dienste, die er derselben in Frankreich, Italien, Deutschland, nunmehr auch in Polen geleistet habe; glaube denn der Papst, daß die Rechte der Krone weniger heilig seien, als die Rechte der Kirche? Es habe Könige gegeben, ehe es einen Papst gab. „Der Papst will mich bei der Christenheit anklagen. Ein unsinniger Gedanke, der bloß von Menschen kommen kann, die das gegenwärtige Jahrhundert nicht kennen: es ist ein Anachronismus um tausend Jahre. Jesus Christus hat gesagt, sein Reich sei nicht von dieser Welt; will der Papst dem Kaiser nicht geben, was des Kaisers ist? Vielleicht ist die Zeit nicht mehr fern, wo ich den Papst nur als Bischof von Rom anerkenne, von demselben Range wie die übrigen Bischöfe meines Reiches. Ich würde mich nicht scheuen, die verschiedenen Kirchen, die italienische, gallikanische, deutsche, polnische in einem Konzil zu vereinigen." So hatte auch bereits Kardinal Fesch dem römischen Hofe mit einem Konzile gedroht; der Kaiser, sagte er, werde dann seine Angelegenheiten ohne Rom vollführen.

Wenn aber Napoleon bei seinen Entwürfen gegen Spanien in dem König und der regierenden Familie keinen Widerstand gefunden hatte, so hatte dagegen der römische Stuhl den Mut, sich nicht zu fügen. Der Papst war im Quirinal eingeschlossen, er übte nur seine geistliche Gewalt aus; aber auch diese genügte, um der neuen Invasion zu widerstreben. Der Papst verbot den Bischöfen, dem französischen Gewalthaber den Eid der Treue zu leisten; sie würden sich sonst zu Mitschuldigen des Sakrilegiums machen, das dieser begehe. Als man auch den Kardinal Pacca aus dem Quirinal wegführen wollte, widersetzte er sich den französischen Offizieren persönlich und mit Erfolg. Und schon war eine Exkommunikationsbulle abgefaßt, durch welche der kirchliche Bann über diejenigen ausgesprochen wurde, welche sich der Besitztümer der Kirche bemächtigten.

Es war der direkteste Gegensatz gegen die Ideen

Napoleons; denn darin lag eine Vermischung der weltlichen und geistlichen Angelegenheiten, auf deren Trennung das System des Kaisers hinzielte. Er meinte, so weit würde Consalvi nicht gegangen sein: der würde nicht um eines weltlichen Vorteils willen das geistliche Interesse des Papstes, das in der engsten Verbindung mit dem Kaiser bestehe, aus den Augen geben. Napoleon sprach unumwunden aus, daß die geistlichen Interessen, die unveränderlich, von den weltlichen, die der Veränderung unterworfen seien, getrennt werden müßten. Auf diesen Grund dekretierte er am 17. Mai 1809 die Vereinigung der Staaten des Papstes mit dem französischen Reiche. Darauf antwortete der Papst durch die Publikation jener Exkommunikationsbulle.

Das geschah eben damals, als die glücklichen Erfolge der österreichischen Waffen einen allgemeinen Umschwung in Aussicht stellten. Aber Napoleon gestattete in der Durchführung seines Planes keine Verzögerung; aus seinem Feldlager ordnete er die Einzelheiten desselben an. In einem seiner Schreiben heißt es: wenn der Papst, die Lehren des Evangeliums vergessend, seine Wohnung für ein Asyl halte, um den Ungehorsam zu predigen, so müsse man ihn verhaften. Diese Verhaftung wurde nun in der Tat im Quirinal selbst vollzogen, gerade in dem Augenblick, als die Schlacht von Wagram das Glück Napoleons nochmals besiegelte. Der Papst wurde in das französische Gebiet abgeführt.

Bei der Betrachtung des Verlaufes dieser Ereignisse im allgemeinen drängt sich eine Bemerkung auf, welche unerwartet und nach verschiedenen Seiten anstößig erscheinen wird, aber doch nicht verhehlt werden darf. Darin werden alle übereinstimmen, daß das Konkordat, indem es den Verkauf der Nationalgüter, d. h. doch vornehmlich der geistlichen, anerkannte, die Grundlagen der Revolution recht eigentlich befestigte; innerhalb Frankreichs hätte ihr Bestand sonst immer angefochten werden können. Da erhebt sich nun die Frage, wieweit der römische Stuhl ein Recht hatte, diesen Verkauf durch seine Beistimmung zu sanktionieren, denn der Besitz war doch vor allem der der französischen Kirche, in weiterem Sinne der Kirche überhaupt; daß aber deren Recht von der Autorität des päpstlichen Stuhles abhinge, könne niemand sagen. Gewiß waren schon mancherlei Säkularisationen erfolgt, namentlich in Deutschland, aber sie waren von dem Deutschen Reiche nachgegeben, welches eine geistliche und politische Gewalt zugleich in sich schloß. Das französische Reich aber war selbst umgestürzt und seine Verfassung eine auf durchaus anderen Prinzipien beruhende geworden. Indem der Papst, dem doch keine eigentlich rechtliche Befugnis zustand, den Verkauf der Nationalgüter sanktionierte, so unterwarf er sich gleichsam den revolutionären Prinzipien. Wir tasten dabei die Beweggründe des Papstes, auf die französischen Forderungen einzugehen, nicht an; sie waren noch mehr religiöser als rein kirchlicher Natur. Der

Papst wünschte den katholischen Glauben in Frankreich wiederherzustellen, seine ganze Seele trachtete danach; kein Preis dafür war ihm zu hoch; uns liegt es fern, ihm einen Vorwurf daraus zu machen. Aber wahr ist es doch: er bot die Hand dazu, den Umsturz der alten Kirche zu vollenden; die neue Zirkumskription der Diözesen bildete in kirchlicher Hinsicht ein neues Frankreich. Consalvi war in dieser Beziehung der Ratgeber des Papstes; der Papst und der Kardinal, die römische Kirche überhaupt glaubten ein großes Werk zu vollziehen, wenn sie die Autorität der römischen Kurie in der neu konstituierten französischen Kirche feststellten. Darauf war bei dem Abschluß des Konkordates ihr Sinn hauptsächlich gerichtet gewesen; aber das Zusammenwirken der höchsten Gewalten stieß auf die größten Schwierigkeiten. Es ist wahr, Napoleon trat nun an die Stelle der alten Könige. Aber welch ein Unterschied: die alten Könige waren durch und durch katholisch und wollten es sein; die neue Gewalt hatte einen konstitutionellen Grund, es weder zu sein noch zu scheinen. Die Staatsverfassung, die man beschworen hatte, erkannte eine Staatsreligion nicht an; gerade der neue Herrscher hatte in seiner Lage einen dringenden Anlaß, auch diejenigen zu befriedigen, die nicht streng katholisch in dem römischen Sinne waren; er erhob sie selbst zu den bischöflichen Sitzen. Darüber entstand ein Zerwürfnis, welches nicht zu vermeiden noch zu beseitigen war, denn trotz aller seiner Annäherung hielt doch der römische Stuhl an seiner kirchlichen Prärogative fest. Und ohnehin verstand es sich, daß die revolutionäre Gewalt ihrerseits alle Rechte, die ihr vom Standpunkt des Staates aus zustehen konnten, mit dem größten Eifer in Anspruch nahm. Das Konkordat war in der Natur der Dinge begründet, aber ebenso auch der Streit über die Besetzung der Bistümer und die organischen Artikel. Dazu kam nun die politische Tendenz des revolutionären Staates, Italien seiner Herrschaft zu unterwerfen; die Unabhängigkeit des Papsttums als eines kirchlichen Staates wurde insofern, als sie auf den Besitz eines weltlichen Staates gegründet war, von der revolutionären Gewalt in Frage gestellt. Der Gegensatz ist auch hier unvermeidlich. Denn in dem Papsttum repräsentiert sich die Allgemeinheit der katholischen Kirche; es konnte mit Napoleon, insofern er mit katholischen Potenzen in den Krieg geriet, unmöglich gemeinschaftliche Sache machen. Aber auch Napoleon konnte wohl nicht anders, als dem Kirchenstaate die Verbündung mit seinen Feinden abschneiden zu wollen. Ein innerer Konflikt führte alle Tage zu schärferen Gegensätzen, bis dann endlich der Kaiser sich des Kirchenstaates bemächtigte und der Papst die Exkommunikation gegen ihn aussprach.

Drittes Kapitel.
Zeitweilige Unterordnung des Papsttums unter das französische Kaisertum.

Napoleon ließ keinen Zweifel darüber, wohin sein System ziele; alle Institute, die zur Ausübung des Pontifikates gehörten, mit Inbegriff der Archive, wurden nach Paris geschafft; die Kardinäle erhielten Befehl, sich ebendahin zu verfügen. Für den Papst selbst wurde der erzbischöfliche Palast zu Paris eingerichtet. Ein Senatskonsult sprach den Grundsatz aus, daß eine auswärtige Souveränität mit der Ausübung der kirchlichen Gewalt im Innern unvereinbar sei; fortan wird der Kaiser an der Tiber herrschen wie an der Seine. Der römische Staat wurde mit dem französischen Reiche vereinigt; die künftigen Kaiser sollten in St. Peter gekrönt werden, die künftigen Päpste sollten zeitweise in Rom oder Paris residieren. Jeder künftige Papst sollte die Artikel von 1682, in denen die Superiorität der Konzilien über die Päpste enthalten ist, beschwören. Diese Artikel sollten allen Kirchen des neuen Reiches gemeinsam sein.

Großartige Ideen von einem die politische und geistige Welt umfassenden Inhalt, zu deren Durchführung aber das Bestehen und das Wachsen des Kaiserreiches notwendig gewesen wäre, welches doch wieder seinerseits Europa mit Verderben und Unterdrückung bedrohte.

Von der Exkommunikationsbulle wurde Napoleon wenig berührt, da er darin nicht namentlich genannt wurde und eine Bulle Papst Martins V. für einen solchen Fall den Verkehr mit dem Betroffenen für erlaubt erklärt; die Kardinäle assistierten den geistlichen Zeremonien, denen der Kaiser beiwohnte, ohne Skrupel. Auch Consalvi war damals in Paris; dem Befehle, sich dahin zu verfügen, hatte er anfangs Folge zu leisten verweigert, weil nur eine Autorisation des Papstes ihn ermächtigen könne, Rom zu verlassen; als er, durch militärische Gewalt gezwungen, abzureisen, in Paris ankam, lehnte er doch ab, die nicht unansehnliche Pension anzunehmen, die für die Kardinäle bestimmt worden war. In der Audienz, die er dann bei Napoleon hatte, gedachte dieser des mit Consalvi eben in demselben Saale abgeschlossenen Konkordates. Aber wozu, sagte er, habe das geholfen; er deutete an, die Sachen würden besser gegangen sein, wenn Consalvi im Amt geblieben wäre, denn der sei zwar kein großer Theolog, aber ein guter Politiker. Wenn er einen Plan von den Kardinälen forderte, wie die kirchlichen Angelegenheiten überhaupt zu regeln seien, so rechnete er dabei auf eine eingehende Mitwirkung Consalvis. Aber gerade unter dessen Leitung geschah es, daß die Kardinäle erklärten, den geforderten Plan aufzustellen, seien sie, getrennt vom Papst, nicht imstande. Von ihrem Widerstande auch in diesem Augenblicke wurde Napoleon noch einmal sehr empfindlich berührt.

Er wünschte seine Vermählung mit der Erzherzogin von Österreich mit allem möglichen kirchlichen Pompe zu verherrlichen. Da aber fand sich nun doch eine erhebliche Schwierigkeit: sie bestand darin, daß die Scheidung Napoleons von dem erzbischöflichen Offizialat ausgesprochen, von dem Papst aber nicht bestätigt worden war. Unter den in Paris anwesenden Kardinälen bildete sich eine Partei, die daran festhielt, daß bei den Eheschließungen von Souveränen die Einwilligung des Papstes unentbehrlich sei. Von Consalvi erwartete Napoleon mehr politische Rücksicht als von den übrigen. Aber Consalvi trat jener dissentierenden Partei unter den Kardinälen nicht nur bei, er leitete selbst die Schritte derselben. Bei der großen kirchlichen Vermählungsfeier versagten dreizehn Kardinäle ihre Teilnahme; ihre Abwesenheit wurde allgemein bemerkt und erregte eine heftige Indignation Napoleons, denn dieser Akt habe, so war besonders durch Fouché den Kardinälen vorgestellt worden, eine große politische Tragweite; er könne einen Zweifel an der Legitimität der aus der neuen Ehe zu erwartenden Nachkommenschaft veranlassen. Napoleon selbst hat gesagt, solange er lebe, werde alles schweigen; nach seinem Tode werde der Widerspruch erwachen. Die dissentierenden Kardinäle wurden an verschiedene Orte Frankreichs verbannt, Consalvi nach Reims, wo er seine Memoiren geschrieben hat. Und bei der kirchlichen Regierung selbst konnte doch der Kaiser der persönlichen Mitwirkung Papst Pius' VII. nicht entbehren; er ernannte wohl zu den Bistümern, allein der Papst verweigerte den Ernannten die kanonische Institution. In seiner Gefangenschaft fand er doch Mittel, durch ein eigenes Breve die Maßregeln, die man für diesen Fall ergriffen hatte, zu mißbilligen.

Es bedurfte, daß ich so sage, eines neuen Ganges mit ihm.

Sonderbarer Kampf zwischen dem, der die Welt bemeisterte, wie nie ein anderer, und einem armen Gefangenen. Der eine in dem Genuß allen Glanzes und aller Gewalt, die die Erde zu geben vermag; voll Verschlagenheit und Kühnheit, Scharfsinn und Entschlossenheit; verbündet mit allen Kräften, welche den Menschen gebieten; immer, ohne Wanken, sein Ziel vor Augen. Der andere, nachdem man ihn eine Zeitlang mit auffallender Sorgsamkeit behandelt hatte, bald darauf der Gemeinschaft mit der Welt, selbst der Möglichkeit schriftlicher Mitteilung beraubt, von der wachsamsten Polizei umgeben, abgeschnitten von jedermann, völlig vereinsamt. Und doch war allein sein Dasein eine Macht. Nicht mit den offenbaren, aber mit den geheimen inneren Kräften, welche ihm die alte Gewohnheit des Glaubens und der Verehrung so lange Jahrhunderte daher in der ganzen katholischen Christenheit von selber zuwandte, war er verbündet. Aller Augen sahen nach ihm hin; sein Widerstand gegen die Gewalt, sein Leiden, das man um so mehr mitfühlte, da es ein allgemeines war, hatten sein Ansehen unendlich vermehrt und es mit dem Glanze des Märtyrertums umgeben. Von Mitleiden für eine solche Lage wurde aber Napoleon nicht berührt; er sah in Pius VII. nur eben einen Gegner, der ihm in der Regierung seines Reiches, zu der auch die päpstlichen Angelegenheiten gehörten, die größten Schwierigkeiten entgegensetzte. Er hatte zu einer großen Anzahl von vakanten Bistümern sein Recht der Nomination ausgeübt, aber der Papst versagte ihnen die Institution; man zählte 25 vakante Bischofssitze. Wenn nun die Diözesen dennoch administriert werden sollten, so ordnete Napoleon an, daß das durch Vikare der Kapitel geschehen solle. Aber dabei fand er überall geheime Verhinderungen, die er dem Papst zuschrieb; einige Briefe fielen in seine Hand, durch welche dieser Verdacht bestätigt wurde. Napoleon meinte: das sei ein Verfahren der gregorianischen Zeiten, bei welchen die öffentliche Ordnung seines Reiches nicht bestehen könne, er gab dem Papst die Absicht schuld, das Bistum überhaupt nicht wieder zu Kräften kommen zu lassen, wie dies schon in Deutschland geschehen sei, sondern die Kirche durch apostolische Vikare zu regieren; deren Amtsführung aber könne von seiten des Staates, dem sie fremd seien, nimmermehr geduldet werden. Seine Behauptung ist immer, daß man ihn zu politischen Konzessionen nötigen wolle, deren Gebiet aber ein ganz anderes sei; er wollte nichts davon hören, daß man seinen territorialen Vergewaltigungen durch Widerstreben in den geistlichen Dingen antworten dürfe.

Der Papst wurde nun in Sabona auf eine Weise behandelt, die ihn wohl hätte in seinem Verhalten irre machen können, wenn ihn nicht andere Betrachtungen zurückgehalten hätten. Er hätte nichts mehr gewünscht, als nach Rom zurückzukehren, nicht jedoch um den Preis der Verzichtleistung auf seine Souveränität, die er ja gern, sagt er, dem französischen Kaiser zu Füßen legen wolle, wenn er nicht selbst bei seiner Krönung beschworen hätte, sie zu behaupten.

Wenn es wahr ist, daß die Exkommunikation, die er ausgesprochen, den Kaiser nicht nannte, so bezeichnete sie ihn doch unverkennbar; und der Papst zeigte sich, als ein österreichischer Diplomat diese Saite mit großer Vorsicht berührte, nicht geneigt, sie zurückzunehmen. Die Sendung geschah im Einverständnis des Grafen Metternich, der damals österreichischer Gesandter in Paris war, mit der Regierung Napoleons; aber sie ließ wenig Hoffnung übrig, den Papst zu irgendeiner Nachgiebigkeit zu vermögen; dennoch ging die Ansicht der geistlichen Kommissionen, die Napoleon zu Rate zog, ebendahin, daß dies notwendig sei. Von den Gründen, die der Papst für seine Verweigerung der Institution anführte, erkannte sie besonders den an, der in seinem damaligen Zustande lag, und forderte auf das dringendste eine gütliche Abkunft mit ihm, denn schon rege sich allenthalben der Widerstand; es gebe einen geheimen Dienst sogenannter reiner Katholiken; eine alte Partei erwache wieder und nicht so leicht sei das Volk über den wahren Standpunkt der Frage aufzuklären. In den Kommissionen selbst ist dem Kaiser der Rat gegeben worden, die französischen Bischöfe zu einem Konzil zu versammeln; Napoleon entschloß sich dazu, um für den Fall, daß der Papst die Vorschläge, die er ihm mache, nochmals zurückweise, einen Rückhalt an der französischen Geistlichkeit zu haben: das Konzil sollte die Repräsentation der höchsten kirchlichen Gewalt übernehmen können. Denn die Idee, daß ein Konzil über dem Papst sei, war gewissermaßen erblich bei der französischen Regierung; sie hatte die Stürme der Revolution überdauert; Bossuet und die Propositionen von 1682 standen in größtem Ansehen. Napoleon hat dem Papst angedeutet, ein Konzil könne über ihn richten und ihn selbst absetzen; daß niemand über den Papst richten könne, war die ursprüngliche Prätension des römischen Stuhles, in deren Anerkennung eine der Grundfesten der päpstlichen Allgewalt lag. Und gewiß ist, daß die Berufung eines Konzils auf den Papst einen nicht geringen Eindruck machte. In dem ersten Gespräch darüber sagte er den französischen Bischöfen, die von Napoleon nach Savona geschickt waren; um mit ihm hauptsächlich über die versagte Institution zu verhandeln: ein Konzil könne nicht ohne den römischen Papst versammelt werden. Man antwortete ihm: das gelte von allgemeinen Konzilien, nicht aber von nationalen. Aber den nationalen, versetzte der Papst, stehe kein Recht zu, über allgemeine Fragen, wie die der Institution, Dekrete abzufassen. Auf die Anmutung, die Artikel von 1682 zu unterschreiben, die ihm allerdings gemacht wurde, ist der Papst keinen Augenblick eingegangen, da einer seiner Vorgänger dieselben kurz vor seinem Tode ausdrücklich verworfen habe; in bezug auf die Institution aber zeigte er sich den Bischöfen gegenüber nicht absolut unerschütterlich. Sie schilderten ihm den unglückseligen Zustand so vieler Bistümer aller Welt, die ihrer Hirten beraubt seien; die Gefahr der Religion bei diesem Zustande; ihm selber schrieben sie das Unglück, welches geschehen sei, das Unglück, das geschehen könne, zu. Kein Wunder, wenn sie Eindruck machten. Gebeugt, wie der Papst durch das eigene Leiden war, allen Beistandes beraubt, überließ er sich um so mehr dem Eindruck ihrer Vorstellungen, da die Übelstände, die sie beschrieben, in der Tat unleugbar waren. Noch gab er nicht völlig nach; aber in seiner Seele trat er einen Schritt zurück. Die Bischöfe kamen so weit, daß sie, und zwar in seinem eigenen Zimmer, einen Entwurf niederschrieben, in welchem seine Einwilligung ausgesprochen war, daß die Institution, falls er sie länger als sechs Monate hindurch aus einem anderen Grunde, als wegen persönlicher Unwürdigkeit verzögere, von den Metropoliten gegeben werden könne. Bei jedem Wort, das er nachgab, war er aber bange, daß es zu weit gehe. Als die Bischöfe sich mit dem Entwurf entfernt hatten und abgereist waren, erklärte er, daß einige Artikel darin seien, die er in seinem Gewissen mißbilligen müsse, worauf der französische Präfekt, der seinen Aufenthalt in Savona überwachte, ihm die Bemerkung machte, daß auf solche Weise keine Unterhandlung möglich sei. In diesem Augenblick hatte sich nun aber das Nationalkonzil in Paris bereits versammelt. Es war nicht ein Nationalkonzil im strengen Sinne, — denn auch die Italiener nahmen vielen Anteil daran, und auch einige Deutsche und Flamländer finden wir genannt; es war eine Versammlung der Bischöfe des französischen Reiches, wie es eben bestand. Eine so vollkommene Hingebung, wie der Kaiser erwartete, zeigte es nun keineswegs. Gleich bei der Diskussion der Adresse regte sich zuerst in der Kommission, dann in der Generalversammlung der Gedanke, daß man den Kaiser vor allem um die Befreiung des Papstes bitten müsse, wie einer von den Rednern sagte: von dem Papste getrennt, würde die französische Kirche wie ein vertrockneter Ast am Stamme eines Baumes sein. Wie hätte sich auch anders erwarten lassen, als daß das katholische Gefühl, das durch die Behandlung des Papstes beleidigt worden war, zu Wort gekommen wäre. Aber auf der anderen Seite wollte man doch sich auch nicht gegen den Kaiser erklären, dessen Ungnade man fürchtete: diese Forderung wurde in die Adresse nicht aufgenommen. Eine analoge Frage erhob sich, als man nun auf die für die Institution zu gebenden Regeln zu reden kam: ob nämlich das Konzil die Kompetenz habe, über diesen

Gegenstand zu verhandeln. Bei weitem der größte Teil der Versammlung war doch dafür, daß dem Konzil die Kompetenz zustehe. Insgeheim war von einigen Opponenten eine Protestation hiegegen vorbereitet. Um es dazu nicht kommen zu lassen, ergriff die Regierung das Mittel, die drei vornehmsten Stimmführer einziehen und nach Vincennes bringen zu lassen; auch einige andere reisten ab. Das hinderte aber nicht, das Konzil dennoch für vollkommen beschlußfähig zu halten. Es kam noch zu neuen Verhandlungen mit der Regierung und endlich zu der Sitzung, die als die bedeutendste zu betrachten ist, am 5. August 1811. Die Kompetenz des Konzils ward darin aufs neue bestätigt, — nicht viel anders, als es Napoleon ursprünglich beabsichtigt hatte. Man entwarf ein Dekret über das bei der Versagung der Institution einzuhaltende Verfahren: wenn sie nach sechs Monaten noch nicht erfolgt sei, so solle der Metropolitan oder der demselben nächste Obere in der Kirchenprovinz die Institution erteilen. Dieses Dekret nun, welches auf den Grund der konziliaren Autorität abgefaßt worden, sollte auf den Antrag des Konzils dem Papst zur Annahme vorgelegt werden; der Kaiser sollte eine neue Deputation nach Savona schicken, um die Bestätigung dieses Dekrets auszuwirken. So geschah das nun auch ohne Verzug. Dieselben Bischöfe, die schon einmal mit dem Papste unterhandelt und sich von seiner Geneigtheit zu einem Übereinkommen überzeugt hatten, begaben sich zu ihm. Auch eine Anzahl von Kardinälen fand sich bei Papst Pius VII. ein, unter ihnen Roverella, ein Landsmann des Papstes, der immer großen Einfluß auf die Entschließungen desselben gehabt hatte, und als diese die alten Vorstellungen und Bitten dringend wiederholten, so ging der Papst noch einen Schritt weiter als bei seiner ersten Entschließung; er leistete auf jene Klausel von der persönlichen Unwürdigkeit Verzicht: falls er die Bestätigung länger als sechs Monate verzögere, solle jedesmal, ohne Ausnahme, der Metropolitan dieselbe zu gewähren die volle Macht haben. In einem Breve, in dem er gleichsam seine Freude über diesen Ausgang bezeugte, sprach er diese Konzessionen aus. Von der Exkommunikation war nicht mehr die Rede; der Papst schrieb eigenhändig an den Kaiser.

Pius VII. hatte sich in jenen schweren Augenblicken, als er offene Angriffe erfuhr, unerschrocken und standhaft erwiesen; mit wahrer Erhebung begegnete er jenen Franzosen, die den Quirinal erstiegen hatten, um ihn fortzuführen; das Gefühl seines Berufes, an den ihn so viele Eide fesselten, der Kirche, deren Haupt er war, gab ihm dann einen höheren Schwung; er erfüllte Pflichten, über die ihm kein Zweifel obwaltete.

Jetzt aber war es anders; er geriet in einen Kampf zwischen dem, was die Lage des Augenblicks, die Not und das Bedürfnis der Kirche erforderte, und demjenigen, was die alte Ordnung des Heiligen Stuhles

war. Einen so tiefen Eindruck machte ihm die Vor=
stellung des ersten, daß er nicht mit unbedingter
Strenge an der letzten festhielt. Auch das gewann er
nur unter großen inneren Stürmen über sich. „Er
kam," sagt de Pradt, „den anderen Tag immer auf
das zurück, was er am Abend zugestanden. Er gab mit
Leichtigkeit und selbst mit Anmut dem Gewicht der
Gründe nach, die man ihm anführte: man glaubte
am Ziel zu sein; allein den anderen Tag hatten un=
ruhige Skrupel, die seinen Schlaf gestört, auch seinen
Entschluß erschüttert und geändert."

Als er in Savona die ersten entscheidenden Zuge=
ständnisse gemacht, hörte ihn sein Ajutante di Ca=
mera, Ippolito Palmieri, der in der Nebenstube schlief,
die Nacht hindurch seufzen; er schloß kein Auge; er
fühlte eine tiefe Reue und klagte sich selber an; den
anderen Morgen fragte er, ob die Franzosen abgereist;
als er hörte, sie seien das, fiel er in eine Art von
dumpfer Besinnungslosigkeit.

Und dennoch war er weit entfernt, mit alledem
den Streit zu beendigen. Napoleon war noch nicht,
wohin er wollte. Wenn die Deputation den Papst
Befreiung und Rückkehr nach Rom hatte hoffen lassen,
so war doch Napoleon nicht der Meinung, dies zu be=
stätigen; den Plan, den er vorlängst gefaßt, wollte er
vollkommen ausgeführt haben.

Wir nehmen in Napoleon Größe der Gesichtspunkte,
Folgerichtigkeit der Ausführung wahr, den Blick und
den Flug des Adlers nach seiner Beute; so scharf über=

sieht er den ganzen Horizont; so geradezu stürzt er auf den entscheidenden Punkt. Allein die Erhabenheit persönlicher Gesinnung, die einer Stellung wie der seinen entsprochen hätte, läßt er vermissen; jenen Stolz eines großen Herzens, das sich mit dem Gemeinen nicht befleckt. Ihm ist der Zweck alles. Doch nicht ein jeder läßt sich mit Gewalt erreichen; dann ist ihm kein Mittel zu schlecht, keine Maßregel zu kleinlich; er scheut keine langwierige und gehässige Tyrannei, um seinen Gegner herabzuwürdigen und, wie man sagt, mürbe zu machen; endlich in geschmeidigen Windungen fährt er heran, ihn zu erdrücken.

Diese Art und Weise seines Charakters trat besonders bei seiner Behandlung des Papstes zutage. In einem seiner Briefe heißt es: der Papst müsse in seiner Person empfinden, daß er dem Kaiser Mißvergnügen verursache. Alle seine Retizenzen sind berechnet. Man hat dies hervorgehoben und in den stärksten Farben ausgemalt; wer wollte sich so weit vergessen, ein Wort der Entschuldigung zu sagen. Allein die Verwerflichkeit der kleinlichen Mittel, die Napoleon anwendete, darf doch den Historiker nicht hindern, die Größe der Gesichtspunkte, von denen er ausging, anzuerkennen.

Napoleon war mit den Erklärungen des Papstes keineswegs zufriedengestellt; auf den Brief desselben gab er keine Antwort. Und was war es, was er in dem päpstlichen Zugeständnis vermißte? Vor allem hatte der Papst vermieden, das Nationalkonzil anzuerkennen; die Ausdrücke seines Breve verrieten, daß er sich als den allgemeinen Bischof betrachtete, während Napoleon ihn nur als den ersten in seinem Reiche anerkennen wollte. Ferner aber hatte er den Metropoliten die Institution der Bischöfe nur in seinem Namen zu erteilen erlaubt, während doch Napoleon die Autorität des Papstes in bezug auf die Institution durch seine Versagung als erloschen betrachtet wissen wollte. Endlich fürchtete Napoleon einen geheimen Einfluß auf die Metropolitane. Um dem zuvorzukommen, wollte er verfügen, daß die Metropolitane in einem solchen Falle als Staatsverbrecher betrachtet werden sollen, weil ihr Verfahren dahin ziele, die Staatsbürger in ihrem Gewissen zu beunruhigen und dadurch die öffentliche Ordnung zu stören.

Von dem Papst forderte Napoleon die einfache Annahme der konziliaren Dekrete. Wenn eine solche nicht zu erreichen sei, so wies er die Bischöfe an, Savona zu verlassen, was sie dann, da es unmöglich wurde, den Papst weiter zu bringen, bald darauf taten. Man dürfte nun wohl im allgemeinen nicht sagen, daß der absolute Gedanke der Kirche und der absolute Gedanke des Staates hier aufeinander gestoßen seien. Es hat den Anschein; aber in Wahrheit waren es die Repräsentanten der beiden Ideen, deren Vereinbarung auf unüberwindliche Schwierigkeiten stieß. Napoleon hütete sich, das religiöse Moment an sich zu berühren; aber er wollte das absolute Kaisertum unbedingt aufrechthalten und jede Einwirkung der päpstlichen Gewalt, die er von anderen Rücksichten, als den eigentlich kirchlichen herleitete, unmöglich machen. Noch weniger war Pius VII. gewillt, den Staat als solchen anzugreifen; er suchte nur die alten Prärogativen der pontifikalen Gewalt in bezug auf die Bistümer des Okzidents sich nicht entreißen zu lassen. Nicht sowohl die Idee von Staat und Kirche, als die Idee des Kaisertums und die Idee der päpstlichen Gewalt stießen aneinander. Der Kaiser stützte sich auf die Notwendigkeit, auf seine Untertanen keine religiösen Skrupel einwirken zu lassen, was die Ordnung des Staates gefährde; der Papst aber meinte, daß er seine oberste Autorität ohne alle Rücksicht darauf behaupten müsse. In diesem Augenblick fühlte sich der Kaiser, da er ein konziliares Dekret für sich hatte, als der stärkere. Da der Papst zu der Annahme desselben nicht zu bewegen war, ließ er im Juni 1812 seinen Gefangenen nach Fontainebleau in der Nähe seiner Hofhaltung führen, in einer Eile, welche die Schwachheit des alten Mannes noch vermehrte; er umgab ihn mit Männern seines Wohlgefallens. Es waren Kardinäle wie Giuseppe Doria, der gut und fromm sein mochte, aber nur die Größe des Kaisers und ihr gegenüber die Gefahr der Kirche wahrnahm. Diese Leute wurden nicht müde, dem Papste vorzustellen, wie die Kirche gleichsam ohne Haupt sei, da weder die Gemeinde der Gläubigen mit ihm, noch er mit den Gläubigen in Verbindung stehen dürfe, da

Rom seines Klerus fast durchaus beraubt worden, da man die Häupter aller Geistlichkeit, die Kardinäle, von Ort zu Ort in der Verbannung herumführe: wie sehr nehme in dieser Anarchie der Kirche die Macht ihrer Feinde überhand, so mächtiger Feinde, daß Napoleon selbst ihnen Zugeständnisse machen müsse! Es war ihre eigene Überzeugung; sie machten tiefen und tieferen Eindruck; endlich begannen die Unterhandlungen wieder. Jean Baptiste du Voisin war beauftragt, sie zu führen, noch ein Zögling und jetzt Professor der Sorbonne, lange schon das Orakel der französischen Geistlichkeit. Voisin verstand es, voll ruhiger Überlegung, Schritt für Schritt, mit überzeugender Beweisführung den Gegner zu überwinden. Endlich war es so weit.

Napoleon selbst — nicht ohne seine Gemahlin, die durch den Glanz ihrer hohen Herkunft das Ansehen noch erhöhte, welches ihm Tapferkeit und Glück verliehen, — ging zu ihm hinaus; er selber durch persönlichen Einfluß wollte die Sache zu Ende führen.

Wenn er hier anfangs sehr übertriebene Forderungen aufstellte, wie er z. B. unmittelbaren Anteil an der Ernennung der Kardinäle und ausdrückliche Anerkennung der vier Artikel der gallikanischen Kirche in Anspruch nahm, so stand er allmählich davon ab; aber indem er auf der einen Seite nachgab, ward er auf der anderen um so dringender. Er drohte zugleich und versprach: er war liebenswürdig und heftig; gewaltsam, wie behauptet worden, hat er den Papst nicht angetastet; aber er nahm den Ton der Überlegenheit an und sagte ihm wohl ins Gesicht: er, der Papst, sei in kirchlichen Sachen nicht bewandert genug. Endlich wurden die Artikel entworfen. Pius folgte dem Geschwindschreiber mit Aufmerksamkeit; er gestand Punkt für Punkt zu; als es zur Unterschrift kam, sah er sich noch einmal nach den Kardinälen und Bischöfen um, die zugegen waren; wer wäre aber da gewesen, um zu reden, und wer hätte es zu tun gewagt? Einige neigten das Haupt, andere zuckten die Achseln: er ging hin und unterschrieb. Es ist das Konkordat von Fontainebleau, 25. Januar 1813.

Dies Konkordat spricht nun die Verzichtleistung auf die weltliche Herrschaft nicht eigentlich aus, allein es ist durchweg in Voraussetzung derselben abgefaßt. Der Kaiser hielt eine förmliche Verzichtleistung nicht für nötig. Es war genug, daß der Papst aufhörte, die Zurückgabe des römischen Staates zu fordern. Er hatte versprochen, in Avignon zu residieren. Dahin sollten Propaganda, Pönitentiaria und das Archiv gebracht werden; da sollte er Hof halten. Für die verkauften Güter des römischen Stuhles nahm er ein Einkommen bis auf zwei Millionen Franken an. In Hinsicht der Institution wird das Dekret des Nationalkonzils, das der Papst zu bestätigen sich geweigert hatte, wörtlich in das Konkordat aufgenommen.

Napoleon durfte glauben, nahe am Ziele zu sein. Seine Absicht war, im Jahre 1813 wieder eine Kirchenversammlung zu berufen, an deren Spitze der

Papst in aller Form auf die weltliche Herrschaft verzichten sollte. Der erzbischöfliche Palast ward auf das prächtigste eingerichtet, um ihn aufzunehmen. „Auf jeden Fall," sagt er, „hatte ich jene lange gewünschte Trennung des Geistlichen von dem Weltlichen endlich vollbracht. Von diesem Augenblick an hätte ich den Papst wieder erhoben, ihn mit Pomp und Huldigungen umgeben; ich hätte ein Idol aus ihm gemacht; nie hätte er seine weltlichen Besitztümer vermissen sollen. Ich hätte dann meine kirchlichen Sessionen gehalten, wie meine legislativen; meine Konzilien wären die Repräsentation der Christenheit, die Päpste die Präsidenten derselben gewesen; ich hätte sie eröffnet und geschlossen, ihre Dekrete gebilligt und bekannt gemacht, wie Konstantin und Karl der Große getan. Wie fruchtbar in großen Resultaten wäre dies geworden! Dieser Einfluß auf Spanien, Italien, den Rheinbund, Polen hätte die Bundesverhältnisse des großen Reiches enger geschlossen. Der Einfluß, den das Haupt der Christenheit auf die Gläubigen in England und Irland, Rußland und Preußen, Österreich, Böhmen und Ungarn ausübt, wäre das Erbteil von Frankreich geworden."

So ganz gehörten diese Unternehmungen zu der Idee von dem großen Reiche des Okzidents, welches Napoleon zu errichten eine Zeitlang bestimmt schien; der erste Schritt schließt mit dem letzten zusammen.

Viertes Kapitel.
Blick auf die Restauration.

Überhaupt liegt eines der wichtigsten Motive für die Abwandlungen der Verhältnisse des Papsttums in den großen politischen Ereignissen der Zeit. Die erste Überwältigung des Kirchenstaates war das Werk der fortschreitenden Revolution; das Konklave, aus dem Pius VII. hervorging, wäre ohne die zweite Koalition nicht möglich gewesen. Dann erhob sich der erste Konsul; dessen Bestreben, der französischen Macht Einheit und Zusammenhang zu geben, führte das Konkordat herbei. Die engste Verbindung zwischen der neuen Gewalt und dem Papsttum, die in der Kaiserkrönung erschien, war doch auch zugleich das Moment ihrer Entzweiung. Der Versuch Napoleons, die Einheit Italiens zu begründen, führte notwendig zur Erdrückung des Kirchenstaates; die stärksten Manifestationen der auf die kirchliche und weltliche Alleinherrschaft gerichteten Ideen Napoleons erfolgten nach seinen großen Siegen im Jahre 1805 über Österreich, im Jahre 1807 über Preußen. Er hat behauptet, die Schwierigkeiten, die ihm der Papst in bezug auf die Institution in Italien machte, seien nicht etwa durch Unterhandlungen und gegenseitige Konzessionen, sondern — wer solle daran denken? — durch die

Schlacht von Friedland beseitigt worden; dann erst habe der Papst seine Absicht auf die Romagna fahren lassen. Die Allianz mit Rußland verschaffte ihm freie Hand in Italien sowie in Spanien; mit einer neuen Niederwerfung von Österreich war die Besitznahme des Kirchenstaates verbunden. Nur ein Widerspruch in bezug auf die kirchliche Verwaltung blieb dann übrig, den Napoleon durch persönliche Einwirkungen auf den Papst zu brechen suchte. So verhält es sich nicht, daß er bei seiner Unternehmung gegen Rußland den Papst aus den Augen verloren hätte. Noch von jener großen Zusammenkunft in Dresden aus ordnete er die Translokation des Papstes Pius' VII. nach Fontainebleau an. Es geschah auch deshalb, weil die Engländer bereits in dem Hafen von Sabona erschienen; gegen England aber war auch sein russisches Unternehmen gerichtet. Der Papst wurde eben damals über den Mont Cenis geführt, als die französischen Heerscharen den Niemen überschritten. Das eine berührte sich mit dem anderen darin, daß die Russen genötigt werden sollten, die Oberhoheit Napoleons in allen äußeren Angelegenheiten anzuerkennen und die Unterwerfung des Papstes dazu gehörte, dieselbe im Innern zu bestätigen. Das russische Unternehmen mißlang; allein Napoleon wurde dadurch nur um so eifriger, die Gewalt im Innern festzusetzen, auf deren ungehinderter Ausübung die militärische Kraft seines Reiches beruhte.

Noch hoffte er den großen Kampf zu erneuern.
Allein in kurzem mußte man innewerden, daß das
universale Ansehen des Reiches, von welchem ein
unterwürfiges Papsttum einen Bestandteil ausmachen
sollte, bereits in seinen Grundfesten erschüttert sei.
In den ersten Monaten des Jahres 1813 stellte sich
heraus, daß der Kaiser seine beiden deutschen Bundes=
genossen zu einem neuen Feldzuge nicht wieder fort=
reißen werde. Einen äußeren Zusammenhang hat es
nun wohl nicht, aber doch einen inneren, daß in der
Zeit, in welcher Preußen und Rußland die Allianz
von Kalisch vereinbarten, auch Papst Pius VII. sich
entschloß, das kaum verabredete Konkordat zu wider=
rufen.

Gleich am Tage nach der Unterzeichnung ließ der
Papst erkennen, daß ihm das Konkordat keine Be=
friedigung gewährte: er lehnte das Geschenk ab, das
ihm der Kaiser sandte. Als die Kardinäle, die jetzt
wieder Zutritt zu ihm hatten, ankamen, ließ er eine
tiefe Reue blicken.

Pacca fand ihn gekrümmt, bleich und mager;
die Augen unbeweglich und tief in ihren Gruben. Pius
sprach von den Leiden, die er erduldet habe. „Aber
am Ende," fügte er hinzu, „haben wir uns befleckt.
Ich habe keine Ruhe, weder bei Tage, noch bei Nacht;
ich kann kaum so viel Speise zu mir nehmen, als
nötig ist, um zu leben; ich werde in der Raserei sterben,
wie Klemens XIV." — „Heiliger Vater," erwiderte
Pacca, „das Übel wird sich heben lassen." — „Wie,"

antwortete er, erstaunt und freudig, „sollte das noch möglich sein?"

Der gute Mensch wußte wenig von der Lage der Dinge; man hatte ihn absichtlich derselben unkundig erhalten; er meinte noch, sein Gegner stehe auf dem Gipfel seiner Macht.

Allein die Dinge nahmen immer entschiedener eine andere Wendung; den Koloß, von dem der Papst noch immer erdrückt zu werden fürchtete, sahen die Kardinäle bereits wanken.

Dieser Umschwung der Begebenheiten allein machte erneuerten Widerstand möglich.

Der Papst faßte — es ist nicht zu beschreiben, unter wie viel Pein, mit welchem Geheimnis — den Brief an Napoleon ab, in welchem er, wie er sagt, von seiner Pflicht genötigt und mit freimütiger Aufrichtigkeit dem Kaiser anzeigte, daß seit jenem 25. Januar seine Seele von bitteren Gewissensbissen, von der tiefsten Reue zerfleischt sei und weder Ruhe noch Frieden finde. Die Zugeständnisse des Konkordates von Fontainebleau widerrief er. Den nämlichen Tag, am 24. März, tat er dies den Kardinälen kund. Er hat gesagt, und wir können es ihm glauben, daß er in diesem Augenblicke des vollzogenen Entschlusses sich wie von einer schweren Last befreit fühlte. Mit einemmal war der Schmerz verschwunden, den man bisher in seinem Gesichte las; er klagte nicht mehr, daß er keinen Appetit habe oder keinen Schlaf; er lebte wieder auf.

Von Moment zu Moment erweiterten sich seine Hoffnungen. Bei dem Kongreß von Prag wagte er schon seine Rechte dem Kaiser von Österreich in Erinnerung zu bringen; er forderte ihn auf, als Friedensvermittler die Rechte des Kirchenstaates in Betracht zu ziehen. Auf neue Eröffnungen der französischen Regierung durfte er entgegnen, daß er Freiheit und Rückkehr in sein Land zur ersten Bedingung der Unterhandlung mache; er sprach bereits die Überzeugung aus, wenn ja ihm, so werde es doch seinem Nachfolger nicht fehlen, dahin zurückzukehren.

Wie weit aber übertrafen die Erfolge alles, was man jemals hätte erwarten können!

Die Schlacht von Leipzig entschied auch über das Papsttum. Bald nach seiner Rückkunft auf französischen Boden suchte Napoleon Unterhandlungen mit dem Papst anzuknüpfen, aber sie wurden abgelehnt, denn nicht in Paris könnten solche gepflogen werden, sondern nur in Rom. Als die Verbündeten in Frankreich vordrangen, ließ Napoleon, unzufrieden mit den Kardinälen, welche nach Fontainebleau gekommen waren, den Papst nach Savona zurückführen. Aber schon auf dem Wege nach Savona selbst wurde derselbe als Souverän und Papst empfangen. Für Napoleon dagegen trat nun der Augenblick ein, wo er es für ein Glück halten mußte, wenn ihm die natürlichen Grenzen von Frankreich wieder zugestanden wurden. Nur unter dieser Bedingung konnte er auf Frieden hoffen: dann aber mußte auch Rom aufgegeben werden. Unmittelbar vor dem Kongreß von Chatillon, auf welchem die Umgrenzung von Frankreich festgesetzt werden sollte, entschloß er sich, die Freiheit des Papstes, die Zurückgabe des Kirchenstaates an denselben auszusprechen. „Ew. Heiligkeit sind frei," sagte ihm der französische Präfekt, „und können morgen abreisen." Der Papst zog es vor, bei einem religiösen Feste, das auf den nachfolgenden Tag fiel, die Messe in der Kathedrale zu zelebrieren.

Wie so ganz und gar wurde die Lage Pius' VII. in einem Augenblick verändert. Indem ihm die Franzosen seine Freiheit zurückgaben, erklärte der österreichische Oberbefehlshaber, daß in Italien die alten Fürstentümer wiederhergestellt und Rom nochmals nicht mehr die zweite Stadt des französischen Reiches, sondern die Hauptstadt der christlichen Welt sein würde. Und schon wäre der Papst mit Gewalt nicht in Savona zurückzuhalten gewesen. Die Truppen von Neapel, welches noch unter Murat den Krieg gegen Napoleon erklärt und sich des Kirchenstaates bemächtigt hatte, rückten an dem rechten Ufer des Po, die Österreicher an dem linken Ufer desselben vor. In Livorno erschien ein englisches Geschwader, in der Absicht, nach Genua vorzugehen. In der Mitte der Armeen, die noch keineswegs miteinander einverstanden waren, nahm Pius VII. seinen Weg. Am 25. März 1814 traf der Papst bei den österreichischen Vorposten ein, wo ihn der französische Oberst, der ihn von Fontainebleau begleitet hatte, einem österreichischen Oberst vom Regiment Radetzky übergab. Auch von den Neapolitanern wurde der Papst mit religiöser Anhänglichkeit aufgenommen. Nachdem die Katastrophe des französischen Kaisers erfolgt war, kündigte der König von Neapel die Rückkehr des Papstes in aller Form an. Am 24. Mai zog Pius VII. wieder in seine Hauptstadt ein. Ihm selber war das Glück beschieden, das er nur für einen anderen zu hoffen gewagt hatte. Von dem Volke seiner Hauptstadt, das ihn liebte, sah er sich noch einmal mit Freudengeschrei und Tränen bewillkommt.

Keine Politik, sondern der große Umschwung der Begebenheiten hatte ihn dahin geführt. Jedermann meinte darin den Willen der Vorsehung zu erkennen. Unter der wieder veränderten Welt trat nun aber, ohne daß die alten Fragen gelöst worden wären, eine Reihe der wichtigsten neuen Probleme hervor. Die ersten Dekrete des wiederhergestellten Papstes atmeten vollkommen den Geist der Restauration. Die bürgerliche und kriminale Rechtsverfassung, welche die Franzosen eingeführt hatten, wurde abgeschafft; die alte Ordnung der Dinge, wie sie unter der geistlichen Regierung bestanden, für wiederhergestellt erklärt; Zivilstandsregister und Stempelpapier aufgehoben; ebenso das auf die Einziehung der geistlichen Güter begründete Domänenwesen. Nach einiger Zögerung wurden die Feudalrechte restauriert; den Gedanken, der sich regte, die religiösen Orden zu reformieren, ließ man fallen. Vielmehr wurde auf den Rat des Kardinal Pacca der Orden der Gesellschaft Jesu, dessen Abschaffung doch keineswegs ein Werk der Revolution gewesen war, wieder ins Leben gerufen (7. August 1814).

An alledem nahm nun Consalvi keinen eingreifenden Anteil. Er war bei dem Papst nicht etwa in Vergessenheit geraten. Bei dem ersten Wiedereintritt in sein altes Gebiet von Foligno, 19. Mai 1814, berief Pius VII. den Staatssekretär, den er durch eine feindselige Gewalt genötigt worden sei, zu entfernen, wieder in seine Nähe, denn er wünsche von seinen guten Eigenschaften und seinen Einsichten aufs neue Gebrauch zu machen. Es war gleichsam selbst ein Akt der Restauration. Aber Consalvi ging zunächst nicht mit ihm nach Rom.

Er wurde dazu bestimmt, den restaurierten Hof zu Paris, den Prinzregenten von England und dann den Kongreß in Wien zu besuchen. Wir begleiten ihn zunächst auf dieser Mission. In Paris fühlte er sich durch die Haltung Ludwigs XVIII. keineswegs befriedigt. Denn die konstitutionelle Charte, die er gegeben, sanktionierte doch einige Festsetzungen der revolutionären Epoche: die Freiheit der Kulte und die Preßfreiheit. Besonders von der Presse befürchtete Consalvi die widerwärtigsten Einwirkungen, da durch dieselbe eine anonyme Gewalt gegründet werde, welcher bei der Stimmung der Geister der größte Einfluß zufallen müsse. Ludwig XVIII. hegte diese Besorgnis nicht; er war sehr zufrieden mit seinem Werk. Consalbi war seit langer Zeit der erste, der wieder in der Tracht der Kardinäle in England erschien; erst in einem Augenblicke, wo der römische Stuhl als der Verbündete Englands betrachtet wurde, konnte das geschehen: Consalvi inaugurierte die Herstellung einer politischen Verbindung zwischen England und Rom. Bei dem Prinzregenten von England fand er mit seinen Unglück verkündenden Bemerkungen über die Zukunft von Frankreich mehr Eingang, was er den Erfahrungen desselben zuschreibt. Überhaupt war der Prinz von den Restaurationsideen mehr durchdrungen, als vielleicht ein anderer Fürst, wie er ja an der Wiederherstellung der Bourbons selbst entscheidenden Anteil gehabt hatte. Consalvi trat mit ihm in ein freundschaftliches Verhältnis und erhielt die Zusicherung von ihm, daß die Wiederherstellung des römischen Stuhles in den Besitz des Kirchenstaates von seinem Gesandten unterstützt werden würde; eine Unterstützung, die ihm dann sehr zustatten kam. Noch von London aus hat dann Consalvi in einer ausführlichen Note die Ansprüche des römischen Stuhles den Ministern der Mächte vorgelegt (23. Juni). In derselben bringt er vor allem in Erinnerung, daß die Entzweiung des Papstes mit Napoleon aus der Weigerung des Papstes, mit dem Kaiser in eine Allianz zu treten, die ihn verpflichten sollte, die Freunde und Feinde desselben als seine eigenen zu behandeln, hervorgegangen sei; standhaft habe er verweigert, die freundschaftlichen Verbindungen, die er mit den anderen Mächten unterhalten, abzubrechen; daher also, daß er das ihm zugefallene Ministerium des Friedens nicht habe aufgeben wollen, sei die Verfolgung entsprungen, die er erfahren habe; in dem Augenblick nun, daß die verbündeten Mächte die Legitimität der Rechte wiederherstellen, habe auch der Papst erwarten dürfen, in den vollen Besitz der ihm durch die Revolution entrissenen Landschaft wiedereingesetzt zu werden. Mit den im Frieden von Paris getroffenen Dispositionen könne er sich überhaupt nicht einverstanden erklären, da durch dieselben ein altes Eigentum des römischen Stuhles, Avignon und Venaissin der Krone Frankreichs überlassen wären. Mit größtem Erstaunen nehme er aber wahr, daß man über die Legationen Bologna und Ferrara noch nicht zu seinen Gunsten entschieden habe, obgleich sie ein unbezweifeltes Besitztum des römischen Stuhles seien; der Vertrag von Tolentino, durch welchen demselben diese Landschaft entrissen worden, an sich ein Werk der Gewalt, sei von den Franzosen selbst durch ihr weiteres Vorgehen vernichtet worden. Außerdem forderte der Papst nicht allein Benevent und Ponte Corvo, sondern selbst Parma und Piacenza für den Heiligen Stuhl zurück, denn niemals habe er diese Fürstentümer gesetzlich aufgegeben. Er hebt hervor, daß die Herstellung der weltlichen Macht für den Papst auch deshalb notwendig werde, weil sie ihm allein die Mittel gewähre, die Kirche zu regieren.

Mit diesen Ansprüchen erschien Consalvi auf dem Kongresse in Wien. In ihrem ganzen Umfange nun konnte er dieselben nimmermehr erreichen. Parma und Piacenza waren schon vorlängst in die Hände der Bourbonen übergegangen; die Restauration konnte nicht über die Zeiten der Revolution hinausgreifen. Avignon und Venaissin waren durch einen feierlichen Vertrag, den man nicht brechen konnte, an Frankreich überlassen worden. Für die Herstellung der päpstlichen Autorität kam es nur auf die Rückgabe der drei Legationen an, die damals von den Österreichern besetzt waren.

An sich hatte Österreich abermals sehr ernstlich sein Augenmerk auf den Besitz derselben gerichtet. Aber die herrschenden Gesinnungen waren dem entgegen. Die nichtkatholischen Mächte waren für den Papst, da das Prinzip der Wiederherstellung im allgemeinen wieder angenommen wurde. Und jetzt bedurfte es keines Gleichgewichtes zwischen Österreich und Frankreich in Italien. Bei der Rückkehr Napoleons von Elba zeigte sich vielmehr dringend, jede Annäherung des Papstes an denselben zu verhindern. Zu dem guten Erfolg trug Consalvi wesentlich durch seine entschlossene und geschickte Haltung bei. Der sardinische Gesandte weiß den Eifer, mit welchem der Kardinal namentlich das Anrecht des Papstes auf Bologna verteidigt habe, nicht genug zu rühmen. Talleyrand hat eine seiner Vorstellungen als die glücklichste bezeichnet, die überhaupt im Kongresse vorgekommen sei. Gentz erklärte ihn geradezu für den Mann, durch den die Besitzungen des päpstlichen Stuhles in Italien behauptet worden seien. So günstig dies Resultat auch war, so sah sich doch Consalvi, da nicht alle Anforderungen des Papstes genehmigt wurden, veranlaßt, gegen die Beschlüsse des Kongresses zu protestieren, namentlich auch insofern sie die deutsche Kirchenverfassung betrafen. Er erregte damit kein besonderes Mißvergnügen; man sah darin nur eine Rechtsverwahrung, wie sie schon bei dem Westfälischen Frieden vorgekommen war, ohne unmittelbare Wirkung. In dem erwähnten Briefe sagt Gentz, wenn man Consalvi sehe und höre, so müsse man gestehen, daß die römische Kirche noch starke und geistesmächtige Köpfe besitze.

Napoleon hatte dem Papste zugleich die weltliche Unabhängigkeit und die Selbständigkeit des geistlichen Einflusses entreißen wollen. Durch den Kongreß sah sich Pius beides zurückgegeben. Die Beschlüsse von Wien stellten den römischen Stuhl in den Besitz des ganzen Kirchenstaates wieder her, wie Pius VII. selbst ihn nie besessen. Die europäischen Reiche suchten die zerrissenen Fäden der geistlichen Verhältnisse wieder anzuknüpfen.

Welch eine Aufgabe aber war es nun, in beiderlei Hinsicht den Forderungen der Sache und zugleich des Jahrhunderts gerecht zu werden? Wie dies versucht, wie die Restauration in Rom begriffen wurde, ist der vornehmste Gegenstand unserer Darstellung. Ver=

gegenwärtigen wir uns noch einmal die Natur der beiden Männer, welche, nachdem sie bisher nur mit einer übermächtigen Gewalt gerungen, jetzt zu einer selbständigen Aktion gelangten.

Ein starker und durchgreifender Geist, wir sahen es wohl, war dieser Papst nicht.

Lieber hätte er in der Zurückgezogenheit gelebt. Gern wird man es glauben, daß er in seiner Gefangenschaft die Zeit, die ihm von seinen geistlichen Übungen übrigblieb, mit den kleinen Beschäftigungen eines Klosterbruders ausfüllte; von Bequemlichkeit und Genuß wußte er nichts. Auch in Rom litt er keine persönlichen Dienstleistungen; ganz angekleidet trat er des Morgens aus seinem Zimmer; seine Dienerschaft, welche wohl wußte, daß er ihrer nicht bedürfe, verließ ihn, sobald er sich zurückzog.

Im gewöhnlichen Leben sprach er ungern von Geschäften. Er liebte unter seinen Vertrauten Anekdoten des Tages zu hören; er erzählte selbst, nicht ohne sich zu wiederholen, aber auf das angenehmste. Er umgab die Dinge mit der Heiterkeit seiner Stimmung. Er würzte sein Gespräch mit einer gutmütigen Ironie, mit dem Lächeln stiller Behaglichkeit.

Für die Geschäfte besaß er nicht gerade namhaftes Talent, noch auch eindringende Kenntnis. Er hatte aber gesunden Menschenverstand, und man will bemerkt haben, daß seine ersten Ansichten in der Regel die richtigen waren. Doch traute er sich selbst deshalb nicht, weil ihm die positiven Kenntnisse mangelten. Gern hörte er andere, und den Gründen, die man ihm entgegenhielt, gab er häufiger nach, als manche gewünscht hätten.

So hatte denn sein Staatssekretär, es hatten die Vorsteher der geistlichen Kongregationen, welche bei ihm vortrugen, entscheidenden Einfluß auf ihn.

Vor allen war der Staatssekretär Kardinal Consalvi in seinem Vertrauen. Dante sagt von Peter de Vineis, er habe beide Schlüssel zu dem Herzen seines Herrn in Händen gehabt, den erschließenden sowohl, wie den verschließenden. Man hat in Rom diese Worte auf Consalvi angewendet, der das Herz des Papstes zu eröffnen wisse, aber auch es zu verschließen. Wir kennen den Anteil, den Consalvi im Konklave zu S. Giorgio bei Venedig an der Wahl Chiaramontis nahm; er soll diesen selbst zur Annahme der Tiara bewogen haben. „Seine Rechtschaffenheit," sagte der Papst bei einer feierlichen Allokution an die Kardinäle von ihm, „und seine Einsicht haben ihm billig unser Wohlwollen erworben, und vom Anfang unserer Regierung haben wir ihn zum Genossen unserer Ratschläge, zum Gehilfen unserer Verwaltung ausersehen. Nur mit bitterem Schmerz und gezwungen haben wir ihn einst vom Amt eines Sekretärs entfernen müssen; kaum war es uns möglich, so haben wir ihn mit ebenso großer Freude unserer Seele wieder zurückberufen." Schon früher pflegte Pius, auch wenn alle anderen Kardinäle zugegen waren, auf die Ankunft Consalvis zu warten; er beschloß nichts, ohne ihn gehört zu haben. Es kam Consalvi vielleicht zustatten, daß er in den Momenten der größten Bedrängnisse, namentlich auch in Savona und Fontainebleau von dem Papste fern gewesen war. An den Verlegenheiten, in die der Papst geraten war, an seinen Nachgiebigkeiten hatte Consalvi keinen Anteil genommen. Seine Verwaltung knüpfte wieder an die Zeiten an, wo man selbständig zu sein geglaubt hatte. Und jetzt fühlte sich Pius VII. ihm gleichsam zur Dankbarkeit verpflichtet, da die Rückgabe des Staates seinen Talenten zugeschrieben wurde. Man hat ihn abgebildet, wie er die verlorenen Provinzen und Marken dem Papste wieder zuführte.

Nicht, daß Pius VII. ihm allemal unbedingt gefolgt wäre. Zuweilen neigte er den Kopf auf die Schulter, zum Zeichen, daß ihm die Sache mißfalle. Doch war es in ihm nicht gerade Vorliebe für seine eigene Meinung, weshalb er annahm oder verwarf. Man hat wohl bemerkt, daß er sich freute, wenn Einwendungen, die ihm auf dem Herzen lagen, von anderen widerlegt oder gehoben wurden; er fühlte sich dann gleichsam von einer Last, die ihn drückte, befreit. Die vornehmste Aufgabe war für ihn, jeden Schritt, den er unternahm, mit den innerlichsten und höchsten Überzeugungen, die in ihm persönlich geworden, in Übereinstimmung zu bringen.

Sein Gemüt war wie die Goldwage, die das kleinste Übergewicht auf der einen oder auf der anderen Seite mit Sicherheit andeutet. Aber wir wissen, in welche Bedrängnisse er bei den Zugeständnissen, die er sich abgewinnen ließ, geraten war.

Da ihm nun niemand weiter gewaltsam zusetzte, da er mit seinem Gewissen in Frieden lebte, so blieb er in jener unerschütterlichen Heiterkeit und Gemütsruhe, die seiner Nähe, seinen Gesprächen einen unvergleichlichen Reiz gaben.

Man glaube nicht, daß er sich dabei von der Konfession, die er repräsentierte, eingeengt gefühlt hätte. Wir wissen von Niebuhr, daß er einst nach einer geschlossenen Unterhandlung dessen Hände zwischen die seinen gefaßt und ihm gedankt hat, daß er sich als ein ehrlicher, guter Mann verhalten habe.

Kommen wir nun auf Consalvi.

Consalvi war voll von Geist, und alles, was diplomatische Geschicklichkeit heißen kann, besaß er in hohem Grade. Er hatte Feinheit und Welt. Aber er war mehr geschmeidig und vielseitig, als kraftvoll und von schöpferischem Genius. Das Talent, die Dinge nach durchgreifenden Ideen einzurichten, wird man wenigstens in seiner Verwaltung der auswärtigen Angelegenheiten nicht einmal suchen können: es geltend zu machen, wenn er es auch besaß, war er bei weitem zu schwach. Eben aber in der Stelle des Schwächeren bewegte er sich mit Selbstgefühl und Nachdruck. Er ging so weit vorwärts, als er es mit Sicherheit konnte; auch wich er so weit zurück, als es ihm notwendig und tunlich erschien; zwischen diesen beiden Linien wußte er sich zu halten; niemals brach er ab; niemals gab er auf. Er versprach sehr leicht, ohne sich darum gerade für gebunden zu erachten; auch mit fremden Zusagen nahm er es nicht so genau. „Unterzeichnen Sie nur," rief er dem Zögernden zu, „im Notfall wird man Sie nicht drängen!" Jede abschlägige Antwort milderte er durch die Hoffnung einer Gewährung, eines Auswegs. Doch durften die Forderungen nicht die Summe der päpstlichen Gewalt berühren. Sobald sie dies Gebiet betrafen, wurde Consalvi ernst und unbeugsam; er erklärte dann wohl: er sei eher zum Märtyrertode bereit, als das, was er für die Grundpfeiler der Kirche hielt, erschüttern zu lassen. Man behauptet, Napoleon habe einmal gesagt, Consalvi wolle zwar nicht als ein Priester erscheinen; er sei aber mehr ein Priester, als ein anderer. In dieser Sinnesweise berührte er sich mit dem Papste. Nie fehlte er bei einer geistlichen Handlung; in den Kirchen sah man ihn wohl einsam beten. Auf dieser Übereinstimmung der religiösen Anschauungen beruhte seine Wirksamkeit. Er wußte alles zu vermeiden, was das Einverständnis hätte stören können. Was er dem Papste vorlegte, war auf das sorgfältigste abgewogen; dasselbe bemerkte man von seinen Depeschen und Noten; er pflegte sie oft zu überarbeiten. Jedes Wort machte ihm Skrupel. Damit hängt es nun wohl zusammen, daß sie an Wiederholungen litten und schwerfällig gefunden wurden. Im persönlichen Verkehr zeigte er sich bei zunehmenden Jahren wortkarg und selbst schüchtern, er war immer ernsthaft; kaum

gab er jemals einem gemütlichen Behagen Raum.
Und niemals verlor er die Würde seiner Stellung aus
den Augen. Er war sparsam von Natur und lebte
für sich selbst fast allzu einfach. Allein bei großen
Gelegenheiten wurde er freigebig durch Reflexion.
Seine Feste waren fürstlich. Trotz Erschöpfung der
päpstlichen Kassen war ihm kein Aufwand zu groß,
um den fremden Fürsten die Hauptstadt in vollem
Glanze zu zeigen. Sein Ehrgeiz war, den Kirchen=
staat dem übrigen Europa ebenbürtig erscheinen zu
lassen. Die Hauptstadt sollte zugleich die Metropole
für Kunst und Altertum sein. Für die römischen
Sammlungen, ihre würdige Aufstellung, die Aus=
grabungen trug er eben aus dieser Rücksicht Sorge.

Diese beiden Männer, die doch mehr eine tiefe und
umfassende Empfänglichkeit als eine energische Ini=
tiative charakterisierte, was konnten sie in den großen
Angelegenheiten, die ihnen vorlagen, ausrichten? Das
vornehmste Moment ihrer Wirksamkeit liegt darin,
daß sie bei allem Festhalten an dem Prinzip des Pon=
tifikates doch einen weiteren Kreis, als irgendein Papst
vorher, um sich zogen, in dem sie nachgeben konnten.
Gemeinschaftlich haben sie jenen großen Akt voll=
zogen, durch welchen zwar die Kirche gerettet, aber
zugleich das Element der Revolution in Frankreich
konsolidiert wurde. In dem Konkordat von 1801 liegt
das Hauptmoment ihres historischen Daseins. Die re=
volutionäre Gewalt, der sie dadurch, ohne es zu wollen,
eine feste Begründung gaben, zog ihnen dann die

größten Bedrängnisse zu. Der Kardinal wurde zum Exil verdammt, der Papst in langer Gefangenschaft gehalten. Diese Gewalt aber, der sie unterliegen zu müssen scheinen, ward umgestürzt; dem Papste selbst kam der Widerstand, den er geleistet, die Exkommunikation, die er ausgesprochen hatte, bei den verbündeten Mächten und in der öffentlichen Meinung zustatten. Aber durch Napoleon war die Welt überhaupt umgewandelt, — infolge seiner Siege zuerst, dann infolge seiner Niederlagen. Was konnte die päpstliche Regierung in dem durch die Elemente der Revolution und die Tendenzen des Imperiums zerrütteten Zustand, den sie vorfand, und der zugleich noch alle die Mängel der früheren Zeit an sich trug, unternehmen und ausrichten? Betrachten wir zuerst die geistlichen Beziehungen zu den anderen Mächten, dann die Verhältnisse des Staates.

Fünftes Kapitel.

Konkordate.

Damit, daß der Papst wieder in dem Vatikan Platz genommen hatte, daß er wieder unter den unabhängigen Häuptern von Europa gezählt wurde, war ihm doch eine eigentliche Regierung der Kirche lange nicht anheimgegeben.

Niemals ist die Herrschaft von Rom unbeschränkt gewesen und am wenigsten war sie es am Ende des 18. Jahrhunderts. Allenthalben waren Verträge errichtet, Konkordate abgeschlossen, überall hatten sich örtliche Interessen den allgemeinen entgegengesetzt.

Es konnte wohl den Anschein haben, als wäre infolge der Restauration der Papst wenigstens in die Stellung zurückgetreten, die er 1789 einnahm, als breitete sich wieder die frühere Welt vor seinen Blicken aus. Allein dies Europa, wie es aus der Revolution hervorging, hatte doch eine ganz veränderte Gestalt angenommen. Wie viele bischöfliche Sitze waren nicht mehr! Welch einen Verlust an Gütern, weltlichem Einfluß und Selbständigkeit hatte man erlitten! Die monastischen Einrichtungen, die bisher die verschiedenen Nationen zusammengehalten, waren so gut wie vernichtet. Der katholische Glaube selbst, in seiner

Wurzel angetastet, hatte an Einfluß unendlich verloren. Die alten Verträge waren fast allenthalben von selber untergegangen.

Sollte nun von einer Herstellung der Hierarchie überhaupt die Rede sein, so kam es vor allem entweder auf eine Erneuerung der alten Übereinkünfte oder auf frische Begründung gesetzlicher Verhältnisse an. Unter den vielen Aufgaben der Epoche der Restauration eine der schwierigsten.

Man setze den Fall, daß alle Beteiligten einmütig den Entschluß gehabt hätten, mit gegenseitiger Nachgiebigkeit allein das Notwendige zu tun, es würde selbst dann schwer gehalten haben; wie viel mehr aber jetzt, da die Natur der Menschen und der Dinge es mit sich brachte, daß man auf der einen Seite unhaltbare Ansprüche erneuerte, auf der anderen das Erbteil, das die Revolution hinterlassen, nicht aufzugeben, sondern eher in die Fußtapfen des napoleonischen Kaisertums zu treten dachte.

Nach allen Seiten hin begannen Unterhandlungen. Man ist wohl einmal so weit gegangen, dies Jahrhundert das Jahrhundert der Konkordate zu nennen; wahr aber ist, sie machten ein Jahrzehnt hindurch einen hervorragenden Teil der europäischen Geschäfte aus.

Sollen wir uns aber daran wagen? Sollen wir diese Mannigfaltigkeit von Ansprüchen, — verschieden in jedem Lande und an jedes Land — in denen sich Staat und Kirche, Theologie und Philosophie, Fana=

tismus und Unglaube, die Hervorbringungen der vergangenen Jahrhunderte und die Forderungen des heutigen Tages begegnen, darzulegen und den Streit, welchen die feinste Diplomatie der Welt, langsam und geschickt, eine Reihe von Jahren hindurch darüber geführt hat, zu schildern unternehmen?

So weit geht weder unsere Absicht, noch würden unsere Informationen so weit reichen.

Es kann uns nur um eine allgemeine Ansicht dieser Verhandlungen, ihres Ganges und des Verhältnisses, in welches Rom dadurch zu den verschiedenen Staaten gesetzt ward, zu tun sein.

Wir beginnen mit der Bemerkung, daß die Kurie nie einen glücklicheren Zeitpunkt hatte, als unmittelbar nach der Restauration. Ihre Entwürfe wurden fast allenthalben durch entgegenkommende Willfährigkeit begünstigt.

In einigen südlichen Staaten nahm man auf die Neuerungen der Revolution so gut wie gar keine Rücksicht. In Spanien wurden das Konkordat von 1753 und die Pragmatische Sanktion Karls III. von 1762 neuerdings die geltenden Normen. Die Dataria zog von neuem ihre besten Einkünfte aus Spanien. Ferdinand VII. stellte die Inquisition, welche nicht allein gleich anfangs von Napoleon, sondern auch darnach allen Widersprüchen des Nuntius zum Trotz, von den Cortes aufgehoben worden, wieder her, und 1815 las man wieder Edikte des Großinquisitors. Sie verurteilten die neuen und gefährlichen Lehren, von denen der größte Teil von Europa auf beklagenswürdige Weise ins Verderben gestürzt worden und jetzt auch Spanien gefährdet werde. Die Wiederherstellung der Jesuiten begrüßte dieser König mit Freuden. Er erklärte die Beschuldigungen, die man gegen sie erhebe, für erdichtet: erfunden von den Feinden nicht sowohl dieses Ordens, als vielmehr der Religion Christi überhaupt, „welche doch," sagt er, „das erste Grundgesetz einer Monarchie ist, in deren Verteidigung meine Vorfahren ihren Beinamen der katholischen Könige gerechtfertigt haben; ihrem Eifer und Vorgang wünsche und denke ich mit Gottes Hilfe beizukommen."

Auch Sardinien verschmähte die Erwerbungen der Revolution. Dem englischen Gesandten ist im März 1816 eine sehr unterrichtende offizielle Darstellung der geistlichen Verhältnisse des Königreiches eingehändigt worden, welche alle Rechte und Ansprüche lediglich von den früheren Verträgen herleitet. Im Juli 1817 wurden die neuen Diözesen, in fast allzu großer Zahl, nicht ohne eine gewisse Freigebigkeit eingerichtet. In Turin zeigte man damals in allen Dingen dem römischen Hofe Ergebenheit und Gehorsam.

Bei dieser Art von Herstellung traten freilich viele Schwierigkeiten hervor. In Toskana erklärte man zwar, man befolge die alten Maximen und das frühere System der österreichischen Dynastie wieder; allein nur so weit, als die veränderte Zeit und die Verwirrung der Dinge es erlaube. Wenigstens stellte der Großherzog die regulären Mönchsorden von beiden

Geschlechtern wieder her; in Betracht, wie er sagte, von welchem Nutzen für Kirche und Staat sie seien.

Diese Staaten waren wenigstens äußerlich im Ganzen in ihr altes Verhältnis zurückgetreten.

Schwerer ward es in denen, die sich entweder neu gebildet hatten oder in ganz veränderten Formen erschienen.

Indessen ging es auch hier für den römischen Hof über Erwarten glücklich.

Polen war sogar an einen Fürsten von griechischer Konfession gekommen; doch ließ dies Kaiser Alexander nicht empfinden. Es war alles, was man wünschen konnte, wenn er die polnische Geistlichkeit, sowohl katholische als unierte, aus liegenden Gründen zu dotieren versprach und diese im voraus für ihr unveräußerliches Eigentum erklärte. Er gab den Bischöfen aufs neue politische Bedeutung: er nahm sie in die Kammer der Senatoren des Königreiches auf.

Auch das bayerische Konkordat, welches zunächst zustande kam, war den Ansprüchen der Geistlichkeit günstiger, als man irgend erwartet hatte.

Die Diözesen, die man bestimmte, waren zahlreich und sie wurden gut ausgestattet. In den Seminarien, deren Einrichtung man beschloß, ward die Aufnahme der Schüler und die Ernennung der Lehrer, Unterricht und Verwaltung den Bischöfen anvertraut. Der König sagte sogar die Herstellung und Dotation einiger Klöster für beide Geschlechter zu.

Dafür — es heißt ausdrücklich „in Rücksicht auf

die daher entspringende Förderung geistlicher Dinge" — ward ihm die Ernennung der Bischöfe überlassen, obwohl sich der römische Stuhl die Annaten und einen unmittelbaren Einfluß auf die Kapitel vorbehielt. Ich weiß nicht, ob ich recht unterrichtet bin, doch höre ich von glaubwürdigen Männern, daß die meisten Vorschläge von seiten des Münchener Hofes gemacht worden sind. Den guten alten Weihbischof Häffelin — der die Unterhandlung zu Rom führte — hat man mit Unrecht darüber so bitter angetastet. Man versichert, nur in einem einzigen Punkt, in der Art und Weise, die Kapitel einzurichten, habe er den Anträgen der Kurie nachgegeben. Auch ward das Konkordat nach einigen Zögerungen wirklich ratifiziert. Gewiß ein bedeutender Schritt, zumal wenn diese Abkunft als ein Vorbild für die übrigen deutschen Provinzen betrachtet wurde.

Schon hatte man aber noch weiter reichende Entwürfe unter den Händen, von denen ohne Zweifel der wichtigste war, die kirchlichen Verhältnisse mit Frankreich zu ordnen.

Wir sahen, wie nahe es Napoleon bis zu einer Unterwerfung der Kirche gebracht hatte; eben darin lag der Grund, weshalb die nach seinem Sturz emporgekommene Gewalt die Kirche, so viel ihr möglich, begünstigte.

Gerade auf die Institute der Kirche meinten die Wortführer von 1815 das restaurierte Staatsgebäude zu gründen, welches sie aufzuführen gedachten. Un=

möglich konnten sie so revolutionäre Einrichtungen dulden, wie das Konkordat Napoleons gewesen war; sie drangen auf eine ausdrückliche Aufhebung desselben.

In Rom war man damit nicht so ganz einverstanden. Consalvi sah, wie er offen bekannte, in jenem Konkordate das große Denkmal seines Lebens. Ihm wäre es genug gewesen, wenn die organischen Artikel, welche Napoleon demselben hinzugefügt hatte, abgeschafft worden wären, wenn man dann vielleicht die Diözesen vermehrt hätte; auf diesen Grundlagen, schien es ihm, lasse sich das festeste Gebäude errichten.

Und gewiß, man konnte Bedenken tragen, einen so feierlichen Vertrag wieder aufzuheben. Ehrenvoll war dies nicht; es konnte als eine Rechtfertigung der Protestationen des ausgewanderten Klerus erscheinen, die man in Rom immer verworfen hatte.

Wenn sich die Kurie dennoch dazu entschloß, so ward ihr das durch neue Zugeständnisse anderer Art reichlich vergütet. Nicht allein wurden mit dem Konkordat zugleich jene organischen Artikel, die immer als eine Feindseligkeit gegen die Kirche betrachtet worden waren, abgeschafft, sondern man beschloß auch eine bedeutende Vermehrung der Diözesen — von 60 auf 92 — mit einer angemessenen Ausstattung in liegenden Gründen oder Renten auf den Staat unverzüglich ins Werk zu setzen. In einigen unbestimmt gefaßten Artikeln erhielt die Kurie große Aussichten für die Zukunft. Jetzt war von keiner Beschränkung der Institution, von keiner Übertragung der päpstlichen Gewalt an die Metropolitane die Rede. Was nicht ausdrücklich bewilligt worden, nahm man ohne diese Bewilligung an sich. Wenigstens versichert der französische Ambassadeur Blacas, daß die Klausel der Bullen, in welcher der Papst sagte, daß er die Bistümer errichte und dotiere, ohne sein Wissen eingeschaltet worden sei.

Es war dies fast mehr als eine Herstellung der dort so oft bestrittenen und in enge Grenzen eingeschlossenen päpstlichen Gewalt. War doch von der Freiheit der gallikanischen Kirche fast nicht mehr die Rede.

Blacas schloß am 25. August 1816 eine Konvention, und, da diese einigen Widerspruch fand, nach einem neuen Aufenthalt in Paris eine zweite, welche als das Konkordat vom 11. Juni 1817 bekannt ist.

Oft ist es bei den Revolutionen so gegangen. Indem man eine chimärische Freiheit zu gründen suchte, hat man die wirkliche vernichtet, die man besaß.

Jetzt war es so weit gekommen, daß selbst ausgezeichnete und die tadellosesten Geistlichen in der Behauptung der vier Propositionen nur eine Veranlassung zu Mißbräuchen sahen. Und doch waren die alten gallikanischen Freiheiten selbst noch größer, als sie in den Propositionen erschienen. Die Geistlichkeit war weise genug gewesen, nicht alle ihre Vorrechte in Deklarationen zu fassen; sie hatte gefürchtet, sie gerade auf diesem Wege zu verlieren. Unter anderem besaßen die französischen Bischöfe ein sehr ausgedehntes Dispensationsrecht. Die einen hatten es immer ausgeübt

und die anderen hatten es wenigstens nicht völlig
fallen lassen. Schon im Jahre 1801 ward das nicht
wieder zurückgefordert. Consalvi als Legat fertigte
alles auf der Stelle aus und machte einige Zuge=
ständnisse für die nächsten Jahre. Nach der Restau=
ration aber gedachte niemand mehr der alten Vor=
rechte. Man schickte die Sachen ohne weiteres nach
Rom.

Wäre das neue Konkordat zur Ausführung und der
Klerus in Frankreich jemals wieder zu einiger Selb=
ständigkeit gekommen, so würde die Zerstörung, welche
die Revolution gebracht, der Kurie nicht zum Schaden,
sondern zum Vorteil gereicht haben. Der alten Wider=
setzlichkeit, der örtlichen Freiheiten, jenes Pochens auf
die gallikanischen Vorrechte wäre sie auf lange über=
hoben gewesen.

Während die Kurie mit dem bourbonischen Stamm=
haus so glückliche Unterhandlungen pflog, geriet sie
dagegen mit der Nebenlinie zu Neapel in lebhafte
Zwistigkeiten.

Der König säumte, den Zelter nach St. Peter zu
senden, der die alte Abhängigkeit seines Reiches von
dem Heiligen Stuhle bezeugte. Die Frage, ob dies
eine rein weltliche Verpflichtung sei oder nicht, dis=
kutierte man in lebhaftem Eifer und der Papst drohte
dem König mit dereinstigen Strafen Gottes. Ferdi=
nand IV. dagegen weigerte sich, die Jesuiten in sein
Land aufzunehmen; er beschränkte die Korrespondenz
seiner Geistlichen mit Rom auffallend; er schien zu=

gleich die alten Irrungen, die er mit Pius VI. gehabt, fortsetzen und die Erwerbungen der französischen Verwaltung behaupten zu wollen. Der Papst seinerseits versagte den neapolitanischen Bischöfen die Institution. Es kam so weit, daß von 130 Bistümern in beiden Sizilien 86, in dem eigentlichen Neapel drei Viertel der bischöflichen Sitze vakant waren. Wenn irgendwo, so war hier ein neues Konkordat unumgänglich notwendig. Lange unterhandelte man vergeblich darüber zu Neapel. Um die Sachen zu Ende zu bringen, mußten im Februar 1818 die vornehmsten Minister der beiden Höfe, Consalvi und Medici, zu Terracina an den Grenzen der Staaten zusammenkommen.

Medici hielt sich für einen außerordentlichen Kopf; er meinte — und gutmütigerweise glaubten es ihm einige Landsleute — alle europäischen Diplomaten zu übersehen. Jetzt erwarb er in der Tat die Ernennung auch zu denjenigen Stellen, welche bisher von Rom aus besetzt worden waren, und die Abschaffung einiger kleiner politischer Rechte, die sich Rom noch immer vorbehalten hatte.

Dafür aber erlangte Consalvi andere Zugeständnisse, wie es scheint, von wesentlicherem Vorteil.

Der Papst behauptete einen bedeutenden Einfluß auf die Besetzung der unteren Stellen; seine Korrespondenz mit der Geistlichkeit ward von aller Beaufsichtigung und jenem Liceat scribere, das man bis jetzt von Staats wegen gefordert, losgesprochen; die bisherige geistliche Jurisdiktion des Königs ward beschränkt oder unterdrückt; Klöster wurden wieder eingerichtet; die Geistlichkeit ward wieder befähigt, Güter zu besitzen; man ließ Klagen über die Besteuerung des Klerus einfließen, obgleich dieser im römischen Staate selbst nicht exsimiert war. Die Regierung versprach nicht allein, der Geistlichkeit ihre eingezogenen Güter zurückzugeben, sondern auch bei der einstweiligen Verwaltung derselben neben zwei neapolitanischen auch zwei römische Kommissarien zuzulassen.

Was konnte die Ernennung zu den Stellen dem Könige so Großes fruchten, wenn seine Bischöfe nachher unabhängig von ihm und abhängig von Rom waren.

Man hatte allgemein erwartet, Consalvi werde das meiste zuzugestehen haben; als man dies Resultat kennen lernte, schrieb ihm jedermann einen vollkommenen Sieg zu; nie war seine Geschicklichkeit glänzender erschienen.

Und doch würde man unrecht haben, den guten Fortgang der römischen Interessen der alten Klugheit dieses Hofes oder den Talenten Consalvis allein beizumessen. Wie wäre sonst in diesem Fortgang ein so plötzlicher Stillstand eingetreten?

Eben damals, als das neapolitanische Konkordat geschlossen ward, im Anfang des Jahres 1818, regte sich bereits allenthalben eine lebhafte Opposition gegen die römische Kurie.

Frankreich ging auch hierin voran. Die Ordonnanz vom 5. September und die Sitzung des Jahres 1816 bis 1817 hatten jener Richtung der öffentlichen Gewalt, unter deren Schutze das neue Konkordat entworfen worden war, bereits ein Ende gemacht, als man mit demselben hervortrat. Die günstige Stunde war vorüber. Der römische Hof hatte in Frankreich viele Vorurteile und gegründete Überzeugungen, viele eingewurzelte Abneigungen, selbst Leidenschaften wider sich; alle waren aufgewacht. Jenes Konkordat gab ihnen Anlaß genug, hervorzutreten. Da waren unbestimmte Versicherungen, welche eine Gefahr für wesentliche Zugeständnisse der Verfassung, für die Toleranz selbst zu enthalten schienen; da war jenes Stillschweigen über die Freiheiten der gallikanischen Kirche; da war der sechste Artikel „die zugesagte Beibehaltung der bisherigen Bischöfe könne wohl aus guten Gründen Ausnahmen leiden," durch welchen einige von ihnen mit willkürlicher Absetzung bedroht schienen; man nahm die Formeln der Bullen für ernstliche Anmaßung; man ereiferte sich über die Ansprüche, die der römische Stuhl auf Avignon zu machen fortfuhr. Auf das lebhafteste regten sich die prinzipiellen Gegner. Neue Ausgaben von Voltaire und Rousseau erschienen ausdrücklich zu dem Zwecke, dem Konkordate einen schlechten Empfang zu bereiten. So erhob sich denn ein allgemeines Geschrei und eine Unzahl von Broschüren malte die Gefahren der Zukunft aus. „Es war," sagt Guizot, „als ob Gregor VII. noch einmal

die Tiara nehme; als strecke das Mönchtum bereits
seine Hand nach seinen verloren gegangenen Gütern
aus; als fasse die Inquisition Fuß auf dem franzö=
sischen Boden." Vor diesen Aufwallungen der öffent=
lichen Meinung allein, ohne anderen Angriff, fiel
das Konkordat. Schon bei dem darauf bezüglichen Ge=
setzentwurf suchten die Minister seine Bestimmungen
zu ermäßigen. Dies Zurückweichen aber machte der
Opposition nur noch mehr Mut. In der Mitte der
Kommission, die zur Beratung des Entwurfes nieder=
gesetzt wurde, tat sich der Widerspruch so lebhaft her=
vor, daß man gar nicht wagte, zu den Beratungen
in der Kammer zu schreiten. Pius VII. hatte das
Konkordat von 1801 sehr ungern aufgegeben; nach
langer und zweifelhafter Unterhandlung hatte er ein
zweites geschlossen, das er für angenommen und gültig
hielt. Aber es führte die peinlichsten Verlegenheiten
für ihn herbei: im Jahre 1819 mußte er sich zu Maß=
regeln verstehen, die seiner ursprünglichen Absicht ent=
gegenliefen. Wie viel besser wäre es gewesen, das Kon=
kordat von 1801 einstweilen bestehen zu lassen und den
wesentlichen Mängeln durch wesentliche Verbesserun=
gen abzuhelfen!

Dann wären vielleicht auch andere Wirkungen dieser
Niederlage vermieden geblieben.

In ganz Europa machte sie — es konnte nicht
fehlen — den größten Eindruck. Sie gab den Unter=
handlungen, die nunmehr folgten, eine neue
Farbe.

Vornehmlich machten einige kleinere Staaten Ansprüche, wie sie bisher nicht so leicht vorgetragen worden; unter anderen die Schweiz.

Aber darf man überhaupt sagen, daß zwischen Rom und der Schweiz unterhandelt worden sei? Allerdings erschienen 1818 schweizerische Abgeordnete in Rom; aber es fehlte viel, daß sie einen Auftrag von der Tagsatzung gehabt hätten: es waren nur die Gesandten von Bern und Luzern. Diese Kantone wünschten die Baseler und einen Teil der Konstanzer Diözesanstände zu einem Bistum zu vereinigen, das seinen Sitz in Luzern haben sollte; sie dachten wohl demselben eine allgemeine Bedeutung zu geben. Allein niemals hätte die gegenseitige Eifersucht der Eidgenossen dies zugelassen. Dem Plane von Bern und Luzern widersetzte sich Solothurn; es hatte Aargau und Thurgau und selbst Zürich auf seiner Seite. Wohlverstanden, es hatte dieselben auf seiner Seite, solange man sich den anderen widersetzte, jedoch nicht mehr, sobald es darauf ankam, selbst etwas Gemeinschaftliches auszuführen. Bern hatte wenigstens auf die Beistimmung der Urkantone gerechnet; aber jene Abgeordneten mußten erleben, daß ihnen zur Seite, ohne ihr Wissen, Schwyz über die Erhebung der Abtei Einsiedeln zu einem Bistum unterhandelte. Wer sollte es glauben? Auch dies Vorhaben in seinem engeren Kreise erweckte lebhaften Zwist; es fand Widerspruch bei den Beteiligten in der Abtei selbst. Genug, es war Zwiespalt über Zwiespalt; aus jeder Trennung entwickelte sich eine andere; die abgesonderten Glieder entzweiten sich ihrerseits von neuem.

Obwohl es demnach nur zwei Kantone waren, welche unterhandelten, so machten sie doch Ansprüche, über die man sich nimmermehr bereinigen konnte.

In Luzern wollte man sich nicht allein über die Verwaltung der geistlichen Güter und Kassen, sondern vornehmlich über das Seminar, das zu gründen war, und den Unterricht in demselben die Aufsicht von Staats wegen vorbehalten. Kein Zweifel, daß man gewisse Lehren katholischer Geistlicher für gefährlich hielt und ihrer Ausbreitung vorzubeugen wünschte; die Korrespondenz der Geistlichkeit mit Rom sollte besonderer Aufsicht unterliegen.

Und wer möchte leugnen, daß die unmittelbare Einwirkung von Rom in kleinen Gemeinheiten etwas Bedenkliches hat und eine Gefahr für die Selbständigkeit derselben in sich enthält; allein durch jene Ansprüche stieß man mit allen Grundsätzen der Kurie zusammen. Rom wollte eine freie Korrespondenz mit dem Klerus. Allen Einfluß der weltlichen Gewalt auf den geistlichen Unterricht erklärte es für grobe Usurpation. Es forderte ausdrückliche Verzichtleistung auf dieses Verlangen. Aber es waren die Ansprüche der weltlichen Gewalt überhaupt, an denen die Schweizer jetzt festhielten.

So konnte man sich denn freilich nicht vereinigen.

Indem die Gesandten erklärten, sie seien in der Unmöglichkeit, nachzugeben, stellten sie nur noch vor, daß sie nicht wüßten, was aus der schweizerischen Kirche werden solle. „Sie wird bleiben wie sie ist," entgegnete man ihnen. „Mitnichten," versetzten sie, „sie ist in allzu großer Unordnung; aus dieser kann nichts hervorgehen, als eine von Grund auf neue Ordnung, oder wenn man es nicht dazu bringt, eine vollständige Auflösung. Gott weiß, ob diese nicht den Umsturz aller Dinge herbeiführt."

Gewiß hängen kirchliche und weltliche Ordnungen so enge zusammen, daß die einen ohne die anderen nicht bestehen können. Die allgemeine Verwirrung, welche nachher eingetreten, mag nicht viel weniger von diesem Zwiespalt, wie von anderen Ursachen herrühren.

Unverrichteter Dinge mußten die Gesandten über die Alpen zurückkehren; zu Hause fanden sie die Ansichten schon wieder verändert. In Luzern hätte man damals bereits Bedenken getragen, den Bischof, den man gefordert hatte, aufzunehmen; wenigstens einige Machthaber fürchteten von einem solchen einen antiliberalen Einfluß.

Während dieser Zeit hatte auch Genf in Rom für sich unterhandelt. Die Stadt wünschte die Absonderung der katholischen Pfarren seines Gebietes von Chambery; es wollte dieselben unter das Bistum Freiburg geben. Dies Vorhaben aber fand mehr Schwierigkeit, als man hätte glauben sollen. In Rom war man, wie sich versteht, den Genfern nicht eben günstig, und der Hof von Sardinien widersetzte sich einer so geringen Schmälerung eines ihm unterworfenen Bistums mit außerordentlicher Hartnäckigkeit. Die Genfer übertrugen die Führung ihrer Sache der preußischen Gesandtschaft; doch hatte auch diese anderthalb Jahre zu tun, ehe sie die Pfarren losriß.

Und hier kommen wir auf unsere deutschen Angelegenheiten.

Man erachtet leicht, daß der Zustand der deutschen Kirche dem Papst vor allem betrübend erschien. „So viel Kirchen," ruft er aus, „mit Würden und Reichtümern gesegnet, haben ihren Glanz und ihren Besitz zugleich verloren. Fast alle entbehren ihrer gesetzmäßigen Hüter, ihrer Diener. Die geistliche Regierung liegt in Fesseln; die Kirchenzucht ist vernichtet, die blühendsten Klöster sind zu Einöden geworden." Die Worte erinnern an die Ausdrücke, in denen eine kirchlich gesinnte deutsche Partei auch mit Rücksicht darauf, daß durch die Wiedereroberung des linken Rheinufers die mit dem Verluste desselben in Zusammenhang stehenden Säkularisationen ungültig geworden seien, die Herstellung der früheren deutschen Kirche begehrte. Allein man darf doch bezweifeln, ob Consalvi, der sie anfangs billigte, standhaft dabei verblieben ist. Denn eine deutsche Kirche konnte zu einer Verfassung derselben führen, welche die Einwirkung Roms auf Deutschland eingeschränkt und unsicher gemacht hätte. Von der Aufstellung eines Primas, der die deutsche katholische Welt auch Rom gegenüber repräsentiert hätte, wollte man in Rom nichts hören. Man knüpfte vielmehr an die schon früher vorgekommenen Versuche, besondere Konkordate mit den deutschen Staaten zu schließen, an; damals ist allgemein behauptet worden, Bayern und Württemberg seien in ihrem Widerspruch gegen eine der katholischen Kirche zu gebende Gesamtverfassung von Consalvi bestärkt worden: er habe ihnen die Genehmigung der Einziehung der kirchlichen Güter dagegen in Aussicht gestellt. Es waren Gedanken, wie sie bei dem Konkordat mit Frankreich und mit Italien vorgeschwebt hatten; sie entsprachen den territorialen Einrichtungen, die zuletzt in Deutschland die Oberhand behielten. Von einem Reichskonkordate konnte nicht die Rede sein, da es kein Reich mehr gab. Und bald sollte sich zeigen, wie schwer sich selbst Verträge mit den einzelnen Staaten, auf den bestehenden Zustand berechnet, durchsetzen ließen.

Schon hatte das bayerische Konkordat lebhaften Widerspruch gefunden. Die organischen Gesetze, die man in Bayern erließ, waren mit demselben nicht allemal in deutlicher Übereinstimmung. Selbst nach der Ratifikation traten neue Schwankungen ein. Es waren ausweichende Erklärungen von bayerischer Seite, es war die ganze Geneigtheit, welche die damalige Kurie hatte, wenigstens den Schein zu retten, erforderlich, um die Sache nicht zu neuem Bruche kommen zu lassen.

Weit größere Schwierigkeiten aber boten die Unterhandlungen mit den minder mächtigen Staaten dar. Gleich sowie der Entwurf erschien, zu welchem sich eine

in Frankfurt zusammengetretene Kommission ver=
einigte, — im April 1818 — fürchtete man in Rom
eher ein Schisma als ein Konkordat daraus hervor=
gehen zu sehen.

Wenn man in dem schweizerischen Entwurfe, der
die Aufsicht über die Kirchen oligarchischen Magi=
straten eingeräumt hätte, eine aristokratische Tendenz
wahrnahm, so kamen die Schwierigkeiten, die man in
dem deutschen sah, von einer anderen Seite.

Nicht ohne innere Bedeutung ist der Versuch der
Kommission, die Besetzung der bischöflichen Stellen
möglichst unabhängig vom römischen Einfluß zu kon=
stituieren. Man verband darin die selbständige Aktion
des Landesklerus mit der Autorität des Fürstentums.
Der Entwurf war, die Landpfarrer zu den Wahlen
heranzuziehen. Im Falle einer Vakanz sollten sämt=
liche Landpfarrer der Diözesen einen Ausschuß wählen,
an Zahl den Domkapitularen wenigstens gleich; aus
beiden zusammen sollte das Wahlkollegium bestehen.
Niemand dürfe gewählt werden, der nicht theologische
Studien mit ausgezeichnetem Erfolge gemacht und
dann acht Jahre lang das Amt eines Seelsorgers oder
Lehrers verwaltet habe. Nicht jedoch so geradezu
sollten die Wahlkollegien einen Bischof ernennen; sie
sollten nur drei Personen zu diesem Amt vorzu=
schlagen haben. Schon im voraus würde dem Landes=
herrn das Recht beiwohnen, von diesem Vorschlag aus=
zuschließen; nach demselben würde er einen aus den
dreien definitiv ernennen. Noch vor der Konsekration

soll dann der Bischof dem Landesherrn und den Gesetzen des Landes Gehorsam und Treue schwören. Diese Konsekration selbst aber sollte nicht an die Einwilligung des römischen Hofes gebunden sein. Der Informatiuprozeß über die Wahl würde durch den Erzbischof an den Papst geschickt werden, dessen Einwilligung man binnen vier Monaten erwarte; erfolge sie in dieser Zeit nicht, so trete der Erzbischof in seine ursprünglichen, zum Teil in Deutschland noch üblichen Konfirmationsrechte und -pflichten ein. Anstände, die der Papst etwa gegen die Person erheben möchte, sollen in dem Lande geprüft werden, und, wenn man sie unbegründet finde, soll nach einer neuen zweimonatlichen Frist die erzbischöfliche Bestätigung eintreten.

Es leuchtet von vornherein ein, daß der römische Stuhl von diesen Vorschlägen sehr unangenehm berührt werden mußte. Gegen den Wahlmodus wendete man ein, daß dadurch ein Geist der Demokratie eingeführt werde. Man gab die Besorgnis zu erkennen, daß dies nur der erste Schritt sei, um nach und nach dem ganzen Klerus und vielleicht auch dem Volke Anteil an den Bischofswahlen zu verschaffen. Alte Mißbräuche, daher entspringend, die man in früheren Zeiten mit Mühe gehoben, werde man auf diese Weise erneuern. Auch die Beschränkung der Wahlen auf gewesene Pfarrer oder Lehrer könne der Papst nicht billigen. Es würden alle ausgeschlossen sein, die durch Geburt und Glücksgüter abgehalten würden, sich solchen

Ämtern zu widmen. Man erinnert sich, daß Rom die vornehmste Stütze der deutschen Kirche immer in dem Adel gesehen hat. Dieser wäre hierdurch von den bischöflichen Sitzen vollends entfernt worden. Der Papst sprach aus: dies zugeben, würde heißen, einen Verrat an der Kirche begehen. Und wie hätte er nicht durch die Entwürfe der Beschränkung seiner pontifikalen Gerechtsame auf das tiefste aufgeregt werden sollen? Protestantischen Fürsten von geringer Macht wäre eine Art von Patronatrecht über katholische Kirchen eingeräumt worden. Der Papst hätte ihnen sogar zugestanden, was er Napoleon verweigert hatte. Gerade die Forderungen Napoleons, mit den Gründen, die derselbe gebraucht hatte, wiederholte man in Frankfurt. Bitter beklagte sich Consalvi, daß es nach alledem, was geschehen, wieder dahin gekommen sei.

Jener Mischung von ministerieller Gewalt und demokratischen Formen, welche damals im oberen Deutschland vorwaltete, ließ sich nichts abgewinnen.

Kein Unterhandeln konnte helfen. Da kein Teil weichen wollte, so gelangte Consalvi wenigstens nicht bis zum Abschluß eines Konkordates. Er begnügte sich, eine neue Einteilung der Diözesen durchgesetzt zu haben.

Auch die hannoverschen Unterhandlungen schlichen langsam hin. Es tat sich dabei ein Widerstreit zwischen doktrinären und politischen Ansichten unter den Bevollmächtigten selbst hervor. Wie lange stritt man darüber, ob die Regierung, der das Recht der Elimination zugestanden wurde, auf der Liste der Wählbaren drei oder nur zwei Namen zurückzulassen habe. Consalvi brachte es nicht bis zum Ziel.

Später begann und auf das rascheste schritt die preußische Unterhandlung vorwärts. Für Preußen lag der vornehmste Beweggrund, ein Verständnis mit Rom zu suchen, in den Territorialverhältnissen des neu gestalteten Staates, welche die Einwirkung bischöflicher Gewalten herbeiführten, die in benachbarten Gebieten ihren Sitz hatten, ein Übelstand, dem sich nur durch Übereinkunft mit Rom abhelfen ließ. Dazu aber kamen noch andere Motive: wie einst Napoleon, so fand auch die preußische Regierung eine Regelung der Verhältnisse der katholischen Kirche für die Ruhe des Staates unumgänglich notwendig, um so mehr, da die eben erworbenen Rheinlande zum größten Teil katholischgläubig waren, die, unter einen protestantischen Fürsten gestellt, um so leichter feindseligen Einwirkungen Raum geben konnten. Eine fernere Rücksicht bildete auch in Preußen die Gefahr, welche durch apostolische Vikare und Missionare veranlaßt werde. Man urteilte, daß sich derselben nur durch ein echtes und wohltätiges Episkopalsystem vorbeugen lasse. Man betrachtete die Bistümer als unentbehrlich für Religion und Sittlichkeit, welche die Grundlagen des Staates seien. Man hat damals sogar die Meinung gehegt, widerspenstige Bischöfe würden von der Kurie in Zaum gehalten werden. Entschloß man sich nun aber, mit Rom zu unterhandeln, so wurde man durch die Vorgänge, die der Versuch, ein Konkor-

hat zu schließen, in Frankreich und selbst in Bayern
hervorgerufen hatte, gewarnt, sich so tief einzulassen.
Altenstein, damals Minister der geistlichen Angelegen=
heiten, der die überschwängliche Idee hatte, man werde
durch ein Verständnis mit dem Papste eine Vereini=
gung aller christlichen Konfessionen überhaupt an=
bahnen, gab doch eben deshalb den Rat, nicht an ein
Konkordat, in welchem über alles und jedes Be=
stimmungen getroffen werden müsse, Hand anzulegen,
— denn dann werde man sich niemals verstehen —,
sondern sich auf eine Konvention über die zunächst
in Frage kommenden Punkte, die Anordnung der Diö=
zesen und besonders die Wahlen der Bischöfe zu be=
schränken; dahin ging auch die Meinung Niebuhrs,
der die römische Gesandtschaft verwaltete und der in
seiner Seele dagegen gewesen wäre, daß man durch
eine kirchliche Neuerung die Kirche und das Christen=
tum gefährde. Der römische Hof konnte nicht anders,
als die Herstellung der Bischofssitze alten Ruhmes
mit angemessener Ausstattung, die man ihm anbot,
freudig zu begrüßen; doch gab es noch mancherlei
Schwierigkeiten zu überwinden, von denen die wich=
tigste die Mitwirkung der Regierung bei der Be=
setzung der Bistümer betraf. Man kam überein, die
Wahl der Bischöfe den Kapiteln zu übergeben. Wenn
aber die preußische Regierung meinte, eine mißliebige
Wahl nach der Hand für ungültig erklären zu können,
so widersetzte sich dem der römische Stuhl, weil der
einmal kanonisch Gewählte nicht zurückgewiesen wer=

den könne. Zögernd, aber zuletzt entschieden, nahm Preußen diesen Grundsatz an, so daß der Einfluß der Regierung nur vor der förmlichen Wahl ausgeübt werden konnte. Aber ob dabei nicht etwa der Regierung das Recht zu verstatten sei, von einer ihr einzureichenden Liste die Stimmen, die ihr mißfällig waren, zu streichen, wie das anderwärts vorkam, darüber traten bei den Verhandlungen sehr verschiedene Ansichten einander gegenüber. Endlich hat dann Consalvi vorgeschlagen, daß die Kapitel durch ein Breve des Papstes angewiesen werden sollten, nur würdige und dem Könige angenehme Personen in Vorschlag zu bringen. Ein Versprechen, das bei der Wandelbarkeit der politischen Verhältnisse nicht eben zuverlässig erschien, das aber der König, wie es in einer Note ausdrücklich heißt, vertrauensvoll annahm. Niebuhr bemerkt, daß das Kapitel sich über die dem König angenehmen Persönlichkeiten unterrichten müsse, was nicht anders, als durch die Dazwischenkunft eines königlichen Kommissarius geschehen könne. Von der Verzögerung der Institution, die anderwärts eine so große Rolle spielt, war hier nicht die Rede; denn da den Kapiteln die Wahl übertragen wurde, nicht ohne Rücksicht auf die Regierung und Teilnahme derselben, so ließ sich nicht wohl denken, daß der Papst zögern werde, sie zu bestätigen. Doch war noch kein vollkommenes Einvernehmen erreicht, als der Staatskanzler Hardenberg, von dem Kongreß zu Laibach kommend, in Rom eintraf. Hardenberg kannte Consalvi von früher her und stand mit ihm in den freundschaftlichsten Verhältnissen. Nicht selten hat er ihn von der Fürsorge, die der König für seine katholischen Untertanen trage, unterhalten. In vielen Beziehungen hegten die beiden Staatsmänner verwandte Gesinnungen; sie haben eine homogene Ader. Eine Anwesenheit des Staatskanzlers von wenigen Tagen reichte hin, die letzten Schwierigkeiten, nicht jedoch ohne die Teilnahme Niebuhrs, zu heben und die Verhandlungen zu einem Ziele zu führen, das sowohl die Ansprüche des Staates befriedigte als die gerechten Wünsche der Katholiken erfüllte. So wenigstens urteilte man damals; die Zerwürfnisse, wie sie später eingetreten sind, eben über solche Punkte, die man unentschieden gelassen hatte, hätte man bei der obwaltenden Stimmung niemals voraussehen können.

Vielleicht mochte man sich in Rom schmeicheln, daß dies Beispiel Nachfolge bei den Nachbarn finden werde.

Wenigstens lag es in der Natur der Sache, wenn es in den Niederlanden nicht geschah.

Allzusehr hatte die Parteiung in der Mitte des Landes selber um sich gegriffen. Gleich bei der Zusammensetzung des Königreiches hatte die Geistlichkeit die Wiederherstellung aller Verträge und Konstitutionen gefordert, welche die alten Fürsten in bezug auf die freie Ausübung, die Rechte, Privilegien, Exemtionen und Prärogativen der katholischen Kirche jemals beschworen. Die vornehmsten Bischöfe hatten sich aus religiösen Gründen wider nicht weniger als acht Artikel der Verfassung erklärt. Um so mehr glaubte sich die Regierung verpflichtet, den Widerstand derselben zu brechen; sie begünstigte das liberale Element in dem Lande und in der Geistlichkeit.

Wie hätte die Aufregung, in die man hierdurch mit Notwendigkeit geraten war, sich nicht auch in den Unterhandlungen mit Rom zeigen sollen? Die niederländische Gesandtschaft konnte selbst in persönlichen Berührungen eine gewisse Heftigkeit nicht verbergen. Es gehörte Consalvi dazu, um es sich gefallen zu lassen. An eine Übereinkunft war damals lange nicht zu denken. Als sie später erfolgte, trug sie den Keim neuer Zwistigkeiten in sich.

So gingen diese Dinge.

Ganz andere Hoffnungen hatte man 1815 gehegt. Die Kurie hatte sich schmeicheln dürfen, das Verlorene wieder zu erwerben, die alte Weltstellung noch einmal einzunehmen. Wie weit aber blieb sie davon entfernt! Statt besser war es mit wenigen Ausnahmen immer schlimmer gegangen; einen Anspruch nach dem anderen hatte man aufgeben müssen; aus dem Fortschritt war man in die Verteidigung geraten. Und noch hatte Pius VII. nicht alle Erfahrungen gemacht, zu denen er bestimmt war. Er mußte noch erleben, daß selbst die rechtgläubigen Länder Spanien und Portugal, und zwar nicht durch eine fremde Gewalt veranlaßt, sondern infolge einer eigenen inneren Bewegung sich dem Einflusse des römischen Stuhles zu entziehen suchten.

Fragen wir, woher dies kam, so führt es uns zu einer allgemeineren Bemerkung.

Bei neueren apologetischen Werken der katholischen Kirche fällt es oft auf, wie doch ihr Grundgedanke soviel mehr politischer als religiöser Natur ist; sei es, daß man einer höchsten Instanz in irdischen Dingen zu bedürfen glaubt, oder daß man das Recht der weltlichen Autorität auf das göttliche Recht der Kirche gründet. Zwar kommen religiöse Momente hinzu, aber die Lebensader, der große Gesichtspunkt, ist in der Regel politisch.

Nun ist dies wohl nicht zufällig; es hat seinen Grund in der heutigen Stellung der beiden Gewalten zueinander, die in der Tat von der früheren weit abweicht.

Schon bei Betrachtung der Konkordate muß es uns auffallen.

Sonst war ein Streit zwischen Staat und Kirche zu schlichten; es kam darauf an, die öffentliche Gewalt allenthalben mit dem Klerus und seinem gemeinschaftlichen Oberhaupte auseinanderzusetzen; der Staat hatte seine politischen, die Kurie ihre kirchlichen Gesichtspunkte. Jeder Teil stand auf seinem eigenen Grund und Boden dem anderen gegenüber.

Jetzt war dies Verhältnis wesentlich verändert. Da die Revolution ein so entschieden antireligiöses Element entwickelt hatte, da es die nämlichen Anfälle derselben gewesen waren, durch welche die Staaten umgestürzt und die Kirche in ihrer Grundlage erschüttert worden, so hatte sich zwischen Staat und Kirche eine viel engere Gemeinsamkeit ausgebildet. Die restaurierten Regierungen des südlichen Europa glaubten in der Kirche ihren sichersten Halt zu finden und sie suchten sich der religiösen Motive zu bemächtigen. Die Kirche, die sich durch die entgegengesetzten Bestrebungen dem Verderben geweiht sah, schlug in diesen Bund ein: sie glaubte mit diesen Staaten zu stehen und zu fallen. So bekam die Restauration der Staaten eine kirchliche, die Herstellung der Kirche eine politische Farbe.

Man darf zweifeln, ob diese enge Vereinigung dem einen oder dem anderen Teile von Nutzen gewesen ist.

Da Staat und Kirche zwar auf verwandten, aber doch auf abweichenden geistigen Grundlagen ruhen, so könnte es scheinen, als ob es fürs erste ratsam gewesen wäre, daß die restaurierten Staaten, ohne sich so viel auf die geistlichen Dinge einzulassen, ihr politisches Prinzip neu gegründet und innerlich belebt hätten, wogegen sich auch die Kirche zunächst auf ihr eigentümliches, das religiöse Gebiet konzentriert hätte. Ohne viele Mühe kann sie ihre Feinde unterscheiden. Sie hätte vielleicht ihre Kräfte anstrengen müssen, um den Naturalismus, der so oft zu systematischer Irreligion wird und in der einen oder der anderen Gestalt die Welt weit und breit beherrscht, wieder zu überwinden. Von innen heraus hätte man ihm überlegen zu werden suchen müssen. Denn dem Starken gehört die Welt, und nur wahrhafte Über=

legenheit in voller Entwickelung ihrer Kräfte wird den Sieg erfechten.

Aber der Lauf der Dinge brachte es so mit sich, daß Staat und Kirche ihre Aktion vereinigten. Der Erfolg war, daß sie den nämlichen Fanatismus für und wider sich erweckten, daß sie die nämlichen Interessen, den vereinigten Strom der alten Feindseligkeiten zu bekämpfen bekamen.

Schadeten in Frankreich die Missionen mehr dem Staat oder der Staat mehr den Missionen?

Auf jeden Fall ergab sich, daß Fortgang und Mißlingen in den Dingen der katholischen Kirche nicht mehr von ihr selber abhing. Nicht sie etwa gab ihnen den allgemeinen und beherrschenden Antrieb. Sie gingen, wie es der Lauf der politischen Ereignisse mit sich brachte, je nachdem die Prinzipien der Revolution in Aufnahme oder unterdrückt waren, je nachdem sie sich eines Staates mehr oder minder bemächtigten.

In den kirchlichen Ereignissen tritt wie vordem, so auch jetzt nur der große Gang der europäischen Begebenheiten wieder vor die Augen.

Darum hatte man im Anfang Erfolge, weil die Prinzipien der Restauration durch den Sieg geltend geworden waren. So wie dieser weiter zurücktrat, so wie die Grundsätze der Revolution allmählig wieder emporkamen, um so mehr sah sich auch die katholische Kirche in Nachteil und Bedrängnis.

Sechstes Kapitel.
Einrichtung der weltlichen Regierung.

Man hat sich gewöhnt, in der Verwaltung der römischen Päpste ein Muster von Untätigkeit und Willkür, sowie in der Bevölkerung des Kirchenstaats ein nachlässiges und verwahrlostes Geschlecht zu sehen. Als im vollkommenen Gegensatze dazu denkt man sich die Ideen des 18. Jahrhunderts und vor allem die Bestrebungen der Französischen Revolution, die napoleonische Administration.

Im Jahre 1831 hat Graf Tournon, der von 1810 bis 1814 Präfekt von Rom war, ein Buch über diese Stadt, die Provinz umher und seine Verwaltung derselben herausgegeben.

In diesem Buche ist zwar vielleicht nicht alles das enthalten, was man darin sucht, genaue Darstellung der Lage der Dinge, welche die Franzosen fanden, der Veränderungen, zu denen sie sich entschlossen; es ist mehr allgemeine Beschreibung des Landes, des Ackerbaues, der Industrie, des Handels, der öffentlichen Arbeiten; wobei Bestand und Veränderungen mehr angedeutet als ausführlich nachgewiesen. Es gibt aber Veranlassung zu einer anderen Bemerkung.

Wie sehr widerstrebt es der hergebrachten Ansicht, daß der napoleonische Präfekt weit entfernt ist, die

Verwaltung der Päpste, die niemand besser über-
schauen konnte als er, zu verwerfen. Er findet sie in
den meisten Stücken löblich und nachahmungswert.

Es scheint zwar, sagt er, als müsse die Vereinigung
der Gewalten eines Papstes, eines Bischofs und eines
Fürsten, wie sie hier stattfindet, die absoluteste Herrschaft hervorbringen. Aber die Ausübung derselben
ist gemäßigt durch das Herkommen und an Formen gebunden; seit langer Zeit hat man nur tugendhafte
Männer auf den päpstlichen Stuhl erhoben, so daß
die absoluteste Regierung von der Welt mit der größten
Milde ausgeübt wurde.

Wie oft und wie laut ist über die schlechte Wirtschaft des päpstlichen Hofes Klage geführt worden.
Wenn man, sagt Tournon, die Verwaltung des päpstlichen Schatzes untersucht, so wird man ohne Zweifel
ein Gefühl von Ehrfurcht für den Fürsten empfinden,
der sich für seine persönlichen Ausgaben und zu
seinem Hofhalte mit der bescheidenen Summe von
679000 Franken begnügte, einer Summe, die in mehreren Staaten von Europa einfachen Privatleuten
nicht genügt.

Wenige Reisebeschreibungen mag es geben, in denen
die Verödung der Campagna von Rom nicht der
Nachlässigkeit der geistlichen Regierung zugeschrieben
würde. Tournon untersucht die Maßregeln derselben.
Dieser Blick, sagt er, den wir auf die Akten einer Regierung werfen, welche so oft angeklagt wird, die Interessen des Ackerbaues zu versäumen, beweist wenigstens,

daß dieser Tadel unbegründet ist, und daß, wenn man den Zweck nicht erreicht hat, das nicht an dem Mangel von Gesetzen und Anordnungen liegt.

Vor allem bewundert er die Unternehmungen Pius' VI. in den Pontinischen Sümpfen. Er nimmt in ihm nicht allein, wie er sagt, Leidenschaft für große Dinge, sondern auch eigene Einsicht wahr. Die Hauptmaßregel, die Gewässer in einen einzigen Kanal zu leiten, habe der Papst selbst angegeben. Im Verhältnis zu dem Erfolg und dem daraus entspringenden Nutzen findet Tournon die Kosten, die auf diese Arbeit verwendet wurden, nicht sehr bedeutend. Unter allen Rücksichten, ruft er aus, unter denen man diese schöne Unternehmung betrachten mag, wird man von Ehrfurcht und Dankbarkeit für einen Fürsten durchdrungen, der den Gedanken eines so großen Entwurfes faßte und die Standhaftigkeit hatte, ihn auszuführen.

Selbst die kommerzielle Lage des Landes weiß er nicht so geradezu zu verdammen. Die Tatsachen, sagt er, welche wir gesammelt, beweisen, daß dies Land, wenn es auch nicht auf den Glanz seiner Manufakturen stolz sein darf, dennoch darin lange nicht so weit zurück ist, als man so oft wiederholt hat, daß es in der Tat nur in den Gegenständen des Luxus von dem Auslande abhängt. Dafür hat es aber gewisse Industriezweige, welche, halb Kunst und halb Handwerk, ihm ganz eigen sind und in zahlreichen Abteilungen sehr wohl gedeihen.

Nicht einmal, daß der Unterricht vernachlässigt sei, gibt dieser Präfekt zu. Die erste Unterweisung, sagt er, wird dem Volke mit einer Freigebigkeit dargeboten, in der sich wenige Regierungen mit ihr messen können. Er rechnet über hundert Schulen, die in Rom allein entweder umsonst oder um einen höchst mäßigen Preis eröffnet seien.

Gewiß, in dem ganzen Laufe des 18. Jahrhunderts hatten sich auch die Päpste bemüht, ihr Land emporzubringen. Und noch durchgreifendere, starke Maßregeln hatte man seit 1801 genommen. Die französische Verwaltung, welche eine Ehre darin suchte, Rom zu begünstigen und die Interessen dieser zweiten Stadt des Reiches vielleicht mehr als die Bedürfnisse irgendeiner altfranzösischen ins Auge faßte, fand ihren Weg schon geebnet. Selbst wenn sie geistliche Güter verkaufte, so war dies nicht ohne Beispiel. In den meisten Stücken brauchte sie nur fortzufahren und umfassender, kühner zu Werke zu gehen, das Begonnene zu vollführen.

Und so ist ihr wieder geschehen, wie sie getan hat. Wie merkwürdig, daß auch die hergestellte Regierung des Papstes die französische Verwaltung im ganzen keineswegs zu tadeln findet.

Wohl waren bei der neuen Besitznahme der Legationen Absichten angekündigt worden, die der Regierung derselben, wie sie unter dem Königreich Italien bestanden, entgegenliefen; sie wurden jedoch nicht durchgeführt. Es wurde eine neue Administration ver=

sprochen, unter der Leitung einer ökonomischen Kongregation, an deren Spitze der Staatssekretär stehen sollte. Wie die geistlichen, so gelangten nun auch die weltlichen Geschäfte in die Hand Consalvis, der sich schon in seinem Exil — denn die Hoffnung auf Restauration gab er auch dann nicht auf — eine Art von Plan dafür gebildet hatte. Er verbarg sich nicht, daß mit der Herstellung des Papstes auch die mannigfaltigsten Schwierigkeiten für die Administration des Staates hervortreten würden, wovon er schon bei seiner ersten Verwaltung Erfahrung genug gemacht hatte. Er ist der Meinung, man müsse diese Hindernisse überwältigen und die Reformen durchführen, welche die Lehren der Erfahrung und die veränderten Ideen erheischen.

Auch in Wien hatte sich Consalvi überzeugt, daß die Verbündeten jede gewaltsame Reaktion verabscheuten, besonders das rechtlich erworbene Eigentum nicht verletzen lassen wollten. Was das Papsttum in Frankreich getan, konnte es in dem eigenen Gebiete nicht verweigern. Die Gesichtspunkte, die Consalvi nach erfolgter Restauration und seiner Rückkehr nach Rom faßte, sind in der Vorrede zu dem Motu proprio vom 6. Juli 1816, durch welches die Verwaltung des Kirchenstaates festgestellt wurde, ausgesprochen. „Die göttliche Vorsehung," sagt er, „welche die menschlichen Dinge dergestalt leitet, daß aus dem größten Unglück zahlreiche Vorteile entspringen, scheint gewollt zu haben, daß die Unterbrechung der päpstlichen Regierung zu einer vollkommeneren Form derselben den Weg bahnen sollte."

Wer hätte geglaubt, daß man am römischen Hofe die Herrschaft der Fremden als eine Begünstigung des Himmels ansehen würde, um desto leichter zu den eigenen Zwecken zu gelangen?

Wenn wir nun fragen, worin denn die Förderung bestand, welche Consalvi durch den Vorgang der Franzosen gewonnen zu haben glaubte, so spricht er es sofort aus.

"Die göttliche Vorsehung," sagt er, "scheint uns diese kostbaren Augenblicke vorbereitet zu haben, um zu einer allgemeineren und gleichförmigen Einrichtung des ganzen Staates zu schreiten." Diese Gleichförmigkeit ist das Ziel, das Consalvi zu erreichen strebt.

"Einheit und Gleichförmigkeit," so läßt er den Papst in jenem Vorwort sagen, "müssen die Grundlagen einer jeden politischen Institution sein. Schwerlich können ohne dieselben die Regierungen fest, die Völker glücklich werden. Eine Regierung kann um so mehr für vollkommen gelten, je mehr sie sich dem Systeme der Einheit nähert, das von Gott sowohl in der Natur als in dem Gebäude der Religion befolgt ward. Unser Staat, nach und nach durch die Vereinigung verschiedener Herrschaften gebildet, enthielt ein Aggregat von Gebräuchen, Gesetzen, Privilegien von großer Mannigfaltigkeit, so daß eine Provinz häufig der anderen fremd, zuweilen sogar in der nämlichen Provinz ein Stadtgebiet dem anderen entgegengesetzt war. Die

Päpste, unsere Vorgänger, und wir selbst im Anfang unseres Pontifikates haben jede Gelegenheit benutzt, die verschiedenen Zweige der Verwaltung auf das Prinzip der Einheit zurückzuführen. Allein das Zusammentreffen mit mancherlei Interessen, der Widerstreit gegen die alten Gewohnheiten und alle die Hindernisse, die man zu finden pflegt, sobald man das Bestehende zu verändern sucht, haben die Ausführung dieses Werkes bis jetzt verhindert."

Erst jetzt konnte dazu geschritten werden, den Staat nach jenen Prinzipien der Gleichförmigkeit einzurichten, von denen, wie Consalvi sagt, Ehre und Erfolg eines Systems abhängen.

Hatte sich demnach die französische Verwaltung an die päpstliche angelehnt, so stützte sich die päpstliche hinwiederum auf die französische.

Nur ist dabei ein Unterschied.

Die Franzosen fanden an der päpstlichen Verwaltung Sorgfalt, Sparsamkeit, Milde zu rühmen; sie billigten die positiven Einrichtungen derselben. Mit alten Mißbräuchen im Kampfe, hatten die Päpste nicht selten fördernde und weise Maßregeln ergriffen. Diese erkannte man an. Consalvi dagegen, der in früherer Zeit mit mannigfaltigem Widerstand zu kämpfen gehabt hatte, freute sich jetzt, daß er desselben entledigt war. Er billigte nicht sowohl die Schöpfung der Franzosen als ihre Zerstörungen; er fühlte sich endlich frei.

Daher waren die Bestimmungen des Edikts vom 6. Juli zunächst negativer Art.

Von den alten munizipalen und provinzialen Einrichtungen stellte Consalvi keine einzige wieder her.

Man hatte früher Religionsbehörden von verschiedenen Berechtigungen und Eigenschaften gehabt, von größerem und kleinerem Umfange, für Prälaten oder für Doktoren, einige abhängig, andere unabhängig von der obersten Konsulta. Sie blieben vernichtet wie sie waren.

Es hatte mannigfaltige Tribunale gegeben, die nicht selten untereinander über ihre Kompetenz in Streit geraten waren: man hütete sich wohl, sie herzustellen.

Noch bedeutender vielleicht war der Unterschied der Munizipalgesetze und der Statuten gewesen. Fast alle Städte und alle Baronalbesitzungen des Staates unterschieden sich voneinander; man hörte klagen, von drei Meilen zu drei Meilen gebe es verschiedene Gerechtsamen. Sie wurden sämtlich aufgehoben.

Alle Munizipalgesetze, heißt es in diesem Edikt, alle Statuten, Verordnungen und ihre Verbesserungen, unter welchem Titel, von welcher Autorität, in welchem Ort dieses Staates auch immer sie ausgegangen sein mögen, mit Inbegriff derjenigen, die für eine ganze Provinz oder für einen bestimmten Distrikt erlassen worden, sind aufgehoben, die allein ausgenommen, welche sich auf den Anbau des Landes, den Lauf der Gewässer, Weideland und ähnliche Dinge beziehen.

Hiemit fielen denn auf einmal alle Privilegien der Kommunen, die sich so häufig in jenen Statuten ausgesprochen, alle Exemtionen und privativen Vorrechte weg. Feudalgerechtsame, Vorbehalt der Jagd und des Fischfangs wurden unterdrückt.

Gerade in diesem Lande hatte dies etwas zu bedeuten.

Immer war ein Teil der Souveränitätsrechte in den Händen der ehedem völlig unabhängigen Kommunen verblieben. Der alte Vertrag zwischen Bologna und dem Papst war gewesen, daß zwar der Senat die Beistimmung des Legaten zu seinen Beschlüssen bedurfte, aber auch der Legat nichts tat ohne die Beistimmung des Senates. Bis zur Revolution wohnte der Senat noch immer mit den Zeichen, die früher die Unabhängigkeit bedeuteten, in dem Palaste; er verwaltete den größten Teil der Ausgabe und Einnahme, so daß die päpstliche Kasse nur zwei Auflagen, auf Wein und Salz, erhob; er besetzte einen höchsten Gerichtshof mit vier auswärtigen Doktoren. Nicht so ausgedehnte, aber ähnliche Freiheiten hatten auch die anderen Städte.

Wie ganz anders war das nun geworden! Schon das 18. Jahrhundert sah in dem allerdings unvermeidlichen Widerstreite nach und nach entstandener Institutionen nur die Dissonanzen des öffentlichen Willens. Dann trat geradezu im Gefolge der hieraus entspringenden Wirkungen und Rückwirkungen, nicht ohne Anlaß der Kommunen selbst, welche sich der höchsten Gewalt zu entziehen suchten, die Revolution in dies Land ein. Es ist der oberste Grundsatz derselben, das Ungleichartige auszugleichen, die lokalen Gerecht=

samen zu vernichten, wie sie das auch in dem Kirchen=
staat unternahm. In dies ihr Erbteil trat Consal=
bi ein.

Allerdings wurden wieder in jeder Kommune Rats=
verordnete und aus ihnen hervorgehende Magistrate
eingerichtet; man hörte wieder die alten Worte, die
uns an die Freiheiten des Mittelalters erinnern, Gon=
faloniere, Anzianen, Consiglio; jedoch die Ratsver=
ordneten, auf denen die ganze Verwaltung beruhte,
sollten von dem Delegaten unmittelbar ernannt wer=
den, und es schien genug, diesen zu erinnern, daß die
Wahl auf die rechtschaffensten und am meisten unter=
richteten Leute fallen müsse. Die Bestätigung der Ge=
wählten war überdies der Konsulta in Rom vorbe=
halten. Erst in Zukunft, bei eintretenden Vakanzen,
sollten die Mitglieder eine Art Selbstergänzung aus=
üben, doch immer unter Vorbehalt höherer Genehmi=
gung. Bis in die untersten Kreise der Gesellschaft,
in das gesamte Gemeindewesen griff demnach die Re=
gierung unmittelbar ein; und wie der Ursprung, so
waren auch die Rechte dieser Räte beschränkt genug.
Die Zeit der Quaranta, die Bologna so lange regiert
haben, war mit allen ihren Analogien vorüber, und
ihre Paläste blieben Altertümer, deren Bedeutung der
Cicerone Mühe hat, dem Fremden zu erläutern.

Unter diesen Umständen konnte unmöglich der Pro=
vinzialverwaltung eine größere Unabhängigkeit ge=
stattet werden. Der Staat ward in 17 Delegationen
eingeteilt; obwohl diejenigen Legationen heißen, die

einen Kardinal zum Vorsteher haben, so macht das doch keinen Unterschied. Die Delegaten haben die Gewalt der Präfekten. Zwar wurde ihnen eine Regierungsversammlung aus Insassen der Provinzen zur Seite gegeben; allein die Mitglieder derselben wurden von Rom aus ernannt, und, wie natürlich, bloß mit einer beratenden Stimme versehen. Die Entscheidung und die ganze Verantwortlichkeit haftet nach dieser Verfassung auf den Delegaten allein.

Unter ihnen stehen Gobernatoren, nach Maßgabe der Seelenzahl ihres Bezirkes von höherem oder geringerem Range; sie haben zugleich, da alle Sachen unter hundert Skudi vor ihr Forum gehören, eine nicht unbedeutende Gerichtsbarkeit, die dann wieder zu den Tribunalen erster Instanz, Appellationsgerichten und der Rota Romána hinaufsteigt.

So war alles in eine gleichmäßige Form gebracht, auf eine anderen Staaten entsprechende Weise; es war jener durchgreifenden obersten Gewalt, welche man immer auszuüben gewünscht hatte, Raum verschafft.

Es ist leicht zu erachten, daß dies nicht ohne lebhaften Widerspruch geschah. Allein man nahm darauf nicht nur aus allgemeinen, sondern auch aus einem besonderen Grunde wenig Rücksicht. In einer Flugschrift, welche im Jahre 1823 zur Verteidigung dieser Gesetzgebung erschien, wird derselbe unumwunden ausgesprochen. Es wird darin geradezu gesagt, Pius VII. habe das Recht des Krieges, der Eroberung geltend machen dürfen. „Er eroberte sein Land wieder mit fremden Waffen."

Wenn man sieht, wie alles nach der Hand gegangen ist, so wird man freilich geneigt, die Maßregeln Consalvis von vornherein für fehlerhaft zu erklären.

Aber hätte er wohl die Privilegien und einseitigen Berechtigungen der früheren Zeiten wiederherstellen sollen?

Ich zweifle, ob dies möglich war. Was ist ein Privilegium? Ist es nicht der Ausdruck eines von dem Staate und der höchsten Gewalt noch nicht unterworfenen, selbständigen, mit ihr unter Vertrag lebenden Daseins? Kann man die Selbständigkeit, wenn sie verloren worden, zurückgeben? Sie ist unwiederbringlich, wofern sie nicht aus eigener Kraft wieder errungen wird. Überdies waren seitdem andere Rechte erworben, die jenen zuwiderliefen.

Allein auch jene Gleichförmigkeit, die Consalvi für sein Ziel erklärte, kann an und für sich doch nur wenig bedeuten. Es kommt erst darauf an, ob man mit derselben den Mißbräuchen steuerte, die mit der alten Verfassung zusammengehangen, ob man die Kraft, welche vermöge der neuen Einrichtungen dem Staate zufiel, zu großen Erfolgen anstrengte, ob man einen Zustand herbeiführte, der nicht allein von außen her einen guten Anschein darbot, sondern sich auch in sich selber fest, wohlgeordnet und gedeihlich erwies.

Daß es dahin käme, erforderte vielleicht in dem

Kirchenstaate größere Anstrengungen, als in irgendeinem anderen Lande.

Wenn Consalvi eine so durchgreifende Gewalt in die Hände seiner Beamten legte, so fragte sich, wer diese Beamten waren.

Waren es Männer, für ihren Beruf gebildet, im Dienst der Gesetze allmählich emporgekommen, in strenger Aufsicht und Unterordnung gehalten, Organe der allgemeinen Einsicht, der öffentlichen Bedürfnisse?

Es waren Geistliche.

Die gesamte höhere Verwaltung, die zuletzt in dem Staatssekretariat zusammenlief, war doch zunächst in den Händen der Kongregation di Consulta, del buon Governo, economica, und einiger Kardinäle, des Tesoriere, des Camerlengo. Monsignoren leiteten alles, ordneten alles an. Die Delegaten, sagt ein Artikel des Motu proprio, müssen Prälaten sein. Ein anderer gibt nicht allein den Deputationen des Klerus eine Stelle in den Stadträten; er gestattet auch, daß überdies jeder Geistliche, wenn er die Bedingungen erfülle und ernannt werde, in denselben sitzen könne. „Die Geistlichen," heißt es, „sitzen in den Räten über den Laien." Genug, Consalvi gab dem Klerus in diesem Staate ein entschiedenes Übergewicht zurück.

Seit mehreren Jahrhunderten ist es die Natur des Kirchenstaates gewesen, nicht allein, daß das Oberhaupt der Kirche durch seinen weltlichen Besitz eine größere Unabhängigkeit erlangte, sondern auch, daß der Staat die Kirche, die Kirche den Staat durchdrang;

geistliche und weltliche Verwaltung sind miteinander vermischt, gehen ineinander auf. Die doppelseitige Stellung des Oberhauptes wiederholt sich mit Notwendigkeit in den unteren Kreisen.

Dies zu verändern, würde als die größte Neuerung angesehen worden sein. Consalvi konnte sich nicht dazu entschließen. Und wenn man den Beweggründen nachforscht, warum nicht, so liegt ein solcher schon an sich in dem Unternehmen, die Rechte des Souveräns allenthalben zu gleichartiger Geltung zu bringen. Denn es gab hier keine Spur des weltlichen, von der Idee des Staates durchdrungenen Beamtentums, wie etwa in Preußen. Die Einheit herzustellen, wäre mit Männern, die den verschiedenen Provinzen und Städten angehört hatten, wahrscheinlich unmöglich geworden. Nur die des unbedingten Gehorsams gewohnten und von der Idee des geistlich=weltlichen Fürstentums durchdrungenen Geistlichen waren dazu geeignet. Das Institut der Prälatur, aus der Consalvi selbst hervorgegangen war, gewann eine größere Bedeutung als jemals. Aber dabei verwickelte sich Consalvi doch auch in ungemeine Schwierigkeiten.

Gehen wir von den allgemeineren aus.

Nicht immer stellt man wirklich her, wenn man dies zu tun glaubt. Zuweilen hat sich die Lage der Dinge in der Zwischenzeit so verändert, daß die Herstellung einer neuen Einrichtung gleichkommt. Ganz eine andere Physiognomie als früher hatte doch jetzt dieser geistlich=weltliche Staat.

Früher beruhten die kirchlichen Institute auf eigenem Grundbesitz in dem Lande und einem großen europäischen Einkommen. Durch die Beiträge der gesamten katholischen Christenheit war auch der Staat reich geworden, und eigentlich um die Kurie her hat sich die moderne Stadt gebildet. Jetzt waren dagegen die geistlichen Güter eingezogen und verkauft, die Einkünfte aus fremden Ländern außerordentlich geschmolzen. Wollte man die bestimmte Anzahl von Kardinälen haben, so mußte man, so wenig auch ihre Dienste dem Staate austrugen, dennoch ihre Besoldung von Staats wegen aufbringen. Wollte man Klöster und geistliche Institute, so mußte man sie aus Staatseinkünften dotieren, wie man dies nur allzuoft tat. Der Staat wurde der Träger der Kirche; zu seinen übrigen Lasten kam auch noch diese.

Und war etwa die Prälatur, der die Regierung zufiel, was sie früher gewesen?

In den verflossenen Jahrhunderten hatte die Kurie eine allgemein italienische Färbung. Solange die Majorate und Fideikommisse bestanden, kamen viele jüngere Söhne aus den besten Häusern nach Rom, um ihr Glück daselbst zu machen; Leute, die für geistlich=weltlichen Geschäfte der Kurie vorgebildet; frei von dem Bedürfnis, auf augenblicklichen Erwerb denken zu müssen. Sie wurden eine Zeitlang in der Staatsverwaltung beschäftigt, bis sie sich hier einen guten Namen verschafft, so daß sie in den großen Stellen der Kirche zu einer europäischen Wirksam=

keit fortgehen konnten. In Mailand gab es Familien, welche eigene Einkünfte dazu bestimmt hatten, die jüngeren Söhne in das Kardinalat zu befördern.

Durch die Revolution waren nun aber die Majorate und Fideikommisse in den Provinzen des Königreichs Italien aufgehoben worden; der Glanz der alten Familien war verdunkelt. Viele mochten nicht mehr die Mittel haben, ihre Söhne eine langwierige Laufbahn in Rom einschlagen zu lassen; anderen fehlte es an dem Ehrgeiz dazu. Wer ein Einkommen von ein paar tausend Skudi besaß, wollte nicht nach Rom gehen, um den Diener des Papstes zu machen.

In dem Kirchenstaate war es selbst nicht viel anders ergangen. Die großen Häuser trugen Bedenken, ihr Glück aufs neue mit der Kurie zu verbinden; auch der begüterte geringere Adel hatte dazu nicht immer Lust. Ich weiß nicht, ob dies gerade darum geschah, weil man an dem Bestehen und der Festigkeit der Regierung zweifelte. Sonst hatte man freilich geglaubt, sie sei ewig, wie die Religion, und jetzt hatte man sie schwanken, fallen gesehen, wie andere Regierungen auch. Auf jeden Fall waren die Dinge nicht mehr in dem alten Zuge.

Man erachtet leicht, welch eine Wirkung diese Veränderung durch den ganzen Körper dieses Staates hervorbringen mußte: ich will doch noch ein Moment anführen.

Früher hatten die Kardinäle nicht ohne einen gewissen Glanz Hof gehalten; sie hatten Leute von Talent bei sich aufgenommen, die so allmählich in die Geschäfte kamen. Eine natürliche Schule, welche die ausgezeichnetsten Männer der früheren Jahrhunderte hervorgebracht hat. Jetzt waren sie weit entfernt, Hof zu halten; ihre Einkünfte reichten kaum hin, um den Aufwand zu bestreiten, den ihr Rang notwendig machte; sie gaben ihren Familiaren neun bis zehn Skudi des Monats, wonach kein Mensch trachten mag, der auf irgendeine andere Art fortzukommen weiß.

Genug, früher hatte die Kurie bei aller inneren republikanischen Einrichtung der Prälatur doch einen aristokratischen Charakter, der eine freiere und unabhängigere Stellung der einzelnen vermittelte und dabei talentvolle Leute von geringerer Herkunft nicht ausschloß.

Diesem Zustande entsprach ein Land, so voll von aristokratischen und lokalen Berechtigungen. Wenn die Geistlichen die Regierung verwalteten, so waren deshalb die Weltlichen noch nicht zu voller Untertänigkeit verdammt. Es war eine nicht unbehagliche, wohlhäbige Existenz, nicht ohne ihre eigene Art von Freiheit, in die man sich eingelebt hatte, in der man sich zufrieden fühlte.

Jetzt aber waren die Zügel des Staates auf das straffeste angezogen. Die Geistlichkeit, zum Teil veraltet, zum Teil eben erst aus unteren Ständen emporgekommen, oft mehr durch ein Glück, wie es die Lotterie gibt, als durch Talent und Verdienst, stand mit der Aristokratie des Landes eher in Gegensatz. Alle

Rechte des Staates machte sie auf unnachsichtige Weise geltend.

Die alten Freiheiten hatten gedient, den Unternehmungen des Ehrgeizes oder der Habgier zu begegnen. In diesem Lande, wo ein jeder sein Amt im eigentlichen Sinne als eine Versorgung ansieht, als einen Besitz, der ihm nicht sowohl Pflichten auflegt, als Rechte gewährt, Rechte, die ein kluger Mann auf das beste zu seinem Vorteil anzuwenden hat, war dies notwendiger, als irgendwo sonst. Jetzt waren dieselben von Grund aus weggeräumt.

Wie wollte Consalvi nun zuerst seine Geistlichkeit regieren? Sie in Unterordnung halten, ihr jenen Sinn der Mäßigung und des Wohlwollens einflößen, der für jede Verwaltung so unentbehrlich ist? Obwohl die römische Prälatur immer ein weltliches Element eingeschlossen hat, — sie erfordert nur die unteren Weihen — so waren doch die Kenntnisse, welche die Administration erheischt, ihr nicht eben geläufig.

Und wie wollte man auf der anderen Seite dem Haß ausweichen, der in diesem Jahrhundert jedes Vorrecht einer Korporation verfolgt?

Man konnte zwar sagen, dies sei kein Adel: aus dem Land selbst steige die Geistlichkeit auf, die es regiere; jedermann ward zugelassen und konnte sich so weit erheben, als Glück und Talent ihm reichen. Allein die Berechtigung war doch immer mit einem Charakter verknüpft, der mit ihr selber, mit den Erfordernissen des Geschäftes nichts gemein hat.

Man sieht, es waren hier lauter Gegensätze; des Landes gegen die Kirche, die es ernähren mußte; der Provinzen gegen den Hof, der ihre Unabhängigkeit aufhob und die Geschäfte sämtlich nach Rom zog; der Aristokratie gegen eine zum Teil soeben von unten aufgestiegene Verwaltung; alle aber fielen zusammen in dem Gegensatz zwischen Klerus und Laien, welcher zugleich den Widerstreit der Revolution und der Restauration in sich enthält.

Siebentes Kapitel.
Schwierigkeiten der inneren Verwaltung.

Mit einem gewissen Selbstgefühl haben die Franzosen bemerkt, Consalvi sei bei seinen Zivileinrichtungen über das Muster von Frankreich nicht hinausgekommen; die Einrichtung der Delegationen, Distrikte und Munizipalitäten sei der französischen Departementaleinrichtung entlehnt; das System der Abgaben im allgemeinen dasselbe geblieben; das Stempelgesetz z. B., das dann doch wieder eingeführt wurde, sei nur in wenigen Äußerlichkeiten von dem französischen verschieden. So habe man auch das Hypothekensystem, in dessen Einführung man in Frankreich eines der vornehmsten Verdienste der napoleonischen Gesetzgebung sah, herübergenommen; nur habe man sich gehütet, es zu sagen und die verhaßt gewordenen Bezeichnungen vermieden. Schon früher sei eine dem französischen Enregistrement analoge Einrichtung in Rom unter dem Titel archiviazione versucht worden, aber vergeblich. Die Einführung verdanke man einem Beamten des Direktoriums, der schon im Jahre 1798 mit Geist und Energie darin vorgeschritten sei. Besonders die Einführung eines Hypothekensystems hatte Pius VII. mit Freuden begrüßt, denn dadurch werde der bisherige Mißbrauch

gehoben, daß mancher auf seinen Besitz eine fünfmal
höhere Schuld aufgenommen habe, als der Wert des=
selben betrage; das werde allen anderen und ihm
selbst eine größere Sicherheit geben. Bei aller Nach=
ahmung der französischen Institutionen mußte nun
aber doch die Gesamtadministration des Kirchenstaates
wieder einen eigentümlichen Charakter entwickeln. Wie
es damit ging, will ich auf Grund eingehender
Beobachtungen, die an Ort und Stelle gemacht sind
und von der genauesten Kunde zeugen, darlegen.

I. Finanzen.

Von jeher war der Zustand der Finanzen im römi=
schen Staate sehr verwickelt. Durch ein altes, jahr=
hundertelang unter mancherlei Wechsel in Übung ge=
bliebenes Staatsschuldensystem waren das öffentliche
und private Vermögen miteinander vermischt worden.
Da der Staat die wohlfeilsten Anleihen von der Welt
machte, — selbst Holland schloß keine vorteilhafteren
— so ist es zu begreifen, daß man sich gehen, daß sich
namentlich Pius VI., der große Dinge ausführen
wollte, etwas zu weit fortreißen ließ. In zwanzig
Jahren hat er für acht Millionen Skudi neue Zettel
geschaffen. Wenn sich dennoch der Kredit erhielt —
wie denn die Zettel im Jahre 1783 fünf, im Jahre
1795 noch immer nicht mehr als sieben Prozent ver=
loren — so muß man bemerken, daß dies auf dem
bestehenden Zustand, der anscheinenden oder wirk=
lichen Wohlhabenheit und dem Frieden von Italien

beruhte. Ein ungünstiger Zufall konnte alles vernichten.

Langsam kam das Unglück, aber um so vollständiger war der Ruin. Erneuen wir einen Augenblick diese unglückliche Erinnerung.

Zuerst, wie die Gefahr von Frankreich her dringender ward, entschloß man sich zu kostspieligen Rüstungen. Es war noch nicht genug an einer Anleihe von zwei Millionen; man verkaufte einige Staatsgüter; man lud die Privatpersonen ein, ihr überflüssiges Silber in die Münze zu schicken und es gegen 4$^{1}/_{2}$ Prozent darzuleihen. In der Tat hatten die Anleihen den besten Erfolg.

Was konnten aber jene Rüstungen helfen? Kaum waren die Franzosen diesseits der Alpen erschienen, so war man schon zu dem Waffenstillstand von 1796 genötigt und Pius VI. mußte ihnen eine Kontribution von 21 Millionen Libres versprechen. Hierauf lud man nicht mehr ein; man wendete ernstliche Maßregeln an; Privatleute und Korporationen mußten das Gold und Silber, das sie besaßen, authentisch angeben; selbst wenn es Fideikommisse oder spezielle Hypotheken waren. Noch war man so wohlhabend, daß solche Maßregeln guten Erfolg haben konnten. Seltsam! Der Wetteifer der römischen Fürsten warf sich darauf. Es war eine Befriedigung ihres Ehrgeizes, ihre Reichtümer auf unbedeckten Wagen, in allem Pomp, am hellen Tag nach der Münze fahren zu lassen. Prinz Doria schickte allein eine halbe

Million Skudi. 600000 Pfund Silber wären genug gewesen; es kamen 2900000 Pfund zusammen; mit dem Golde brachte man es auf 40 Millionen Skudi; und man kann sagen, daß alle Großen, alle Grund= besitzer ihr Vermögen in Schuldverschreibungen und Staatsanweisungen verwandelten.

Eben dieser Erfolg, der das Bedürfnis so weit über= stieg, machte auf der einen Seite Mut zu neuen Rü= stungen und erregte auf der anderen Verdacht und Begier. Neue Angriffe folgten; der Friede von To= lentino entriß dem Papst die Hälfte des Landes und legte ihm noch größere Kontributionen auf. Nun erst sah man sich zu Zwangsmaßregeln genötigt. Man forderte das Gold und Silber der Kirchen; man schonte weder Juweliere noch Goldschmiede; von den Privatpersonen verlangte man ihre Edelsteine, moch= ten sie nun gefaßt sein oder ungefaßt. Jetzt aber war nicht mehr an freiwilliges Entgegenkommen zu den= ken; jedermann suchte sich dieser allgemeinen Be= raubung zu entziehen.

Man sieht, wie weit es gekommen war. Von der freiwilligen Anleihe ging man zu einer ernstlich be= fohlenen, von dieser zu den strengsten Maßregeln, zu einer Art von Beraubung fort. Als endlich die Fran= zosen Rom einnahmen, folgte Bankerott des Staates, Plünderung der Privaten. Es war jener all= gemeine Ruin, der sich unter der Form der Republi= kanisierung von einem Ort auf den anderen warf. In Rom blieben nur drei bis vier Häuser im Besitz eines bedeutenden Vermögens; einige Bankiers, unter ihnen Torlonia, kamen empor; sie zogen Vorteil von dem allgemeinen Verluste.

Gleich als sei es aber an dieser Vernichtung aller Besitztümer des Staates und der Privaten nicht genug, nach der ersten Herstellung des Papstes ward eine Maßregel beschlossen, welche auch die Kommunen in dieselbe verwickelte. Der Staat übernahm ihre Schulden, aber er zog zugleich ihre Güter an sich. Sowohl jene als diese wurden in eine einzige Masse zusammengeworfen. Nicht alle Kommunen waren verschuldet; gerade die, welche es am wenigsten waren, hatten die bedeutendsten Gemeindegüter; doch machte man zwischen ihnen keinen Unterschied. Die Güter konnten der Natur der Sache nach unter der Verwaltung des Staates nicht soviel eintragen, als sie den Kommunen selbst wert gewesen waren; dennoch nahm die Regierung sie an sich. Der Erfolg entsprach dem Verfahren. Gar bald sah man sich doch genötigt, die Kommunalkasse wieder von der Staatskasse zu trennen; dann schritt man zum Verkaufe. Während man verkaufte, setzte man die Zinsen der Schuld herab. Die Gläubiger wurden nicht bezahlt; die Städte, welche früher bedeutende Einkünfte genossen, brachten jetzt mit Mühe und nur durch Auflagen auf die ersten Lebensbedürfnisse das unumgänglich Erforderliche kümmerlich auf; die Güter kamen in die Hände der großen Geldbesitzer.

Wie sehr nimmt in neueren Zeiten alles diesen Zug!

Wie sehr gerät alles Vermögen, der Staaten, der Kommunen, der Privatleute, äußerst beweglich geworden, in die Hände der großen Geldinhaber, in das Spiel der Wechselgeschäfte.

Auch die Franzosen schlugen bei ihrer Besitznahme einen Weg ein, der dahin führte. Sie schritten nunmehr ernstlich zum Verkaufe der geistlichen Güter, was ihnen einen doppelten Vorteil gewährte. Sie hoben einmal die Korporationen auf, welche größtenteils noch im Besitz der Zettel des Staates, also Gläubiger desselben waren; hierdurch entledigten sie sich einer großen Last; sodann benutzten sie den Verkauf der Güter zur Tilgung der übrigen Schulden. Die Zettel, welche übrig blieben, behaupteten einen Kurs von 28 Prozent; aber die Güter fielen ebenfalls den großen Besitzern in die Hände.

Als nun Consalvi nach der zweiten Restauration die Regierung des Kirchenstaates wieder übernahm, war derselbe ohne eigene Hilfsquellen, ohne die alten geistlichen Güter, in einem Teil des Landes ohne Kommunalbesitzungen, ohne einigermaßen verbreiteten Privatwohlstand.

Zu dem Rest der alten Schulden in ihrem damaligen Kurs kamen erhebliche neue Belastungen hinzu.

Es verstand sich, daß der Kirchenstaat einen Teil der Schulden des Königreiches Italien zu übernehmen hatte. Es war kein kleines Geschäft, sie auseinanderzusetzen. Allesamt, sowohl die früheren der einzelnen Provinzen, als die späteren, die unter dem Titel des

Königreiches gemacht worden, waren in das große Buch des Monte Napoleone zu Mailand eingetragen. Welchen Maßstab sollte man aber wählen, sie wiederum zu verteilen? Als Napoleon die Schuld konsolidierte, bestimmte er ihr verschiedene Domänen zur Hypothek. Diese Hypothek legte man jetzt bei der Auseinandersetzung zugrunde. Da aber ein großer Teil derselben in den dem Kirchenstaat zurückgegebenen Provinzen lag, so fiel diesem ein bedeutender und, wie behauptet wurde, unverhältnismäßiger Teil der Schulden zur Last. Auch die Dotation, welche Eugen behielt, war zum guten Teil in diesen Provinzen belegen.

Wie hätte man unter diesen Umständen auf eine wesentliche Herabsetzung der Staatslasten denken können. Man behielt die Auflagen, wie sie die Franzosen hinterlassen, ohne große Abweichungen bei. Glück genug, wenn man mit ihnen durchkam.

Das Defizit von 1816 betrug 1 200 000 Skudi, und nur durch Torlonia war es möglich, die dringendsten Forderungen zu erledigen.

Jedes neue Bedürfnis setzte in Verlegenheit. Als 1819 der Kaiser von Österreich nach Rom kam, dachte man ihn prächtig zu empfangen und die Stadt in ihrem alten Glanze zu zeigen. Was war aber nötig, um dies zu vermögen! Man trieb nicht allein die rückständigen Abgaben mit Gewalt ein; man zahlte selbst die Witwenkassen nicht vollständig aus; man machte mit den Unternehmern solche Kontrakte, daß sie erst in zehn Jahren bezahlt zu werden brauchten.

Dennoch mußte man überdies zu Anleihen schreiten, und es ist eine besondere Wendung der Dinge, daß man von Madame Lätitia Bonaparte und der Prinzessin Pauline Geld borgte, um Kaiser Franz I. und den Fürsten Metternich zu empfangen.

In diesem Zustand fand dann der Geist des Wuchers, der in dieser Nation schon an sich heimisch ist, neue Nahrung.

Man verpachtete den größten Teil der Einkünfte; der Vorteil der Pächter war ungeheuer, und dennoch wagte man nicht Regien einzuführen, aus Furcht, nur noch weniger einzunehmen.

Man gab die Pflichten des Staates sowie seine Rechte in Unternehmung; von der Art, wie dies geschah, werden uns kaum glaubliche Dinge erzählt.

Unter anderem bildete die Verwaltung der Gefängnisse einen wichtigen Teil der öffentlichen Administration. Sie waren immer gefüllt; im Jahre 1820 zählte man elftausend eingezogene Verbrecher. Den Unternehmern wurden 15 Soldi des Tags für den Kopf gutgetan. Es gab aber Pächter zweiter und dritter Hand, welche die Verpflegung um zehn, um acht Soldi übernahmen und doch noch Gewinn machten. So hatte der Staat eine übertriebene Ausgabe; das Geschäft ward auf das schlechteste verwaltet. Ein paar Unternehmer machten ungeheuren Gewinn; die Verhafteten litten Hunger.

Nicht viel besser war die Verpflegung der kleinen Armee, die einen unverhältnismäßigen Aufwand ver=

urfachte und niemals komplett war. Konnte man dem abhelfen? Wem sollte man die Aufsicht anvertrauen? Man machte die Erfahrung, daß Fabrikanten, denen die Prüfung der Tuchbereitung übertragen wurde, dies Vertrauen zu ihrem Vorteil mißbrauchten.

Auch in anderen Staaten kommen Verfälschungen vor; aber unerhört ist, wie man sie in Rom trieb.

Im August 1817 entdeckte man ein regelmäßig eingerichtetes Bureau von Verfälschungen mit einem Vorsteher an seiner Spitze. Hier wurden Anweisungen auf die öffentlichen Kassen ausgefertigt, förmliche Gratifikationen und Pensionen erteilt. Die Dokumente waren mit den täuschendsten Unterschriften versehen. Welch ein Zustand, daß sie honoriert wurden! Man trieb dies lange, ohne entdeckt zu werden. Endlich ging man so weit, mit der Unterschrift des Papstes ein Monopol herzustellen, welches ausdrücklich aufgehoben worden war. Eine solche Akte mußte den höchsten Autoritäten vorgelegt werden, und nur weil es diese mit Besorgnis erfüllte, daß ein Unbekannter sich dem Papste so weit nähern könne, um eine so außerordentliche Gnadenbezeugung zu erlangen, forschte man nach und kam den Verbrechern auf die Spur. Aber die Entdeckung selbst brachte in neue Verlegenheit. Die Unterschriften waren so gut nachgemacht, daß der Papst Bedenken trug, dieselben für falsch zu erklären. Er sagte nur so viel, die Breven, unter denen er sie finde, seien ihm niemals vorgelegt worden.

Was ließ sich in einem Staate hoffen, in welchem es in einem so hohen Grade an der Moralität fehlte, welche allein die öffentlichen Dinge zusammenzuhalten vermag. Welche Verfassung ließ sich ersinnen, um so großen und so tiefen Übelständen zu begegnen?

II. Justiz.

Noch ehe der Papst im Jahre 1814 in Rom eintraf, hatte sein Delegat Rivarola das gesamte französische Recht, bürgerliche und peinliche Gesetzgebung, Prozeßordnung und Handelsrecht in den Herrschaften des Heiligen Stuhles für „auf ewig abgeschafft" erklärt und die alte Gesetzgebung wiederhergestellt, wie sie in dem Augenblick bestanden, als die päpstliche Regierung aufhörte. Nur über die Erbfolge hatte er neue Bestimmungen hoffen lassen.

In dem Edikt vom Juli 1816 gab Consalvi allerdings diese Bestimmungen. Übrigens aber hob er seinerseits, wie gesagt, alle provinziellen Statuten und das Herkommen der Städte auf.

Es mag sein, daß das französische Recht den Sitten widersprach, daß das statutarische Recht Unbequemlichkeiten in Menge verursachte; allein ein Recht mußte man haben; und es fragte sich nur, was man an die Stelle setzen wollte.

Zunächst, antwortet das Edikt, die Bestimmungen des gemeinen Rechtes, ermäßigt nach dem kanonischen Rechte und den apostolischen Konstitutionen.

Sollte aber dies genügen? Wer kannte die Un=

zahl apostolischer Konstitutionen, die einander so häufig widersprechen? Wollte man die alten Entscheidungen der Rota Romana wieder ins Leben rufen? Mußten sie nicht, da sie immer neben den örtlichen Statuten bestanden hatten, eine ungemeine Lücke übrig lassen?

Es entstand eine Verwirrung ohnegleichen. Selbst die Regierung klagt über dieses Meer von Rechtsgelehrsamkeit, die man aus so mannigfaltigen, schwer zu erreichenden Quellen schöpfen müsse, die mit den Sitten und gesellschaftlichen Verhältnissen in Widerspruch stehe, deren Anwendung durch tausend Streitfragen, den Konflikt der Lehren und selbst die Subtilitäten der Autoren unsicher und schwankend werde.

Sie erkannte sehr wohl, daß die neue Organisation ihrer Tribunale nichts helfe, solange das Verfahren derselben mehr auf dunklen, widersprechenden Überlieferungen, als auf sicheren Regeln beruhe, solange ihr nicht ein analoges, genau bestimmtes System der Gesetze zur Seite stehe.

Wir brauchen nicht zu wiederholen, wie viel sich gegen die Einführung neuer Gesetzbücher sagen läßt. Hier aber, wo man ein bereits ziemlich in Gang gekommenes neues Recht abgeschafft und das alte nicht wiederhergestellt hatte, — wie es denn auch, da die Statuten so lange schon außer Gebrauch gesetzt, die Juristen ihrer unkundig und zu den schwierigen Studien, die sie erforderten, nicht mehr fähig waren, schwerlich wiederhergestellt werden konnte, — hier waren sie unumgänglich notwendig.

Consalvi sagte sie zu. Er versprach, an die Stelle jener abgeschafften Zweige der napoleonischen Gesetzgebung päpstliche Gesetzbücher, und es traten in kurzem einige Kommissarien zu ihrer Ausarbeitung zusammen.

In der Tat kam man im Jahre 1817 mit der Prozeßordnung zustande. Man suchte in derselben, wie sich Consalvi ausdrückte, möglichste Gleichförmigkeit, Einfachheit und Kürze; man schaffte z. B. das Recht ab, nach welchem die eine der Parteien Richter und Tribunal wählen durfte; man suchte die Willkür der Richter zu beschränken. Eine andere Frage ist, wie weit man damit reichte. Gar bald sah man sich genötigt, zu erklären, daß in allen Prozessen, welche in Hinsicht auf Personen oder Gegenstand vor die geistlichen Gerichte gehörig, die herkömmlichen Formen zu beobachten seien. Selbst ihre lateinischen Vorladungen wollten sich diese Leute nicht nehmen lassen. Die Administration behielt, wie in Frankreich, ihre eigene abgesonderte Justiz und entschied ihre Prozesse selber. Von der neuen Einrichtung fanden die Kundigen, daß sie die Sachen nur noch mehr in die Hände der Advokaten überliefere.

Wie konnte dies auch anders sein, solange es in der bürgerlichen Gesetzgebung so sehr fehlte.

Vielleicht der Ausgezeichnetste der damaligen römischen Juristen, Bartolucci, hatte es übernommen, das bürgerliche Gesetzbuch zu entwerfen. Es galt als ein großer Triumph Consalvis, daß er diesem seinem Freunde, obwohl derselbe unter Napoleon gedient hatte und als ein Gegner der Priesterregierung angesehen ward, eine so wichtige Arbeit in die Hände brachte. Im Jahre 1820 kam er so weit, daß er von den 18 Büchern, die das neue Gesetzbuch umfassen sollte, die fünf ersten der Congregazione economica zur Begutachtung übergab. Leider verstanden die Mitglieder derselben wenig von der Rechtsgelehrsamkeit. Während sie dennoch eine Menge Einwürfe machten und Bartolucci dieselben beantwortete, verging die Zeit und der Autor starb darüber hin. Wer hätte glauben sollen, daß sein Werk mit ihm untergehen würde! Die Bekanntmachung desselben, die so oft versprochen worden, die so dringend nötig war, ist niemals erfolgt.

Unter diesen Umständen geriet die Rechtspflege in den unseligsten Zustand von der Welt und wurde ein Spott der Gerechtigkeit. Bis in die geringste Sache hing alles von Gunst und Persönlichkeiten ab. Leute, die es nicht leugneten, einen Diebstahl begangen zu haben, bei denen man das Gestohlene gefunden, wurden dennoch von den Gerichten freigelassen, weil sie mächtige Freunde hatten. Mit dem Rekurs an die Gnade des Papstes wurde großer Mißbrauch getrieben. Es gab Fälle, daß man acht gleichlautende Urteile für sich hatte und doch niemals zu seinem Rechte gelangte.

III. Landbau.

So wenig setzte Consalvi die Idee des Staates, die ihm vorschwebte, durch. Jene durchgreifende Macht seiner Beamten, die den alten Übelständen hatte abhelfen sollen, vermehrte sie eher. Selbst wenn es zu entscheidenden Veränderungen kam, wirkten dieselben nicht immer vorteilhaft.

Es ist wahr, die alte Verfassung litt an schweren Mängeln. Allein in manchem Institute, das nicht an jeder anderen Stelle empfehlenswert sein mochte, lag doch ein Heilmittel für die in diesem Lande herkömmlichen, ihm natürlichen Verirrungen. Als man anfing zu reformieren, sah man nur noch, inwiefern solche Einrichtungen den allgemeinen Begriffen zuwiderliefen, aber man bemerkte nicht mehr, welchen Übeln sie hier am Orte abzuhelfen bestimmt waren.

Niemand wird unter anderen das Institut der Asyle, wie es früherhin in dem Kirchenstaate bestand, im allgemeinen billigen. Dennoch ward es ein Mittel, dem Überhandnehmen des Banditenwesens zu steuern. Es ließ einen Weg offen, auch nach begangenem Verbrechen sich mit der Gesellschaft auszusöhnen.

Man hat die Klagen über die Verödung der Campagna und die Sorglosigkeit der heutigen Römer wohl sehr übertrieben. Wenn man überschlägt, welche Mannigfaltigkeit von Arbeit und Arbeitern, welche berechnende Umsicht und bedeutende Auslagen der Ackerbau in diesem Lande erfordert (wo man ihn treibt, widmet man ihm die größte Sorgfalt), und wenn man dann dagegen wahrnimmt, wie bei dem ersten Regen des Oktobers diese unermeßlichen Gefilde sich mit jungem Grün bekleiden und unzähligen Herden die vollkommenste Weide darbieten, im Herbst und Winter so voll und so frisch wie im Frühling, so hört man auf, sich zu verwundern. Auf das mühevollste bearbeitet, bringt das Land nur in guten Fällen einen Gewinn hervor, wie ihn diese verführerische Freigebigkeit der Natur ohne alles Zutun gewährt.

Man muß sich eher wundern, daß bei dieser Lage der Dinge der Ackerbau nicht gänzlich verdrängt wird. Ebendarum hatte sich die alte Regierung zu einigen Zwangsmaßregeln entschlossen, die man unter dem Namen der Annona begriff. Es ist wahr, diese Maßregeln widersprachen allem, was man in anderen Ländern über den Landbau dachte und lehrte. Wenn man dann berechnete, wie ein geringer Teil der Campagna besät werde, so maß man wohl der Annona selbst die Schuld davon bei. Ganz Europa sprach sich dagegen aus und sie wurde aufgehoben. Allein welches war der Erfolg! Unter Pius VI. im Jahre 1783 hatte man 16 340 Rubbi besät; damals bestand die Annona; 1809, nachdem sie acht Jahre abgeschafft gewesen, bebaute man wenig über 8000; 1816 nur 7000, und noch immer dauerte die Abnahme fort.

Wie viel hat man von jeher über den Umfang und die Menge der geistlichen Güter geklagt, gleich als wären diese vornehmlich an der Verödung einiger Pro=

vinzen schuld. Die Franzosen hoben sie auf. Die Folgen aber waren ganz andere, als man hätte erwarten sollen. Die Güter wurden nicht in kleine zerschlagen, wie in Frankreich, sondern sie wurden von den großen Besitzern und Geldinhabern angekauft, welche ihre Latifundien damit nur noch erweiterten. Die geistlichen Güter hatten wenigstens reichlich Almosen gespendet; sie hatten die Kommunalabgaben mitgetragen. Den großen Besitzern fiel es nicht ein, für die Armen zu sorgen, und durch ihre einflußreichen Verbindungen gelang es ihnen leicht, sich den Kommunalverpflichtungen zu entziehen.

Als Pius VII. im Anfange seines Pontifikates die Annona abschaffte, dachte er allerdings zugleich auf eine Verteilung der großen Besitzungen; man hatte vor, Kolonien auf dem Agro Romano zu gründen und Dörfer daselbst anzulegen. Allein es blieb alles bei den ausführlichen und mit großer Beredsamkeit verfaßten Werken, die man darüber schrieb. Vielmehr trat das Gegenteil ein. Es bildete sich das Institut der Mercanti di Campagna nunmehr erst recht aus. Ein solcher Mercante, der einen bedeutenden Fonds zu seiner Spekulation bedarf — unter anderem muß er die Arbeiter besolden, die so weit aus den Abruzzen bis hieher kommen — pachtet mehrere von den großen Herrschaften zusammen; es gibt Pachtungen von anderthalb Quadratmeilen; die Eigentümer bedürfen in der Regel ihren Pächter und dessen Vorschüsse, sie müssen alles zugeben, was er vornimmt. Nun waren aber deren nur wenige und es gab keine Konkurrenz. Wenn die Mercanti di Campagna sich untereinander und mit den Bankiers verstanden, so konnten sie den Markt nach Gutdünken beherrschen. Das ganze Geschäft kam in äußerst wenige Hände. Glücklicherweise setzte die Zufuhr aus den Häfen des Schwarzen Meeres ihrer Betriebsamkeit Grenzen. Sie waren über dieselbe nicht wenig mißvergnügt. Ja, man könnte überzeugt sein, wie sie denn das selbst sagten, daß sie auch noch den kleinen Teil der Campagna, den sie bebauten, ungefähr ein Zehntel, brachliegen lassen würden, wofern nicht die Natur ihnen in den Weg träte, wenn es nicht notwendig wäre, das Land wieder zu brechen und zu besäen, um feines und frisches Gras zu bekommen. So erhielt sich der Ackerbau nur mühselig. Er war gleichsam ambulant geworden; man kam damit nur dem Wiesewachs zu Hilfe! Für die Verluste, welche der Ackerbau häufig verursacht, entschädigt man sich durch den Vorteil, den derselbe für die Viehzucht darbietet.

IV. Räuberwesen.

In dem nördlichen Italien habe ich über nichts so oft klagen hören, wie über die Einführung eines deutschen Gesetzbuches. Nicht weil es zu hart, auch nicht gerade, weil es ausländisch sei, sondern weil es mit seinen breiten und milden Formen der hinterlistigen Gewandtheit allzu viele Ausflüchte darbiete.

Wir sehen auch an den Beispielen des Kirchenstaates,

wie so überaus schwer es ist, in diesem Lande Gesetz und Ordnung zu handhaben. Die Neigungen, denen man sich zum allgemeinen Besten entgegenstellen, die Richtungen, die man in leibliche Grenzen einschließen möchte, entschlüpfen der Hand, die sie fassen will, und lachen der vermeinten Schranken.

Wie viel hat man nicht von jeher versucht, die Räuberei zu dämpfen. Aber selbst die Franzosen haben es nicht vermocht. Bald nach dem Anfang ihrer Herrschaft konnten sie berechnen, daß sich ungefähr hundert Menschen dem Wirkungskreis der Gesetze entzogen hatten, und jener tapfere und gutmütige, lustige Räuberhauptmann Pietro machte sich unter ihren Augen einen Namen. Er nannte sich Peter I., Kaiser der Gebirge, König der Wälder, Protektor der Konskribierten. Man sieht, wen er damit verspottete, und wirklich hatte die Räuberei damals zugleich eine politische Farbe. Um so schärfer, wie sich versteht, verfolgte sie die französische Gerechtigkeit. Aber 1811 nahm sie eher zu als ab; 1814 wußte man noch 55 zu zählen, deren man niemals hatte habhaft werden können.

Wie sollte nun die so viel schwächere päpstliche Verwaltung sich ihrer sofort zu entledigen vermögen?

Zwar fiel der politische Grund weg, allein es gab tausend andere, durch welche sie begünstigt wurde. Es kam so weit, daß ein Bürger von Tivoli mitten in der Stadt von Räubern angefallen und ermordet wurde. Eine Dame von Sermoneta klagt, daß sie sich seit Jahren nicht mehr nach ihrem Schlosse auf dem Lande wage; ihr Haushofmeister kenne die Raubgesellen, aber er werde nie den Mut haben, sie anzugeben; er beköstigte sie, wenn er von ihnen besucht werde. In Ferentino zahlte man eine Brandschatzung, um ohne Gefahr auf das Feld, an die Arbeit gehen zu dürfen. An vielen anderen Orten hielten sich die Einwohner eingeschüchtert hinter ihren Mauern. Wer eine Villa gemietet, traute sich nach Sonnenuntergang nicht mehr in den Garten.

Zuweilen schien es, als wolle der Staat ernstliche Maßregeln gegen dieses Unwesen ergreifen. Er errichtete 1817 Kommunalmilizen unter der Anführung der vornehmsten Grundbesitzer zur Verfolgung der Banditen und versprach Belohnungen für jeden, den man einbringen würde. Mit vielem Pomp wurde diese Einrichtung angekündigt; alle vierzehn Tage sollte über ihren Erfolg Bericht erstattet werden. Niemals ist Bericht erstattet worden: es kam zu keinem Erfolg; niemals hat man einen Räuber eingebracht. Als die Banden drohten, sich ernstlich zu wehren, sich auf Leben und Tod zu schlagen, hatte kein Mensch Lust, die Belohnung zu verdienen.

Gewiß, um irgendeine Unternehmung durchzusetzen, wird etwas mehr erfordert, als Einsicht, daß sie nützlich sei. Das Übel, dem man steuern wollte, hing so tief mit der Sinnesweise dieses Volkes zusammen, daß es auf solche Weise nicht auszurotten war.

Die Leidenschaft, die zu einem Verbrechen führt,

wird in diesen Gegenden nicht als ein moralischer Fehler, sie wird als ein Unglück betrachtet; sie erweckt nicht sowohl Abscheu, als eine Art von Mitleiden. Der Staat verfolgt das Verbrechen: das ist seine Pflicht; der Verbrecher rettet sich, so gut er es vermag. Niemand hindert ihn daran.

Wer irgendeine schwere Ahndung verwirkt hatte, der er sich entziehen wollte, begab sich in die Gebirge; von den Gesetzen war er geächtet, aber nicht von der öffentlichen Moral. Er ist in dem Gebirge, hieß es von ihm, er hält sich in den Wäldern auf.

Auch er selbst glaubt, indem er sich dergestalt in Kriegszustand mit der Gesellschaft setzt, keine wesentliche Pflicht, am wenigsten der Religion zu verletzen. Das Kruzifix kommt nicht von seiner Seite; er küßt es jeden Augenblick. Er nötigt vielleicht einen seiner Gefangenen, ihm aus einem Gebetbuche vorzulesen. Seht da, sagt er, indem er ihm sein Asyl im Gebirge zeigt, welch ein rauhes Leben wir führen, und doch behandelt man uns so hart, uns arme Leute.

Von diesem Schlupfwinkel aus aber beherrscht er seine Welt. Er züchtigt seine Feinde und beschützt seine Anhänger. Die Nachbarn dienen ihm, verkaufen ihm den Raub, bebauen sein Stück Land, verbergen ihn im Notfall und tragen ihm Lebensmittel hinaus. So umgibt er sich mit Furcht und Glanz. In den Gegenden, wo dies Leben besonders Wurzel gefaßt hat, hörte man wohl ein Weib dem anderen vorwerfen, sie habe keinen Mann, der sich im Gebirge zu halten vermöchte;

die jungen Mädchen heiraten am liebsten die aus=
gezeichneten Räuber.

Bei den Kämpfen, in die sich die Staatsgewalt mit
den Ausgetretenen einließ, fand sich dann leicht, daß
die größere Energie auf seiten der letzteren war; eben
darum behaupteten sie den Platz.

Sixtus V. hat sich einst durch Vertilgung der Räuber
hervorgetan. Er vermochte es nur, indem er sie unter=
einander selber entzweite. Auch Consalvi, dem andere
Maßregeln fehlschlugen, sah sich genötigt, sein Heil
bei ihnen selber zu suchen.

Wer hätte glauben sollen, daß diplomatische Ta=
lente erforderlich seien, um Banditen zu dämpfen?

Als Consalvi 1818 zum Abschluß des neapolitani=
schen Konkordates mit Medici in Terracina war, rich=
tete er sein Augenmerk auf die Umgegend, wo die
Neigungen, die jenes Gewerbe erfordert, besonders
blühten, namentlich Sonnino; bald hatte er einen,
bald hatte er sie alle gewonnen. Er schloß eine Art
Vertrag mit ihnen.

Die Räuber versprachen, sich auf ein Jahr lang ins
Gefängnis zu stellen. Der Staat versprach, ihnen als=
dann die erforderlichen Mittel zu geben, um ein fried=
liches Leben zu führen.

Und so kamen die Assassini von Sonnino, drei
Wagen voll, nach Rom, um ihr Jahr abzusitzen; Leute,
welche viele Jahre dies Gewerbe getrieben, einer, der
sich rühmte, sechzig Menschen umgebracht zu haben;
der berufenste von allen, Majocco fehlte nicht; seine

Frau begleitete ihn ins Gefängnis. Alles lief, sie zu sehen, Fremde und Einheimische; man wiederholte sich ihre Taten. Die Herzogin von Devonshire trat heran, nahm ihr Halsband ab und schmückte das Weib Masoccos damit.

Es kam nur darauf an, ob man sich nun auch der anderen erwehren würde. In der Tat war in kurzem nur noch Cesari mit einer Bande von vierzehn Mann übrig, und auch dieser fing an zu unterhandeln. Endlich versprach er, wenn man ihm vollkommene Verzeihung zusichere, mit Hilfe eines Vertrauten seine übrigen Kameraden sämtlich auszuliefern. Er sandte ein paar Uhren zum Unterpfand.

Masocco, der die Unterhandlung geführt hatte, sollte auch die Leute in Empfang nehmen. Mit einer kleinen Anzahl von Bewaffneten erschien er an dem festgesetzten Tage an dem bestimmten Orte. Auch Cesari ließ nicht lange auf sich warten. Allein er hatte es anders vor, als man glaubte. Er rief den beiden zu, sie möchten allein herankommen, das sei die Abrede; sonst werde man auf seiner Seite Verdacht schöpfen. Sie trauten ihm und näherten sich allein. In dem nämlichen Moment wurden sie aus dem Dickicht erschossen. Hiedurch bekam die Sache eine entsetzliche Verwickelung. Man hat wohl gesagt, daß mit den Albanesen die Blutrache im Neapolitanischen eingewandert sei und sich von da aus durch die umliegenden Landschaften verbreitet habe. Vielleicht hängt sie mit einem Zustande, wie dieser ist, ohnehin und in natür=

licher Weise zusammen. Wenigstens ist wohl selten ein Mensch grausamer gerächt worden als Ma= socco.

Einer seiner alten Gefährten, Amarini, ging noch im ersten Ingrimm der Rachsucht geradezu auf San Prassede los, wo die Familie Cesaris wohnte. Schon hatte die Regierung die Abführung derselben veran= staltet, vielleicht um sie sicherzustellen, vielleicht um selbst ein Pfand in den Händen zu haben. Amarini begegnete dem Zug unterwegs. Es waren sechs Wei= ber und Mädchen. Er forderte von dem Offizier, der sie geleitete, ihre Auslieferung. „Wo hast du den Be= fehl dazu?" — „Diese Flinte enthält ihn." Ein rö= mischer Soldat wird sich nicht für Kinder eines Räubers schlagen. Er überließ sie dem Menschen, der sie eine Miglie seitab führte. Hier befahl er seinen Gefährten, auf sie zu schießen. Sie warfen sich in ihrem Instinkt zur Erde. Amarini sprang wie ein Raubtier auf sie los und ermordete sie zum Toten= opfer für seinen Hauptmann. Dann lieferte er sich selber der Gerechtigkeit aus.

Cesari fing hierauf einen offenen Krieg an. Er drang in Prassede ein, erschoß einige Menschen und steckte ein paar Wohnungen in Brand. Hierauf faßte er an den römisch=neapolitanischen Grenzen Fuß. Er nahm Neapolitaner und päpstliche Untertanen ge= fangen; jedoch machte er den Unterschied, daß er jenen gestattete, sich loszukaufen, diese aber ohne Er= barmen tötete. Er war bald hie bald da; mit außer=

ordentlicher Geschwindigkeit entging er seinen Verfolgern.

So führte ihn sein Weg auch einmal wieder nach der Gegend von Prassede zurück. Als er auf die Stelle gelangte, wo Amarini seine Familie getötet hatte, ergriff ihn eine wilde Wut. Er sah eine Bäuerin, und ohne daran zu denken, wer sie sei, oder wo er selber war, jagte er der Fliehenden nach. Ein römischer Karabiniere, glücklicherweise von etwas härterem Stoffe als gewöhnlich und den anderen deshalb unleidlich, befand sich in der Nähe. Es gelang ihm, den Räuber zu erschießen, ehe er noch seine Beute erreicht hatte. An der Silberplatte auf der Brust erkannte man, daß es der Hauptmann, daß es Cesari war. Im Triumph empfingen die Einwohner von Prassede ihren Befreier.

So bewegten sich die wildesten Leidenschaften, welche zu zähmen eben der Staat bestimmt ist, auf freier Bahn; in entsetzenvollen Ausbrüchen machen sie sich Luft und nur durch sich selber reiben sie sich auf.

Und noch war es hiemit nicht geendigt. Noch öfter empörte sich das räuberische Gebiet von Sonnino, man mußte noch öfter unterhandeln; einmal ist man sogar im Begriff gewesen, Sonnino ganz zu zerstören. Allein nach und nach ward das Übel mäßiger. Als die Karbonari in diesen Gegenden emporkamen, schien es, als seien die Räuber verschwunden.

Achtes Kapitel.
Opposition der Geistlichkeit.

Wenn man die Tätigkeit dieses Pontifikates in den beiden Beziehungen, die sie verfolgte, der geistlichen und der weltlichen, vergleicht, so hat sie insofern einen inneren Zusammenhang, als sie sich zur Aufgabe setzte, die Autorität nach beiden Seiten herzustellen. Man nahm an, daß die weltliche Macht dazu gehöre, um die geistliche aufrecht zu erhalten. Aber zwischen ihnen waltete doch eine tiefe Verschiedenheit ob. Die geistliche Autorität konnte nur dadurch behauptet werden, daß man sich an die althergebrachten Berechtigungen so viel wie möglich anschloß. Sie war ihrer Natur nach konservativ und repräsentierte recht eigentlich die Ideen der Restauration; wenn dann auch Abweichungen davon vorgekommen sind, so erschienen solche doch immer als erzwungene; an dem Prinzip hielt das Papsttum unerschütterlich fest. In dem Staate dagegen verfolgte die Verwaltung eine unzweifelhaft liberale Richtung; sie schloß sich dem Muster von Frankreich absichtlich an. Hier fuhr sie in dem Werke der Zerstörung des Alten ohne vielen Rückhalt fort. Mit dem strengen Festhalten, welches z. B. in dem Verfahren der Kurie der oberdeutschen Kirchenprovinz gegenüber zutage tritt, stand die durchgreifende Neuerung in dem Kirchenstaat selbst in unleugbarem Widerspruch. Und wenn man dann auf der einen Seite bei dem Werke der Konkordate auf mannigfaltige Schwierigkeiten stieß, so zeigten sich noch viel größere bei dem Versuche, den Staat nach den modernen Ideen zu konstruieren. Soviel ist offenbar, daß Consalvi die Elemente, aus denen der Staat zusammengesetzt war, nicht einmal zu überwältigen und zusammenzuhalten, geschweige in Harmonie zu vereinigen vermochte.

Und selbst, wenn es ihm besser gelungen wäre, so würde er doch ohne Zweifel Widerstand genug zu bekämpfen gehabt haben. Wie viel stärker mußte sich dieser erheben, da es ihm nicht gelang.

Unter den Kardinälen hatte er nur wenig gleichgesinnte Freunde oder Anhänger. Vornehmlich war ihm Lante befreundet, ein Mann, der vielleicht von allen die meiste Kenntnis des Landes und des Details der Verwaltung besaß. Der schwierigen Aufgabe, Bologna zu regieren, welches die alten Ansprüche mit der neuen Unzufriedenheit vereinigte, wußte er glücklich zu genügen. Einen Zustand der Dinge, welcher große Lasten auflegte und von den meisten gemißbilligt wurde, hielt er dennoch aufrecht und gewann die allgemeine Zuneigung. Allein schon im Jahre 1818 starb er. St. Petronio war den ganzen Tag mit Leuten erfüllt gewesen, die für ihn beteten. Die gesamten Bevölkerungen der benachbarten Ortschaften wallfahrteten dazu barfuß herein.

Auch der Nachfolger Lantes, Kardinal Spina, zeigte sich geschickt und brauchbar. Man trug lange Zeit Bedenken, ihn an den Kongreß von Laibach zu senden; seine Gegenwart in Bologna schien notwendig, um die Parteien in Zaum zu halten.

Wie hätten indessen alle Kardinäle von Consalvis Meinung sein sollen?

Er trieb die Geschäfte nach seinem Sinne; er schloß seine Kollegen von Beratung und Teilnahme aus; er huldigte so sehr den modernen Ideen. Sie, bejahrte Männer, von Natur dem Alten zugetan, durch die Neuerungen des Jahrhunderts so oft bedroht, so lebhaft bedrängt, und auch nun zurückgesetzt, in der Überzeugung, der Ursprung aller Übel, so der übrigen Welt wie dieses Staates, liege in dem Abfall von den alten Maximen — wie hätten sie sich nicht dem entgegensetzen sollen, der den Kirchenstaat nach den Ideen des Jahrhunderts einzurichten und zu regieren unternommen hatte?

In Rom selbst waren die einflußreichsten und bedeutendsten Kardinäle von einer ihm widerstrebenden Gesinnung. Kardinal Mattei, schon im Konklave ein Gegner Chiaramontis und Consalvis, der einzige von altem römischen Adel in dem Kollegium, behauptete in seinem Bistum Velletri eine abgesonderte Regierung und Gerichtsbarkeit mit großer Hartnäckigkeit; er war ein abgesagter Feind aller Maßregeln, durch die man sich der Administration anderer Länder zu nähern suchte.

Kardinal Litta war wohl ein exemplarischer Bischof der suburbikanischen Diözesen. Er ritt, trotz seines hohen Alters, zu den kleinen Burgflecken in den Gebirgen, die den größten Teil seines Sprengels ausmachten; alle Einkünfte, die er anderswoher zog, verwandte er auf sein Bistum, dessen Wohltäter und Vater er war, wo er auch den Unterricht zu verbessern suchte. Allein in den öffentlichen Geschäften zeigte er beinahe Starrsinn. Jede Abweichung von der Strenge des römischen Katholizismus sah er als Rebellion an. Er haßte nicht allein Preußen — er war nämlich Nuntius in Polen gewesen, — auch Österreich war ihm bei weitem nicht katholisch genug; er war ein geschworener Feind der Politik dieses Staates.

Einen bedeutenden Einfluß hatte Kardinal Pacca, zumal da er sich bei dem gemeinen Volk von Rom in Ansehen zu erhalten die Mittel kannte und sie gebrauchte. Wenn er in seinen Memoiren über die Zeit der Gefangenschaft des Papstes an dem Dogma streng mit Nachdruck festhält, so zeigt er sich darin, obwohl er die früheren Maßregeln Consalvis mißbilligt, doch nicht völlig unbeugsam; er erzählt mit Vergnügen, wie sehr der altgesinnte, puristische Teil des französischen Klerus durch die gemäßigten Gesinnungen in Erstaunen gesetzt worden sei, die er geäußert habe. In Rom aber, insofern er auf die Verwaltung Einfluß hatte, erschien er vor anderen streng und hartnäckig. So wie ihn Napoleon für seinen entschiedensten Feind gehalten, so schrieb man die Absetzungen, Exkommuni=

kationen und Verfolgungen, mit denen man diejenigen
beläſtigte, welche unter Napoleon Stellen angenom=
men und ihm den Eid geleiſtet hatten, vor allem dem
Kardinal Pacca zu.

Kardinal Somagli war gelehrt und voller Einſicht.
Allein mit dem Fiskus als Biſchof von Porto in Pro=
zeſſe verwickelt, war er der Gegner Consalvis.
Unter anderem gelang es ihm, die Akademie der
ſchönen Künſte, der Consalvi den Palaſt San Apolli=
nare eingeräumt hatte, wieder aus demſelben zu ver=
treiben und ihn der geiſtlichen Beſtimmung zurück=
zugeben. Ein Sieg, der ihm in der Meinung der
Menſchen ein gewiſſes Übergewicht verſchaffte.

Schon erſchienen auch Castiglione und della Genga,
ſpäter die Nachfolger Pius' VII., jener ein gemäßigtes,
aber entſchiedenes, dieſer ein heftiges Mitglied der
Partei der Eifrigen, der Zelanti. Kardinal della
Genga war Generalvikar von Rom. In dieſer Eigen=
ſchaft verbot er den Geiſtlichen, einen Überrock zu
tragen, wie die Weltlichen. Er ſtellte die Verpflichtung
der Juden her, alle Sonnabende ſich, mindeſtens 300
an der Zahl, in einer Kirche einzufinden, um eine Be=
kehrungspredigt anzuhören. Er hatte die Abſicht, alle
Abende ihr Quartier zu ſchließen. Consalvis Feind
war er auch deshalb, weil dieſer ihm einen Vize=
regenten zur Seite zu ſtellen gewußt hatte, der an=
dere Geſinnungen hegte.

Beſonders in geiſtlichen Angelegenheiten war die
Oppoſition gegen Consalvi wirkſam. Die Wiederher=

stellung der Jesuiten ist wenigstens nicht von ihm ausgegangen, obwohl er sich auch nicht dagegen erklärt hat; sie war das Werk vornehmlich des Kardinals Pacca. Dieser selbst erzählt es. Noch in Fontainebleau, nachdem das Konkordat widerrufen war, benutzte er seine täglichen Unterhaltungen mit dem Papst, um ihn auf die Wichtigkeit und Unentbehrlichkeit dieser Gesellschaft aufmerksam zu machen. Er merkt es als etwas Besonderes an, daß ein Mann, wie er, dem man noch in der Kindheit die Provinzialbriefe des Pascal zu lesen gegeben, und ein anderer, ein Benediktiner, der antijesuitische Lehrmeister gehabt, wie der Papst, daß sie beide bestimmt gewesen seien, die Jesuiten wiederherzustellen. Es mag wohl sein, daß der Unterricht noch mehr verfallen war, seit ihn die Jesuiten nicht mehr gaben; und in ihren Schriften bewiesen sie gar bald eine gewisse Überlegenheit. Es kam dies unter anderem daher, weil der Orden die Zensur der Schriften seiner Mitglieder selbst ausübte, während die Dominikaner, in deren Händen die Zensur war, in allen übrigen Büchern jeden Schein eines neuen Gedankens zu ersticken wußten. Im ganzen aber läßt sich nicht bezweifeln, daß ihre Herstellung zu den Hauptmaßregeln der Reaktion gehörte, die man beabsichtigte. Allmählich machten sie wieder, obwohl nur langsam, Fortschritte. Ende 1818 hatten sie in dem Kirchenstaat zwar viele Novizen, aber nur das Kollegium von Ferrara in ihren Händen. Weder in Neapel noch in dem österreichischen Italien waren sie zugelassen; nur in Piemont hatten sie drei Häuser. In Portugal und Brasilien duldete man sie nicht, doch erschienen sie wieder in Mexiko. Das Kollegium, das sie in Lancastershire errichteten, ward von protestantischen Lords begünstigt, aber es gewann nur mittelmäßigen Fortgang. In Frankreich hatten sie dagegen bereits damals sieben Seminare, welche eine so große Hoffnung der Partei der reinen Restauration bildeten.

In diesem Sinne der Wiederherstellung des alten Kirchenglaubens griff die Kurie auch zu einigen anderen Maßregeln. Die Kongregation des Index der verbotenen Bücher gab dann und wann wieder ein Lebenszeichen von sich. Welche Bücher aber waren es, die sie verbot! Bücher, die niemand las, und die bereits ganz vergessen waren, z. B. im Jahre 1820 die politischen Gedanken von Vinzentius Ruffo, an die niemand mehr dachte, 1823 die Memoiren von Gorani, die ihre Wirkung vollständig gehabt und schwerlich eine weitere hervorzubringen vermögen. Werke von Alfieri, die in jedermanns Händen sind, die sich die Nation nicht wieder wird entreißen lassen, verdammte man nun erst. Man verbot selbst Bücher wie das österreichische Kirchenrecht von Rechberger und die Kirchengeschichte von Dannenmaier. Die englische Geschichte von Goldsmith beurteilte man zu einer Korrektur. So einseitige Maßregeln dienen freilich mehr, eine Meinung auszusprechen als eine Wirkung zu erzielen. Schwerlich hat jemals eine Behörde stärkere

Beweise von Unfähigkeit gegeben, als diese Kongregation.

Eins rief gleichsam das andere hervor. Gerade das Triviale und Falsche von den neuen Theorien hatte den meisten Einfluß auf diese Staatsverwaltung. Gegenüber erhoben sich entgegengesetzte Maßregeln, aber sie waren auch flach und einseitig. Wie weit war man von dem lebendigen Bewußtsein des Notwendigen, dem vollen Gefühle des Daseins in seiner Gemeinschaftlichkeit entfernt. Von verschiedenen Seiten folgte man seichten Meinungen. War die geistige Gesundheit dieses Volkes angegriffen, so konnte sie auf solche Weise nicht hergestellt werden.

In den weltlichen Geschäften trat die Opposition angesehener Würdenträger der Kirche von Zeit zu Zeit offen hervor. Unter anderem machte die Bestimmung des Gesetzes, durch welches die Jurisdiktion über Mündel, Frauen und Arme den gewöhnlichen Tribunalen und den Delegaten überwiesen wurde, viel böses Blut bei den geistlichen Behörden. Früher hatten Bischöfe und Vikare diese Jurisdiktion ausgeübt. Sie fühlten sich nicht wenig beeinträchtigt, als sie ein so bedeutendes Attribut verlieren sollten. Der Kardinal Severoli, dem der Delegat von Viterbo nach langer Zögerung (es hatte anderthalb Jahre gedauert) diese Geschäfte abnehmen wollte, erließ einen Brief an den Sekretär der Kongregation der Immunitäten, dem er die möglichste Öffentlichkeit gab, worin er sich nicht allein über diese Maßregel, sondern über den

Geist der Regierung überhaupt auf das bitterste aus=
ließ. Er tadelte den Minister, daß er in den Fuß=
tapfen der weltlichen Regierungen wandele, jener Re=
gierungen, die durch die geschworenen Widersacher der
Religion verleitet, der bischöflichen Würde ihre edel=
sten Prärogativen eine nach der anderen entrissen.
Einem weltlichen Hofe, der ein solches Gebot wie das
obige ergehen lasse, würde er sich widersetzen. Dem
Papst gehorche er; denn freilich habe dieser die Macht,
die heiligen Canones zu verändern; aber sei nicht
die Veränderung von dem Geiste eingegeben, der alles
zerstöre, um die Religion zu vernichten? Die ganze
neue Gesetzgebung atme keine andere, als diese Ge=
sinnung. Er trug darauf an, eine Kongregation von
Kardinälen niederzusetzen, aber wohlverstanden, un=
abhängig vom Staatssekretär, mit dem Auftrag, die
Beschwerden der Prälaten zu hören.

Wer hätte glauben sollen, daß die Delegaten, die
hier als Feinde der Geistlichkeit betrachtet werden,
eben auch Geistliche waren.

Heftiger noch als Severoli griff bei Gelegenheit
seines Prozesses Kardinal Somaglia die Verwaltung
an. In Rom werden die Verteidigungsschriften der
Advokaten gedruckt an die Mitglieder der Tribunale
verteilt. In jenem Prozeß ließ der Advokat Soma=
glias, ohne Zweifel mit dessen Vorwissen, eine sehr
heftige Invektive auf die bestehende Verwaltung ein=
rücken. Er sagte, er würde kein Wort verlieren, wenn
er wüßte, daß auch diese Sache nach den Maximen

des Jahrhunderts entschieden werden sollte. „Was sind aber," fuhr er fort, „diesen Maximen zufolge die Bedürfnisse eines Staates? Elegant gekleidete Truppen, welche dem Volke imponieren; Entwürfe einer neuen Gesetzgebung, die uns der angeblichen Barbarei der alten Gesetze zu überheben verspricht; eine strenge Polizei, welche sich erlaubt, die Geheimnisse jeder Familie auszuforschen; lärmende und kostbare Schauspiele; neue Finanzsysteme, welche die Reichtümer der Bevölkerung in die Kassen des Fiskus ableiten; Vermehrung der Ämter und der Beamten ohne Ende; Straßen, Brücken und Kanäle. Nach den liberalen Ideen muß der Dienst des lebendigen Gottes, müssen die Kirchen und die Diener des Altars sich begnügen, wenn ihnen einige erbärmliche Brosamen von den öffentlichen Reichtümern zugute kommen. Glück genug, wenn die Priester des neuen Gesetzes toleriert werden, wie es die Heiden wurden, unter der Regierung Theodosius' des Großen. Allein glücklicherweise," fährt die Schrift boshaft fort, „sind das nicht die Maximen von Rom." Sonst bleiben diese Drucke unbekannt; diese Stelle aber, welche nicht ohne Wahrheit ist, wurde mit reißender Geschwindigkeit in unzähligen Abschriften verbreitet.

Sonderbare Manier der Opposition; in den Akten der Prozesse, in Privatbriefen, denen man eine gewisse Verbreitung zu geben weiß. Zuweilen erschienen auch Pamphlete, aber man bemerke wohl: bloß in der Handschrift.

Es gab viel zu reden, als der Governatore Pacca, Neffe des Kardinals, auf den Consalvi ein unbedingtes Vertrauen gesetzt, der Rom eine Zeitlang beherrscht hatte, im April des Jahres 1820 plötzlich verschwand. Consalvi selbst, obwohl er zuletzt an seinem Günstling irre geworden und gewünscht hätte, ihn zu entfernen, wäre es ihm nur um des Oheims willen möglich gewesen, zeigte sich darüber mißvergnügt und erschüttert.

Welche Gründe legte man in Rom nicht dieser Flucht unter! Bald behauptete man, der Papst habe insgeheim einen Prozeß gegen den Governatore instruieren lassen und Consalvi habe darin einen Versuch gesehen, ihn, den Staatssekretär, selbst anzugreifen. Andere sagten, der Governatore sei mit den geheimen Gesellschaften einverstanden gewesen und man habe es entdeckt. Andere schrieben seine Flucht seinen Schulden zu, und wahr ist, daß er sich durch Quittungen im voraus von einem Pächter der Einkünfte bedeutende Summen verschafft hatte, die er späterhin zu decken außerstande war. Wir wollen nur bemerken, daß dieser Vorfall zu einem neuen Angriff auf Consalvi dienen mußte.

Ein Hausgenosse des Kardinals Pacca, des Namens Mariotti, von dem man ein nichtpolitisches Journal, das er angefangen, mehr aus literarischer Eifersucht als aus anderen Gründen unterdrückt hatte, ergriff diese Gelegenheit, in einem Pamphlet, das man — immer handschriftlich — in den Kaffeehäusern verbreitete, einen Anfall auf den Staatssekretär zu wagen. „Es gibt zwei Hypothesen," hieß es darin; „entweder der Tyrann unseres unglücklichen Vaterlandes hatte sich mit den fremden Mächten verschworen, um freiheitsmörderische Entwürfe auszuführen, und der unglückliche Pacca war in dieselben eingeweiht. Jetzt verzweifelt man, dieselben auszuführen und er muß verschwinden. Dies ist die erste Vermutung. Ich will auch noch eine zweite aufstellen. Man weiß, daß der Diktator, unser Despot, dem seine unermeßliche Macht noch nicht genügt, unseren ausgezeichneten Kardinal Pacca dahin bringen wollte, das Amt eines Camerlengo — in der Tat das zweite unter den römischen Staatsämtern — aufzugeben. Der würdige Kardinal fühlte, was er dem Lande schuldig ist: er hat diese unverschämte Forderung abgeschlagen. Der treulose Tyrann, der sein väterliches Herz kennt, hat ihm einen Dolch in dasselbe stoßen wollen und seinen Neffen geopfert. Allein er täuschte sich. Der Kardinal wird, statt seine Stelle aufzugeben, alle Prärogativen wiedererobern, die man ihm entrissen hat."

Gerade die Abhängigkeit der Tribunale von den oberen Gewalten verhinderte den Staatssekretär, Mariotti vor denselben zu verfolgen. Wäre derselbe bestraft worden, so hätte es ausgesehen wie persönliche Rache. Er ließ Mariotti unberücksichtigt; in einem Gegenpamphlet ließ er dafür die wahren Gegner angreifen. Es war ein Gespräch zwischen Marforio und der Dame Lukrezia, die mit Pasquin und Abbate Luigi die vier Personen bilden, welche in den Pasquinaden auftreten. Jene beiden besprechen sich darin, wer wohl tauglich sein könne, dem Staatssekretär einmal nachzufolgen. Sie gehen alle Prälaten nach der Reihe durch, und man kann denken, wie sie ihnen mitspielen. Endlich kommen sie überein, der einzige taugliche Nachfolger sei Pasquin: „denn," heißt es, „erstens ist er kein Priester, zweitens hat er keine Arme."

Ich fürchte, man wird es tadeln, daß ich so ausführlich auf diese Dinge eingegangen bin, aber das gehört dazu, um die Lage dieses Staates und die Stellung seiner Verwaltung, wie sie damals waren, im allgemeinen beurteilen zu können.

Früher waren die geistlich-weltlichen Elemente desselben durch eine lange, natürliche, historische Entwickelung miteinander verschmolzen, ineinander aufgegangen. Schon in sich selbst nach und nach erstarrt, war diese Entwickelung durch die Revolution völlig unterbrochen worden.

Beide Elemente bestanden jetzt wieder nebeneinander. Einmal hatte man die Revolution adoptiert; sodann hatte man der Geistlichkeit die Gewalt gegeben. Das erste schien notwendig, weil man nicht hoffen konnte, nach so langjährigen Bewegungen deren Wirkungen wieder zu vertilgen; das zweite schien der Begriff des Kirchenstaates so mit sich zu bringen. Und es mag sein, daß es anders nicht wohl anging. Allein offenbar hatte man dadurch einige schneidende Gegensätze geschaffen, die einander bekämpfen mußten. Die weltlichen Zustände beruhten auf einer Opposition gegen alle geistliche Macht. Diese dagegen bekam eine Gewalt, wie sie früher niemals gehabt und wie sie ihr schwerlich gut war.

Wie sollten nicht beide Teile den Geist entwickeln, auf dem sie ursprünglich beruhten?

Auf irgendeine Weise mußte man beflissen sein, diesen Widerstreit aufzuheben.

Consalvi sollte es tun, ein Mann, wie wir wissen, den Ideen des 18. Jahrhunderts von Anfang an zugetan und in denselben durch die Notwendigkeit aller Verhältnisse bestärkt und festgehalten.

Unmittelbar neben ihm die Großwürdenträger der Kirche, Männer größtenteils von anderer Richtung; schon darum seine Gegner, weil er im Besitze der Gewalt war; die ihm geradezu sagten, seine Einrichtungen würden nicht länger dauern, als das Leben eines alten Mannes; die indessen jetzt schon das Ohr eben dieses alten Mannes immer mehr gewannen. Consalvi mußte ihnen ausbiegen; er mußte sich hüten, ihnen einen Vorwand darzubieten; um nur das eine oder das andere durchzusetzen, hatte er seinerseits in vielen Punkten nachzugeben.

Auch gab es noch eine zahlreiche Aristokratie, welche durch die Revolution beiseite geschoben, aber nicht vernichtet und durch die Restauration begünstigt worden war. Consalvi hatte sich mit derselben nicht einzuverstehen gewußt. In großer Entrüstung über einige Beschränkungen hatten die römischen Fürsten auf ihre Patrimonialgerichtsbarkeit Verzicht geleistet; aber sie hielten sich noch immer in der Opposition, und zuweilen waren sie stark genug, sich den Pflichten des Staates zu entziehen. Consalvi hätte wohl eine und die andere angemessenere Auflage einzuführen gewünscht; man sagte ihm geradezu, man werde sie ihm nicht zahlen.

Unmittelbar an diese schlossen sich die großen Kapitalisten an, zwar dem Staate, mit dem sie unaufhörlich in Rechnung standen, so weit ergeben, aber um so mächtiger, je weniger sie an Zahl waren. Man lebte von Tag zu Tage, brauchte sie immer und durfte sie nie verletzen.

Es folgten die höheren Beamten. Consalvi hatte auf sie den größten Einfluß, doch nicht einen ausschließlichen und eigentlich keiner war in seinem Vertrauen. Hat er doch die Zensur der römischen Zeitung, des Diario, dann und wann selbst übernehmen zu müssen geglaubt. Einsicht, Talent, Integrität waren seltene Eigenschaften. Überdies behaupteten diese Beamten schon vermöge ihres geistlichen Charakters eine gewisse Unabhängigkeit; in ihren Händen war das Land.

Ein Land ohne Institutionen, in welchem der Privatvorteil unaufhörlich mit dem öffentlichen Krieg führte; ohne rechte Gesetze, denn beide Legislationen waren aufgehoben, sowohl die altpäpstliche durch die Franzosen, als die französische durch den Papst; ohne

Ordnung in den Finanzen; in wandelbarem, immerfort provisorischem Zustande.

Will man Consalvi verdammen, daß es nicht besser ging? Er bewährte auch hier sein diplomatisches Talent. Er suchte eine Abkunft zwischen den Prinzipien und Interessen; und so viel gelang ihm, einen Ausbruch ihrer Feindseligkeit zu vermeiden; mit ungemeiner Tätigkeit wußte er die Forderungen der jedesmaligen Gegenwart zu erledigen. Allein ein Gründer, wie die großen Staatsmänner des Altertums gewesen, ein Gründer auf immer war er nicht. Wenn es ein Tadel ist, in der allgemeinen Bewegung von Europa eben auch nicht mehr als andere getan und nicht den entgegenstrebenden Elementen zum Trotz etwas Haltbares hergestellt zu haben, so trifft ihn dieser Tadel. Die Gegensätze durch ein Höheres zu vereinigen, in diesen Gliedern des Staates einen zusammenhaltenden, wirksamen, unsterblichen Genius aufzuwecken, dies Geheimnis hat er freilich nicht gefunden.

Alles betrachtet, stand es in dem Staate schlimmer als in der Kirche.

In der Kirche waren doch die alten Grundlagen unerschüttert geblieben; man hatte den Feinden des Glaubens nie einen Schritt breit nachgegeben; wenn man es nicht dahin brachte, durch Erneuung und Verjüngung der religiösen Ideen die Widersacher heranzuziehen und zu unterwerfen, so hatte man doch noch das uralte Herkommen für sich, Kräfte, die so viele Jahrhunderte wirksam gewesen und in so vielen Nationen tiefe Wurzeln geschlagen.

Der Staat dagegen hätte beide Elemente und beide Prinzipien in sich aufgenommen; es war nicht gelungen, sie zu verbinden und zu verschmelzen. In den höheren Organen des Staates machte sich das eine geltend; es war stark durch die Erinnerung an einen ungeirrten Beistand in früheren Zeiten, gestützt von einer Theorie, die sich mindestens ebensogut hören läßt, wie die liberale, und ward durch den schlechten Erfolg der neuen Maximen bestätigt. In den tieferen Kreisen herrschte das andere vor. Man strebte nach den Formen der Selbstregierung, wie sie in einigen anderen Ländern üblich waren; durch diese wollte man sich für die verloren gegangenen Vorrechte entschädigen; man ergab sich dem Einfluß französischer Theorien. Die eigentliche Stärke auch dieser Partei lag in dem mangelhaften Gange der inneren Angelegenheiten.

Durch keine höhere Kraft zusammengehalten, unvermittelt und losgebunden, suchten beide ihre Stütze in der allgemeinen Gärung von Südeuropa.

Neuntes Kapitel.

Revolutionäre Bewegungen.

I. Karbonaria.

Wenn es schon schwer ist, sich über Zustände und Ereignisse der neuesten Zeit, welche offen am Tage liegen, zu unterrichten, wieviel schwieriger wird es, den geheimen Verzweigungen verborgener Bildungen, die lange gleichsam ein unterirdisches, der Sonne entzogenes Dasein fortsetzen, auf die Spur zu kommen. Begnügen wir uns, wenn wir zu dem Unbezweifelten nicht gelangen können, mit dem Wahrscheinlichen.

Das aber wird man nicht erwarten, daß auch wir die Karbonaria von Isis und Mithras, oder nur von jenem mythischen König von Frankreich, heiße er Heinrich oder Franz, herleiten, wie diese Gesellschaft es selbst zu tun versucht, und man es ihr wohl geglaubt hat. In der Art, wie sie in Italien erschien, war sie ohne Zweifel ein sehr modernes Institut.

In ihren Abzeichen, Sinnbildern, dem Charakter ihrer Unterordnung zeigt sie eine genaue Verwandtschaft mit der Freimaurerei, wie sich dieselbe im südlichen Europa, namentlich in Frankreich, ausgebildet hatte.

Die französische Maurerei war während der Revolution in den Klubs untergegangen. Nicht sobald aber

waren diese wieder geschlossen und erhob sich das
Kaisertum aus den Elementen der Revolution, als
sich auch die Freimaurer wieder zeigten. Sie waren
mit der Gestalt, welche ihre Ideen in dem neuen
Staate angenommen hatten, wohl schwerlich zufrieden.
Napoleon aber wußte sie zu beherrschen; er setzte ihnen
seine Vertrauten an die Spitze; er ließ ihnen einen
Teil ihrer alten Beschäftigungen; er nährte sie mit
Priesterhaß, so daß sich die mittelmäßigen Geister, die
mehr ein bedeutendes Spiel und einen glänzenden An=
schein lieben als Ernst und Wahrheit, befriedigt fühlten.

Nicht alle aber waren es. In Erinnerung an die
alten Grundsätze, die sie immer vorgetragen, gedrückt
und beherrscht von oben her, suchten sie für ihren
Trieb die Welt umzugestalten neuen Raum, indem sie
sich in die unteren Klassen ausdehnten. Einige Ge=
sellschaften, die schon früher bestanden hatten, aber
minder hervorgetreten waren, vor allen die Gesell=
schaft der Köhler, charbonniers, die in dem östlichen
Frankreich nicht unbedeutend war und sich von dem
Jura bis nach der Pikardie ausdehnte, zogen sie an
sich oder ließen sich von ihnen aufsuchen und bil=
deten sie in ihrem Geiste um. Die Vettern Köhler,
les bons cousins charbonniers, und ihre Märkte,
ventes, traten an die Stelle der Brüder Maurer und
ihrer Logen. Hier fand man eine minder glänzende
Wohltätigkeit, aber eine größere und wahrhaftere Teil=
nahme des einen an dem anderen; wie es scheint,
wenigstens in den unteren Graden positivere reli=

giöse Meinungen; eine Verfassung, welche auf eine nachdrückliche Weise das Verbrechen zu unterdrücken wußte; eine Gewalt, welche jeden Ehrgeiz befriedigte, da sie infolge freiwilliger Abdankungen immer von Hand zu Hand ging. Das Institut hatte auch noch eine andere Bedeutung. Es nahm eine Richtung gegen den, von dessen Aufsicht die Oberhäupter sich eben befreien wollten. Charles Nodier, der eine Zeit seiner Jugend in diesen Gesellschaften zubrachte, gesteht es selbst. „In dieser unschuldigen und friedlichen Vereinigung," sagt er, „machte doch eine zügellose Liebe zur Freiheit, daß wir unter der Herrschaft von Napoleon den Samen von Unruhen auszustreuen suchten, der so fruchtbar im Unglück wurde."

In Italien war die Maurerei erst durch den Einfluß der Franzosen recht verbreitet worden. Sie erhielt sich bei dem öfteren Wechsel der Regierungen. Die Personen, welche dem General Miollis bei der nächtlichen Ersteigung des Quirinals behilflich waren, sind später immer als Freimaurer bezeichnet worden. In der Tat ward die Freimaurerei seitdem von den Franzosen befördert. Man wollte die Logen benutzen, um den öffentlichen Geist zu regieren und das Priestertum vollends zu zerstören.

Allein, indem man ein Institut begünstigte, welches die Absichten der Regierung befördern sollte, gründete man zugleich die Abart desselben, welche der Regierung so ganz entgegen war. Die Charbonniers traten als Karbonari auf.

Daß sie einen nationalen Grund in Italien gehabt, ist wohl sehr unwahrscheinlich. Der Heilige, den sie als ihren Beschützer anerkennen, die mythische Geschichte, die sie zu glauben vorgeben, ihre Abzeichen und Ausdrücke, alles weist nach Frankreich zurück.

Schon im Jahre 1810 fand ein englischer Agent Oberitalien voll geheimer antinapoleonischer Gesellschaften. Bald erschienen sie auch in Unteritalien. Königin Karoline von Sizilien hat sie nicht gegründet, sie selbst haben mit ihr angeknüpft. Der Fürst von Canosa versichert, und zwar, wie er sagt, nach den genauesten Untersuchungen — die er auch gewiß vor allen anderen anzustellen imstande war — daß zuerst im Jahre 1810 ein Franzose von der Sekte der Charbonniers, ein Verbannter, den Karbonarismus in Kapua gepredigt habe. Anfangs war sein Erfolg nicht besonders. Es dauerte lange, ehe er es bis zu einer mäßigen Anzahl von Anhängern gebracht hatte. Allmählich aber, und um so mehr, je drückender die französische Verwaltung ward, vermehrten sich dieselben. In den unteren Graden wenigstens zeigte sich die Gesellschaft noch religiöser, als sie in Frankreich gewesen war. Ihre Versammlungen waren auf Erbauung berechnet; Zeremonien umfingen die Sinne; die sonore Wiederholung christlicher Formeln fesselte die Gedanken. Man gab vor, hauptsächlich die theologischen Tugenden üben zu wollen. Allein hiemit verknüpften sich unmittelbar die Ideen von Freiheit und Gleichheit. Der Staatsverwaltung gegenüber, die allerdings auf der Revolution beruhte, das Prinzip derselben aber verleugnete, erhielt sich dieses nackt und schroff in den Gesellschaften und bedrohte seine eigene Schöpfung. Die Karbonari bildeten die Opposition von Murat. Erst als dieser die Waffen ergriff, um, wie er sagte, die Einheit von Italien herzustellen, zog er sie an sich. Wenn die Karbonari späterhin unter dem Namen Unionisten erscheinen und vor allem Italien in einen Staat zu verwandeln beabsichtigen, so hat das dieser Einfluß, wo nicht hervorgerufen, so doch begünstigt.

Bei einer solchen Richtung leuchtet ein, wie wenig die neue Ordnung der Dinge, die nach dem Falle Napoleons eingeführt wurde, den Wünschen dieser und ähnlicher Gesellschaften entsprechen konnte. Hatten sie sich früher in der Opposition gegen die napoleonische Gewalt zu den Feinden derselben, den legitimen Regierungen gehalten, so erschienen sie nun auf der Stelle im Gegensatz gegen diese. Sie schlossen sich wohl eher an die Napoleoniden und deren geheimes Treiben an. Statt sich aufzulösen, wie man hätte erwarten können, wurden sie nun erst tätig; nach allen Seiten breiteten sie sich aus.

Karbonari im Kirchenstaat.

In Oberitalien bestand die Gesellschaft der Guelfen. Der vornehmste Sitz derselben und ihrer obersten Würdenträger war Mailand. Sie hatte durch die große lombardische Ebene hin diesseits und jenseits des Po ihre Mitglieder. In Bologna bestand ein hoher guel=

fischer Rat, der den Mittelpunkt für die Legationen bildete.

In Unteritalien erhielten sich die Karbonari; ihre oberste Vereinigung war „das hohe Licht" zu Neapel. Die Truppen Murats hatten die Gesellschaft zuerst außer den Grenzen des Königreiches ausgebreitet; in den Marken hatte sie Fuß gefaßt. Der ersten größeren Vereinigung der Karbonari begegnen wir im November 1816 an Bord eines türkischen Fahrzeuges vor Ankona.

In diesen Gegenden selbst, wie es scheint, war indes eine Gesellschaft entsprungen, die unter dem sonderbaren Titel: Fratelli seguaci (dei?) protettori republicani, Brüder, Nachfolger der Beschützer, Republikaner, — denn so möchten diese Worte zu deuten sein — Proselyten machte und in jener Zeit auf ein amerikanisches Geschwader rechnete, das, mit zahlreichen italienischen Flüchtlingen an Bord, in den Gewässern des Adriatischen Meeres erscheinen sollte.

Die ursprünglichen Absichten dieser Vereinigungen waren, soviel wir sehen, nicht ganz identisch. Sie wünschten wohl alle die Unabhängigkeit von Italien, doch waren die Guelfen mehr in der Richtung des übrigen Europa: sie hätten Italien einem fremden Fürsten unter der Bedingung der Annahme einer Konstitution gegönnt. Die Karbonari hatten das christlich-philanthropische Element am meisten ausgebildet; nach ihren oft wiederholten Versicherungen wünschten sie, die eingeborenen Fürsten zu behalten. Die Brüder waren entschieden republikanisch; sie rechneten auf die Einführung von lauter Republiken durch ganz Europa.

Indessen würde man irren, wenn man in diesen Gesellschaften sogleich eine eigentliche Organisation und strenge Ordnung voraussetzen wollte. In den Jahren 1816 und 1817 finden wir alles in der lebhaftesten Bewegung und eben im Werden.

Die Guelfen stifteten in den meisten bedeutenden Städten Räte mit Präsidenten; sie bedienten sich eines Katechismus ihres politischen Glaubensbekenntnisses und eines eigenen Wörterbuches für ihre geheime Korrespondenz: sie hatten eine Art von Beamten, welche sie die Sichtbaren, Visibili, nannten und diese erschienen dann am häufigsten. Die Brüder-Nachfolger sandten ihre Ausbreiter, Propagatori, mit Empfehlungsbriefen von Ort zu Ort; sie nahmen bedeutende Männer auf und ließen sie jenen rasenden Eid auf Giftflasche und glühendes Eisen schwören, Tag und Nacht auf die Ausrottung der Tyrannen zu denken und das Geheimnis der Gesellschaft zu bewahren: „wo nicht, so sei die Giftflasche mein Trank und das glühende Eisen brenne mein Fleisch." Am tätigsten aber waren die Karbonari; sie vereinigten sich mit den anderen und nahmen sie in sich auf. Ihre Bewegungen liegen am deutlichsten vor uns.

Unter allen Mitgliedern derselben war Giacomo Papis zu Ankona, ein Handelsmann, nicht ohne Vermögen und ausgebreitete Verbindungen, der früher an der Verwaltung der Domänen des Königreiches

Italien Anteil gehabt, wohl das wirksamste. Er veranstaltete jene Versammlung an Bord des türkischen Fahrzeuges und stiftete darauf eine obere Vereinigung — die alte Vendita — zu Ankona. Von ihm gingen die Instruktionen für die untergeordneten Verbindungen aus; wie mit den Guelfen zu Bologna, so unterhielt er mit allen Karbonari des Kirchenstaates eine lebhafte Korrespondenz; er erteilte Pässe und unterstützte die Bedürftigen.

Zunächst stand ihm Conte Cesare Gallo zu Macerata, aus guter und noch nicht heruntergekommener Familie, nicht ohne persönliches Ansehen. Mit der Regierung des Königreiches Italien hatte er in genauer Verbindung gestanden; doch rühmte er sich, daß er diese Stellung nur gebraucht habe, um die Interessen der legitimen Regierung zu verfechten, Kirchen und Klöster vor der Zerstörung zu schützen, Priestern fortzuhelfen. Zwar aß er gern zu Mittag bei dem Delegaten, seinem Verwandten, aber dies hinderte ihn nicht, den Karbonari Feste in seinem Hause zu geben; ja als sie Macerata zu einer Vendita Madre konstituierten, nahm er den Rang eines Großmeisters an. Er scheint es für eine Art Ehre gehalten zu haben, geheimen Gesellschaften anzugehören; einen solchen Antrag wies er diesmal von sich. Es gefiel ihm, sich selbst mit außerordentlichen Hoffnungen schmeicheln zu dürfen.

Die Teuerung von 1816, die man in diesem Lande der Regierung schuld gab, und die Unzufriedenheit, welche sie verursachte, mochte nicht wenig dazu beitragen, die Karbonaria auszubreiten.

Gar bald gab es Vendite in Tolentino, Camerino, Loreto. Die Karbonari von Loreto stifteten eine Vendita zu Monte-lupone. Jenseits der Apenninen machte man geringere Fortschritte; wenigstens klagten die Oberhäupter zu Foligno, daß sie wenig zuverlässige Anhänger fänden. Diesseits war man nicht immer ganz einig. Papis mußte erleben, daß sich die Vendita zu Fermo der ankonitanischen und mithin seinem Großmeistertume niemals unterwerfen wollte. Überhaupt zeigte sich schon in der Hinsicht eine gewisse Eifersucht unter den Städten und Cesena führte mit vieler Sorgfalt aus, weshalb es die Ehre verdiene, eine Vendita Madre zu haben. Allein im ganzen nahm der Bund außerordentlich zu; die Vendite fielen mit den guelfischen Räten zusammen; man machte keinen Unterschied mehr; trotz einzelner Zwistigkeiten hielt man die beste Freundschaft. Vendite madri und Vendite figlie mehrten sich täglich.

Was man nun aber in denselben getrieben hat?

Die seltsamen Zeremonien mit so mannigfaltiger Bedeutung, ihre Würden und Grade, ihre Korrespondenz und Einrichtung gaben ihnen schon an und für sich Beschäftigung. Bei Gelagen und Zusammenkünften aber erwärmte man sich mit heftigen Liedern und Reden. „Bald werde der große Schlag ergehen; man möge sich mit Waffen versehen, selbst mit vergifteten; man müsse wie Brutus die Tyrannen entthronen, den

Purpur des päpstlichen Mantels in Blut verwandeln. Endlich," sang man, „werde das erwachende Italien den Stahl zücken, den es vorbereitet; schon gehe das blutrote Gestirn auf." Ihr Toast war: „Tod oder Unabhängigkeit."

Und ob nun mit dieser gewaltsamen Aufregung eigentliche und festgesetzte Pläne verbunden waren? — Dann und wann hören wir davon. Aber auch Vorschläge, die ein so wenig entschlossener Großmeister wie Gallo, in Macerata machte, wurden von den Mitgliedern verworfen; und wenn man ja dort etwas für tunlich gehalten, so erklärte man es in Bologna für unausführbar.

Papis drückte sich nur sehr gemäßigt aus. Bei einer Zusammenkunft auf einem Landhause unfern Monte Granaro ermunterte er nur im allgemeinen zur Tätigkeit, zu weiterer Ausbreitung der Gesellschaft. Er erlaubte sich wohl, an Gallo eine gewisse Nachlässigkeit zu tadeln, doch fügte er hinzu: nur in seiner Eigenschaft als Oberer gestatte er sich dies. Seine Briefe haben den Meisterton eines wirklichen Vorgesetzten, so etwas von herablassender Ermahnung, was gar seltsam berührt. Dieser geheime Staat ist zugleich eine Nachahmung und unbewußte Parodie des öffentlichen, sein Gegensatz und sein Produkt.

Größere Kraft und Energie darf man ihm wohl auch nicht zuschreiben. Die Karbonari erwarteten einen Anlaß aus der Fremde. Bald war es eine allgemeine Erhebung der Revolutionäre von Lissabon bis Petersburg, von Petersburg bis Neapel; — sie hatten so wenig Kenntnis von den wahren Verhältnissen der Welt, daß Papis selbst im Jahre 1817 „als eine sichere Nachricht" meldete, in London sei volle Revolution ausgebrochen, königliche Familie und Parlament seien massakriert worden, — bald hoffte man auf eine Entzweiung der großen Mächte, selbst einen Krieg zwischen Österreich und der Türkei, vor allem aber auf eine Herstellung der Revolution in Frankreich: „wenn der Hahn kräht, wenn die Adler steigen, dann wird Italien auferstehen." Für das Innere erwartete man die Gelegenheit einer Sedisvakanz.

Unternehmung von Macerata.

Eine so weit verbreitete Verbindung kann indes der Natur der Sache nach nicht lange bestehen, ohne Zeichen ihres Daseins von sich zu geben. Das vulkanische Feuer kann unmöglich unter dem ganzen Boden hin tätig sein, ohne hier oder da zum Ausbruch zu kommen.

Es wird wohl gesagt, daß solche Gesellschaften der Leitung unbekannter Oberen hingegeben, von ihnen nach Belieben regiert werden. Hier kam die Bewegung von einer anderen Seite.

Wie sollte eine geheime, im Gegensatz wider die Regierung begriffene, zu gewaltsamen Unternehmungen aufgelegte Verbindung bestehen können, ohne die verderbten Stoffe der bürgerlichen Gesellschaft an sich zu ziehen, Elemente, die sie selber verdammt, aber nicht von sich abhalten kann.

Unter den Karbonari unterschied man gar bald die Guten und die Bösen. Die Bösen waren die, welche auf Kosten der übrigen lebten und selbst Mordanfälle unter dem Schein, als geschehe es im Namen der Gesellschaft, ausübten. Oft war die Rede davon, sie auszuschließen, doch geschah es niemals; vielmehr machten gerade sie sich geltend.

Da war der Maestro Terribile der Vendita zu Macerata, Carletti, der schon um der schnödesten Verbrechen willen vor Gericht gestanden. Dennoch erwarb er sich das Vertrauen Gallos und erschien als dessen erklärtes Organ. Während er sich auf der einen Seite dieses Namens, der in jenen Gegenden nicht wenig gegolten zu haben scheint, zu seinen Zwecken bediente, mißhandelte er auf der anderen den Grafen und zwang ihm durch Drohungen Geld ab. Gallo hatte sich nämlich so weit herausgelassen, daß er sich plötzlich in der Gewalt dieses Menschen befand.

In Ankona war ein Fechtmeister Riva, ein Mensch, der, als man ihm irgendwo die Erlaubnis zu seinen Fechtstunden zu versagen Miene gemacht, geradezu gedroht hatte, ins Gebirge zu gehen und als Räuber zu leben.

Bald hatten sich diese beiden gefunden und vereinigt. Immer in Tätigkeit, immer unterwegs, machten sie an jedem Ort die Verbindungen geltend, die sie an den anderen hätten. Prahlerisch übertrieben sie die Kräfte, die ihnen zu Gebote ständen. Riva meinte, mit zwölf Mann wolle er sich der Festung Ankona bemächtigen; Carletti lachte der päpstlichen Truppen.

Ihr nächster Plan war, sich an dem Johannisabend, 24. Juni 1817, der Stadt Macerata zu bemächtigen; Feuersignale, von dem Glockenturme gegeben, sollten die Nachricht nach den benachbarten Orten tragen; den nächsten Tag wollte man über Ankona herfallen; für hohen Sold würde man gar bald Truppen finden; das ganze Land sollte in Aufstand gebracht und von diesem Punkte aus die große Weltveränderung ins Werk gesetzt werden.

Zwar drangen sie mit ihrem Entwurfe bei ihren Oberen nicht durch. Papis zerriß das Papier, auf welchem Riva seinen Plan niedergeschrieben hatte; selbst Gallo erklärte, es sei jetzt keine Zeit dazu; der guelfische Rat zu Bologna versagte seine Mitwirkung. Sie fürchteten die Ausschweifungen, die diese so rohen Anführer veranlassen würden.

Allein Carletti, der nichts zu verlieren und alles zu gewinnen hatte, ließ sich nicht zähmen. Der Widerspruch setzte ihn nur in größere Wut. Er hatte eine Anzahl Bauern, obwohl sie nicht Karbonari waren, durch die Aussicht auf gute Beute gewonnen; ein Sergente Maggiore war mit fünfzehn Skudi bestochen, ihnen ein Tor zu öffnen, dann sollten sie sich mit den Verbündeten im Innern der Stadt vereinigen.

Eine Kombination, die nur im glücklichsten Falle

gelingen konnte. Aber wie sich denken ließ, keineswegs erschienen alle, die es versprochen, weder draußen noch innerhalb; Graf Gallo, den man zum Konsul machen wollte, hielt sich zu Bette. Gleich der erste Schuß, der das Zeichen geben sollte, ein Vetturin gab ihn auf eine Schildwacht, fehlte. Die Karabinieri rückten heraus und zersprengten die Versammelten.

Eine erbärmliche Unternehmung, die aber natürlich großes Aufsehen machte. Freilich wäre es auch möglich gewesen, daß sie besser entworfen und vorbereitet, mit größerer Übereinstimmung und Klugheit ausgeführt worden wäre. Dann hätte sie bei dem Zustand dieses Landes eine große Verwirrung hervorbringen können. Jetzt war ihr einziger Erfolg, daß der Staat auf seine Gefahr aufmerksam wurde. Die Häupter, denen man damals auf die Spur kam, wurden eingezogen; sie sind hernach zu immerwährendem Gefängnis verurteilt worden.

Indes zerstörte man damit die Gesellschaften lange nicht. Im Jahre 1819 trat ein Ereignis ein, das ihr fortwährendes Bestehen und nicht minder ausgebreitete Anschläge verriet.

Illuminati.

Ein geringfügiges Ereignis, doch gehört es in diesen Kreis und zeigt eine so eigene Mischung des Charakters, daß ich es wohl erzählen kann.

Ein Offizier der alten italienischen Armee, Illuminati, ward zu Rom eingezogen. Wie er dort an der Piazza Colonna ein paar Briefe auf die Post gab, hatte man ihm eine gewisse Unruhe anzumerken geglaubt, die Briefe gesucht und sie verdächtig gefunden. So rätselhaft sie lauteten, so erkannte man doch, daß es Berichte eines Emissärs an die Brüder einer Loge waren, in denen er ihnen seine Beobachtungen mitteilte.

Der Eingezogene leugnete nicht lange, daß er diese Briefe geschrieben; allein er weigerte sich, sie zu erklären. Indem er sich selber anklagte, daß er sich nicht sogleich erschossen habe, als er sich beobachtet gesehen, fügte er hinzu, doch solle man darum nichts von ihm erfahren; sein Entschluß sei bereits gefaßt; er werde zu sterben wissen.

In der Tat aß er von Stund an nicht wieder. Auch nahm er nicht zu trinken, zumal da er fürchtete, man gebe ihm etwas, das ihm den Kopf verwirre und ihn doch reden mache; er kleidete sich nicht mehr aus, er legte sich nicht mehr zu Bett.

Man begreift, daß gerade ein solches Betragen um so begieriger machte, seine Geheimnisse zu erfahren. Mußten sie nicht höchst wichtig sein, da ein Mensch sich selbst einem grausamen Tode weihte, um sie mit sich sterben zu lassen? Auch enthielten die Briefe, soweit man sie verstand, merkwürdige Andeutungen. „In Rom gebe es wenig Anhänger der Revolution, aber sie seien dafür desto entschiedener." „Der Herbst sei lachend, noch schöner werde es im Frühjahr werden." Welche Drohungen und Gefahren schloß dies ein!

Was man aber auch an Illuminati versuchen mochte, es war alles vergeblich. Er kehrte die Zunge um, wenn man ihm mit Gewalt nährende Stoffe einflößen wollte. Schon ward er so schwach, daß man seinen Tod in kurzem erwartete.

In diesem Moment lief eine Zuschrift an ihn ein. Illuminati, der, nachdem er seine Anstellung verloren, Weib und Kind in Ferrara verlassen, hatte darauf in Venedig mit einer anderen Frau gelebt. Von dieser Venezianerin war der Brief.

Der Governatore hielt es doch für der Mühe wert, ihn persönlich zu überbringen, um einen so rätselhaften Gefangenen selber noch einmal zu beobachten.

Illuminati, halb ohne Leben, saß auf seinem Stuhl am Bett; er nährte seine Seele mit dem Bewußtsein seiner Unbeugsamkeit; es dauerte eine Weile, ehe er den Governatore bemerkte; indem er dann seine Kräfte zusammennahm, um ihm die gewöhnliche Höflichkeit zu bezeugen, empfing er jenen Brief.

Wie sonderbar ist der Mensch zusammengesetzt! Dieser hartnäckige Italiener, ein Kriegsmann, in Verschwörungen verflochten, entschlossen zu sterben, ward von ein paar Zeilen besiegt. In dem Zustande der äußersten Schwäche, in den ihn seine Enthaltung versetzt, hatte er kein Mittel übrigbehalten, um dem Eindruck derselben zu widerstehen. Ein Gefühl, das in ihm schlummern mochte, als er auf das Leben verzichtete, erwachte plötzlich wieder und nahm ihn völlig ein; von seiner Leidenschaft in der Liebe ward seine politische Leidenschaft überwunden. Er brach in einen Strom von Tränen aus. Um wenigstens antworten zu können, überließ er sich einem Arzt. Endlich brachte er es so weit; dann war auch die natürliche Liebe zum Leben wieder aufgewacht und er fing sogar an, einige Erklärungen zu geben.

Nicht alles wird uns bekannt geworden sein, was er gesagt hat. Man glaubte anzunehmen, zwischen den Revolutionären von Mailand und Neapel walte das engste Verhältnis ob; Guelfen und Karbonari seien völlig vereinigt; in Mailand befinde sich das leitende Komitee, es bestehe aus fünf Personen; es habe Verbindungen bis nach Rom. Man glaubte zu finden, daß die engsten Verhältnisse zwischen den Italienern und einigen Engländern unterhalten würden. Die Hoffnungen, die man hegte, gingen auf die nächste Zukunft. Italien, sagte Illuminati, bedürfe der Winde des Nordens; nicht allein das Frühjahr werde schön, auch der Winter werde heiter sein.

Nur allzuwohl trafen seine Prophezeiungen ein.

In dem Winter von 1820 ward der Herzog von Berry ermordet und brach die spanische Revolution aus; in dem Sommer kam es zur neapolitanischen: Ereignisse, die ganz Europa in eine neue Gärung versetzten und den Weltverhältnissen eine andere Gestalt gaben.

II. Gefahren während der neapolitanischen Revolution.

Vor allem bedrohten sie den Kirchenstaat.

Dieser schwache Staat, von feindlichen Elementen durchzogen, ohne wahrhafte innere Festigkeit, wie sollte er einer europäischen Bewegung widerstehen, die sich mit fortreißender Gewalt heranwälzte.

Benevent und Pontecorvo wurden gleich im Juli 1820 von ihr ergriffen. Eine Erklärung erschien, in der es hieß, „es sei der Wille des beneventinischen Volkes, frei und vereinigt mit Neapel zu leben und zu sterben." In Pontecorvo pflanzte man einen Freiheitsbaum.

Von dieser neapolitanischen Enklave drang dann die Bewegung bald in die eigentlich römischen Provinzen vor. Im Gebiet von Frosinone trat gleichsam die ganze Bevölkerung zu den Karbonari.

Wie sehr aber mußten diese Revolutionen die noch übrigen Anhänger jener Gesellschaft in Bewegung setzen, welche schon so lange auf einen Antrieb von außen gewartet hatten. Noch immer erfüllten sie die Legationen, vornehmlich Romagna. Noch immer ward von Halbjahr zu Halbjahr das Erkennungswort ausgeteilt, Versammlungen wurden gehalten und tausend Entwürfe gemacht. Es bestand eine entschieden republikanisch gesinnte Gesellschaft, die sich Mericani, Americani nannte. Vielleicht hatten sie sich aus jenen Brüder=Nachfolgern entwickelt. Sie hatten ihre Ver=

sammlung in den Gehölzen; da sangen sie ihr romagnuolisches Lied: „Wir sind alle Soldaten für die Freiheit." Mit welchem Jubel begrüßten sie Lord Byron, wenn er einmal bei ihnen vorüberritt. Der Dichter war von jenen magischen Worten, Italien und Rom und Freiheit, die noch eine große Zukunft hatten, hingerissen; Poesie und Politik durchdrang sich in ihm; nicht zufrieden mit politischer Poesie, warf er sich in eine poetische Politik, deren Opfer er später geworden ist. Damals gab er den Karbonari Geld und verschaffte ihnen Waffen. Oft fand man Anschläge an den Palästen: Tod den Priestern, nieder mit dem Adel, es lebe die Republik; auch in den Theatern gelangte diese Gesinnung zum Ausdruck. Den Karbonari stellten sich Verteidiger der Kirche und des Staates, wie sie einmal waren, die Sanfedisten gegenüber, und zuweilen rüsteten sich beide Parteien gegeneinander.

Diesmal drang die Bewegung selbst nach Rom vor. Auch in Rom verkaufte man Ringe mit Totenköpfen und anderen Sinnbildern der Karbonari; die abgedankten Soldaten des napoleonischen Heeres erschienen in Scharen. Man fand die trotzigsten Anschläge voll aufrührerischen Inhaltes. „Wie lange," lautete einer, der mit den rätselhaften Buchstaben der Karbonari anfing und an der Stelle der Unterschrift ihr Zeichen hatte, „wie lange wollt ihr Römer eure feigherzige Geduld fortsetzen? Das Beispiel eurer Nachbarn, der braven Neapolitaner, wird es euch nicht aufwecken? Wollt ihr noch länger zögern, den Kardinal=Tyrann zur Rechenschaft zu ziehen über den Mißbrauch seiner Gewalt, seine Verruchtheit und seine heuchlerischen Ausreden? Erhebt euch! Erobert eure Rechte wieder! Christus wird euch beistehen!"

Da ist nur merkwürdig, welch eigene Gestalt die Sache in dem römischen Gebiete annahm.

Wenn irgendwo, so ist in diesen Gegenden die spanische Konstitution gefährlich. Gerade das, was sie unausführbar macht, gibt ihr ihren Reiz. So rein ist sie auf das Prinzip der Nationalsouveränität gegründet; so ganz legt sie alle Gewalt in die Hände der Repräsentanten des Volkes. Recht verführerisch aber für katholisch=gläubige Bevölkerungen wird sie erst dadurch, daß sie die Ausübung jeder anderen Religion, außer „der einzig wahren römisch=katholisch=apostolischen" verbietet, daß sie nicht allein die Wahlen mit geistlichen Zeremonien umgibt und unter den Augen des Pfarrers vornehmen läßt, sondern auch die Wahl der Weltgeistlichen zu Deputierten ausdrücklich billigt. Für den niederen Klerus, der wiederum auf das Volk wirkt, hat dies viel Anziehendes.

Mit ungemeinem Enthusiasmus ward die spanische Konstitution darum bewillkommnet; es fanden sich in Rom alte Exemplare auf dem Lager, welche reißend verbreitet wurden. Die Erläuterungen, mit denen die Konstitution begleitet ist, erlangten einen ungeteilten Beifall.

Wie sehr auch immer die Natur des Kirchenstaates und der päpstlichen Gewalt eine solche Konstitution auszuschließen schien, so dachte man doch auch hier geradezu auf eine Einführung derselben.

„In Erwägung," heißt es in einer erdichteten Proklamation, welche die Freunde der Neuerung auf einen Tag sämtlichen Delegaten in die Hände zu bringen wußten, „in Erwägung, daß das Recht eine freie Konstitution zu fordern, von dem Wiener Kongreß anerkannt worden, daß das Volk von Rom die Konstitution von Spanien fordert, daß es die Tyrannei eines Consalvi nicht länger ertragen kann — hier folgt eine lange Aufzählung aller Beschwerden, die man gegen den Kardinal vorbrachte, nicht ohne die Bemerkung, daß er die kirchlichen Interessen des Heiligen Stuhles als ein Verräter aufopfere — endlich in Erwägung, daß, wenn man den gerechten Forderungen des Volkes Widerstand leisten sollte, den 9. August um die 22. Stunde das Geschrei Amazza, Amazza erschallen und ein allgemeines Gemetzel erfolgen würde, aus allen diesen Gründen hat sich der Heilige Vater entschlossen, den Feind des Volkes der Rache desselben zu überlassen und die göttliche spanische Konstitution anzunehmen, worin ihn der ehrwürdige Körper der Kardinäle unterstützen wird. Er wird die Abgaben vermindern, er wird künftig nach dieser Konstitution, dem Evangelium und dem Konzil von Trient regieren; in San Lorenzo in Damaso wird er sich hiezu verpflichten und vor allem die braven Bolognesen belohnen, die ihn hiezu besonders veranlaßt haben."

So seltsam werden hier geistliche und weltliche In=

teressen, die spanische Konstitution und die kirchlichen
Gesetze, ineinander gemischt! Aber eben dies ist das
Unterscheidende dieser Entwürfe.

In der Tat glaubte man, daß die konstitutionelle
Richtung sogar in die Kardinäle eingedrungen sei. In
jenem Pamphlet gegen Consalvi, das nach der Ent=
weichung des Gobernatore erschien, hieß es wörtlich:
„der weise und patriotische Kardinal Pacca hat die
tiefe Überzeugung, daß in unserm Jahrhundert nur
eine liberale Konstitution zu retten vermag. Andere
würdige Mitglieder des Heiligen Stuhles denken wie
er. Schließt euch an sie an! Von ihren Händen werdet
ihr eine Kardinalkonstitution (constituzione cardina-
lizia) empfangen."

Und wäre es ein Wunder, wenn einige ehrgeizige
Kardinäle, eingedenk der alten Bedeutung ihres Stan=
des, durch die Vernachlässigung, die ihnen der Staats=
sekretär widerfahren ließ, aufgebracht und fortgerissen
von dem Strome der Meinung, hierauf wenigstens im
stillen eingegangen wären? Sie dachten wohl, sich zu
einem italienischen Senat auszubilden; sie schmeichel=
ten sich, das Unterhaus, das man ihnen zur Seite setzen
würde, durch ihr Ansehen im Zaum zu halten. Gewiß,
nichts hätte wirksamer werden können, als wenn sich
die römische Kurie an die Spitze der italienischen Be=
wegung gestellt hätte.

Hier trat dann die seltsamste Annäherung ein.

Consalvi hatte, wie wir sahen, beiden Parteien nach=
gegeben. Wäre es ihm besser gelungen, hätte er einen

Staat hergestellt, der an innerem Bestand dem alten zu vergleichen gewesen wäre, so würde er auch ohne Begünstigung der einen oder der anderen keine zu fürchten gehabt haben. Allein da es nicht ging, da es mit dieser Art von Staat, wie jedermann einsah, nicht fortwollte, so erhoben sich beide wider ihn. Unzufrieden mit dem, was ihr gewährt worden, sah eine jede die Ursache des öffentlichen Unglücks nur in dem, was ihr versagt geblieben. Von beiden Seiten erhoben sie sich wider Consalvi.

Wer hätte es glauben sollen? In dem Moment, den wir betrachten, war es nahe daran, daß sich beide vereinigten. In einem Senat aus Geistlichen hätte man das eine, in einem demokratischen Unterhause das andere Element repräsentiert. Es ist wahr, eine Bewegung in rein liberalem Sinne mochte in Rom nicht zu erwarten sein. Eine zugleich liberale und klerikale dagegen wäre so unmöglich nicht gewesen; der Einfluß der Kurie und die Neigungen der Mittelklasse hätten sich dann vereinigt. Zwar würde es auf keinen Fall lange gedauert haben; zum ersten Anstoß hätte es füglich dienen können.

Es bedurfte nur eines Zunders für diese brennbaren Stoffe.

Und hätte man sich so sehr verwundern dürfen, wenn sich die Neapolitaner bemüht hätten, eine Bewegung im Kirchenstaate hervorzubringen? Man konnte nicht in Zweifel sein, wozu die österreichische Macht in der Lombardei sich rüstete, und kein Mensch konnte sich einbilden, daß der Papst den Durchmarsch derselben verhindern werde. Auch hatte der neapolitanische General Pepe eine förmliche Petition, unterzeichnet von einundsiebzig ausgewanderten Römern, in Empfang genommen, in der er geradezu um eine Invasion ersucht ward.

Es kam alles darauf an, die Berührung zwischen Rom und Neapel zu verhindern, von welcher Seite sie auch gesucht werden mochte. Sehr wohl faßte das Consalvi.

Der Forderung der Neapolitaner, Rom solle sich einem Durchmarsch der Österreicher widersetzen, wo nicht, so werde man auch von neapolitanischer Seite die Grenzen überschreiten, setzte Consalvi eine sehr geschickte Antwort entgegen. Er sagte, noch sei kein Antrag in jener Beziehung an ihn gelangt. Damit leugnete er nicht, daß ein solcher geschehen könne; er versprach auch nicht, denselben zurückzuweisen; er band sich die Hände für die Zukunft nicht. „Übrigens aber," fügte er hinzu, „sei die Unverletzlichkeit der päpstlichen Staaten von allen großen Mächten anerkannt; ohne Zweifel werde jede Regierung sie respektieren." Auch damit sagte er nichts wider Österreich — es war weit entfernt, den Durchmarsch erzwingen zu wollen — aber gegen diejenigen hatte die Unverletzlichkeit Bedeutung, welche ohne die Bewilligung des Papstes einzurücken drohten. Auf das klügste abgewogen, wie wir sehen, war diese Antwort, und in der Tat hatte sie ihre Wirkung. Die Neapolitaner, an sich nicht kriegerisch gesinnt, dachten fürs erste an keinen Angriff.

Nur war es nötig, auch jeden Ausbruch einer inneren Bewegung zu vermeiden.

Es lag eine gewisse Gefahr darin, daß eines Tages die Tuchfabriken, weil man ihnen ein Recht, auf das sie angetragen, versagt hatte, ihre sämtlichen Arbeiter auf einmal zu entlassen Miene machten. Dieser Arbeiter waren mehrere tausend an der Zahl. Mit ihrem Anhang, ihren Frauen und Kindern hätten sie wohl einen Kern für eine Bewegung bilden können, und es gab Leute, welche Feuerzeichen, die man jede Nacht von der neapolitanischen Grenze her bis zu den albanischen Höhen von Berg zu Berg bemerkte, damit in Verbindung setzten. Consalvi versäumte nichts, bis er Herren und Arbeiter beruhigt hatte. Er wandte, wie man sagt, selbst eine bedeutende Summe daran. Alle seine Maßregeln waren wohl berechnet. Er hatte die Waffen der Bürgergarden anfangs nach dem Kastell S. Angelo abführen lassen. Auf ihre Bitten stellte er sie nunmehr unter die Obhut der sichersten Einwohner. Sie schwuren ihm dafür, die Stadt gegen jeden Angriff zu verteidigen.

Noch einmal zeigte Consalvi hiebei sein Talent in glänzendem Lichte. Ihn vor allen, den beide Parteien haßten, bedrohte ein gräßliches Schicksal. Doch er verlor darüber niemals Ruhe und Geistesgegenwart. Er ließ sich die Dinge nicht persönlich anfechten; besonnen ermaß er sie. Er zeigte eine überlegene, feste

Klugheit und gerade die rechte Vereinigung von Güte und Strenge.

Hiebei kam ihm die Fassung des Papstes, der schon ganz andere Gefahren erlebt hatte, sehr zu Hilfe. Als eines Abends im Februar 1821 über die Nachricht, die Neapolitaner seien in vollem Marsch auf Velletri, ganz Rom in Verwirrung geriet — Fiakerpferde wurden requiriert, Kanonen aufgefahren; die Bürgergarde zog auf, die Truppen machten sich fertig, nach Civitavecchia abzugehen — blieb der Papst fast allein gelassen. Man redete ihm zu, mit den Truppen aufzubrechen. „Höre, Frosini," sagte er zu seinem Maggiordomo, „wenn du Furcht hast, so kannst du abreisen; ich lege mich zu Bette." Den anderen Tag wies sich auch alles als ein falscher Schrecken aus.

Indessen wissen wir doch, daß gerade damals eine gewisse Gefahr drohte. Mitten in dem Karneval, während man nur Tanz, Theater und Maske zu kennen schien, hatten die Karbonari von Bologna und Romagna eine Bewegung vor. Sie hatten den Ausbruch einer Revolution auf den 10. oder 11. Februar festgesetzt. In der Tat zeigte sich, wahrscheinlich ausdrücklich bestimmt, dieselbe zu begünstigen, ein revolutionärer Haufe über dem Tronto. Er rückte in Ankarano ein und machte bekannt, man werde in dem römischen Staate vier patriotische Lager aufschlagen, zu Pesaro, Macerata, Spoleto und Frosinone; man werde eine provisorische Junta ernennen, die ihren Sitz anfangs zu Spoleto nehmen, aber sich alsdann nach Rom verfügen solle, um daselbst bis zur Zusammenberufung eines Nationalparlamentes zu regieren. Vielleicht war dies in der Tat der Plan der Karbonari beider Länder. Aber einmal war dieser Haufe doch sehr schwach; da er sich dabei vermaß, Kontributionen einzufordern, brachte er die Bevölkerung wider sich auf; die Besatzung von Askoli trieb ihn zurück.

Sodann, und dies ist die Hauptsache, schon am 5. überschritten die Österreicher den Po. Der Anblick ihrer Armee allein war hinreichend, jede Bewegung zu erdrücken. Eine Zeitlang hofften die Karbonari des Kirchenstaates noch auf den Widerstand der Neapolitaner. Aber diese täuschten alle Erwartungen. Auch Pontecorvo und Benevent kehrten ohne weiteres unter die päpstliche Herrschaft zurück.

Noch einmal hatte der Kardinal das Land in seiner Gewalt.

Nur täuschte er sich, wenn er sich überredete, es sei durch seine eigene Kraft dahingekommen. Wohl war ein eigentlicher Ausbruch der Bewegungen vermieden und ein Anfall der Neapolitaner, wenngleich ein schwacher, zurückgewiesen worden; aber die Hauptsache war durch Ereignisse geschehen, denen Consalvis Klugheit nur zu Hilfe gekommen. Von anderen Gewalten wurden die Weltschicksale bestimmt.

Zehntes Kapitel.
Letzte Zeiten Pius' VII. und Consalvis.

Wenn der Kirchenstaat wiederhergestellt worden war, so hatte man die Hoffnung gehegt, daß er in sich selbst stark genug sein werde, um sich zu behaupten und der kirchlichen Gewalt, welche durch den Widerstand gegen Napoleon eine allgemeine Teilnahme gewonnen hatte, eine unabhängige Repräsentation zu geben. Man hat sich wirklich damals mit dem Gedanken getragen, daß der Papst in den Zerwürfnissen der weltlichen Gewalt ohne Rücksicht auf die Konfession der allgemeine Mediator sei. Wir finden einen Brief von Niebuhr, einem der überzeugtesten Protestanten, die es je gegeben hat, in welchem diese Idee ausgesprochen wird. Der konfessionelle Gegensatz war noch nicht wieder ausgebrochen; Rom erschien selbst wieder als ein Mittelpunkt der Kultur, namentlich der künstlerischen. Aber um dieser Idee gerecht zu werden, mußte es von inneren Bewegungen frei, imstande sein, auch den Stürmen der wieder ausbrechenden Revolution zu widerstehen. Ganz das Gegenteil war aber erfolgt, von den restaurierten italienischen Staaten war der größte einer revolutionären Bewegung erlegen; nur durch österreichische Dazwischenkunft konnte er behauptet werden. Auch den anderen aber, namentlich dem Kirchenstaate selbst, schien ein ähnliches Schicksal bevorzustehen. Die großen kontinentalen Mächte, auf deren Zusammenwirken die neue Ordnung der Dinge beruhte, erblickten in der mangelhaften Verwaltung desselben die Ursachen des Verderbens und hielten für ratsam, dem weiteren Umsturz durch gute Ratschläge zuvorzukommen. Im Mai 1821 ließen sie den italienischen Höfen gemeinschaftliche Vorstellungen machen.

„Die Autorität," heißt es in einer derselben, „ist in den italienischen Staaten nur allzu häufig zugleich unterdrückend und schwach; unterdrückend im einzelnen, schwach im allgemeinen. Die Justiz ist langsam, zuweilen ungleich, willkürlich und selbst feil. Die Verwaltung hat oft weder Ordnung noch Prinzip; sie ist sowohl habsüchtig als verschwenderisch; sie versteht nicht, das Privateigentum heranzuziehen, wo es möglich und nötig wäre. Es fehlt an der notwendigen Sicherheit; die Erziehung wird vernachlässigt; die scheinbare Güte der Regierung ist Schwäche oder Apathie."

Schon in diesem Tadel liegt das Gegenteil, das man empfiehlt. Noch deutlicher wird dies ausgedrückt, wo von den Mitteln die Rede ist, durch welche man die Revolution zu vermeiden habe. „Diese Mittel," heißt es, „sind die Unterdrückung und Vernichtung der geheimen Gesellschaften; eine feste und väterliche Verwaltung, welche offenbar das Wohl der Untertanen bezweckt; allmähliche und wohlüberlegte Verbesserung, welche unmerklich und ohne Erschütterung heilsame und unentbehrliche Reformen herbeiführt; Strenge und Unparteilichkeit in der Anstellung der Beamten; endlich Institutionen, die, indem sie den Völkern Bürgschaften für ihre realen Interessen und ihre wahren Bedürfnisse geben, dabei die Prinzipien des monarchischen Systems nicht gefährden, welches heutzutage das letzte Bollwerk gegen die Anhänger der Revolutionen und der Anarchie bildet."

Und gewiß durften die Mächte, nachdem durch ihre Vermittlung die Ruhe wiederhergestellt und eine feindselige Faktion unterdrückt war, auch hoffen, daß ihr Rat Nachdruck haben und nicht ohne Wirkung bleiben werde.

Besonders hätte man von Consalvi vermuten sollen, nachdem er die Fehler der Verwaltung im Kirchenstaate so oft eingestanden und über die unübersteiglichen Hindernisse jeder Verbesserung so oft geklagt hatte, er werde die Vorstellungen, die man ihm machte, gut aufnehmen und sie vielleicht als eine Stütze ergreifen; allein wir erfahren, daß er sich sogar beleidigt glaubte. Er meinte die Unabhängigkeit seiner Regierung bedroht zu sehen. Dies Gefühl war stärker als jedes andere. Jeder gemeinschaftlichen Maßregel, die etwa für Italien in Vorschlag kam, entzog er sich. Es war ihm unerträglich, zu denken, daß der Heilige Vater auf irgendeine Weise auf gleicher Stufe mit Toskana oder Modena erscheinen sollte; auf nichts ging er ein.

Die einzige Wirkung so wohlgemeinter Vorstellungen war eine stärkere Irritation.

Schon bemerkten einige, was daraus erfolgen müsse. „Ihr habt," sagte Niebuhr zu einem römischen Staatsmann, „die Einmischung zurückgewiesen, die euch mit Zartheit und großer Rücksicht angeboten ward. Denkt an mich! Es wird eine Zeit kommen, wo ihr euch derselben unter ganz anderen Formen zu unterwerfen habt."

Offenbar war der Kirchenstaat aus der Gefahr errettet, die ihn zu vernichten drohte; und Consalvi konnte es sich nicht verbergen. Aber kaum gerettet, lehnte er sich — wer hätte es glauben sollen — wider seine Retter auf. In ihm lebte der Ehrgeiz der Unabhängigkeit und der Autorität des Papsttums; auch von einem unfehlbar wohltätigen Einfluß der Mächte, der ihm selbst erwünscht sein mußte, wollte er nichts wissen.

Ja, im Gegenteil. So wie Consalvi nicht zu den Beschlüssen von Laibach hatte beistimmen, so wie er nie seine Hilfsbedürftigkeit hatte gestehen wollen, so trug er Bedenken mit dem Prinzip, das ihm eben den Untergang gedroht hatte, zu brechen.

Selbst wider die Anhänger der Revolution in dem eigenen Staate griff er nur ungern zu kräftigen Maßregeln. Die Strafen, die er verhängte, fand man nicht eben schwer. In Benevent unterzeichneten die Oberhäupter der Rebellen selber die Unterwerfungsakte; man begnügte sich, die Verbannung der Schuldigsten auszusprechen. Da diese während der Revolution Geld genug erworben hatten, mit dem sie sich nun entfernten, so war das so gut wie eine Begnadigung. In der Romagna strafte man anfangs fast niemand. Es waren eine Menge Ermordungen vorgefallen; man kannte die Namen der Schuldigen; doch beunruhigte man sie nicht. Priester, welche gegen den Aufruhr predigten, bekamen noch immer anonyme Warnungen, die ihnen den Tod drohten. Die Anhänger der Regierung wagten noch immer nicht, nach Sonnenuntergang auszugehen. In Faenza hielten die Vendite ihre Sitzungen nach wie vor, und kein Mitglied bemühte sich sehr, seine Teilnahme zu verbergen.

Gewiß ein unglücklicher Zustand; aber durfte man in der Milde Consalvis wirklich einen Fehler sehen?

Es scheint doch, als habe er Ursache gehabt, zu verfahren, wie er verfuhr.

Er entschloß sich endlich, jene Rebellen der Romagna, die so viele Mordtaten verübt hatten, einziehen zu lassen. Aber der Kardinal, der diese Maßregel ausführen sollte, geriet unter den Einfluß der entgegengesetzten Faktion, welche die Strenge übertrieb. Auf das empörendste wurden die Verhaftungen vorgenommen. Sie begriffen über 150 Individuen, von denen einige keine andere Schuld hatten, als ihren Reichtum.

Hieraus erfolgte, wie natürlich, daß man innehielt; daß man kein Gericht niedersetzte, daß man keine Strafe vollzog.

Das Übel lag darin, daß Consalvi der Regierung nicht völlig mächtig war, daß ihm die Faktionen zu stark geworden, daß er sie nicht mehr beherrschen konnte. Wie wären da durchgreifende Verbesserungen möglich gewesen. Im September 1821 war ein neuer Finanzplan im Werke, der die droits réunis in dem ganzen Lande einführen sollte und freilich wohl die Auflagen erhöht haben würde. Pacca, Somaglia und die ganze Kongregation erklärten sich dawider. Als Consalvi dennoch den Entwurf dem Papste vorlegte, nahm dieser die Papiere, legte sie auf den Tisch und sagte: „Das ist eine Sache, von der wir weiter nicht reden wollen." Man hatte ihn zuvor dawider eingenommen.

Auf die Vorschläge der Höfe konnte er auch eben dieser Opposition halber nicht eingehen. „Ich bedaure den Kardinal," sagte einer seiner vertrauten Freunde, „wenn er den Wunsch der Höfe erfüllen will, so wird die ganze Welt gegen ihn sein und er wird doch nichts ausrichten. Der Widerstand der Ignoranten gegen jede Reform ist unüberwindlich. Tut er es aber nicht, so verliert er die einzige Stütze, die ihn aufrecht erhält."

Und so paralysierte der Gegensatz der Parteien in dem Lande selbst jede nachhaltige politische Tätigkeit.

Wie auffallend, daß es in geistlichen Dingen ziemlich ebenso ging.

Nicht so nahe als die neapolitanische, aber nicht minder empfindlich berührte die Bewegung von Spanien und Portugal den römischen Hof.

Wiewohl die spanische Konstitution eine geistliche und katholische Farbe hatte, so nahmen doch die Beratungen der Cortes gar bald eine Richtung wider die bisherige Verfassung der Kirche.

Der erste Beschluß, bei welchem König Ferdinand VII. Zwang erfuhr, betraf die Ordensgeistlichkeit, welche man ihrer Güter beraubte. Ein Bischof, Castrillo, hat denselben empfohlen. Die Klöster mit ihren Anhäufungen von Eigentum, sagte er, seien an dem Verfall Spaniens hauptsächlich schuld, und die Nation habe das Recht, solche nach Belieben bestehen zu lassen oder zu unterdrücken. In größtem Umfang wurden die Beschlüsse durchgesetzt. Alle Reklamationen waren vergebens. Als der König seine Sanktion verweigerte, organisierten, wie Martignac versichert, die Minister selbst einen Aufstand, in welchem sie ihm dieselbe entrissen.

Wie hätte man bei der leidenschaftlichen Heftigkeit, mit der man diese Dinge trieb, das Verhältnis schonen sollen, in welchem man zu Rom stand? Die Cortes berechneten, wie große Geldsendungen Spanien jährlich an die Kurie abgehen lasse. Sie befahlen, dieselben einzustellen. Von der Summe, die sie angenommen, boten sie nur ungefähr den dreißigsten Teil dem römischen Stuhl an. Ein ungemeiner Verlust für diesen, da die Dataria ihre besten Einkünfte aus Spanien zog und einige geistliche Tribunale auf diese gegründet waren. Der Prodatar war gar bald genötigt, sich an die Staatskasse zu halten.

Es ist doch merkwürdig, daß hiebei der Jansenismus, der schon unter Ferdinand VI. unterdrückt geschienen, dessen Name indes noch unter Karl IV. zu Anklagen gedient hatte, wieder erschien und sich tätig hervortat. Vornehmlich Jansenisten saßen in den Cortes. Der Präsident der Cortes erklärte einmal dem Nuntius geradezu, man werde den reinen Jansenismus einführen, ohne sich vor einem Schisma zu fürchten. Sonst pflegt man Gesandte zu schicken, die dem fremden Hofe angenehm sind. Die damaligen Minister von Spanien wählten den Kanonikus Villanueba, der den römischen Hof in eigenen Schriften angegriffen hatte und einen völligen Bruch hervorzubringen sehr geeignet war, zu ihrem Bevollmächtigten.

Wie in Spanien, so ging es in Portugal. Es wäre wohl der Untersuchung wert, inwiefern der Jansenismus, der in diesem Lande einheimisch geworden, als Alexander VII. so lange zögerte, das Haus Braganza anzuerkennen, an den neueren Bewegungen dieses Landes einen wesentlichen Anteil hat. In den damaligen Cortes wenigstens erschienen Jansenisten. Man behauptete in jener Zeit, daß Don Pedro eine jansenistische Partei unter den Weltgeistlichen für sich habe, während die entgegengesetzte seinen Bruder begünstige. In den konstitutionellen Streit mischte sich dort der Hader der geistlichen Meinungen. Damals schritt man zu vielen Neuerungen in Sachen des Klerus. Man hob die königliche Kapelle auf und brachte das Patriarchat auf den Rang eines Erzbis=

tums zurück. Man erteilte dem Geschäftsträger Pereira Instruktionen, die der Erklärung eines Schismas ziemlich gleichkamen.

Und so waren diese altrechtgläubigen Länder so gut wie andere mit der revolutionären zugleich in eine antirömische Richtung verwickelt worden. Sie blieben katholisch; ihre Gesetze behaupteten diese Farbe. Allein sie schlossen sich an die Oppositionspartei an, die in der katholischen Kirche selber besteht. Wie weit dies führen kann, hat man in der Französischen Revolution gesehen, an deren ersten Bewegungen wider die Geistlichkeit die Jansenisten so großen Anteil hatten. Sie mit zu veranlassen, waren sie stark genug; unfähig aber, ihr wieder Einhalt zu tun.

Wenn nun in diesen Vorgängen eine offenbare Gefährdung der römischen Interessen lag, so wird man begierig, zu erfahren, was der römische Hof tat, um ihr vorzubeugen.

Er legte eine große Mäßigung an den Tag. Daß man seinen Tribunalen die gewohnten Einkünfte entzog, hätte ihm wohl zu einem Anlaß dienen können, die Dispensationen zu verweigern. Doch hütete man sich in Rom, diesen Schritt zu tun. Den eifrigen Katholiken war der Nuntius in Spanien bei weitem zu gemäßigt. Trotz seiner Mäßigung wollten die Revolutionäre ihn doch nicht dulden und drangen ihm seine Pässe auf. Aber in Rom hielt man sich ruhig, nach wie vor. Als die Franzosen zu ihrer spanischen Unternehmung schritten, hätten sie gern ihre entschiedenen

Gegner zugleich durch geistliche Zensuren angegriffen gesehen; der römische Hof ließ sich dazu nicht überreden. Vielmehr versicherte er der Regierung von Spanien, von seiten Roms werde man die freundschaftlichen Verbindungen niemals abbrechen. Nichts fürchtete er so sehr, als die Erklärung eines Schismas. Selbst als Madrid eingenommen und eine Regentschaft daselbst eingerichtet war, hielt er nicht für gut, einen Nuntius an dieselbe abzusenden; er hätte noch immer ein Schisma in den von den Cortes beherrschten Provinzen zu befürchten geglaubt.

Mit einer so unglaublichen Behutsamkeit ging der römische Hof auch in geistlichen Sachen zu Werke. Der Grund ist, daß dem Wortführer der obersten geistlichen Gewalt die Gegner zu stark schienen, um sich mit ihnen zu messen. Mehr als einmal hat es Consalvi eingestanden. Er wagt nicht mehr zu reden, wie man früherhin sprach, er müßte fürchten, lächerlich zu werden; er wagt nicht mehr zu strafen, wie man früherhin strafte, er ist überzeugt und sagt es laut, es werde nicht mehr wirken.

Wohl war es noch Rom, es war noch das Papsttum; aber verschieden von jenem, welches eine selbständige Macht über die Welt ausübte; Gesetze gab, statt sie zu empfangen; den Mittelpunkt des Geistes, der wirklichen und geglaubten Religion unserer Völker ausmachte. Alle Nationen hatten sich damals vor ihm gebeugt, alle weltlichen Gewalten ihm freiwillig gehuldigt.

Wie sehr gebrach es dagegen jetzt an eigentümlicher Kraft und Haltung! Mehr als irgendetwas anderes zeugen hievon die Ereignisse dieser Revolutionen. Die Rettung des Staates verdankte der Papst den auswärtigen Mächten; die Herstellung des Glaubens ward durch die Dazwischenkunft derselben Mächte vollzogen. Allein in Rom trug man Bedenken, sich diesen völlig und geradezu anzuschließen. Sei es, daß man selbst an ihrer Seite die feindseligen Elemente fürchtete, oder daß man eine entschiedene, der Rache und gewaltsamen Leidenschaften zugängliche Partei durch Begünstigung aufzuwecken besorgt war, man enthielt sich so viel als möglich aller tätigen Teilnahme, zufrieden, sich von Augenblick zu Augenblick durchzubringen.

Noch einmal erlebte Pius VII. die Herstellung des allgemeinen Friedens, die Befestigung seines obersten kirchlichen Ansehens, aber diese Unruhen hatten seine Seele tief erschüttert. Wenn er sich jemals der Hoffnung hingegeben, daß die Revolutionen beendigt seien, daß die Religion, die er glaubte und lebte, durch die ihr innewohnende Kraft schon an sich den Sieg davontragen werde, wie sehr sah er sich getäuscht! Er erkannte die ganze Bedeutung der Ermordung des Herzogs von Berry. Er sah wohl, welch ein tiefer, unversöhnlicher, plötzlich in gewaltsamen Ausbrüchen sich entladender Haß die alte Ordnung der Dinge in Spanien verfolge. Wie weit sich derselbe verbreite, zeigten ihm gar bald die Revolutionen um ihn her, die ihn selber so nahe berührten, so hart bedrohten. Er be=

weinte die Zeiten, in die er zu fallen das Unglück gehabt. Er seufzte nach dem Tode.

Schon war er auch körperlich sehr schwach geworden; den Gram über alle diese Ereignisse sah man ihm an, und das gemeine Volk von Rom, das eine Veränderung an ihm wahrnahm, rief ihm oft zu, wenn er durch die Straßen fuhr, er möge doch seine Gesundheit schonen. Wenn man kam, um ihm die Hand zu küssen, so machte er nur noch eine Bewegung, als wolle er sich in seinem Lehnstuhle erheben, doch vermochte er es nicht mehr. Indes empfing er auch Männer von protestantischer Konfession, obwohl seine Regierung damals mit den Protestanten wegen eines Kirchhofs einige Streitigkeiten hatte, immer mit der gleichen Güte. Nur noch wie ein leiser Hauch, aber in ihrer ursprünglichen Reinheit und Tiefe, wohnte die Seele in diesem der Auflösung nahen Körper. Der geringste Zufall — ein Fehltritt beim Aufstehen vom Lehnstuhl — reichte hin, denselben zu zerstören.

Consalvi war zugegen, als Pius am 21. August 1823 verschied. Obwohl er eben selbst an einer alten Krankheit litt und das Fieber nur mit Mühe durch Chinchina dämpfte, sogar in den Schauern desselben, hat er die Dienste eines Krankenwärters verrichtet. Der Penitentiere sprach das gewohnte Gebet an dem Lager des Verstorbenen. Kaum war es geendigt, so warf sich Consalvi vor dem Bette nieder; unter lautem Schluchzen, mit heftiger Zärtlichkeit, umfaßte er die Füße seines Gebieters.

Freilich heißt leben: dasein, atmen, Sonne und Luft genießen. Wenn es aber allein Leben ist, seine Kräfte entwickeln, ihrer im Verhältnis zu der Welt in großen Tätigkeiten sich bewußt werden, Bedeutung haben, so verdankte Consalvi dies sein eigentliches Leben dem Papste, der ihm in unwandelbarer, freier Gewogenheit den Raum und die Möglichkeit dazu verliehen hatte. Mit dem Tode desselben war dies aus. Consalvi trat sofort von den Geschäften zurück; bereits im Januar 1824 starb auch er. In seinem Testamente hat er die ihm in diplomatischen Geschäften zugekommenen wertvollen Geschenke dazu bestimmt, zur Vollendung eines Monumentes für den Papst verkauft zu werden.

Überschaut man das Leben dieses Kardinals und dieses Papstes, das gleichsam ein einziges Ganzes bildet, so ist es von einer eminenten Bedeutung. Sie hatten mit den größten Gewalten zu ringen, welche in langen Jahrhunderten vorgekommen sind, einem alles überwältigenden Imperium und auf dem dann wieder geebneten Boden einer Revolution der Geister, welche eine neue Gestaltung der Welt in Aussicht stellte. In diesem Kampfe hatten sie sich mehr nachgebend und zugleich abwehrend verhalten, als eine volle und unbeugsame Tatkraft ihnen entgegengestellt. Sie haben nur einen Moment der Genugtuung erlebt, unmittelbar nach dem Falle Napoleons, als die geistlichen Ideen wieder zur Herrschaft gelangten und der Staat in seiner alten Integrität wiederhergestellt wurde. Sie haben die ihnen entgegenstehenden Weltkräfte nicht überwältigt noch bezwungen. Aber wie wenige sind deren in allen Epochen, denen dies gelungen ist. Glücklich, wer aus dem Kampfe, in den ihn die Dinge versetzten, aus dem Reize, mit dem sie ihn ansprechen, dem Widerspruch, den sie in ihm aufrufen, ohne Flecken, in ursprünglicher Reinheit hervorgeht.

Vielleicht erinnert sich auch noch mancher andere eines Basreliefs aus dem späteren Altertume, das in dem kapitolinischen Museum zu Rom aufbewahrt wird. Man sieht die Elemente und die Liebe: Prometheus bildet den Menschen. Um den eben Geschaffenen stehen die Götter des Geschicks; in den Sternen wird es ihm verzeichnet; die Parze spinnt ihm seine Tage; verhüllt steht die Nemesis bei ihm. Auf der anderen Seite sieht man ihn wieder sterben; die Seele geht an ihren Ort; von den Göttern erscheint nur Nemesis; sie sitzt neben dem Leichnam; nunmehr enthüllt, mit aufgeschlagenem Buche. So ist der Wandel des Menschen; in einer Umgebung, die ihn mit Notwendigkeit ergreift, auf einem Wege, den er nicht zu bestimmen vermag, in seiner gesetzten Zeit. Wie er war, wie er sich hielt, dies allein ist sein Verdienst. In den ewigen Büchern ist es verzeichnet; es bestimmt ihm das richtende Gedächtnis, das nach ihm bleibt.

Beilage.

Erinnerungen an römische Zustände im Jahre 1829.

Man sollte glauben, unter den Agonien, welche das Pontifikat Pius' VII. auch nach seiner Herstellung erfüllten, hätte sich der Gemüter eine allgemeine Unbehaglichkeit bemeistern und der Aufenthalt in Rom Fremden wie Einheimischen unbequem werden müssen.

Man möchte es voraussetzen, doch wird niemand sagen können, daß es der Fall gewesen sei. Die Stadt nahm an Einwohnern unaufhörlich zu, die Fremden wallfahrten in Scharen dahin.

Einrichtungen werden geändert; der Besitz wird gewechselt; hartnäckiger sind die Sitten und Lebensformen, in denen der Charakter sich ursprünglich ausgesprochen und die ihn nun wieder bestimmen und festhalten.

Eine Wohltat des Schicksals ist es, wenn jemand eine Vaterstadt hat, die ihn durch edle Sitten aufzieht, mit großen Erinnerungen nährt und zugleich seinem Leben einen angemessenen Schauplatz darbietet. Von verwandten Elementen umgeben, wächst er auf. Ohne viel Suchen, Entbehren und Schwanken umfangen ihn die natürlichsten Verhältnisse; er hat festen Boden unter seinen Füßen.

Nur in den großen städtischen Gemeinwesen des früheren Altertums und des Mittelalters konnte dies statthaben. Vorzüglich den niederen Volksklassen wäre ein ähnlicher Einfluß noch heutzutage zu gönnen. Sie bedürfen einer geistigen Atmosphäre, die sie unbewußt einatmen und aufnehmen; und es ließe sich denken, daß ihnen ihre Umgebung zu einer höheren Erziehung würde, die ihr Leben, das dem Gemeinen so nahe steht, mit geistigen Stoffen zu durchdringen, mit dem Anflug freier Humanität zu erheben vermöchte.

In einem so großen Sinne ist dies wohl nirgends der Fall, auch nicht in dem modernen Rom; jedoch die vielleicht beschränkende aber erfüllende Genüge der Heimat kann nicht leicht ein anderer Ort in vollerem Maße gewähren als Rom, die Hauptstadt der Altertümer, der Kunst, der katholischen Religion.

Durch tausend Anschauungen von der ersten Jugend auf wird eine Sinnesweise genährt, die durch keine Neuerung zu erschüttern ist.

Der Römer lebt sein religiöses Jahr. Die Religion hat äußerlich eine sehr heitere Seite; gern verknüpft sie sich mit Zusammenkunft und Belustigung des Volkes, und das religiöse Fest ist zugleich an und für sich ein weltliches. Ich habe sagen hören, es könne ein neuer Ovid neue Fasten über das katholische Rom schreiben. Für den Fremden, der sich einlebt, bietet es besonderes Interesse dar, den Wechsel der reichlichen Festlichkeiten zu beobachten.

Die neuen Fasten könnten mit den unscheinbarsten, naivsten Anfängen des Gottesdienstes beginnen, wie wenn im November die Hirten der Abruzzen, die Pifferari in der Stadt erscheinen, in den Häusern, auf den Straßen die Novena blasen und mit einfacher Melodie und ungeschmücktem Text die Geburt des Herrn verkündigen.

Dann folgt Weihnachten, die bedeutungsvolle Andacht der Christmesse mit den prächtigen Präsepien.

Das Fest der Kinder und der Geschenke ist ein wenig weiter auf Epiphanias hinaus verlegt. Ich weiß nicht, ob es noch ein anderes so schlagendes Beispiel gibt, wie aus dem Wort die Mythe wird, gleichsam eine philologische Fabel. Die Fee Befana, heißt es, und man mag sie wohl hie und da für die Tochter des Herodes ausgeben, schwarz und unschön, bringt die Geschenke auf den Herd in den Kamin.

Bald sind dann die Fasten gekommen. Für die Stationen eröffnen sich die entfernten Kirchen außerhalb der Mauern, zwischen den Weingärten; während der Kunstfreund geht, sich an dem Anblick der schönen Mosaiken in S. Lorenzo oder der alten Grabmäler in S. Balbina zu erbauen, wallfahrtet das Volk zu den Reliquien seiner Heiligen. Jedoch bleibt es diesmal nicht dabei stehen. Fasten ist die Zeit der Predigt; Städte und Kirchen wetteifern, die besten Prediger an sich zu ziehen. Nicht sowohl zu belehren sucht man dich dann, als zu rühren, zu erschüttern, hinzureißen. Diese Prediger gehen auf ihrer großen Kanzel umher, sie beugen sich über, sie treten weit nach hinten zurück; sie nehmen ihr Barett ab und setzen es wieder auf; sie küssen das Kreuz auf ihrer Brust und wenden sich an das große Kruzifix zu ihrer Seite; sie äußern eine heftige Bewegung und befleißigen sich eindringlicher Popularität. So suchen sie die Seele von irdischen Gedanken zu himmlischen gleichsam mit Gewalt fortzureißen und auf den Genuß des Abendmahles vorzubereiten, mit dem ein jeder sein Osterfest feiert.

Die Karwoche zu Rom genießt einen alten Ruhm. Zwar finden sich viele unserer Glaubensgenossen von diesen Zeremonien geärgert und sie mögen recht haben, insofern sie dieselben gleichsam wörtlich verstehen und darin einen gegenwärtigen Aberglauben erblicken. Es sind aber fast mehr Reliquien vergangener Zeit: christliche Altertümer in lebendiger Wiederholung.

Wie fremdartig erschallt am Palmsonntag, wenn die Tür für die Prozession eröffnet worden, jenes altjubelnde „Gloria, laus et honor" des Raimund von Angers zwischen den modernen Musiken! Es ist aus dem Jahrhundert, in welchem man die Zeremonie noch verstand, in welchem sie noch nicht ein äußerliches Abmachen war und zum Aberglauben wurde. Die sichtbare Kirche, welche zugleich die unsichtbare zu sein behauptet, feiert hier, als wäre sie schon die Versammlung der Seligen, den durch den Tod des Erlösers erworbenen Eintritt in den Himmel. Freilich tritt ein so kindlich einfacher Sinn vor den Umgebungen zurück; kaum kann er neben einem jüngsten Gerichte bestehen, wie es eben hier in aller Fülle der Formen bis an die Grenze des Ausdrucks hin Michelangelo abgebildet hat.

Ich weiß nicht, ist der Vortrag der Passion die Tage darauf mehr ein Verlesen oder ist es mehr Gesang. Es ist erst ein Anfang, die vortragende Stimme mit dem Sinne der Worte zu durchdringen; nur dann und wann tritt ein vollständiger Ausdruck hervor; doch fehlte er noch in den größeren Partien. Ungefähr wie es lange dauerte, ehe die altchristliche Malerei den Typus bis zu individuellem Ausdruck durcharbeitete; wie sie dies anfangs nur dann und wann, nur hie und da versuchte. Damit stimmt denn sehr wohl jene zugleich Darstellung, Nachahmung und Verehrung des Symbols, das Fußwaschen der Priester-Apostel (am Donnerstag) und ihr Mahl, das Grab der Hostie, vor dem die tausend Lampen brennen, und die dogmatischen Gesänge, unter denen sie hinaus- und hereingetragen wird. Schade, wer sich daran ärgert. Es ist alles ein halbverständliches Altertum. Jedoch berühren uns dann und wann jene Momente der Kunst, in denen sie, ewig dieselbige, in allen Jahrhunderten neu und faßlich ist. Die Lamentationen Palestrinas, mannigfaltig und streng, einfach und zusammengesetzt, atmen einen hohen Ernst, eine reine Würde. Nichts ist rührender als die Improperi dieses

Meisters. Wie weht in diesem Sanktus-Immortalis die unnahbare Heiligkeit der Gottheit! Ebendiese Gottheit macht dem Menschengeschlechte Vorwürfe über seinen Abfall. Sie haben den Ausdruck großherzigen Erbarmens, innige Wärme, hinreißende Wahrheit.

Auf die Tage der Trauer folgt dann das freudige Ostern.

Wie könnte man wohl die stabilen Schöpfungen der Architektur zu einem rasch vorübergehenden Genuß, zum Dienste einer Feierlichkeit des Augenblicks heranziehen? Es geschieht durch die Art von Erleuchtung, wie sie in Rom üblich ist. Unzählige Lampen erhellen die Linien der Peterskirche; gleichsam brennend sieht man den Riß der Fassade, wie ihn der Baumeister mit der Bleifeder entwarf, vor seinen Augen; die steinerne Pracht löst sich in ihre leichtesten Elemente auf, bis mit dem vollen Eintritt der Nacht mit einem Schlag an den bedeutendsten Punkten tausend Fackeln erscheinen und die Kuppel der Peterskirche in eine ungeheure Feuersäule verwandeln. In diesem ernsten Glanze feiert die Metropole der katholischen Christenheit die höchsten Feste.

Feuerwerke und Musik gehören zu allen Festlichkeiten. Die Tage so vieler Heiligen, jedes in seiner Kirche, werden mit denselben begangen.

Könnte man die, welche sich um die Menschheit wohl verdient gemacht hätten, besser verehren, als durch diese Hallen, zu ihrem Gedächtnis aufgerichtet, in

denen von Chören, die einander gegenüber, feiernde
Hymnen gesungen werden. Diese Bevölkerung betet;
aber sie hat ihr Vergnügen dabei. Des Abends bei
dem Feuerwerk gibt es Musik; selbst weltlich, bei=
nahe militärisch, und man applaudiert; die Leucht=
kugeln, die zu Ehren des Heiligen fliegen, erglänzen
sonderbar in den runden Scheiben der altväterischen
Fassade. So sah schon in Ägypten dieser Obelisk bei
der Minerva Feuerwerke und munteres Volk um sich
her.

Noch ein Hauptelement der Feste ist die Prozession.
Corpus Domini wird acht Tage lang durch Prozessio=
nen begangen. Bei Sankt Peter erscheint das ganze
Heer der Geistlichen; — alle Basiliken der Stadt mit
ihren Abzeichen und Angehörigen, die Priesterschaften
mit ihren Fahnen nud Kreuzen. Wir bemerken die
ausgebildeten, von scharfen Zügen durchfurchten Ge=
sichter der Weltpriester; neben ihnen Mönche, als ge=
hörten sie der Stiftungszeit ihres Ordens an, eine so
gläubige Einfalt ist auf ihre Stirn geschrieben, so
deutlich tragen sie das Glück eines beschränkten Da=
seins vor sich her; andere, voll verstellter Devotion,
mit gemessenem Schritte; viele nichssagend; nicht
wenige nur wohlgenährt. Auch der Papst fehlt nicht.
In seltsamer Haltung wird er hoch einhergetragen.
Mitren und Kronen gehen vor ihm her. Aber das geist=
liche Heer schließt das weltliche nicht aus, und der
Gesang der Kapelle wird von militärischer Musik
unterbrochen. Man mag sich anstellen, wie man will,

so wird man immer zu erkennen geben, wie man steht, was man ist.

Übrigens ist dies eine Religion der Nacht. Alle ihre Feste werden mit Fackeln, Lampen, Laternen und Leuchten begangen. Auch der Papst trägt wohl zu Fuß seine Fackel hinter dem Hochwürdigen her. Man sieht diese Fackelzüge nicht allein über den Platz Sankt Peter eine helle gekrümmte Straße durch die Menschenmenge bilden, hie und da von großen Schatten unterbrochen; man sieht sie auch nach dem Kapitol hinaufziehen, man sieht sie in das heitere Pantheon am hellen Tage hineingetragen, gleich als wären es noch jene Katakomben, in denen ein geheimer, nächtlicher, unterirdischer Dienst vollbracht wird.

In unseren Gegenden wird man zweifeln, ob hierbei überhaupt von Religion die Rede sei; man wird fragen, was tiefere und wahre Religion mit diesen Aufzügen und Festlichkeiten, all diesem Pomp, selbst dieser Musik gemein habe.

In der Tat, wenn man die Erscheinungen des täglichen Lebens betrachtet, auf der einen Seite den strengen Gottesdienst, auf der anderen eine durchgehende raffinierte Weltlichkeit, ohne daß jener auf diese einen besonderen Einfluß auszuüben vermöchte, so könnte man überhaupt zweifeln, ob hier Religion in ihrer innerlichen Wirksamkeit und Bedeutung vorhanden sei.

Irre ich nicht, so gibt es doch einen Punkt, auf dem ein wahrhafteres und tieferes Gefühl des Zusammenhanges mit Gott erscheint.

Gehen wir davon aus, daß nach einer unverbrüchlichen Sitte die Mitglieder jeder Familie dem Hausvater zu Ostern ein Zeugnis einreichen, daß sie die Kommunion empfangen haben. Dies ist eine unerläßliche Bedingung des Zusammenwohnens. Es beweist, daß die Pflichten, welche die Kirche auflegt, erfüllt worden sind; es beweist auch, daß man in keiner größeren Sünde lebt.

Könnte man aber nicht die Kommunion genießen, auch ohne solcher Sünde abzusagen?

Eben hier ist ein Lebenspunkt der nationalen Religiosität. Niemals wird man das tun. Nie wird man die Eucharistie nehmen, ohne Absolution empfangen zu haben. Man würde das schwerste, das größte Verbrechen zu begehen glauben, ein Sakrilegium, das niemals vergeben werden könnte, durch welches man sich mit Gott in Widerspruch setzen und seine Seligkeit ohne Rettung zu verscherzen fürchten müßte.

Daher kommt es, daß bei diesem Glauben die Ohrenbeichte ein so notwendiges Stück ist. Man will seine Sünden bekennen, alle und jede ausführlich; täte man es nicht, so würde die Absolution selber zweifelhaft werden. Der Priester weiß, wie weit er absolvieren darf; er ist nachsichtig, doch nur bis auf einen gewissen Punkt. Mildernde Umstände erkennt er an; doch wird er die Verletzung der Fasten der Osterzeit niemals dulden; er wird die Absolution auch versagen.

Nun ist wohl wahr, daß manche dennoch in ihren

Sünden verharren. Da es Leute gibt, welche ein Gewerbe daraus machen, die Kommunionzettel zu verfälschen, so weiß man sich deren zu verschaffen; man bedient sich ihrer, um im Hause Frieden zu haben; allein es muß bemerkt werden, entschlossen, wie man ist, sich nicht zu bessern, begeht man diesen Betrug; niemals würde man durch Verschweigen seiner Vergehungen sich die Absolution zu verschaffen, niemals würde man ohne diese die Eucharistie zu genießen wagen.

Man kniet nieder, wo die Messe gelesen, wo das Menschwerdung Gottes und die Vereinigung im Abendmahl: die Hostie ist der Mittelpunkt der Religion.

Aber diese Religion ist nicht Lehre: sie ist Mysterium. Der Priester ist nicht Lehrer: er ist Inhaber und Vollzieher des Geheimnisses, durch mystische Vollmacht; man küßt die Hand, die zu so erhabenem Dienst bestimmt ist.

Man kniet nieder, wo die Messe gelesen, wo das Wunder der Verwandlung vollzogen wird; die Messe ist der Mittelpunkt des Gottesdienstes.

Daher begleitet man die Hostie in allgemeinen Prozessionen; man feiert die Tage, an die sich die Erinnerung an diese höchste Gnade der Gottheit knüpft; man bewahrt sie in kostbaren Tabernakeln auf; über ihr errichtet man das Heiligtum erhabener und prächtiger Tempel.

Diese Religion ist eine ideale Verehrung des Geheimnisses.

Mit den praktischen Bedürfnissen hängt sie vorzüglich an einem Punkte zusammen; nicht immer durchdringt oder regeneriert sie das Leben von diesem aus; aber sie beschäftigt es mit mannigfaltiger Begängnis; sie prägt sich der Sitte ein; sie bemächtigt sich der Kunst, welche sie doch zuerst erzeugt hat; in tausend Formen gestaltet, bringt sie sich wieder hervor.

Mit Vorbehalt jenes einen Punktes breitet sich indes das tägliche Leben in ungebundener Weltlichkeit aus. Auch dies hat in allen seinen Erscheinungen eine durchgehende Einheit, und es ließe sich wohl darüber eine große Aussicht gewinnen, doch fürchte ich, mich allzuweit zu verlieren und will nur einer einzigen seiner Eigenschaften Erwähnung tun.

So wie sich die Verehrung des höchsten Mysteriums in Gebräuchen, Übungen, Kunstwerken ausspricht, von selbst, ungesucht, so ist es ein bildendes Vermögen, das sich in den Vergnügungen dieses Volkes kundtut; sie erscheinen in großen Gestalten, abgegrenzt, in die Augen fallend.

Will man sich die Schwüle der heißen Tage des August mildern, so wird es ein Schauspiel. Der Platz Navona wird in einen See verwandelt, in dem man nachmittags zu Wagen, unter Musik die seltsamsten Spazierfahrten macht. Erst dann haben die Flußgötter der Fontana Innozenz' X., die sonst nicht sehr gelungen sind, ihre Bedeutung und eine gewisse Angemessenheit mitten in ihrem Element.

Selbst das Bedürfnis des Spazierganges wird zu

einer Festlichkeit angewendet; die Oktobertage sind ihm gewidmet; dann füllen sich die prächtigen Baumgänge der Villa Borghese mit mannigfaltigen Gruppen und Trachten.

Wie könnten wir aber hiebei des Karnevals vergessen, der mit Erwartung oder Genuß den Winter ausfüllt.

Auf dem Karneval beruht die Entwickelung der italienischen Oper. Das Herkommen läßt nur ein Stück, das schon gehört worden, zu und fordert zwei neue. Wetteifernd suchen sich die Städte, die Theater der besten Sänger, der berühmten Komponisten zu bemächtigen. Die Eröffnung des großen Theaters ist ein wichtiger Gegenstand für diese Welt; da jede Familie ihre Loge für den ganzen Zeitraum nimmt und sie auf eigene Kosten einrichtet und ausschmückt, so hat die erste Erscheinung einen doppelten Reiz; nicht leicht sieht man eine glänzendere Versammlung; zu Rom bewirtet der Gobernatore den ersten Rang. Die Akte der Oper werden vom Tanz unterbrochen. Es sind nicht allein die leichten Bewegungen, die mannigfaltigen Gruppierungen; was uns Ausländer anzieht, ist noch mehr die Pantomime. Leidenschaft, besonders in den gewaltsamen Zuständen, kann man nicht lebhafter, wahrer, hinreißender dargestellt sehen, als in diesem lautlosen Ausdruck der Gebärde. Man sagt mir, daß zuweilen eine antike Tragödie auf solche Weise wieder die Bühne betrete, und ich glaube gern, daß sie die größte Wirkung macht.

Endlich läutet der Kampanone des Kapitols und es beginnen die Tage der eigentlichen Masken. Ich will nicht sagen, daß sie nicht ein wenig langweilig ausfielen mit dem täglichen Fahren durch den Korso, den Biskuitschlachten, den etwas einförmigen und handwerksmäßigen Verkleidungen. Aber wie sie mit einer Art von Triumphzug beginnen, so hat alles Gestalt und Maß. Die Einheimischen finden sogar, daß man doch allzuwenig Freiheit habe. In der Tat wird jeder Moment des Vergnügens durch Kanonenschüsse angezeigt, und diese friedliche Regierung erscheint mit allen den Mannschaften auf allen Seiten fast militärisch.

In ähnlichem Stil sind die Vergnügungen des späteren Abends. In den Familien improvisiert man Ritornelle, in denen man, wie billig, die Fremden lobt, den Befreundeten ihre Fehler vorrückt. In der Osterie wird die Tarantella vorgetragen. Erzählung eines Ereignisses aus dem täglichen Leben; nicht erhaben, keineswegs; ruhiges Gespräch, aber voller Lebenszüge, wie es sich begibt, ohne Zutat; in dem Spiegel einfacher Auffassung. Man möchte sagen, es ist das nämliche Talent, das sich in den Kriegsgesängen kriegerischer Völker ausspricht; nur besingt man eben, was man erlebte.

Genug, alles hat Gestalt und eine gewisse Tendenz, selbst jener wilde Abend der Moccoli, wo alles die lange Straße des Korso entlang Lichter trägt und den anderen auslöscht; ein so toller Spaß, daß man die

Gutmütigkeit des Volkes, das ihn nicht schlimmer be‐
nutzt, oft bewundert hat. Wir wissen es Consalvi
Dank, daß er ihn herstellte. Um mich dem Getümmel
zu entziehen, stieg ich auf den Balkon des Palastes
Chigi, der die Aussicht über den Korso hat. Welche
Erleuchtung! Die lange Straße von oben bis unten
ein einziger Strom von Feuer. Je ferner je dichter.
Über diesem Strom des Feuers toste verschmolzen und
unvernehmlich die Menschenstimme. Wie ward uns
so wohl bei dem Gesamtanblick da oben, einsam, in
der frischen Luft.

Und so wird das Jahr von Festlichkeiten umfaßt.
Die Religion, welche die Seele in ihrem tiefsten Ge‐
heimnis ergreift, das Vergnügen, das die flüchtigen
Stunden mit leichtem Reize erheitern soll, treten in
breiter Äußerlichkeit, in festen und großen Formen
vor uns auf. Sie schließen die Erinnerungen einer
ganzen Vergangenheit in sich; von dem bildenden Ver‐
mögen werden sie immer neu durchdrungen; sie ge‐
währen ein Lebenselement, das unabhängig von den
Wandlungen des Staates den Geist der Eingeborenen
nährt und erfüllt, dem Fremden aber anmutend ent‐
gegentritt.

Was man auch übrigens von den Untugenden dieser
Bevölkerung sagen mag, so wird es den Fremden wohl
unter ihr.

Obschon sich die Römer so wenig an diese wie an
ihre Landsleute eng anschließen, so haben sie doch den
Ausdruck der Sanftmut, eine gewisse Milde und freie

Höflichkeit im Umgang. Die halbe Welt bringt ihnen, wie einst gezwungen, so jetzt freiwillig ihren Tribut.

Auch verdient es kein Ort der Erde so sehr. Alle Jahrhunderte haben ihm ihre Spuren zurückgelassen; das Schicksal des Okzidents knüpft sich an diesen Boden. In den Resten des Altertums, die wir voll Bewunderung aufsuchen, hat sich auf eine reizende Weise die Natur selber wieder eine Wohnung gemacht. Natur und Altertum, wie sie zusammengehören, so bieten sie sich in diesem Anblick die Hand. Ihnen vornehmlich ist die allgemeine Aufmerksamkeit gewidmet. Immerfort gräbt man nach, und noch immer bietet die so oft umgewühlte Erde neue Entdeckungen dar. Die Franzosen hatten jenes Tal der Ruinen — vom Kapitol bis zum Kolosseum — so voll der merkwürdigsten Denkmäler des Altertums, bis auf das Niveau des alten Bodens auszugraben unternommen. Diese großartigen Arbeiten setzte Consalvi fort. Man entdeckte den kapitolinischen Weg zwischen dem Tempel der Konkordia und des Jupiter tonans; man fand, wie ein Deutscher bereits vermutet hatte, daß die Basis der Säule des Phokas früher ein anderes Denkmal getragen; zwischen dem Titusbogen und Santa Francesca Romana stieß man auf die Trümmer der Stufen und Säulen, die nach dem Venus- und Romatempel geführt hatten; man sah, bis wie weit der Palatin gereicht; zu der nämlichen Zeit, als eine glückliche Entdeckung die Republik des Cicero wiederherstellte, glaubte man bestimmen zu können, wo das Haus dieses Redners gelegen hatte; man fand die wichtigen Fragmente der Fasten, mit denen man die bereits bekannten völlig ergänzt haben würde, wären nicht kleinliche persönliche Rücksichten der Fortsetzung der Arbeit an der günstigen Stelle hinderlich gewesen. Freilich gewann hiebei die Wissenschaft des Antiquars mehr als etwa die Kunst. Indessen schlug auch zuweilen für diese eine glückliche Stunde.

Wäre es auch nur gewesen, daß man den Kunstdenkmälern des Altertums neue Stätten gründete. Im Februar 1822 ließ Consalvi den Braccio Nuobo des Vatikanischen Museums eröffnen. Vielleicht erinnerte die Verschiedenartigkeit des Marmors, den man in Anwendung gebracht und die ganze Architektur mehr an die späteren als an die eigentlich klassischen Zeiten der Baukunst; doch hatte das neue Rom nichts Glänzenderes aufzuweisen. Der sinnreiche, in großer Naibität ausgeführte Nil, die bis zu menschlich charakteristischem Ausdruck durchgebildete Minerva und einige unnachahmliche Reste griechischer Bildnerei fanden hier die würdigste Aufstellung.

Man sagt, Consalvi habe den Gedanken gehegt, daß Rom, wie es einst durch die Waffen und hernach durch die Religion geherrscht, so jetzt durch die Kunst einen weltbeherrschenden Einfluß ausüben könne. Es ist wahr, jene Kunst, die nicht gerade aus einer ursprünglichen Quelle der Hervorbringung strömt, sondern sich in der Nachahmung der alten Muster aufbildet, hat

in Rom ihre Hauptstadt. Die Meisterwerke der alten
und neuen Zeit sind hier beisammen. Das etwas
freiere Leben ladet zu neuer Beobachtung der Men=
schengestalt und der Natur ein. Himmel und Luft und
die schönste Wüstenei der Welt, die Campagna, die
reinen Umrisse der Berge rufen den Bildungstrieb des
Landschafters auf, so daß die Meister hier Platz nehmen
und gar bald eine Universität von Jüngern um sich
versammeln. Auch finden sich Liebhaber ein, begüterte
Fremde. An diesem Orte bildet sich der Ruf und sam=
melt sich der Gewinn. Die Künstler ziehen die Fremden
an; die Fremden fesseln die Künstler.

Man könnte nicht sagen, daß Rom undankbar gegen
sie sei. Nirgends werden die Fremden besser aufge=
nommen. Man wetteifert, den ausgezeichneten Per=
sonen, besonders den Fürsten, welche sich einfinden,
die größte Ehre zu erweisen; dann wird die Kuppel
erleuchtet, man veranstaltet Wettrennen auf der
Piazza navona, vielleicht die einzigen, die es auf der
Welt gibt, welche das Bild eines antiken Zirkus eini=
germaßen gewähren. Herrlich ist alsdann die Erleuch=
tung des Kapitols und seiner Bildwerke. Der Mark
Aurel mitten auf diesem Platz macht einen magischen
Eindruck; aber in dem mannigfaltigen Fall der Lichter
schien es dem in der lebendigsten Erinnerung an das
Altertum lebenden Deutschen beinahe, als bewegte er
sich, als wäre der Schatten des Alten über das Schau=
spiel entrüstet, zu dem er dienen mußte.